[古希腊]

狄奥多罗斯 著

席代岳 译

第四卷

希腊史纲

文化发展出版社

Cultural Development Press

目　录

第四卷

第十七章
亚历山大的东征

1 前一章是本书第十六章,起于阿明塔斯(Amyntas)之子菲利浦的登基,包括一生的经历直到逝世为止,以及与其他国王、民族和城市有关的事务,发生在他的统治时期计有二十四年。本章我们继续从事有系统的叙述,从亚历山大的接位开始,涵盖这位马其顿国王直到崩殂所有的历史,以及同个时代在已知世界发生的事件。我认为为了确保这些重大的事件能长留记忆之中,最好的办法是所有的材料根据主题给予合理的安排,对每个事件从它的来龙去脉做出不容间断的陈述。

亚历山大在很短的时间内完成伟大的建树,他的才华和英勇越迈古往今来所有的帝王,他能够在十二年之内征服局部欧洲和整个亚洲，获得举世赞誉的声名如同古代的英雄和半神。他的功勋和荣耀不知有多少人详加记载，真的不需要我们照本宣科一一列举。就他父系的家谱来看他是赫拉克勒斯的后裔，母系的血统出自伊阿库斯①家族，他从两方面继承祖先拥有体能和德行极其崇高的素质②。我们特别指出所有的事件都按年代的先后排列，对于我们的历史产生深远的关系和重大的影响。

2 伊维尼都斯（Evaenetus）成为雅典的执政，卢契乌斯·弗流斯（Lucius Furius）和盖尤斯·曼纽斯（Gaius Manius）③当选罗马的执政官。亚历山大在这一年（前335年）登上国王的宝座④，首先惩处谋杀菲利浦的凶手⑤，接着为他的父亲举行盛大的葬礼。他建立稳固的权威从事实得知已超过大家的想象，由于他非常年轻无法获得内外一致的尊敬，很快用老练而机智的演说赢得马其顿人的支持⑥。他宣布国王只是名字

---

① 伊阿库斯是希腊神话中的人物，他的双亲是宙斯和伊吉纳（Aegina）［河神阿索帕斯（Asopus）的女儿］，希腊最伟大的英雄阿基里斯和埃杰克斯是他的孙子，他是伊吉纳岛的国王，后来成为地府的判官。

② 普鲁塔克《希腊罗马名人传》第17篇第1章"亚历山大"第2节，亚历山大最显赫的祖先在母系方面是阿基里斯。无论是伊阿赛德世系或是阿吉乌斯世系，追循根源都是来自奥林匹斯主神宙斯。

③ 伊维尼都斯的执政任期是从公元前335年7月到前334年6月。布洛顿（T.R.S. Broughton）《罗马共和时期职官志》第1卷第138节，提到公元前338年罗马的执政官是卢契乌斯·弗流斯·卡米拉斯（L.Furius Camillus）和盖尤斯·密纽斯（C.Meanius）。

④ 现在所有史书记载菲利浦的被弑和亚历山大的继位都在公元前336年，本书英译本的付印是在1963年，所有的编年都是英译者所加，不应有这方面的错误，所以这里的文字应改为"亚历山大在上一年（前336年）登上国王的宝座"。

⑤ 菲利浦被弑使得亚历山大成为主要的受益者，狄奥多罗斯对他没有任何疑惑之处。普鲁塔克《希腊罗马名人传》第17篇第1章"亚历山大"第10节，提到奥琳庇阿斯主使这项罪行，说她激起鲍萨尼阿斯的怒火采取报复的行动，就是亚历山大也受到猜忌，传闻鲍萨尼阿斯去见亚历山大诉说自己的冤屈，亚历山大吟诵《美狄亚》一剧的诗句：何人应堕修罗场？其夫其父与新娘。

⑥ 参阅贾士丁（Justin）《菲利浦王朝史》（*Historiae Philippicae*）第11卷第1节。

有了改变,城邦的施政仍旧遵循先王的原则和方针。他派遣使者到各个盟国进行沟通,运用友善的态度呼吁希腊的城邦对他维持原有的忠诚,就像过去对他父亲那样能够有始有终。他让士兵忙于武器的运用和各种战术的教练,要求部队建立严整的军纪。

阿塔卢斯(Attalus)是菲利浦最后一位妻子克里奥帕特拉的兄弟①,很可能是他登上王位最主要的障碍,于是亚历山大决定将他除掉以绝后患。事实上克里奥帕特拉在菲利浦逝世前数日生下一个男婴。阿塔卢斯早已奉派前往亚洲与帕米尼奥(Parmenio)共同指挥当地的军队,他让士兵获得好处和宽容从而赢得他们的爱戴,使得他在军中有很高的声望。亚历山大害怕阿塔卢斯对他的统治造成威胁也不是没有道理,特别是这个心腹大敌会与反对他的希腊人达成共同的目标。于是他选出一位名叫赫卡提乌斯(Hecataeus)的伙友,派他率领一队士兵前往亚洲,奉到的命令是将阿塔卢斯押解回国,要是办不到就尽快将他杀死。赫卡提乌斯渡过海峡到达亚洲,加入帕米尼奥和阿塔卢斯的部队,等待机会执行亚历山大交付给他的任务。

3 亚历山大知道很多希腊人处心积虑要叛变,为未来的发展非常担忧,笛摩昔尼斯在雅典煽动群众反对马其顿,菲利浦逝世的消息更是让大家极其兴奋,准备不承认马其顿在希腊居于领导的地位。他们暗中与阿塔卢斯联络,安排合作的事宜,同时鼓励很多城市起来争取自由权利。

阿卡纳尼亚因为菲利浦的讨伐,人民经历被放逐的惨痛教训,现在艾托利亚人投票通过议案,要让他们返回家园恢复故土。安布拉西亚受到亚

---

① 本书第十六章第93节,提到阿塔卢斯说他是克里奥帕特拉的侄儿,这里又说他是她的兄弟,其实阿塔卢斯应该是克里奥帕特拉的叔父和监护人才对。

里斯塔克斯(Aristarchus)的游说,赶走菲利浦配置在城市的驻防军,政府转变成为民主政体。同时,底比斯的市民投票通过提案,驱逐在卡德密的驻防军,对于亚历山大领导希腊城邦表现出杯葛的态度。希腊的民众当中只有阿卡狄亚人从来没有屈服菲利浦的强势作风,当然更不会承认亚历山大拥有主宰大局的力量。此外伯罗奔尼撒地区的亚哥斯、伊利斯和拉斯地蒙全都蠢蠢欲动,想要恢复他们的独立地位①。很多位于马其顿边界以外的部落受到牵连都要举起反叛的旗帜,一般而论所有的地区陷入动荡不安的情况②。

现在整个王国从各个方面被困难和畏惧包围得水泄不通,亚历山大不过是一个刚刚成年的君主,他将全部事务有条不紊纳入掌握,让人印象深刻而且动作迅速。有些人他用说服的方式和外交手腕赢得他们的支持,对于有些人他领军前去加以恐吓同时给予承诺要保持和平③,还有一些人他使用武力加以征讨才能让他们降服。

4 首先他与帖沙利当局展开协商,提醒对方他是赫拉克勒斯的后裔,彼此之间有古老的亲戚关系,运用和蔼的言辞和丰硕的承诺给他们带来希望,说服他们在帖沙利联盟的会议当中,用正式的投票认同他对希腊城邦的领导权,这些都是来自菲利浦遗留的合法继承④。其次他用同样的方式获得邻近部落的全力配合,然后向着皮立(Pylae)这个要点

---

① 参阅贾士丁《菲利浦王朝史》第11卷第2节。这里提到亚里斯塔克斯是一个安布拉西亚人,其余一无所悉。狄奥多罗斯竟然转换阿卡狄亚人和拉斯地蒙人的角色,那是后者从未降服于菲利浦的关系。

② 参阅本章第8节。

③ 阿瑞安《亚历山大远征记》第1卷第1节,提到雅典出现叛乱的迹象。

④ 贾士丁《菲利浦王朝史》第11卷第3节,亚历山大与拉立沙的阿琉阿斯家族(Aleua-dae),有共同的祖先阿基里斯。

进军,就在该地召开安斐克提昂(Amphictyons)联盟①的会议,通过决议所有的希腊城邦都赞同他的领导。他接见安布拉西亚派来的使节,用友善的语气对他们说话,让对方相信他正要出于自动自发的认同,准备将独立和自由的权利授予他们,目前他们的做法只是过于性急一点,即使如此他还是体谅他们的冲动。

为了慑服那些拒绝向他屈从的城邦,他率领一支马其顿大军,摆出会战的部署亲自走在前面,他的部队进入皮奥夏,就在靠近卡德密的位置开设营地,使得底比斯陷入惊惶和恐惧之中。等到雅典当局得知国王大举出兵,马上放弃过去严词拒绝的态度。如此快速的反应和积极的作为,这位年轻人让反对者的信心产生动摇。雅典的市民通过议案,要将分散在阿提卡各地的财产,全部带进城中可以获得安全的保障,同时要加紧整修他们的城池和防御措施,派遣使者去见亚历山大,对于他们迟迟未能就他的领导权表示同意请求谅解。

笛摩昔尼斯列名在使节团当中,不过他没有与其他人一起去见亚历山大,到了西第朗(Cithaeron)②就转身返回雅典,可能是他坚持逢马其顿必反的政策让自己产生畏惧之心,或者仅仅为了不让波斯国王有提出抱怨的理由。大家认为他为了阻止马其顿向外扩张已经尽了最大的努力,获得大量的金钱当成他应得的报酬。据说伊司契尼斯(Aeschines)嘲笑笛摩昔尼斯的受贿,所以才会针对他发表演说:"笛摩昔尼斯已经被波斯国王的黄金养成很大的胃口,甚至连这些庞大的贿款都无法让他感到满足,须知财富无法充实贪婪的习性造成心灵的空虚。"③亚历山大用友善的态度与使节

① 安斐克提昂联盟又称德尔斐联盟,主要工作是负责管理德尔斐圣地和祭祀的事务,希腊中部和北部的城邦几乎全部加入这个组织。

② 西第朗是阿提卡和皮奥夏边界上一道山岭的名字。

③ 引用自伊司契尼斯《演说词集》第3章第173节,与原文的字句在次序上有点差异。

团交谈,要让民众免予恐惧带来的威胁。

然后他在科林斯召开会议邀请各国的使节和代表参加,等到与会的成员全部莅临,他用温和的言辞发表讲话,会议通过决议指派他为全希腊拥有最高权力的统帅,要对波斯发起一次大规模的远征作战,为当年他们对希腊的侵略行为讨回公道①。这次会议圆满结束,他在完成所有的目标以后,率领军队返回马其顿。

5 我们叙述了希腊各种情况以后,转移到亚洲发生的事件。就在菲利浦逝世以后,阿塔卢斯立即高举反叛的旗帜,与雅典达成协议采取共同的行动对付亚历山大,只是他后来改变心意。由于保存着笛摩昔尼斯给他的信函②,他派人将这些证据送给亚历山大,用来表示他的忠心耿耿,还要消除国王对他的猜疑之心。赫卡提乌斯忠实执行国王的指示,安上叛逆的罪名用来处决阿塔卢斯③,从此亚洲的部队不再有人兴风作浪,阿塔卢斯的死亡使得帕米尼奥全心全意要向亚历山大效忠。

我们叙述的对象是波斯帝国,要回溯过去使得整个情况的发展有脉络可循④。菲利浦在位的时候,渥克斯(Ochus)⑤统治波斯使用高压的手段,对待所有的臣民极其暴虐。高居千夫长之职的巴哥阿斯(Bagoas),身体的机

---

① 参阅贾士丁《菲利浦王朝史》第 11 卷第 2 节。

② 参阅普鲁塔克《希腊罗马名人传》第 20 篇第 1 章"笛摩昔尼斯"第 23 节,然而里面只提到笛摩昔尼斯致函波斯的将领,并没有出现阿塔卢斯的名字。

③ 这里要接上本章第 2 节的文字。谋害阿塔拉斯要是得不到帕米尼奥的默许,几乎让人无法置信,当然帕米尼奥不愿涉入宫廷的倾轧,这也是无可奈何的事。克尔久斯《亚历山大战史》第 6 卷第 9 节,提到阿塔卢斯说他是帕米尼奥的女婿。等到阿塔卢斯的侄女遭到处决以后,不可能让他留下性命。

④ 这里开始的叙述应该连接本书第十六章第 52 节的文字。参阅贾士丁《菲利浦王朝史》第 10 卷第 3 节。

⑤ 我们在前面提过渥克斯是阿塔泽尔西兹二世的儿子,就是后来的阿塔泽尔西兹三世(在位期间前 358—前 338 年)。

能虽然是一位宦官，表现的习性却强硬而且好战。他痛恨君王野蛮和残酷的作风，获得某位医生的协助将渥克斯毒死，扶植他最年幼的儿子阿希斯（Arses）继承王位。接着巴哥阿斯将新继位国王的兄长全部杀死，由于他刚刚成年，落入孤立无援的处境，驯服以后容易加以控制。年轻的君主竟然让人知道他对巴哥阿斯的痛恨，特别是弑主的行为使他无法忘怀，准备让这位宦官身受残酷的报应。巴哥阿斯先下手为强，阿希斯在位第三年与他的儿子同时被杀①。皇室的血统断绝以后找不到拥有继承权的直系后裔。巴哥阿斯的选择是一位名叫大流士（Dareius）的宫廷成员，在他的栽培之下登上国王的宝座。大流士是阿萨尼斯（Arsanes）的儿子和奥斯塔尼斯（Ostanes）的孙子，奥斯塔尼斯的兄长阿塔泽尔西兹②是波斯大名鼎鼎的国王。至于就巴哥阿斯而言，发生非常奇特的事件也给后人带来惨痛的教训。他受到成为痼癖的凶残习性所左右，想用毒毙的方式除去大流士。不过，计谋泄露出去，国王召来巴哥阿斯参加饮宴，敬酒当中使他喝下自己调配的毒药。

6 大流士继承王位在于他的英勇，拥有的武德要优于其他的波斯贵族。阿塔泽尔西兹③在位的时候，率领军队前去讨伐卡杜西亚人（Cadusians），蛮族当中有位人物以膂力和骁勇知名，出来向波斯的官兵搦战与他单打独斗，竟然无人敢接受，只有大流士进入决斗场杀死挑战者，后来获得国王极为丰硕的赏赐，在波斯的军队当中成为首屈一指的勇士，出于这个原因有了登上宝座的条件。大流士除去巴哥阿斯掌握最高的权力，此刻正值菲利浦亡故和亚历山大接位。

---

① 根据帝王年表，阿希斯在位时期是前338—前336年，虽然他死在统治第三年，实际上他只在第二年即前337年当了一整年的国王。

② 这位是阿塔泽尔西兹二世，在位期间前404—前358年。

③ 这位是阿塔泽尔西兹三世（渥克斯），在位期间前358—前338年。

命运选择这位君王成为亚历山大发挥天赋才华的敌手,他们为了争夺主宰世界的霸权,在很多次激烈的战斗中针锋相对。我们对于各种情节都有详尽的叙述,现在可以进行方面的记载。

7 大流士成为国王是在菲利浦被刺之前,认为很快就会与马其顿人发生战争,菲利浦逝世解除大流士心头的忧虑,对于年轻的亚历山大带有藐视的心理。不过,亚历山大采取英勇和迅速的行动,确保他在希腊城邦中的领导地位,同时证明这位年轻人拥有过人的能力,从而使大流士提高警觉,对于马其顿部队的动向特别注意。他建造大批战船同时征召人数众多而且战力强大的军队,选择优秀的指挥官,其中罗得岛的门侬(Memnon)①,作战英勇和富于谋略更为出众。国王授予他五千佣兵②,命令他进军前去夺取西兹库斯(Cyzicus)。门侬率领部队立即开拔越过爱达山(Mt.Ida)。

有人提到古老的故事说是这道山脉的取名,来自梅利修斯(Melisseus)③的女儿爱达,成为海伦斯坡地区极其高峻的山峰,这里有一个著名的山洞,他们说亚历山大④在里面对三位女神做出他的裁决。据说发明制造铁器的达克特尔(Dactyls)居住在这座大山里面,他是从诸神之母(Mother of the Gods)⑤那里学会这门手艺。发生一件奇怪的事与这道山脉有关,到处流传变得无人不知。每当天狼星升起⑥的时候,要是有人站在

---

① 参阅本书第十六章第 52 节。

② 仅就门侬所负的任务而言,这些兵力是少了一点,克尔久斯《亚历山大战史》第 5 卷第 11 节,得知国王的希腊佣兵数目经过修正,应该是 50000 人。波利努斯提到门侬的部队只有 4000 人。

③ 梅利修斯是克里特国王,有两位女儿亚德拉斯提娅和爱达,宙斯还是婴儿的时候,受到她们的抚养,参阅本书第五章第 70 节。

④ 这位亚历山大就是特洛伊的帕里斯。

⑤ 参阅本书第五章第 64 节。

⑥ 根据塞缪尔(A.R.Samuel)的计算,天狼星从地平线升起的时间是在每年的 7 月20 日。

最高峰,四周大气的寂静会让人产生一种印象,矗立的绝顶对于移动的风而言更要在它的上方,这时即使还是深夜已经可以看到升起的太阳。发射的光线不再限制在一个圆形的球体之内,冒出的烈焰分散在很多地方,使得你认为地平线上面有整片的大火正在燃烧。接着没有多久,这些火线聚集起来成为一个巨大的火球,它的宽度达到三百尺。等到天色大亮以后,太阳这个天体恢复原来的大小,产生正常的白昼光芒。

门侬越过这条山脉,突然向着西兹库斯进攻,只差一点就夺取到手①。失败以后他纵兵蹂躏周围地区,掠夺很多战利品。就在他忙着这些工作的时候,帕米尼奥用突击的方式占领格里尼姆(Grynium),将所有的居民发售为奴,接着他围攻披塔尼(Pitane)②,门侬领兵前来救援,马其顿入侵的部队被迫解围而去。后来卡拉斯(Callas)率领一支由马其顿人和佣兵组成的军队,就在特罗德(Troad)加入一场对抗波斯大军的会战,发现自己的兵力处于劣势,只有退到里提姆(Rhoeteium)③的海岬。

上面是亚洲的一些情况。

8 希腊动荡不安的情势已经得到控制,亚历山大调整作战行动指向色雷斯④。这个地区有很多部落正在闹事,他的出面让大家感到畏惧,没有反抗的能力只能归顺。他继续征讨皮欧尼亚(Paeonia)、伊利里亚(Illyria)和相邻的边疆地区。当地有很多部落正在叛变,他采取武力征

---

① 波利努斯《谋略》第 5 卷第 44 节,对这一次的行动有详尽的记载。

② 格里尼姆和披塔尼濒临伊奥利亚湾都是古老的伊奥利斯城市,帕米尼奥执行菲利浦交付的任务,让这些市民获得自由,参阅本书第十六章第 91 节。

③ 里提姆这个海岬位于海伦斯坡海峡北端出口的伊利姆(Ilium)。卡拉斯的父亲名叫哈帕拉斯,出身于埃利米奥蒂斯(Elimiotis)一个显赫的家族。后来卡拉斯在亚历山大的军队里面指挥帖沙利的骑兵部队,获得拔擢到小亚细亚担任海伦斯坡·弗里基亚(Hellespontine Phrygia)的省长。

④ 阿瑞安《亚历山大远征记》第 1 卷第 1—6 节,对这一次的作战行动有详尽的叙述。

服的方式,要使整个地区的土著都在他的控制之下。这个任务尚未完成,信差前来报告大量希腊人民已经高举义帜①。很多城市采取行动要与马其顿脱离同盟关系,其中以底比斯的动向举足轻重。得到这方面的消息,国王的精神振奋起来,立即领军赶回马其顿,急着要结束希腊动荡不安的局面。

底比斯当局首先采取的步骤是要驱逐卡德密的马其顿驻防军,所以他们开始围攻这座城堡②,这是国王突然出现在城市前面的当时情势,他率领全军就在附近设置营地。就在国王到达之前,底比斯的市民有足够的时间在卡德密的四周,挖掘很深的壕沟和设置多重阻绝,不让守军获得外援和粮食的供应,同时派遣使者要求阿卡狄亚、亚哥斯和伊利斯前来帮忙。他们恳请雅典给予大力支持,后来从笛摩昔尼斯那里接受武器,当成不收费用的礼物,拿来供应缺少重型配备的市民。虽然他们答应派出援军,伯罗奔尼撒的士兵来到地峡就停了下来,等待后续情况的发展,国王的抵达已经成为事实,雅典的民众受到笛摩昔尼斯的影响,投票通过议案支持底比斯,但是他们没有派出部队,而是要看战争的走向如何再做决定③。卡德密的驻防军指挥官斐洛塔斯,得知底比斯对围攻进行各项准备工作,他尽可能加强城墙的牢固程度,储备大量的箭矢和各种投射武器。

9 国王率领全军离开色雷斯突然在当面出现,底比斯从盟邦那里只能获得迟疑不决的支持,他的对手在实力方面拥有极其明显的绝

---

① 贾士丁《菲利浦王朝史》第11卷第2节。

② 贾士丁《菲利浦王朝史》第11卷第3节对底比斯的围攻只有很简略的记载,参阅普鲁塔克《希腊罗马名人传第17篇第1章:亚历山大》第11—12节,以及阿瑞安《亚历山大远征记》第1卷第7—8节。

③ 贾士丁《菲利浦王朝史》第11卷第3节以及普鲁塔克《希腊罗马名人传》第20篇第1章"笛摩昔尼斯"第23节。

对优势。即使如此,所有的领导人物聚集一堂开会商议,准备对战争做出决定,他们一致赞同要为政治的自由权利不惜一战。市民大会通过他们所要采取的对策,大家抱着高昂的激情注视事态的发展。

国王在刚开始没有采取任何措施,只是让底比斯的人民有时间多考虑一下,凭着单独一座城市,竟敢与实力强大的军队争个高下。这个时候亚历山大的麾下有三万多名步卒和不少于三千名的骑兵,所有的成员都是久历战阵的老手,他们参与过菲利浦指挥的多次战役,经常从屈居劣势当中转败为胜。他靠着这支战技高超和忠诚效命的军队颠覆整个波斯帝国。要是底比斯屈从当前险峻的情势,愿意向马其顿请求和平和建立联盟关系,国王会很高兴接受他们的提议,在任何问题上都会退让一步,因为他极想避免希腊的动乱,使得他在不受干扰的情况之下,全力用战争对付共同的大敌波斯帝国。

最后他感到底比斯对他的蔑视,决心要彻底毁灭这座城市,用令人恐惧的手段使那些胆敢背叛他的人士,在轻举妄动之前要三思而行。他要部队完成会战的准备,然后派出一个传令官大声宣布,任何一位底比斯的市民只要投奔到他这边,就能与所有的希腊人一样享受和平。底比斯当局派人在高塔上面,用同样的气魄给予答复,虽然每个人都希望加入伟大国王的阵营,只有底比斯正在推翻希腊的暴君以及为希腊城邦争取自由①,大家应当效法这种大无畏的行为。指名道姓的嘲笑刺痛亚历山大,使得他突然大发脾气,宣称他要迫使底比斯的人民接受亡国灭种的惩罚。他的心中充满愤怒的情绪,开始建造围攻的机具和装备,完成攻击所需的各项准备工作。

---

① 参阅普鲁塔克《希腊罗马名人传》第 17 篇第 1 章"亚历山大"第 11 节。安塔赛达斯的和平使用同样性质的文字,要为希腊的城邦争取自由;色诺芬《希腊史》第 5 卷第 1 章第 31 节,提到雅典为了呼吁希腊人对抗斯巴达的霸权,依据亚里士多德撰写的敕令成立第二次雅典同盟。

10 整个希腊的城邦都知道底比斯面临家破人亡的危局,他们对于预料中的灾难感到忧心忡忡,却没有伸出援手的意愿,认为城市的行动过于仓促而且考虑欠当,才会使自己陷入无法脱逃的绝境。底比斯的市民心甘情愿接受要冒的凶险,用大无畏的勇气面对压境的强敌,只是对于预言的说法和神明的征兆感到迷惑不已。

首先是德米特神庙出现轻飘飘的蛛网,延伸开来的面积大小有如一袭长袍,就像天空的彩虹散发一阵鲜明的光晕。他们就这件事要求神明指点迷津,得到的答复是:

神明的征兆给予必死的凡人,

皮奥夏和他的芳邻首当其冲。

底比斯的古老神谶也有这样的指示:

织妥的蛛网带来死亡和恩泽。

有个征候发生在亚历山大袭击城市之前三个月,就在国王来到的时候,市民大会里面竖立一座雕像,全身满布豆粒大的汗滴。还有人向城市的官员报告,在安奇斯都斯(Onchestus)的沼泽听到有如牛吼极其响亮的声音,同时在德西(Dirce)看到水面出现带着血花的漪涟。最后从德尔斐回来的旅客提到一件怪事,底比斯将得自福西斯的战利品奉献给一个庙宇①,竟然在屋顶上面看到鲜红的血迹。

有人对这些征兆做出解释,蛛网显示神明要离开城市,它的光晕是指

---

① 德尔斐规模最宏伟的阿波罗神庙,构建的时期是前360—前330年,用来存放希腊各城邦奉献的还愿祭品,所以那些重要的城邦都在里面兴建"藏宝室"。

混合着灾难的暴风雨,流汗的雕像代表面临无法脱逃的不幸下场,很多地方出现的血迹预示整座城市将发生惨绝人寰的屠杀。他们指出神明非常明确预言城市的灾难,提出的劝告是战争的结局不必在战场拼个死活,靠着彼此的对话求得更为安全的解决方式。

底比斯仍旧保持高昂的士气对于恐吓毫不畏惧,他们对于战争充满热烈的情绪,相互以琉克特拉的大捷和其他的会战勉励,当年他们以战争的素质赢得毫无希望的胜利,因而震惊整个希腊世界。他们纵情高贵的气节空有英勇缺乏智慧,最后陷入国破家亡的绝境而无法自拔。

11 国王的攻击已经是箭在弦上,只用三天完成所有的准备工作。他将整个部队区分为三个梯次,命令第一梯次的单位要攻击竖立在城市前面的防栏,第二梯次要面对底比斯的战线,第三梯次担任预备队,支持受到压力最大的部队,并且以轮替的方式进行会战。底比斯的阵营将骑兵部署在防栏里面,指派获得自由的奴隶以及其他城邦的流亡人员,加上在此居住的外国人,配置在城墙担任守备。他们自己要在城市前面与国王率领的马其顿军队战斗,虽然对方的兵力要占多倍的优势。他们的儿女和妻子聚集在寺庙里面,恳求神明拯救陷入苦难的城市。

马其顿的接敌行动使得每个师级单位,很快与底比斯的对抗部队遭遇,喇叭手吹起立即攻击的号角,双方发出一致的战斗呐喊,奋力将标枪投向敌军。他们很快用完投射武器接着拔剑冲向前去,接着发生惊天动地的激战。马其顿的军队由于兵力的优势和方阵的钝重,形成巨大的冲力使得对方难以抗拒,底比斯的士兵在运动场不断接受训练,所以在体能方面占有很大的优势。他们表现出跋扈飞扬的气势,完全漠视个人的危险。双方都有很多人受伤,更有不少士兵丧生在敌人的刀剑之下。两军进行短兵相接的战斗,空气中充满兵器撞击、人员喊叫、命令下达和伤员呻吟的嘈杂声音;马其顿这边的将士,他们过去建立的伟大功勋不能在这里受到否定;底比斯人没有忘记妻子儿女和双亲受到成为奴隶的威胁,每一个家庭暴露在马其顿的愤怒之下无一幸免,何况他们想起琉克特拉会战和曼蒂尼会战获得的荣誉,为所有的希腊人口耳相传。双方战斗人员表现卓绝无比英勇,会战延续很长的时间并处于势均力敌的局面。

12 最后,亚历山大看到底比斯的人民为了争取自由仍旧力战不懈,马其顿的士兵在会战当中显出体力不支的样子,于是命令预备队投入战斗。精疲力竭的底比斯人遭到突然的打击,强大的力量使得很多人被杀。底比斯始终没有放弃获胜的希望,还想赢得一场大捷,对于所有的危险视若无睹。他们鼓起勇气发出困兽之斗的喊叫,这样一来使得马其顿人都自叹不如。通常情况下,当面的敌人要发起轮番的攻击,士兵对于增援上来的生力军都会感到畏惧,看来底比斯的部队面对危险真是愈战愈勇,就是因为当面的敌人被他们打得无招架之力,才会将最后的本钱——预备队投入作战。

底比斯的市民靠着大无畏的精神确保战线毫不动摇,国王注意到一道便门被守军放弃,赶紧派帕迪卡斯带着一支强大的分遣队前去占领,接着从那里向着城内冲杀进去①。他很快下达命令,马其顿的士兵溜过城门进入城市,这时底比斯人在对方第一波的攻击之下已经疲惫不堪,勇敢面对第二波的攻势仍旧抱着战胜的希望。他们得知有一部分城市落入敌人手中,这时立即开始向着城墙里面撤退,疾驰的骑兵随着步兵一起行动,发生

---

① 阿瑞安《亚历山大远征记》第1卷第8节,引用托勒密的说法,发生这件事是在围攻的初期,还没有展开正规的战斗,完全是帕迪卡斯过于主动所致。托勒密还一再提到在哈利卡纳苏斯的作战,接着他就负责指挥一个军传的重装步兵方阵,当时全军共有六个重装步兵方阵。

践踏的惨剧害死很多自己人,由于赶着进入城市丧失秩序,遭遇有如迷宫的狭窄巷道和壕沟,失足跌落就会被自己的武器所杀。就在同一时候,卡德密的马其顿驻防军从城堡冲出来,攻击处于混乱之中的底比斯市民,使得他们遭到很大的伤亡①。

13 城市已经被敌人攻占,城墙里面一片惨绝人寰的景象。底比斯人的傲慢使得对手怒气大发,马其顿人一旦对待他们真是痛下毒手,较之一般战争出现的场面更为火爆,尖声谩骂只能让自己成为受到敌人厌恶的民族,马其顿人遇到就大开杀戒一个都不放过。底比斯人这边还是执着于奋不顾身的胜利,他们只有采取绝望的行动,将生命视为草芥,只要看到敌人就上前与他们拼个死活,让自己在最后一击中获得解脱。城市遭到敌人占领的过程当中,没有一个底比斯的市民乞求对方饶恕他的性命,更不会出现跪在地上抱住征服者的双膝之类羞辱的举动。他们忍受极大痛苦的勇气无法引起敌人的同情,报复的残酷不仅是破城当日的烧杀掳掠。整座城市遭到彻底的洗劫,所有的男孩和女童被当成俘虏牵走,他们都在哭着喊叫自己的母亲,看起来真是让人感到心酸。

总而言之,每个家族的成员都落到敌人手里,所有的市民遭到奴役是无法逃脱的命运。剩余的男子不是受伤就是濒临死亡,有些人还与敌人缠斗不休,即使击毙对手最后还是被杀;还有一些人手里只有一根折断的长矛,前去寻找破城而入的敌人,为了维护自由而不是他们的生命,最后从事绝望中的搏斗。大规模的杀戮正在如火如荼地进行,城市每个角落堆起的尸首有如山积,没有人会对落入悲惨困境的不幸者稍有怜悯之心。甚至同属希腊民族的帖司庇伊人(Thespians)、普拉提亚人(Plataeans)、奥考米尼

---

① 参阅普鲁塔克《希腊罗马名人传》第 17 篇第 1 章"亚历山大"第 11 节。

亚人(Orchamenians)以及其他用仇视眼光看待底比斯的市民,他们加入国王的阵营①,共同采取作战行动,随着马其顿的军队攻进城市,展现他们的恨意,让不幸的受害者陷入家破人亡的灾祸之中。

很多令人战栗的灾难降临在底比斯,希腊的城邦之间不仅同室操戈,而且对有亲属关系的族人展开血流漂杵的屠杀,甚至大家说共同的方言,都无法引起同情的感觉。最后,黑夜的降临总算产生调停的作用,所有的房舍都已遭到劫掠,逃进寺庙避难的儿童、妇女和老人,被用绳子绑住拖出圣地,发生的暴行真是不胜枚举②。

14 遇害的底比斯人超过六千,还有一万三千多人成为俘虏,抢夺的财物数量之大真是令人无法置信。

国王为马其顿的阵亡人员安排葬礼,他的损失多于五百人,然后召集希腊各城邦派来的代表举行会议,提出的问题是底比斯这座城市应该如何处理。公开讨论的时候,有些人对底比斯怀有无比的敌意,提出建议要对他们施以最为残酷的惩罚,特别指出底比斯的市民加入蛮族的阵营对希腊发起侵略的行动。泽尔西斯的时代他们的确投效波斯军队与同文同种的族人作战,希腊城邦当中只有他们将波斯国王视为恩主,因此底比斯的使者坐的位置是在国王宝座的前面。

他们就同样的题目提到很多其他的细节,在会议当中激起大家反对底比斯的情绪,最后通过的决议是要将这座城市夷为平地,所有的人民发售

---

① 贾士丁《菲利浦王朝史》第 11 卷第 3 节,提到加入马其顿阵营的希腊城邦有福西斯、普拉提亚、帖司庇伊和奥考米尼亚;普鲁塔克《希腊罗马名人传》第 17 篇第 1 章 "亚历山大" 第 11 节和阿瑞安《亚历山大远征记》第 1 卷第 8 节,只提到最痛恨底比斯的福西斯和普拉提亚。

② 普鲁塔克《希腊罗马名人传》第 17 篇第 1 章 "亚历山大" 第 11 节,提到底比斯城破以后,除了祭司、少数与马其顿有亲属关系的人士、诗人品达家族,以及公开投票反对这次战争的市民以外,全部发售为奴共有 30000 多人,另外被杀有 6000 人之众。

为奴,底比斯流亡在外的人士不受法律保护,不允许希腊的城邦为任何一位底比斯人提供庇护和容身之地。国王根据会议的裁示发布敕令,摧毁整座城市到寸草不留的程度,等于给希腊那些可能反叛的城邦,提出令人感到发指的警告。他拍卖俘虏得到的金额高达四百四十泰伦的银币①。

15 底比斯的事件处理完毕,亚历山大派人到雅典,要求交出十名政坛领袖②,因为这些人反对他谋求希腊整体利益的方针和策略,其中最有名的人物是笛摩昔尼斯和莱克格斯(Lycurgus)。雅典当局召开市民大会,使者受邀前往参加,等到来人讲完话以后,民众陷入深深的痛苦和困惑之中。他们带着焦急的心情想要维护城市的荣誉,底比斯的绝灭把他们吓得目瞪口呆,邻人的灾祸让他们警觉到即将面临的危险。

等到很多人在大会发言以后,有"义士"之称的福西昂(Phocion),虽然对笛摩昔尼斯的党派持反对的态度,但是现在站起来说话,请求大家要记得李奥斯(Leos)和海森朱斯(Hyacinthus)的女儿,当她们的城邦遭到无法挽救的灾难,很高兴忍受加在身上的死亡,同时他谴责那些丧心病狂和生性怯懦的家伙,不愿为了自己的城市牺牲性命③。民众显然反对他提出的

① 克莱塔克斯(Cleitarchus)留下的残卷中,记载着相同的数字,参阅阿昔尼乌斯《知识的盛宴》第 4 卷 148。按照这个金额得知一个奴隶的平均售价是 88 德拉克马;塔恩(Tarn)认为出售的奴隶是 8000 人,平均售价是 330 德拉克马,所以得到 440 泰伦这个金额,只是那个时代的奴隶价格找不到可用的数据。

② 普鲁塔克《希腊罗马名人传》第 20 篇第 1 章"笛摩昔尼斯"第 23 节,根据艾多麦纽斯(Idomeneus)的说法是 10 个人,大多数史学家认为只有 8 位,就是笛摩昔尼斯、波利优克都斯、伊斐阿底、莱克格斯、密罗克利、笛蒙、凯利昔尼斯和查瑞迪穆斯。

③ 阿提卡的英雄李奥斯牺牲他的女儿使得雅典转危为安,还有就是伊里克修斯(Erechtheus)也是大名鼎鼎的传奇人物,或许这位就是后面那位无人知道的海森朱斯,有关李奥斯和伊里克修斯的故事,可以参阅西塞罗《论神的本质》第 3 卷第 50 节。福西昂在这里的谈话,参阅伊司尼斯《控诉帖西奉》(Against Ctesiphon)第 161 节和普鲁塔克《希腊罗马名人传》第 18 篇第 1 章"福西昂"第 17 节。

劝告,引发一场骚动就将他赶下讲坛,笛摩昔尼斯发表一篇审慎准备的演说,使得大家同情这些领导人物,要想尽办法拯救他们免予遭到不测。

据说后来迪玛德斯从笛摩昔尼斯的支持者那里,得到五泰伦的贿赂,发挥他的影响力说服大家,在性命受到威胁的情况下将他们拯救出来,同时他宣读一篇精心撰写的敕令。主要内容是为这些人提出申辩和请愿,如果他们确实值得惩罚,答应按照法律的规定从重判决。人民同意迪玛德斯的建议,通过提案派遣一个代表团,包括迪玛德斯在内担任使者去见亚历山大,还交代他们要为底比斯的人民讲情,请求国王允许雅典当局为流亡人士提供一个栖身之地。迪玛德斯负起这次的任务,在各方面都大获成功,他用口若悬河的本事说服亚历山大,赦免政坛人士受到指控的罪名,同意雅典提出的各项请求①。

16 国王率领大军班师返回马其顿,召集军事指挥官和身份尊贵的伙友,开会讨论渡海远征亚洲的计划,何时展开军事行动以及如何指导战争的执行。安蒂佩特和帕米尼奥劝他当务之急,是先要有法定的继承人,然后才能着手完成伟大的抱负,亚历山大热衷于迅速采取行动,反对任何的拖延和迟误,对他们的话持否定的态度。他强调一个人受到希腊城邦的托付,负起指挥战争的责任,接下他父亲战无不胜的军队,要是不能积极完成任务,只能坐在家中举行婚礼,等待儿女的出生,那是对人格的一种羞辱。他继续向他们表示利益在前面等待他们去获得,用这种方式激起战斗的热情要他们克服所有的危险。

他在马其顿的迪姆(Dium)为神明奉上丰盛的牺牲和祭品,举行戏剧

---

① 亚历山大为处置底比斯人过分严厉感到遗憾,后来对他的性格产生很大的影响,能以比较不苛刻的态度对待其他国家。普鲁塔克《希腊罗马名人传》第 20 篇第 1 章"笛摩昔尼斯"第 23 节,提到迪玛德斯不负所托完成任务。

竞赛用来向宙斯和缪斯致敬,这是前面一位国王阿奇劳斯(Archelaus)制定的活动①。他办理的节庆时间长达九天,每一天的称呼来自一位缪斯的名字。他搭了一个硕大无比的帐篷,里面可以容纳一百张卧榻②,邀请伙友、官员和来自各城市的使节参加饮宴。他非常慷慨地接待无数的宾客,还将用作牺牲的家畜和办理节庆所需的物品,分发给所有的部队,使得全军充满高昂的士气和奋发的精神。

17 帖西克利(Ctesicles)成为雅典的执政官,盖尤斯·苏尔庇修斯(Gaius Sulpicius)和卢契乌斯·帕皮流斯(Lucius Papirius)③当选罗马的执政官。这一年(前334年)亚历山大率领军队来到海伦斯坡,渡过海峡从欧洲到达亚洲。他个人带着六十艘战船驶向特罗德,从船上投掷长矛安稳插在征服的土地上面,当着众人的面首先一跃上岸,宣称他从神明手里接受亚洲,作为他获得标枪这个项目优胜的奖品。他前往凭吊阿基里斯、埃杰克斯和其他英雄人物的坟墓,奉上祭品以及给予应有的尊敬④,接着开始精确计算手下可以运用的部队。

他的步兵有一万二千名马其顿人、七千名盟军和五千名佣兵,全部

---

① 阿瑞安《亚历山大远征记》第1卷第11节,提到奥林匹斯主神宙斯的祭祀,还说"为了向掌管音乐、舞蹈和文艺的九缪斯致敬,也举行文艺竞赛"。

② 阿加索克利的"宴会厅"可以容纳60张卧榻,这座建筑物已经视为西西里的奇观,参阅本书第十六章第83节,从而可知这个帐篷的面积是何等巨大。据说亚历山大带着这个庞然大物从事远征的行动,参阅阿昔尼乌斯《知识的盛宴》第12卷538c。

③ 帖西克利担任雅典的执政官从公元前334年7月到333年6月。布洛顿《罗马共和时期职官志》第1卷第138节,表上列举盖尤斯·苏尔庇修斯·隆古斯(C.Sulpicius Longus)是337年两位执政官之一,卢契乌斯·帕皮流斯·克拉苏(L.Papirius Crassus)则是336年的执政官。

④ 参阅贾士丁《菲利浦王朝史》第11卷第5节,普鲁塔克《希腊罗马名人传》第17篇第1章"亚历山大"第15节以及阿瑞安《亚历山大远征记》第1卷第11节,都提到他对阿基里斯的献祭,有人问他是否愿意去看帕里斯的七弦琴,他表示出不屑一顾的神色。

交由帕米尼奥指挥。奥德瑞西亚人(Odrysians)、特瑞巴利亚人(Triballians)和伊利里亚人共有七千人,伴随在他的身边;加上称为阿格里阿尼亚人(Agrianians)的投石手一千人,总共三万二千人。有关骑兵是八百名马其顿人,接受帕米尼奥之子斐洛塔斯(Philotas)的指挥;一千八百名帖沙利人听从哈帕拉斯之子卡拉斯(Callas)的指挥;六百名来自其他希腊各城邦,全部在厄瑞吉乌斯(Erigyius)的领导之下;还有九百名色雷斯人和皮欧尼亚人(Paeonian)组成的侦察部队,交由卡桑德(Cassander)指挥,总共是四千五百人。这些部队随着亚历山大渡海来到亚洲①。留在欧洲的军队交由安蒂佩特指挥,总共是一万二千名步兵和一千五百名骑兵②。

国王从特罗德开拔前进,来到供奉阿西娜的圣地③,一位名叫亚历山大的主祭者,向他指出神庙前面那座雕像,就是弗里基亚前任省长亚里奥巴札尼斯(Ariobarzanes)④,现在已经推倒在地面,同时还提到目前发生一些有利的征兆。他保证国王会成为一次大规模骑兵会战的胜利者,特别是这一次的作战是在弗里基亚的疆域之内,还补充说国王会亲手杀死敌军一位声名响亮的将领。他说这是神明将预言透露给他,特别提到阿西娜会鼎力相助使他无往不利。

---

① 只有狄奥多罗斯对于亚历山大的部队和兵力提出非常精确的数据。贾士丁《菲利浦王朝史》第11卷第6节提到他的兵力是32000名步卒和4500名骑兵,普鲁塔克的数字是30000—43000名步卒和4000—5000名骑兵,阿瑞安说他不会多于30000名步卒和5000名骑兵。普鲁塔克《希腊罗马名人传》第17篇第1章"亚历山大"第15节,提到他准备的经费不过70泰伦,粮草给养只够30天之用,还说他举债200泰伦。

② 除了本书,其他地方找不到这方面的数字。

③ 这个众所周知的庙宇位于伊利姆,参阅阿瑞安《亚历山大远征记》第1卷第11节。

④ 狄奥多罗斯可能误把亚里斯坦德(Aristander)的雕像当成亚里奥巴札尼斯的雕像;虽然后者在前388—前361年担任弗里基亚的省长,后来因叛逆遭到逮捕和处决,就是有雕像早在那个时候都已全被打碎。

18 亚历山大乐于接受占卜者提出的预言,就把自己的铠甲当成祭品奉献给女神。然后他取走存放在神庙里面最好的全套披挂,穿戴起来从事第一次的搏斗①。虽然他这样做不会有错,事实上完全靠自己的战斗能力赢得一次极其轰动的胜利。只是当时没有任何动静,要等一段时间才会发生预言提到的会战。

这个时候的波斯省长和将领,没有及时采取行动,阻止马其顿的军队渡过海峡,只是集结部队,开会商议对付亚历山大的大计方针。罗得岛人门侬以戎马生涯获得很高的声誉,提出的对策是不与对方进行决定性的会战,对于乡村地区开始坚壁清野,使得马其顿短缺粮草无法向前推进,同时派出水师装载地面部队在马其顿登陆,转移战争的影响力到欧洲②。这是最好的战略手段,从而后发生的事件可以明显看出,门侬无法赢得其他指挥官的赞同,似乎他的意见有损波斯的尊严。于是他们决定前去迎击敌军,召集分散在各行省的部队,兵力方面较之马其顿占有绝对的优势,他们前进的方向是弗里基亚的海伦斯坡地区,倚靠格拉尼库斯(Granicus)河设置营地,运用河岸形成一条防御线③。

19 亚历山大得知波斯的军队已经集中,便迅速进军面对敌人扎下营寨,格拉尼库斯河在两军之间流过。波斯的大军在高处

---

① 阿瑞安提到亚历山大从阿西娜神庙拿走的武器和盔甲,后来进入战场作战的时候,就叫他的卫士捧着这些武器走在他的前面;特别是阿瑞安在《亚历山大远征记》第6卷第9节,提到他要朴西斯底手执神圣的盾牌(这面盾牌是他从伊利姆的阿西娜神庙取走,一直由他保存,打仗的时候高举在他的前面),陪伴在身边前去攻打马利人的城堡,这已经是前325年的事。

② 参阅阿瑞安《亚历山大远征记》第1卷第12节。

③ 贾士丁、阿瑞安和普鲁塔克的著作都提到格拉尼库斯会战,富勒将军(Gen. F. C. Fuller)的《亚历山大大帝的将道》(*The Generalship of Alexander the Great*),对于这次会战和其他大小战役,都有精辟的分析和独到的见解。

以逸待劳,打算击灭渡河的敌人,趁着马其顿的方阵分离之际,认为他们很容易获得胜利。亚历山大在黎明之际毫无畏惧率领军队渡河,在对方能够阻止他之前已经完成最好的部署①。他为了反制波斯人的行动,就将所有的骑兵沿着马其顿的前列成一线配置,决定用这种方式强迫敌人接受会战②。

门侬和阿萨米尼斯(Arsamenes)省长各自用所属骑兵部队,保持在左翼的部署,阿西提斯(Arsites)的位置紧接帕弗拉果尼亚(Paphlagonia)的骑兵部队,然后是爱奥尼亚的省长斯皮司罗巴底(Spithrobates)位于海卡尼亚(Hyrcanian)骑兵的先头。右翼的兵力是一千名米堤亚人,加上雷奥米塞里斯(Rheomithres)的两千名骑兵,以及同样数量的巴克特里亚(Bactrians)骑兵部队。其他国家的分遣部队占领中央位置,数量众多而且战斗人员都经过挑选。总之,骑兵的数量超过一万人。波斯的步兵部队不少于十万人③,他们部署在战线的后方无须前进接敌,认为仅骑兵的力量就足以粉碎马其顿人的攻势。

双方的骑兵带着高昂的士气参加会战,部署左翼的帖沙利骑兵在帕米尼奥指挥之下,向着位于当面的敌军发起英勇的攻击。亚历山大率领位于右翼训练最为精良的骑士,对波斯人发起攻击并且紧追不放,开始让对方遭受重大的损失。

---

① 普鲁塔克和阿瑞安对这些会战的叙述有很大的差异,主要在于发起的时间和攻击的方式。特别是普鲁塔克在《希腊罗马名人传》第 17 篇第 1 章“亚历山大”第 16 节,提到有人宣称当时的季节不宜作战,马其顿国王视 Daisios 月(5 月)为不吉,不会在这个时候出征用兵,亚历山大要他们除去忌讳,就将这个月称为第二个 Artemisius 月(4 月)。

② 古代会战的部署都是将骑兵放在两翼,亚历山大的渡河作战要为步兵建立一个桥头堡,才会将骑兵放置步兵的前面成一线配置,这是非常独特的做法。

③ 贾士丁认为波斯的兵力是 60000 马,阿瑞安的记载是 20000 名步卒和 20000 名骑兵。

20 波斯大军的抵抗极其勇敢,用大无畏的精神阻止马其顿的进击,像是命运女神将所有技术最为高明的战士聚集在同一个地方,让他们非要拼个你死我活才能赢得胜利。爱奥尼亚省长斯皮司罗巴底出身波斯望族,是大流士的女婿,这个人英勇绝伦,率领大量骑兵冲向马其顿的战线,身边还有四十名以勇敢知名的同伴都是"皇家亲卫军"①的成员,运用气势强大的攻击冲向对方的战线,作战英勇无比。这次攻击会造成危及全局的后果,亚历山大掉转坐骑向着省长疾驰而去。

对于这位善战的波斯勇士来说,这是上天赐予进行单打独斗的良机。他希望凭着个人的骁勇善战,使得亚洲解除可怕的威胁,能用自己的手逮捕胆识过人的亚历山大,让波斯获得雪耻复仇的光荣。他不假思索用力将标枪投向亚历山大,强大的劲道穿透对方的盾牌,正好刺到胸甲时被挡住。国王将卡在装备上面的武器摇落下来,然后用力刺激起他的坐骑向前用劲一跃,借着这股冲力乘势用他的长矛戳向省长的胸部,两军位于附近的队列见证到英勇的行为发出震耳欲聋的喊叫。不过,矛尖刺中胸甲咔嗒一声让折断的矛杆向后反弹回去,波斯人拔出佩剑向着亚历山大猛砍,国王及时紧握长矛戳向对手的面部,结果一击之下刺了进去。斯皮司罗巴底从马上摔倒在地,正好这时他的兄弟罗撒西斯(Rhosaces)冲向前来,举起佩剑向着亚历山大的头部直劈下去,可怕的力道砍裂国王的头盔使他受到轻伤,就在罗撒西斯对准同个部位再度出手的时候,绰号黑旋风的克莱都斯(Cleitus)策马冲向前来,斩断了这位波斯将领的手臂。

---

① 这是波斯帝国一种荣誉的头衔赐给地位崇高的贵族人士,后来的希腊王国也采用这种方式,只是有种种不同的称呼。

21 亲卫军看到接战的两人①倒在地上,成群结队赶上前来救援,首先他们对着亚历山大投掷有如降雨一样的标枪,然后一拥而上要杀害国王。亚历山大很多次暴露在凶狠的攻击之下,大量敌人仍旧无法压制他的气势,虽然他的胸甲受到两次重击,还有一次是在头盔上面,他从阿西娜神庙带走的盾牌,竟然被敌人射中三次,对他来说始终毫发无损,表露出扬扬得意的神情克服所有的危险。接着还有其他出身高贵的波斯人在他的手里丧生,其中最著名的人物像是大流士皇后的兄弟阿蒂齐斯(Atizyes)和法纳西斯(Pharnaces),以及指挥卡帕多西亚部队的米塞罗巴札尼斯(Mithrobuzanes)②。

很多波斯指挥官被杀,加上骑兵部队为马其顿人击溃,面对亚历山大的敌军开始逃走,然后是其余人员一哄而散。国王接受全军一致的欢呼获得象征英勇的棕榈叶,承认他是胜利的开创者,其次是帖沙利骑兵部队靠着掌握进退齐一的战术技巧以及无与伦比的战斗素质,赢得全军最高的荣誉。等到骑兵溃败以后,步兵之间的接战很快结束。波斯的将士为骑兵的败北感到胆战心惊,士气的丧失使得部队转身逃走③。波斯步兵有一万多人被杀,骑兵的损失不到两百人,有两万多人成为俘虏④。会战以后国王

---

① 这两个人是指斯皮司瑞达底和罗撒西斯。普鲁塔克《希腊罗马名人传》第17篇第1章"亚历山大"第16节,提到波斯两位将领罗撒西斯和斯皮司瑞达底同时对他发起攻击,国王杀死前者,后者用战斧砍中他的头盔,却被克莱都斯用长矛刺穿身体。普鲁塔克《道德论丛》第25章"论亚历山大的命运和德行"第2节,这两个敌手却变成斯皮司瑞达底和米塞瑞达底。

② 阿瑞安《亚历山大远征记》第1卷第16节,列出一大批波斯阵亡将领和贵族,其中包括大流士的儿子阿布帕勒斯(Arbupales),只是没有阿蒂齐斯的名字。

③ 波斯的骑兵部队被马其顿人击溃以后,留下的步兵在侧翼和后方缺乏保护的情况之下,已经没有机会可以安全后撤。阿瑞安《亚历山大远征记》第1卷第16节,只提到希腊佣兵构成的方阵,被围以后遭到屠杀到不留活口的地步。

④ 普鲁塔克提到波斯的损失是2200名骑兵和20000名步卒;阿瑞安说是1000名骑兵,以及绝大部分希腊佣兵的方阵部队,只有2000人成为俘虏。

为阵亡将士①举行隆重的葬礼,认为他们面对危险的会战愿意牺牲自己的性命,才能为希腊的城邦开创胜利的契机。

亚历山大的部队经过整顿以后,开始进军经过利底亚(Lydia)夺取萨迪斯(Sardis)和附属的城堡,省长米塞瑞尼斯(Mithrines)没有抵抗开城投降,金库储存的财物落到国王的手里。

22 门侬率领波斯的残兵败卒在米勒都斯(Miletus)得到庇护,国王靠近城市设置营地,每天派出部队轮番对着城墙发起攻击。开始的时候,被围的部队靠着高大的城池和聚集在城内众多的兵员,能够很容易固守下去,特别是他们为了应付紧急情况,可以供应为数众多的投射武器,而且粮草的储备极其充足。国王下定夺取的决心,带来攻城机具不停轰击城墙,并且从陆地和海上实施夹攻,后来马其顿的士兵从崩塌的城墙打开一条通路,然后运用优势的兵力,使得守城的部队没有反抗的余地。米勒都斯人带着表示乞求的橄榄枝,将他们自己和城市交给国王任凭处置。有些波斯人遭到攻击者的杀害,还有一些人在城破的时候逃走,剩余的人员全部成为俘虏。亚历山大对待米勒都斯的市民非常友善,所有的外来者一律作为奴隶出售。由于水师没有发生作用而且需要负担很大的费用,他解散舰队只留下少数船只用来运输攻城机具②。其中雅典派出的分遣舰队有二十艘船。

---

① 马其顿的损失极其轻微,阿瑞安说是 85 名骑兵和 30 名步卒,普鲁塔克的记载是 25 名骑兵和 9 名步兵,亚历山大赐给他们建立雕像的殊荣。

② 有关亚历山大解散水师,参阅阿瑞安《亚历山大远征记》第 1 卷第 20 节。克尔久斯《亚历山大战史》第 3 卷第 1 节,提到 6 个月以后又恢复海上的作战行动,组成的舰队是在赫吉洛克斯(Hegelochus)和安弗提鲁斯(Amphoterus)的指挥之下。

23 他们提到亚历山大的策略是抱定破釜沉舟的决心,所以他才解散舰队。大流士仍旧是他的敌手,双方必然要在另一次会战当中分出高下,他的想法是要剥夺马其顿人所有可能逃走的机会,就会激发他们在绝望中奋斗的勇气。他们说他在格拉尼库斯会战之中运用同样的伎俩,等到他渡过河流就将部队置于绝地,让大家感到退一步即是葬身之所,只有奋勇向前与敌人拼个死活。很多年以后他们提到叙拉古国王阿加索克利(Agathocles)的案例,他仿效亚历山大的策略,赢得一个出乎意料的具有决定性的胜利。由于他只率领少数兵力渡海前往利比亚,烧掉所有的船只不让手下人有逃走的希望,逼得他们战斗起来就像所向无敌的英雄,打败兵力多达数以万计的迦太基人,赢得实至名归的胜利①。

等到米勒都斯丧失以后,那些积极进取的指挥官,将他们的部队包括大量波斯人和佣兵集结在哈利卡纳苏斯(Halicarnassus)。这里是卡里亚(Caria)最大的城市,主要的建筑物有卡里亚国王的宫殿以及内城的堡垒。这个时候门侬将妻子②和儿女送到大流士那里,因为他经过考虑知道国王为了自己的利益,会对他的亲人给予妥善的照顾可以确保他们安全无虞。国王获得最有价值的人质,就会更加信任门侬授予最高指挥的职位。这就是当时的情况。因为大流士派人送信给滨海地区的官员,指示他们要听从门侬的命令。因此门侬在哈利卡纳苏斯加紧各项工作,储备大量物资和粮食用来应付敌人的围攻。

24 亚历山大将攻城机具和各类补给经由海上运到哈利卡纳苏斯,他自己率领所有部队向着卡里亚进军,由于他的仁慈所有

---

① 参阅本书第二十章第 7 节。
② 门侬的妻子是阿塔巴苏斯的女儿巴西妮(Barsine),伊苏斯会战成为俘虏,据称她后来为亚历山大生了一个名叫赫拉克勒斯的儿子。

的地方望风而降。他对于希腊的城市特别慷慨，允许他们独立豁免他们的税捐，特别提出保证要以恢复希腊人的自由权利作为目标，所以才会发动战争用来对付波斯的侵略者。他在进军的途中遇到一个名叫阿达的妇女，她出身于卡里亚的统治家族①。她提出要恢复祖先的地位同时请求给予援助，亚历山大下达命令让她成为卡里亚的君主。对这位妇女的礼遇使他获得卡里亚皇室的支持。现在所有的城市派遣使者前来觐见，向国王奉上金冠作为礼物，承诺在各方面都与他合作。

亚历山大靠近城市设置营地，发起一场积极而又难以抗拒的围攻作战②。首先他派出攻城部队轮流对城墙发起突击，花费整天的时间从事激烈的战斗。随后他运来各式各样作战器械，架起防盾保护工作人员填平城市前面的壕沟，接着用巨大的撞城锤破坏塔楼之间的障壁，只要城墙有任何部分被他的机具推倒，他就企图运用肉搏近战打开一条通路，越过遍地狼藉的砖石进入城市。门侬在防御的初期，部署城墙上面的守军很轻松击退马其顿人的进攻，因为他在城中仍旧拥有大量人员。等到攻城机具发生作用，他在夜晚派出大批士兵出击，纵火将这些器械焚毁，引起一场激战，马其顿人表现出大无畏的气概，波斯人占有兵力优势以及火攻之利。他们从城墙上面获得弩炮发射标枪的支持，有些敌人被杀还有很多人受伤失去作战能力。

25 同一时刻两军响起会战的号角，整个战场发出欢呼的声音，士兵一起赞誉他们的勇士要建立盖世的功勋。有些人试图扑灭

---

① 阿瑞安《亚历山大远征记》第 1 卷整 23 节，提到阿达在她的兄弟兼丈夫的艾德里乌斯（Iderieus）逝世以后，成为卡里亚的统治者，后来她的幼弟皮克索达鲁斯（Pixodarus）篡位将她放逐，参阅本书第十六章第 74 节。

② 阿瑞安《亚历山大远征记》第 1 卷第 20—23 节。狄奥多罗斯略过亚历山大对迈杜斯（Myndus）的攻击，他的叙述有的地方站在波斯的立场，要比其他的作者更为公正。

已经起火的攻城机具;还有人加入与敌军的肉搏战斗,给对方带来很大的伤亡;还有人在倒塌的城墙后面竖起第二道木墙,比起前面那道墙的结构要更厚更重。门侬手下的指挥官进入第一线的位置,任何人只要有突出的表现就可以获得重赏,双方激起高昂的士气要争取最后的胜利。可以看到正面受伤鲜血淋漓的战士,以及丧失意识被抬出战场的人;还有人扶起倒在地上的同伴,尽力要让他恢复神志;还有一些人屈服于恐惧的打击之下动弹不得,经过军官的诉求和激励,再度鼓舞奋斗的精神和勇气。最后有些马其顿人被杀死在城门里面,其中一位名叫尼奥普托勒穆斯(Neoptolemus)的军官,他出身于地位显赫的家族①。

这时两座塔楼倒塌在地,两面相连的障壁被打通,帕迪卡斯手下的有些士兵,像是喝醉酒一样在城堡的外墙,从事狂野的夜间攻击②。门侬的手下注意到这些攻击者的动作呆板而且步伐蹒跚,很快运用兵力较大的部队发起逆袭,击溃马其顿的重装步兵还有很多士兵被杀。等到局势明朗以后,马其顿的大量援军赶来救助,双方发生激烈的冲突,亚历山大和他的伙友来到现场,波斯人抵挡不住退守城市,亚历山大派出传令官宣布停战,并搬回丧生在城墙前面的马其顿弟兄。参加波斯阵营作战的雅典将领伊斐阿底(Ephialtes)和色拉西布拉斯(Thrasybulus)③,表示不让马其顿人埋葬他们的阵亡人员,门侬同意对方提出的要求。

---

① 尼奥普托穆斯是投靠波斯的叛徒,在哈利卡纳苏斯的攻城作战中阵亡,由于他是阿明塔斯的兄弟,阿明塔斯是亚历山大极其信任的伙伴,所以狄奥多罗斯将他列入马其顿的阵营。

② 这些都是帕迪卡斯手下的重装步兵,因为他未奉命令擅自行动,失败以后假借部下的酒醉加以掩饰。

③ 这两位雅典的将领在底比斯失陷以后,投奔波斯的阵营,他们与马其顿人有不共戴天之仇。

26 波斯的指挥官召开会议,伊斐阿底的意见是不能坐待城市被敌人夺取,大家全部成为俘虏,他的处理方式是任何人只要身为佣兵的首领,必须加入第一线的队伍之中,领导部队向敌人发起攻势。门侬认同伊斐阿底的建议,因为他有无比的勇气和强壮的体魄,对于局势的进展抱有很大的希望,所以允许他按照自己的方式进行战斗。于是他挑出两千名先锋,其中一半人配发点燃的火炬,另外一半人负责迎击敌军,突然之间所有城门大开,他率领部队冲杀出来①。

这时正是清晨,出击的队伍他派一部分去对攻城机具纵火,立刻引发黑烟滚滚的烈焰,然后他带着纵深很大的方阵,攻击正在协助灭火的马其顿部队。国王看到当前的情况,立即在第一线增派马其顿人当中最为精良的战士,同时配置经过挑选的人员担任预备队。还在后面部署第三支部队,里面的成员经历多次激战有卓越的表现。他自己站在队伍的前面下达命令,坚决抵御敌人的攻击,认为凭着他们的实力定能战胜对手。一方面派出人手前去灭火和抢救攻城机具。

两军同时发出响彻云霄的呐喊,喇叭手吹起进攻的信号,双方战斗人员都具备无比的勇气和高昂的斗志,接着发生一场极其惨烈的战斗。马其顿的部队阻止火势向外蔓延,伊斐阿底的手下在战场占了上风,加上他的力气很大无人能比,亲手杀死很多胆敢与他交锋的人。从堵住缺口新建木墙的顶端,守军用密集的投射武器消灭很多对手,他们建起的塔楼有一百肘尺高,上面装置很多具射出投矢的弩炮。马其顿人的尸首遍布地面,其余人员因为飞矢如雨而退缩不前,门侬带着大量增援兵力进入战场,使得亚历山大首次产生孤立无助的感觉。

---

① 阿瑞安提到被围的守军发起两次出击的行动,上面那次就是其中之一。

27 就在来自城市的人员占据优势的关键时刻,战争的潮流发生了令人惊讶的逆转①。有些年纪很大的马其顿人因为老迈体弱已经不再从事战斗任务,他们在菲利浦的麾下服役赢得很多次会战的胜利,紧急的情况激起他们要表现英勇的气概,骄傲的神情和战争的经验让他们稳占优势,用尖锐的言辞指责年轻人的怯懦,竟然想要规避会战的危险。他们编成密集的数组彼此的盾牌相连,前去迎战自以为获得胜利的敌军,陆续杀死伊斐阿底和很多士兵,最后逼得剩余的人员要在城市里面获得安全。夜晚来到他们紧跟败逃的敌人向着城内推进,国王命令喇叭手发出召回的信号,大家撤离战场返回营地②。

门依召集将领和省长开会商议,最后决定放弃城市。他们留下精选的将士死守卫城,里面储备足够的粮食,将其余的部队和所有的补给运到考斯(Cos)。亚历山大在天明得知敌军已经脱逃,他将整座城市夷为平地,围绕堡垒建起难以越过的木墙和壕沟。派出部分军队在某些将领的指挥之下,奉到命令是要征服邻近的部族③。

获得作战胜利的指挥官,率领手下的部队征服整个地区,就连面积辽阔的弗里基亚全部包括在内。亚历山大本人沿着海岸向西里西亚进军,很多城市望风而降,必要时用强攻猛打的方式夺取坚固的据点。有个地方的占领过程非常奇特,可以得知世事的结局真是难以预料,这件事的来龙去

---

① 参阅阿瑞安《亚历山大远征记》第1卷第22节,这是托勒密乌斯率领两个营的重装步兵,对敌人发起逆袭获致的战果。

② 阿瑞安《亚历山大远征记》第1卷第22节,提到这座城市本来已经唾手可得,亚历山大之所以会收兵返营,是希望胜利在即的时刻,哈利纳苏斯的市民愿意开城投降,这样可免予受到洗劫的危险和夷为平地的结局。

③ 阿瑞安《亚历山大远征记》第1卷第24节,亚历山大派帕米尼奥率领盟邦的部队前往萨迪斯,接着再向弗里基亚进军。

脉不应略过不提①。

28 靠近吕西亚（Lycia）边界有一个坚固无比的城堡②，位于悬崖上方的居民是马默里斯人（Marmares）。亚历山大的部队从附近经过，土著攻击马其顿的后卫带来惨重的伤亡，无数人员和驮兽成为带走的战利品。这件事使得国王愤怒无比，发起围攻要用武力夺取这个地方。马默里斯人作战勇敢对于城堡的坚固极具信心，用大无畏的精神抵抗猛烈的攻击。发起两整天不断的进攻以后，国王下定决心非要占据高崖否则不会离开。

开始的时候，马默里斯人的长者劝告年轻的同胞，应该终止他们的抗拒，无论接受任何条件都要与国王讲和。不过，他们拒绝接受说是城邦失去自由大家情愿随之死亡亦在所不惜，接着这些长者提出意见，就是他们要亲自动手杀死自己的妻儿和年迈的亲属，在不受拖累的情况下才有足够的实力，杀出敌人的重围在邻近的山区找到庇护。年轻人同意以后吩咐所有人回到自己的住处，整个家庭共享最好的食物和美酒，等待致命时刻的来到。不过，当中还有一些人（大约有六百人）不愿亲手处决自己的家人，就将他们关在房屋里面纵火烧死，再从城门冲出去夺路前往山区。至于那些忠实执行决定的人，使得每个家庭成为亲人最后安息的坟墓，然后在夜色的掩护之下偷偷从敌军的营地之间溜走，再前往邻近的山中集结。

这些都是当年发生的事件。

---

① 狄奥多罗斯确实略去很多重要的事迹和有趣的情节，诸如亚历山大在西里西亚的进击和毕西迪亚的征战，以及解开哥迪姆那个著名的绳结，有关的情况可以参阅普鲁塔克《希腊罗马名人传第17篇第1章：亚历山大》第17—18节，以及费士丁《菲利浦王朝史》第11卷第7节。

② 除了本书的记载，其他的著作当中找不到这次作战的资料。有人认为这个城堡位于庞菲利亚的昌迪尔（Chandir）。

29 奈柯克拉底(Nicocrates)成为雅典的执政官,西索·华勒流斯(Caeso Valerius)和卢契乌斯·帕皮流斯(Lucius Papirius)当选罗马的执政官①。在这一年(前333年)大流士将巨额金钱送给门侬,指派他担任主将负责整个作战行动。他集结一支由佣兵组成的军队,装备妥当三百艘船只,采取积极的行动要与敌人决一胜负。他在确保开俄斯(Chios)安全无虞以后,沿着海岸航向列士波斯(Lesbos),很容易将安蒂莎(Antissa)、梅提姆纳(Methymna)、派拉(Pyrrha)和伊里苏斯(Eressus)这几座城市,置于严密的控制和掌握之下。米蒂勒尼(Mithlene)是一座大城,拥有存量丰富的补给品和众多的战斗人员,他在围攻很多天和损失大量士兵以后,克服不少困难才能夺取这个要地。

门侬采取积极行动的消息,如同野火一样传播开来,赛克拉德(Cyslades)群岛很多岛屿派遣代表团去与他会面。有些话带到希腊的城邦那里,说是门侬率领舰队航向优卑亚(Euboea),岛上的城市变得非常兴奋,那里的希腊居民特别是斯巴达人对波斯怀有好感,开始抱着希望要改变目前的政局。门侬运用贿赂手段买通很多希腊的城邦愿意与波斯共进退,只是命运女神不让他有展现才华的机会,他患上不治的疾病因而亡故,大流士的王朝随着他的逝世宣告分崩离析②。

30 波斯国王正在期待门侬将战争的场面从亚洲转移到欧洲,等到得知主将已经亡故就召集盟邦举行会议,他列出两个方案

---

① 奈柯克拉底成为雅典的执政官是从公元前333年7月到前332年6月。布洛顿《罗马共和时期职官志》第1卷第137节,从年表得知前336年的执政官是卢契乌斯·帕皮流斯·克拉苏(L.Papirius Crassus)和奎因都斯·杜伊留斯(Q.Duilius)。

② 阿瑞安《亚历山大远征记》第2卷第1节,有同样的记载,说是米蒂勒尼直到门侬过世都没有被波斯占领。

进行讨论,一个是他派遣将领付以专阃之责,挥师向着海岸前进;另外一个方案就是他御驾亲征,率领举国的军队去与马其顿人作战。有人认为国王参加会战行动,波斯的部队会有更好的表现。雅典的查瑞迪穆斯(Charidemus)①素以勇敢赢得赞誉,富于作战指挥的技巧,曾经是菲利浦的军中袍泽,对马其顿国王的成功做出很大的贡献,现在参加这次会议对大流士提出他的看法,不应该像一个赌徒急着要拿自己的王位当成赌注,要把保存的实力留在自己手里用来控制亚洲,派出一位将领负责作战,给予他证明才华和能力的机会。十万兵员足够负起克敌制胜的任务,只要其中的三分之一是希腊的佣兵,查瑞迪穆斯暗示他本人可以完成这个计划。

国王听到这番话开始的时候深受感动,他的盟友却极力反对,甚至怀疑雅典的将领别有用心,一旦获得军队指挥的大权,会将波斯帝国出卖给马其顿国君。查瑞迪穆斯对于这种污蔑之词极其愤怒,口不择言指责波斯人缺乏男子汉气概。这样一来冒犯国王,气恼之余已经看不到他拥有的优点,按照波斯习惯逮捕查瑞迪穆斯用皮带捆绑起来,将他交付给随从下令处以死刑。查瑞迪穆斯被押解出去,他在赴死的途中大声叫喊,说国王马上就会后悔,要为毫无正义可言的惩罚付出代价,因为帝国的覆灭就是最好的证人。

查瑞迪穆斯自视太高,就是因为不合时宜的耿直和坦诚,使得他无法施展抱负同时还丢掉性命。等到国王的情绪开始冷静下来,很快懊恼自己的过度反应,谴责自己犯下重大的过错,拥有再大的皇家权力也无法挽回既成事实。他像是睡梦中有鬼怪在作祟一样,马其顿士兵高明的作战技巧和亚历山大采取行动的幻影,一直不断在他的眼前出现。他想找一位能力

---

① 克尔久斯《亚历山大战史》第3卷第2节,提到查瑞迪穆斯让人回忆起笛玛拉都斯(Demaratus)在希罗多德的《历史》当中所扮演的角色。只是贾士丁、普鲁塔克和阿瑞安的著作都没有提到查瑞迪穆斯这个名字。

高强的将领取代门侬的职位,却一直无法如愿,最后只有自己披挂上阵,为了王国的存亡兴废投身战场。

31 大流士一点都不浪费时间,立即从各方面召集军队,下令要他们在巴比伦集结。他要求所有的友人和亲属随他一起行动,从他们当中选出适合的人员,按照他们的能力担任指挥官的职位,其他人员成为他的幕僚,命令他们在他的旁边参赞作战的事务。他们接着行军到达巴比伦。整个兵力是步卒四十万人,以及不少于十万名的骑兵部队。

大流士率领庞大的军队从巴比伦开拔向着西里西亚前进。他将妻子和儿女——一个儿子和两个女儿——和母亲带在身边。亚历山大早在门侬死亡之前,已经观察到这位对手赢得开俄斯和列士波斯岛上几座城市的支持,还在一次突击之下占领米蒂勒尼。他知道门侬的计划是要用三百艘战船和一支陆上部队,将战争带到马其顿,这时大部分的希腊人都会倒戈投向敌方。这件事让他寝食难安,等到有人带来门侬逝世的信息,才让他放下重压心中的忧虑。

没过多久他突然罹患重病①,身体感受到难以忍耐的疼痛,所有医生对于治疗的方法始终迟疑不决,只有阿卡纳尼亚的菲利浦敢对症下药,即使冒险也要尽快治疗不能拖延,国王很高兴接受提出的建议,因为他听到大流士率领大军准备离开巴比伦。医生给他一种可以饮用的药剂,靠着病人强壮的体质以及获得命运女神的帮助,亚历山大很快解除病痛的折磨。身体复原的情况真是令人惊奇不已,国王用名贵的礼物酬谢医生的功劳,

---

① 有些人像是亚里斯托布拉斯(Aristobulus)说他的病因是过度的劳累,或者是在冰冷的赛德努斯(Cydnus)河游泳所致。

将他纳入最受皇家器重的伙友之列①。

32 亚历山大的母亲这个时候写信给他，提出很多有用的劝告，除了警告他必须小心自己的安全，反对他将卫队交给林西斯蒂斯家族（Lynnestian）的亚历山大负责。这个人作战非常勇敢而且积极进取，在陪伴国王的这群伙友当中，他的能力受到信任和肯定。发生很多可疑的情节支持提出的指控，这位林西斯蒂斯家族的成员遭到逮捕，戴上脚镣手铐置于警卫的看管之下，直到面对法庭的审判②。

亚历山大得知大流士的开拔不过数天，派遣帕米尼奥带着一支部队，前去占领称为门的关卡③。帕米尼奥到达该地赶走波斯守军控制整条隘道。大流士为了使得军队保持快速的机动，下令辎重行列和非战斗人员转运到叙利亚的大马士革④，然后得知亚历山大正在防守隘道，认为对方不敢与他在平原地区作战，急着赶路要很快前去迎击。这个地区的民众因为马其顿人的数量很少，表示轻视毫无尊重之意，然而波斯大军让他们印象深刻，于是放弃亚历山大前来讨好大流士。他们给波斯的部队带来粮食和各种物质，心理上已经预告胜利非波斯莫属。这时亚历山大据有伊苏斯（Issus）这座重要的城市，居民出于畏惧才开城投降。

---

① 有的作者还提到帕米尼奥写信给亚历山大要他防范医生的阴谋不轨，国王就将这封信给菲利浦阅看，同时将医生带来的药剂一饮而下，参阅普鲁塔克《希腊罗马名人传》第17篇第1章"亚历山大"第19节。

② 当事人亚历山大属于统治阶层的林西斯蒂斯家族，他有两位兄弟在国王登基的时候涉嫌被杀，即使如此亚历山大仍旧对国王表现忠诚，受到信任成为君主的友伴。不过当事人对马其顿国王的安全造成很大的威胁，当然会引起奥琳庇阿斯的猜疑，等到处理斐洛塔斯叛逆案的时候，他在没有起诉的情况之下遭到处决。

③ 这是著名的"叙利亚门"，阿瑞安《亚历山大远征记》第2卷第5节，只是将它称为"关隘"。

④ 波斯的将领将他们的女眷和行李都送到大马士革；即使如此，大流士还是安排母亲、妻子和儿女留在营地，会战失败就成为亚历山大的俘虏。

33 　斥候报告大流士正在前进之中,双方的距离只有三十斯塔德①,他的部队已经提高警觉排列成会战队形,声势的浩大真是让人触目惊心,只有亚历山大认为要掌握天赐良机,仅用一次会战的胜利摧毁波斯的权势。他为了提升决定性的效果,讲了很多适合当时情势的话,激励高昂的士气,编组以营为单位的步兵和以中队为单位的骑兵,部署的着眼点在于最能发挥战力。骑兵部队位于全军的前列成一线配置,命令步兵方阵仍旧保持在后面担任预备队。他自己的位置在右翼的先头,快速前进要与敌军接战,追随在他身边的是最精锐的骑兵部队。帖沙利的骑兵部队位于左翼,无论是出击的英勇和战斗的技巧都有卓越的表现。等到两军接近到弓箭的射程之内,波斯人向着亚历山大的部队发射有如阵雨的箭矢,浓密的程度使得彼此会在空中碰撞,当然就会减弱杀伤的威力。双方的喇叭手吹响发起攻击的信号,马其顿人首先发出山摇地动的呐喊,接着波斯人的应答更是惊人,战场四周的山丘回响有如轰隆的雷鸣,特别是第二次的音量是五十万人的战斗之声②。

　　亚历山大带着焦虑的神色举目向战场观望,立即将大流士识别出来,带着他的骑兵部队向波斯国王冲杀过去,他不仅要打败对手还要用个人的力量赢得胜利。现在双方的骑兵已经开始战斗,很多人遭到杀害,因为两军的实力和素质旗鼓相当,会战的范围蔓延开来没有造成决定性的局面。由于战况的起伏不定使得战线随之前进或后退。拥挤的行列提供非常确切的目标,标枪的投出和佩剑的戳刺都能达成杀敌的效果。他们面对敌人奋战到底,保持愤怒的情绪真是一息尚存,直到身受重创倒地不起,看来生

---

　　① 　距离不到四英里。在所有史学家当中,只有狄奥多罗斯没有提到大流士已经占领位于亚历山大后方的伊苏斯,同时还在派纳鲁斯(Pinarus)河的北岸建起一条堡垒线,迫使亚历山大要通过山地向东边转移阵地。会战发生的时间是在公元前333年11月或许要更早一点。

　　② 　前面提到大流士的兵力是40万名步卒和10万名骑兵。

命的丧失比起勇气的消退更为快速。

34 每个单位的军官当着手下的面战斗更加英勇,他们的榜样作用激励整个队列发挥高昂的士气。可以看到各式各样血肉淋漓的伤口,如同他们想要胜利竭尽各种手段和凶狠的战斗。波斯将领渥克萨色里斯(Oxathres)是大流士的幼弟,这个人的战斗精神值得给予高度的赞誉,当他看到亚历山大对着大流士疾驰,害怕无法加以阻挡,这时他唯一的念头是要为兄长牺牲自己的性命,下令给身边最为得力的骑士紧跟在后面,就向亚历山大猛冲过去,认为不惜牺牲表达手足之情的方式,会让他在波斯人当中享有不朽的声名。他赶过大流士的车驾直接加入战斗的行列,靠着战斗的技巧和坚定的意志杀死很多敌人。然而亚历山大的手下就战斗素质而言要较对手高出一筹,许多尸体很快堆积在车驾的前面,马其顿的士兵除了要击毙国王不存其他的念头,猛烈的进攻让他无法全身而退①。

很多地位高贵的王子在激战当中丧生,像安蒂克西斯(Antixyes)、雷奥米塞里斯(Rheomithres)和埃及省长塔昔阿西斯(Tasiaces)。阵亡的马其顿官兵不在少数,亚历山大受到敌人的围攻导致大腿的伤势不轻②。那些拖着大流士车驾的马匹全身都是伤口,四周堆积的死者使得它们惊慌难安,根本不接受缰绳的指挥继续向敌人这边紧靠过去。大流士处于极端危险的情况,逼得他违背波斯王国的古老习俗,放弃高贵的身份自己执起缰绳。国王的随从在混乱之中带来第二辆车驾,换车的时候遭到不断的攻击,使

---

① 克尔久斯《亚历山大战史》第3卷第11节。就像庞贝(Pompeii)古城的"牧神大厅"一幅亚历山大的马赛克镶嵌画所要表现的场景。

② 阿瑞安《亚历山大远征记》第2卷第12节,提到亚历山大的大腿被敌人砍伤,普鲁塔克《道德论丛》第25章"论亚历山大的命运和德行"第2节,说是按照查尔斯(Chares)的记载,亚历山大在伊苏斯的恶斗当中,大流士用军刀刺穿了他的大腿。

得他陷入惊慌和畏惧之中①。

　　波斯人看到国王处于这种情况,转身逃走,相邻的单位受到影响加以仿效,整个波斯骑兵部队落于溃败之中。他们穿越狭窄的隘道夺路而逃,接着要通过崎岖的地形,彼此相互碰撞和践踏,很多人没有受到敌人攻击却因而丧失性命。乌合之众在混乱之中挤成一堆,有些人赤手空拳没有兵器衣甲,还有人仍旧身着整套的战斗披挂,很多人手执出鞘的利剑造成很大的伤亡②。大多数骑兵冲过后方的平原,驱策他们的坐骑高速疾驰,尽快赶到友善的城市获得安全的庇护。现在马其顿的方阵与波斯的步兵只做短暂的接战,骑兵的一败涂地已经宣布全面胜利的来到。顷刻之间所有的波斯人全在退却当中,数以万计的人员通过狭窄的隘道向后奔逃,整个乡野很快布满残缺不全的尸体。

35 等到夜幕低垂,残余的波斯军队已经分散开来朝各个方向飞奔,马其顿人放弃追击开始抢劫,皇家的帐幕堆积大量财富特别吸引大家的垂涎。大量白银和不少的黄金,以及来自皇家宝库为数众多的华丽服装,还有属于国王的友伴、亲戚和军队指挥官的巨额财富③。还有皇室以及国王的亲戚和友伴的贵妇,乘坐光彩夺目的车辆,按照波斯古老的习俗要陪伴军事的行动,他们之中每个人都带着大量精致的家具和珍贵的饰物,用来保有庞大的财富和奢华的生活。

　　被俘妇女的命运极其悲惨。她们过去享受山珍海味的饮食,出门全身

---

　　①　亚历山大的马赛克镶嵌画描绘大流士骑上一匹马向后逃走,阿瑞安《亚历山大远征记》第 2 卷第 11 节和克尔久斯《亚历山大战史》第 3 卷第 11 节,也是这种说法。

　　②　阿瑞安《亚历山大远征记》第 2 卷第 11 节,引用托勒密的记录说是亚历山大率领骑兵发起追击,半路上遇到一条深沟里面堆满波斯士兵的尸体。

　　③　本章第 32 节以及阿瑞安都曾经提过,军队的辎重和波斯将领将他们的行李都运到大马士革,所以与这里叙述的情况有点矛盾。

包裹在绫罗之中乘坐华丽的车辆，现在衣冠不整坐在帐篷里面哭泣，口里祈求神明的保佑，跪倒在征服者的面前苦苦哀求。养尊处优的贵妇用发抖的手抛弃身上佩戴的珠宝，变成披头散发的模样，为了逃命顾不得地面的崎岖难行，成群结队聚集在一起，要求那些自身难保的人给她们施以援手。凶狠的掳掠者抓住不幸妇女的头发在地上拖着走，还有一些人的行为更加暴虐，剥去她们的衣服，用手或矛杆打她们赤裸的身体，像牲口一样驱赶到自己的住处。战胜的马其顿人靠着命运女神的慷慨，他们可以凌辱波斯人最珍贵和最骄傲的闺中佳丽。

36 有些生性审慎和多愁善感的马其顿人士，带着同情和怜悯注视命运的转换和人世沧桑，这种改变是何等的巨大和急剧。那些属于上层人士所有的物品都被胜利者拿走，他们处在异国和敌意的环境之中。(不过，大部分士兵毫无恻隐之心并不持这种态度①。)成群的妇女陷入苦难和羞辱的俘虏生活。

特别是大流士的家庭，他的母亲、妻子、两个及笄年龄的女儿和一个仍旧是幼童的儿子，让人看到难免要流出怜悯的眼泪。在这种情况之下，他们丧失崇高的地位也是必然的后果。皇室的成员不知道大流士的下落，是否已保住性命还是丧生在灾难之中，他们看到御帐遭到武装人员的掠夺，这群人根本无法辨别俘虏的身份，做出很多下流和不雅的举动。他们认为整个亚洲都成为敌人的俎上鱼肉，许多省长的妻子投身在他们的脚前恳求他们给予援手，这时自顾不暇没有能力帮助任何人，特别是他们自己陷入不幸的处境期望别人的保护。

马其顿的皇家侍从接收大流士的御帐，要为亚历山大准备沐浴和用

---

① 手抄本在这一段有遗漏或脱落的地方，插入的文字可能用来取代原来要表示的意义。

餐,点燃巨大的火炬照耀得有如白昼,等到他从追击作战返回休息,就会发现大流士的财富都是为他准备,可以当成征服亚洲巨大帝国的征兆和彩头。

西里西亚的伊苏斯会战最后的结果是,波斯阵营的损失是十万多名步兵以及一万多名骑兵①,马其顿这边阵亡的人数是步兵三百人和一百五十名骑兵②。

37 不过,两位国王仍旧忙着从事自己的工作。大流士知道自己在这场会战当中遭到惨败,只有连续换乘最好的骏马,用最快的速度赶紧逃走,急着在波斯的上行省找到安全的庇护,免得落到亚历山大的手里。亚历山大率领近卫骑兵③,还有一些精选的骑士,抱着渴望的心态要抓住大流士本人。他的追击有两百弗隆的距离,最后只有铩羽而归,返回营地已经是午夜。他用沐浴消除身体的疲惫,稍事休息接着进餐。

有人去见大流士的妻子和母亲④,告诉她们说是亚历山大已经完成追击回到营地,带来大流士使用的兵器和披挂。这些妇女听到以后情不自禁发出哀悼的喊叫,其他的俘虏也为这个不幸的消息悲伤不已,大家都在那里号啕痛哭。国王听到以后派遣他的一名伙友李昂纳都斯(Leonnatus),前去平息她们的吵闹,特别要向西辛刚比瑞斯(Sisyngambris)解释,大流士

---

① 克尔久斯、阿瑞安和普鲁塔克提到波斯的损失都是相同的数字,只有贾士丁《菲利浦王朝史》第 11 卷第 9 节,说是波斯有 61000 名步兵和 10000 名骑兵被杀,被俘的士兵有40000 人。

② 克尔久斯《亚历山大战史》第 3 卷第 11 节,提到马其顿的阵营受伤有 4500 人,失踪302 人以及阵亡 150 人;还有其他作者提出不同的数字,比较起来损失何其微不足道。

③ 这是马其顿皇家骑兵部队常用的称呼。

④ 克尔久斯、贾士丁、普鲁塔克和阿瑞安都提到这件事。要是按照阿瑞安的叙述,他从托勒密和亚里斯托布拉斯那里得知,亚历山大派李昂纳都斯去见两位王后,普鲁塔克也持这种说法。

仍旧活在世上,亚历山大对她们会有妥善的安排,他在第二天的早晨会与她们见面,展现仁慈的行为让她们感到安心。她们听到受到欢迎和出乎意料的好消息,被俘的妇女将亚历山大视为神明的化身,马上停止哭泣。

天明以后,亚历山大带着他最信任的伙友赫菲斯提昂,前去见皇家的妇女,两人的穿着相似,赫菲斯提昂身材较高且长得英俊,西辛刚比瑞斯以为他是国王向他致意,其他陪同人员向她做手势指向亚历山大,她为自己的错误感到极其困窘不安,只有重新向亚历山大问候,不过,他开口说道:"请不要在意,母亲,其实他也是一位亚历山大。"①称呼一位年迈的妇人为"母亲",不仅表示尊敬也是一种承诺,对于片刻之前陷入悲惨处境的俘虏,会用行动保证她们获得莫大的恩惠。

38 他供应皇家的珠宝作为她们的装扮之用,要求大家给予适当的礼遇恢复过去的尊荣,按照大流士原来派遣的奴仆行列,还要比以往增加不少的人手。他答应为这两个女儿安排婚事,堂皇的场面要比大流士更加隆重,还将大流士的儿子视为己出让他拥有皇家的头衔。他叫这个小孩来到他的面前给予亲吻,看到他态度稳重毫无畏惧的神色,特别当着赫菲斯提昂的面赞誉有加,一个六岁的儿童表现出来的勇气,看来较之他的父亲更胜几分。对于大流士的妻子,他说他乐于看到她保持高贵的气质像是始终过着幸福的日子,没有经历坎坷流离的生活。

他增加很多适当而且慷慨的保证,这些妇女听到以后觉得身受意料之外的幸福,欢欣之余情不自禁流出感激的眼泪。他伸出援手把这一切仁慈的行为当成保证,那些受到帮助的人为他大声喝彩,能赢得举世的认同不在于他的军队而是合乎礼节的举止。虽然亚历山大留下很多脍炙人口的

---

① 这使人记起希腊的谚语"朋友是第二个我",普鲁塔克《希腊罗马名人传》第7章"论知交满天下"第2节,应该把朋友看成另一个"自我"。

事迹,我始终认为没有一件事比起这个更为伟大,值很记载下来流传千古①。无论是围攻、会战和其他在战争当中获得的胜利,主要的部分要归之于气运或英勇,一个人高居拥有权力的位置,对于战败者表示同情,这种行动只能说是智慧使然。大部分人基于好运在成功以后就会狂妄自大,须知身处顺境带来的傲慢常会忘怀人性当中最普通的弱点。你可以看到很多人将成功当成沉重的负担才会鲜克善终。亚历山大活在我们这个时期之前很多世代,让他高贵的特质享有千年万载永垂不朽的声誉。

39 大流士急忙赶到巴比伦,将伊苏斯会战的残留兵卒聚集起来。他在惨败之余还未怀忧丧志,仍旧对未来抱有希望,于是写信给亚历山大提出劝告,战胜者可以享用成功的果实,基于人性和亲情的要求,请对方接受高额的赎金释放被俘的家人。他还提出建议愿意将哈利斯(Halys)河以西亚洲的领土和城市交给亚历山大,条件是双方签订基于友谊的和平协议。亚历山大召集伙友举行会议,只是隐瞒大流士的原信。他对提出劝告的人用的借口是可以获得更大的利益,用这种方式打发使者让他们无功而返②。

大流士放弃运用外交手段与亚历山大达成协议的意图,尽全力加强战争的准备工作,重新配备吃过败仗丧失武器的人员,分发到经过整编的军

---

① 阿瑞安《亚历山大远征记》第 2 卷第 12 节,作者说他把这件事记下来,并不认定必然真实,或是完全难以置信。如果真有其事,他要推崇亚历山大对被俘妇女的同情,对友伴的信任和尊重,设若是史学家主观认为亚历山大可能有这样的言行,因而写出这样的报道,他仍旧要赞誉亚历山大的伟大。

② 在所有的作者当中,只有狄奥多罗斯写出这一段杜撰的故事。大流士派遣使者去见亚历山大前后共有三次,第一次是在伊苏斯会战之后,第二次是在亚历山大攻占泰尔之后,第三次是他离开埃及发起阿贝拉会战之前。这三次提出的条件都不相同,一次比一次更为慷慨和优渥,只是亚历山大都没有接受。

事单位。他在波斯的上行省开始大规模地征兵①,因为上一次的战役过于仓促,还留下很多未征召的员额。他费尽力气整备一支数量极其庞大的军队,人数是上次参加伊苏斯会战的两倍,完成集结的兵力是八十万名步卒和二十万名骑兵,还增加一支特别的部队,成员驾着车轮装上镰刀的战车。

以上是这一年发生的事件。

40 尼西拉都斯(Niceratus)成为雅典的执政官,马可斯·阿蒂留斯(Marcus Atilius)和马可斯·华勒流斯(Marcus Valerius)当选罗马的执政官,举行第一百一十二届奥林匹亚运动会,卡尔西斯的格里拉斯(Grylus)获得优胜②。在这一年(前332年),亚历山大埋葬在伊苏斯会战获胜的阵亡人员,包括那些在战斗中表现英勇的波斯官兵。然后他向神明奉献丰富的祭品和牺牲,奖赏在会战当中表现优异的人员,让军队获得几天的休息。然后他向着埃及进军,腓尼基的居民乐于接受他的来临,所有的城市几乎全都望风而降。

不过,国王在到达泰尔(Tyre)以后,想要向该城的赫拉克勒斯神庙奉献牺牲,民众的行动过于草率,竟然阻止他进入城市③。亚历山大非常气愤加以威胁要诉诸武力,泰尔当局带着欣然的神情期望面对一次围城作战。他们很想让大流士感激他们的作为,特别是他们对他永保忠诚之心,认为可以从波斯国王那里接受大量礼物,用来回报他们对他的牺牲和奉

---

① 这里提到的"上行省"是指除了小亚细亚和两河流域之外,波斯内陆、里海周边和中亚地区的众多行省。阿瑞安《亚历山大远征记》第3卷第8节列举这些勤王部队和他们的指挥官,加上来自边区的蛮族,数量之多真是令人叹为观止。

② 雅典的执政官是尼西底(Nicetes),任期从公元前332年7月到前331年6月,阿瑞安认为这位执政官是阿尼西都斯(Anicetus)。这里提到罗马选出两位执政官,任职的时间出现错误,应该是前335年才对。

③ 克尔久斯《亚历山大战史》第4卷第2节,当时正是年度举行重大祭典的期间,泰尔当局认为要是同意亚历山大向神庙奉献牺牲,等于承认他的统治权利。

献。泰尔的守军使得亚历山大陷入冗长而困难的围攻,大流士获得足够的时间进行军事方面的准备,同时他们对于这个岛屿的防务和军事实力充满信心。他们还希望从殖民地的迦太基那里得到援助①。

国王看到这座城市很难从海上进攻加以夺取,因为沿着城墙上面配置了投射器械,以及他们拥有强大的舰队,然而从陆上几乎无法进行攻击,因为到海岸有四弗隆这么远的距离②。虽然如此,他决定冒所有的危险和尽最大努力,不能让这个毫无显赫声名的城市,对于马其顿的常胜军队产生藐视的心理。他马上着手拆除泰尔的老城③,征集邻近城市所有人民,出动数以万计的工作人员,搬运石块构建宽度两百尺的海堤,工程的进度极其迅速。

41 开始的时候泰尔人乘船来到海堤附近,嘲笑国王这样做只会对波塞冬有好处。后来,看到工程的进展出乎意料的顺利,他们投票通过议案将妇孺老人送到迦太基,指派年轻和强壮的市民防守城墙,配备好八十艘三层桨座战船准备与敌人在海上接战。等到他们将家人妥善安排在迦太基以后,才发现亚历山大有大量担任劳工的部队,相比之下他们在人力方面居于劣势,不可能用他们的船只阻止亚历山大向前推进,被迫要使用仍旧留在城市的所有民众,挺身而出对抗围城作战。他们拥有大量弩炮和其他的机具用来应付围攻,城市里有很多技师和工匠,能够制作各种最新的防御装备,整个城墙上面布满各种器械,特别是在堤道

① 贾士丁《菲利浦王朝史》第11卷第10节以及克尔久斯《亚历山大战史》第4卷第3节,都提到这件事,特别是腓尼基人和迦太基人同文同种,只是那时的迦太基没有能力派出援军。

② 这段距离约为800米。

③ 泰尔的老城原来是在陆地,等到腓尼基人向海洋发展获得丰硕的成果,就将新城建立在离岸不远的岛屿上面。

通往城市这个正面。

等到马其顿的施工进展到达投射武器的射程之内,神明的显示让他们陷入危险的征兆。高涨的潮流将一条体形硕大的海中怪物,冲向马其顿人作业的场地,冲撞海堤只是没有引起人员伤亡和任何损毁,躯体有一部分靠着海堤很长一段时间,后来再游进大海不知所终①。怪异的事件使得双方产生迷信的念头,每个人的想法都认为明确的征候表示波塞冬愿意给予援助,他们对这件事的解释都为自己的利益所支配。

还有另外一些奇特的情况,一致认为会在人群当中散播混乱和恐惧。马其顿的部队分发粮食配额的时候,发现裂开的面包当中流出鲜血②。还有人报道泰尔的市民当中有人看到阿波罗显灵,说是神明告诉他要离开这座城市。大家怀疑是这个人要讨好亚历山大,所以杜撰这个表示凶兆的故事,才会有年轻的市民向他投掷石块。不过,这个人事先被官员诱走,让他在赫拉克勒斯神庙③寻找庇护,可以逃过激怒的民众施加的报复。很多泰尔人宁可相信这件事,就用黄金制成的绳索将阿波罗神像的基座紧紧绑住,认为这样就可以阻止神明离开他们的城市。

42 现在泰尔当局对紧迫趋近的海堤提高警觉,他们在许多小船上面装置轻型和重型的弩炮④,加上投石手和弓箭手,攻击在堤道上面的工作人员,很多人受伤死者不在少数。大量箭矢和标枪对着没有掩盖的密集的人群,有如暴雨一样投掷而下,目标是出乎意料的暴露而

---

① 克尔久斯《亚历山大战史》第 4 卷第 4 节提到出现海怪之事,只是发生的时间还要更晚一些。

② 克尔久斯和阿瑞安都有这方面的叙述,狄奥多罗斯对于赫拉克勒斯在亚历山大梦中显灵的事略而不提。

③ 希腊人认为泰尔的保护神美克特(Melqart)就是赫拉克勒斯。

④ 轻型的弩炮称为 oxybeleis,发射木质的投矢和装上尖镞的木杆;重型的弩炮称为 catapeltae,抛掷很重的石弹或石块。

显著,几乎没有一个士兵会失手落空。投射武器的攻击不仅来自正面也来自背后,工作在一个狭窄的结构体上面,任何人对于来自两个方面的箭矢和标枪,都无法给予适当的防护。

亚历山大马上采取行动改正他所犯的错,须知当前的威胁会产生致命的灾难,立即出动所有的战船在他亲自指挥之下,尽最大速度赶往泰尔的港口切断腓尼基船只的退路①。这时变得泰尔的守军害怕对方会占领海港和夺取城市,因为士兵的出击使得城防空虚,他们一起划桨要尽快赶回泰尔。双方的舰队要靠速度来决定胜负,马其顿人快要接近海港的入口,腓尼基人在千钧一发之际逃脱全军覆没的危险,回师使得城市确保安全,只是损失居于纵队尾端的几艘船只。

国王失去夺取重要目标的机会,他将船只停泊在海堤旁边形成一道屏障,用来保护在上面的工作人员。就在他的攻城机具已经拖到城市的附近,城市的陷落即将来临时,突然刮起一阵猛烈的西北风,大部分的海堤遭到严重破坏。亚历山大的计划遭到大自然的力量给予的损害,使得他感到不知所措,照理说他应该放弃再度围攻的尝试,然而他受到野心的驱使,派遣人员到山区砍伐巨大的树木,运回主干竖立在海堤的两侧,用来抵御海浪的力量。没有过多久他便恢复了堤道已经塌落的部分,运用一支人数众多的劳工部队,整个工程不断向前推动,直到进入投射武器的射程之内,他将攻城机具放置在堤道的末端,使用重大的抛石机攻击城墙,同时他架设轻型弩炮射杀沿着雉堞配置的守军,投石手和弓箭手加入攻击的行列,而城市里面仓促赶来防御的人员,则伤亡惨重。

---

① 亚历山大从其他的腓尼基城市征集船只,加上各地投效的水师已经编成一支阵容庞大的舰队,参阅阿瑞安《亚历山大远征记》第 2 卷第 20 节。

43 　泰尔的居民有很多铜匠和机械人员,发明非常巧妙的反制措施①,他们制作装有很多轮辐的木轮对付从弩炮射出的标枪或投矢,运用某种装置使木轮旋转起来,可以毁坏射来的箭矢或者使它们偏离目标,还能使它们丧失命中的力道。他们张起质地很柔软的物质抵挡从抛石机发射的弹丸,减弱它的破坏力量。就在堤道上面发起攻击的时候,国王率领舰队从海上绕着城市航行,要对城墙的情况做详尽的侦察,可以很清楚看出他从海上或陆地都有夺取城市的能力。

　　泰尔的水师不敢出海与对方的舰队进行会战,只在海港的进口停泊三艘船只作为警戒。国王发起进攻将三艘船全部击沉,然后回到自己的营地。泰尔的居民为了使他们的城墙获得双倍的牢固,就在距离第一道城墙五肘尺的地方,建起厚度有十肘尺的第二道城墙,然后在两道城墙之间的空隙填满石块和泥土②。亚历山大将三层桨座战船用绳索绑在一起,上面架设各种攻城机具和重型冲车,推倒大约有一百尺长的城墙,马其顿的部队经由这个缺口突入城内,泰尔的守军发射有如阵雨的箭矢,尽全力将进攻的敌人赶回去,等到夜晚来临,他们修复城墙倒塌的部分。

　　现在堤道已经抵达城墙的墙脚,使得城市与大陆相连,沿着城墙发生激烈的战斗。泰尔当局看到眼前即将到来的危险,很容易想象城市遭敌人占领以后发生的灾难,所以他们完全不顾任何危险,要在战斗当中与敌人拼个你死我活。攻击的一方推动高与城墙相等的木塔到达定位,从伸展的搭板上面勇敢向着雉堞进攻,守城的部队求助于技师的创新能力,运用很多反制措施对抗敌人的压顶之势。他们打造大量三叉戟,每根尖端都有倒

---

　　① 有关这些"反制措施"除了本书以外,其他地方都找不到这方面的记载。塔恩《亚历山大大帝》第2章第120页,曾经深入探讨这个问题,除了狄奥多罗斯这个来源没有其他的佐证数据,这与狄奥多罗斯喜爱新奇的事物很有关系。

　　② 这样一来使得城墙的厚度增加一倍都不止。这时要用攻城冲车将它推倒似乎是不可能的事。

刺,在近距离戳刺站立在木塔上面的攻击者,等到插进盾牌以后,用力猛拉连系在三叉戟的绳索,就能将盾牌从对方的手里拖走。很多受害者失去防护装备,身体暴露在投射武器的攻击之下受伤,或者是连着盾牌被拖下高耸的木塔丧命。其他防守者对着搭板上面战斗前进的马其顿士兵撒下渔网,使得他们的双手失去作用,将他们推下木塔摔死在地面。

44 他们还想出另外一种巧妙的装置,可以用来抵消马其顿部队的战斗优势,即使是最勇敢的敌人一旦受到伤害,都无法避免极其可怕的剧烈痛苦。他们制成青铜或铁质盾牌,里面装满砂石放在烈火上面烧到红得冒烟。运用某种装置将它散布在作战最为英勇的马其顿士兵头上,立即让他们陷入最悲惨的处境,高温的砂落在胸甲和衣物上面会烧炙皮肤,造成痛苦而且无法治疗的伤势,他们像是受到酷刑一样发出哀求的尖叫,却没有一个人能够给他们任何帮助,只能怨受害者的命运太坏引起大家的同情,令人发指的折磨使他们陷入疯狂接着死去①。

同一时刻腓尼基守军倾注火热的液体,投出标枪和石块,发射大量的箭矢,用来削弱攻击者的战斗决心。他们用装着凹状利刃的长杆或长矛,从城墙上面伸下去割断用来拖曳攻城冲车的长绳,使整个装置不能发挥作用。还对敌人实施火攻,大量烧得通红的物质从上面抛下来,对于密集的攻击者不会错失目标。他们会用"乌鸦"和"铁手"②抓住木塔上面配置在胸墙后面的士兵,然后将这些人拖过木塔的边缘,就会从上面摔落下去。他们分配很多人手操作这些器械,一直在不停忙碌,使得围攻者遭到很大的伤亡。

---

① 阿瑞安和普鲁塔克都没有提到守军用这种杀伤敌人的方式。
② 海战当中雅典人使用"铁爪"攻击敌人的船只,攻城作战倒是第一次听到有这种装置。

45 这种防御的方式让对手感到极其惊惧,狂暴的战斗变得很难抵挡,马其顿的部队仍旧没有丧失进攻的勇气。战斗的前列一直有人倒下,后列不断补充上去,同伴遭受的伤亡不会妨碍接替的动作。亚历山大在适当的位置架设钝重的投石机具,能够抛掷巨大的漂石,打击到城墙上面引起摇摆和震动。木塔上面的弩炮发射各种投矢和标枪,保持持续不断的火力,将城墙上面的守军打得没有藏身之地。守军的相应对策是赶造大理石的轮子放在城墙的前沿,运用某种机械装置让它旋转,弩炮发射出的在空中飞行的投矢和标枪,遇到就被打得粉碎,或者改变路线不能命中目标,再强大的火力也没有成效。此外,他们用牛皮或皮革干燥的海草缝起来,用来接受石块对城墙的强大撞击力量,经过化解减少它的破坏作用①。总而言之,泰尔人的抵抗从各方面来看都极其强烈,尽可能运用各种防御的方式和手段。他们非常勇敢地面对敌人的攻击,离开城墙的庇护和在塔楼里面的守备位置,要与搭板上面进攻的对手厮杀,他们的英勇可以与马其顿的战士一比高下。他们要用肉搏战斗解决敌人的威胁,为了城市的存亡不惜一切进行抵抗。只要敌人的身体有任何部分出现在墙头,他们之中就有人用斧头将它砍掉。

马其顿有一位名叫埃德米都斯(Admetus)的指挥官②,不仅英勇过人而且力大无穷。他奋勇抵挡泰尔守军愤怒的反击,最后像一位英雄人物死得轰轰烈烈,斧头在一击之下将他的头颅劈开,立即当场倒毙。亚历山大看到泰尔人的强烈抗拒,使得马其顿人的进击受到阻挡,现在已经是夜晚,吩咐喇叭手召回出击的部队。他在一时冲动之下要解除围攻进军埃及,经过再三考虑还是改变心意,羞辱的离去会让泰尔获得战胜的荣誉。他发现

① 前面第 43 节和相关的注释,都提到诸如此类的“反制措施”。
② 阿瑞安提到埃德米都斯是轻盾兵或近卫步兵的指挥官,还说他是被长矛刺死。

支持他的人只有一个伙友,就是安德罗米尼斯之子阿明塔斯①,决心重新整顿继续发起攻击。

46 亚历山大向马其顿的弟兄讲话,要求他们应该比他更为胆大,发挥大无畏的战斗精神②。所有的船只经过整修完成作战准备,就从海上和陆地同时发起正规的攻击行动,只是在各方面增加压力使得战况更加激烈。他看到水师基地那一方面的城墙,防御的能力较为虚弱,就将三层桨座战船用绳索连接起来,派到那个地方用来支撑最能发生作用的攻城机具。他执行一个极其大胆的壮举,让看到的人都难以置信③。他跳上从木塔架到城墙雉堞的搭板,单独走过去在城墙上面获得一个立足点,他既不在乎命运女神会对他有嫉妒之心,也不畏惧泰尔的守军对他有生命的威胁。他的英勇行动使得那支击败波斯的大军都成为目击证人,因此他命令马其顿的士兵追随他的行动,就在领路前进当中用长矛刺死几位敌人,还有一些死在他的军刀之下。他还将手执盾牌留在城墙边缘的敌人,用力踹了下去,从此以后敌人的信心完全丧失。

同时在城市另外一个部分,攻城冲车发挥作用使得一段城墙轰然倒下,等到马其顿人通过缺口打了进去,加上亚历山大这边的士兵从搭板到达城墙,事实上整座城市已经被他们夺取。然而,泰尔的市民发出喊叫鼓励士气继续抵抗,设置障碍用来阻绝巷道,但是这一切都归于徒劳,除了少

---

① 亚历山大的麾下有几位伙友和将领的名字都叫阿明塔斯,除非冠上何人之子以外,很难分得清楚。这位阿明塔斯出身马其顿显赫的贵族世家,深受亚历山大的信任,曾经担任各种不同的职位,亡故于前330年或前329年。

② 这个时候占卜官向神明献祭,检视内脏以后宣布在本月之内可以攻下泰尔城。大家听到笑了起来,因为那天就是该月最后一天。亚历山大看到以后,就向大家训话,规定攻下城市那一天不是第30日而是第23日,接着下达进攻的命令,果真在那一天攻下泰尔。

③ 克尔久斯《亚历山大战史》第4卷第4节,有同样的叙述,塔恩的评论说陆上的围攻作战就是运用这种方式。阿瑞安的记载是从船上搭跳板到城墙,看来有很大的不同。

数都在战斗中阵亡,遭受屠杀的总数超过七千人①。国王将妇女和小孩全部出售为奴,所有兵役年龄的男子受到磔刑的处决,数量不会少于两千人。虽然大部分非战斗人员已经运到迦太基,然而被俘人数仍旧多于一万三千人②。

泰尔的市民靠着勇气接受围攻,在经过七个月③的抵抗以后,由于缺乏智慧才会落到不幸的结局。国王解除阿波罗雕像的黄金链条和脚镣,下令要大家称这位神明是拥有"宠爱亚历山大"(Philalexander)头衔的阿波罗④。他向赫拉克勒斯奉上大量祭品和牺牲,奖赏手下战功卓越的官兵,为阵亡人员举行排场盛大的葬礼。他指派一个名叫巴洛尼穆斯(Ballonymus)⑤的无名之士担任泰尔的国王。这个故事的来龙去脉我不愿略过不提,这是一个最好的例证,从而得知命运的变幻无常真是令人感到不可思议。

47 原来的国王斯特拉顿(Straton)与大流士有深厚的友谊,所以受到罢黜失去王位,亚历山大要求赫菲斯提昂提名泰尔的国王,只要合乎他的意愿和要求,任何在此地认识的朋友都可以接受。起初

---

① 克尔久斯提到屠杀的总数有 6000 人,阿瑞安的记载是大约 8000 人,贾士丁说起泰尔的陷落是因为叛徒的出卖。

② 阿瑞安《亚历山大远征记》第 2 卷第 4 节,提到幸存者约为 30000 人,马其顿方面的损失约为 400 人。

③ 泰尔的围攻是公元前 332 年 1 月到 7 月,要是根据占卜官的预言,应该是 7 月 23 日攻占该城。

④ 很多泰尔人梦到阿波罗要离开他们投奔亚历山大,就用绳索将它的雕像捆绑起来,再用长钉将它钉在基座上面,谴责这位神明是偏袒亚历山大的变节分子。

⑤ 克尔久斯和贾士丁都是提到成为泰尔国王的名字叫人阿布达洛尼穆斯(Abdalonymus),至于 Ballonymus 这个字是腓尼基语"神明的仆人"。不过,普鲁塔克《道德论丛》第 25 章"论亚历山大的命运和德行"第 2 篇第 8 节,提到接替塞浦路斯国王帕弗斯(Paphos)的幸运儿,有同样的名字阿布达洛尼穆斯。事实上原来泰尔的国王斯特拉顿,后来还是被亚历山大处死的。

赫菲斯提昂很想让他的停居主人获得莫大的富贵,因为这个人供应他非常合意的住处,所以向他提议可以任命他为这座城市的统治者,何况这个人在市民当中有显赫的地位而且相当富有,由于他与过去的国王没有血缘关系,所以不愿接受赫菲斯提昂的提名。赫菲斯提昂向他请教,如何从皇室的成员当中决定一个适当的人选,他说他知道有一个人拥有皇家的血统,这个人智慧出众而且各方面都很优秀,只是目前的处境极其穷困。

赫菲斯提昂虽然同意让他拥有帝王的权力,仍旧要去探视他所选择的对象,带给他皇室使用的衣物,等到看见巴洛尼穆斯衣衫褴褛,受雇在花园里面做浇水的工作。赫菲斯提昂让他知道自己的身份和地位有绝大的转变,给他穿戴国王的朝服和冠冕,以及其他表示官职的装饰和配件。然后将他带往市民大会的会场,向大家宣布他是泰尔的国王。每个人都兴高采烈接受他的登基,命运女神赐予的穷通祸福真是变幻莫测,让看到的人无不啧啧称奇。此后巴洛尼穆斯成为亚历山大的伙友,拥有一个王国的统治大权,这个例子给我们一个教训,没有人知道命运女神的作为,竟然可以产生令人难以置信的变化。

目前我们已经叙述了亚历山大在亚洲的作战行动,接着要记载在其他方面发生的事件。

48 有关欧洲方面,斯巴达国王埃杰斯雇用在他麾下服务的佣兵,刚从伊苏斯会战当中逃出,数量有八千人之众,他为了讨好大流士,正在想办法改变希腊的政治态势。他从波斯国王那里接受船只和金钱,发航进军克里特,占领大部分的城市,逼使他们加入波斯的阵营①。

阿明塔斯逃离马其顿前去投奔大流士,在西里西亚参加波斯阵营的战

---

① 有关这方面的叙述,后续的发展在本章第 62—63 节和 73 节。参阅阿瑞安《亚历山大远征记》第 2 卷第 13 节和第 3 卷第 6 节,以及克尔久斯《亚历山大战史》第 4 卷第 1 节。

斗。不过,经过伊苏斯会战以后,他带着四千名佣兵①逃走,先于亚历山大到达之前,占领腓尼基的垂波里斯。接着在那里他从波斯的舰队当中,挑选足够的数量载运他的部队,其余的船只全部纵火焚毁。他登船向着塞浦路斯发航,拥有更多的士兵和船只,继续前进在佩卢西姆下船。等到他掌握整座城市以后,当众宣布他奉大流士的派遣前来担任军事指挥官,埃及的省长已经在西亚的伊苏斯会战②当中阵亡。他沿着尼罗河溯航孟菲斯,列阵城市的前面击败当地的部队,就在他的士兵开始抢劫的时候,埃及的军队从城市里面冲杀出来,清除分散在四乡忙着搬运战利品的乌合之众,阿明塔斯和他的手下全部被杀,没有一个人能逃脱毒手。这就是阿明塔斯最后的下场,他有满腔的抱负始终想要大展宏图,却在一帆风顺的时候吞下失败的苦果。

阿明塔斯的经验非常类似其他的官员和指挥官,他们率领所属的作战单位从伊苏斯会战逃出以后,仍旧抱着维护波斯帝国最高利益的意图。有的人据有重要城市继续为大流士效命,还有人激起部族的斗志③能够提供所需的部队,经过考虑再去遂行应尽的职责。

科林斯同盟选出十五名使者组成代表团,带着一顶奖励英勇行为的金冠,离开希腊前去觐见亚历山大,奉到的指示是要恭贺他在西里西亚赢得的大捷。这时的亚历山大已经向着加萨(Gaza)进军,当地有波斯派遣的驻防军,经过两个月的围攻以后,在一次突击之下夺取了整座城市④。

---

① 这位阿明塔斯是安蒂阿克斯之子,出身马其顿的贵族世家,由于他与亚历山大的表兄弟阿明塔斯关系密切,受到怀疑会对亚历山大非常敌视。阿明塔斯投奔波斯的阵营是在前335年。克尔久斯说他指挥4000名的佣兵部队,阿瑞安认为他的麾下有8000人之众。

② 埃及的省长名字叫作塔昔阿西斯或萨贝西斯,参阅本章第34节。

③ 塔恩《亚历山大大帝》第2章第73页,认为这可能是卡帕多西亚发生的叛乱。

④ 克尔久斯《亚历山大战史》第4卷第6节和阿瑞安《亚历山大远征记》第2卷第25节,对于加萨的围攻有详尽的记载。这次围攻作战是在公元前332年的9月和10月。

49 亚里斯托法尼斯(Aristophanes)成为雅典的执政官,斯普流斯·波斯都缪斯(Spurius Postumius)和提图斯·维图流斯(Titus Veturius)当选罗马的执政官①。在这一年(前331年),亚历山大对于加萨的事务制定相关的规定,派遣阿明塔斯带着十艘船返回马其顿②,奉到的命令是征召条件适合的年轻人入营服役。他自己率领大军向着埃及进发,沿途的城市望风而降无须使用武力,因为波斯的官员对当地的寺庙有不敬的行为,而且他们的统治极其暴虐,所以埃及人欢迎马其顿大军的来到③。

处理完毕埃及的事务,亚历山大访问阿蒙神庙,希望获得神谶的指示④。他在沿着海岸前进的时候,半途之中遇到塞伦派出的代表团,给他带来一顶皇冠和大批贵重的礼物,其中包括三百匹战马和五辆制作精美由四匹马拖曳的战车。他用诚恳的态度接受使者奉献的重礼,双方签订友好协议以及建立同盟关系。这时塞伦的使者愿意陪伴他前往神庙,继续原来的行程。等他来到沙漠没有水源供应的区域,带着饮用水开始越过覆盖着无穷无尽黄沙的国度。过了四天水已经用罄他们遭遇可怕的焦渴之苦。所有人都陷入绝望的处境,突然之间上天降下一阵暴雨,缺水的情况得以解决,这种方式毫无预兆可言,似乎是上苍采取行动才有意料之外的救援。他们从地面的凹处将水灌满容器,再度有四天的供应量在手中,经过四天的行程快要走出沙漠。他们到达某个地方因为连绵的沙丘,道路遭到掩盖

---

① 这两位罗马人当选公元前334年的执政官,已经是三年以前的事。

② 这位阿明塔斯是安德罗米尼斯之子,返国期间由他的兄弟西迈阿斯接替他遗留的职位,出任重装步兵方阵的指挥官,他在次年离开马其顿来到亚历山大的身边。

③ 埃及的省长波斯人马札西斯完全放弃抵抗,参阅阿瑞安《亚历山大远征记》第3卷第1节。

④ 阿蒙(天神宙斯另一种称呼)神庙建于西瓦(Siwah)绿洲,位于开罗以西约500千米的沙漠地区。亚历山大这次远行的动机,史学家见仁见智说法各有不同,阿瑞安认为他在模仿帖修斯和赫拉克勒斯,请求神明指点迷津。

已经无迹可寻,向导向国王指出一群乌鸦在右边哑哑嘶叫,像是要他们注意这是到达神庙的路径①。亚历山大将当前的情况视为吉兆,认为神明乐于见到他的来临,于是加快赶路的速度。首先来到一个名叫苦湖的地方,接着再前进大约一百弗隆的距离,就从几个阿蒙的城市旁边通过,又走了一天才来到圣地②。

50 神庙所在的地面四周围绕无水而空旷的砂质沙漠,人类生存所需的物品全都付之阙如。绿洲的面积就长和宽而言都是五十弗隆,很多美好的清泉供应所需的用水,因此到处覆盖各种树木,特别是水果的产量更加丰富。极其炎热的区域将此地包围在中间,绿洲的气候常年温和有如我们的春季,看来只有这里的人民能够享用天赐的福祉。据说这个圣地是在埃及的达劳斯(Danaus)手里建立起来的。这块奉献给神明的土地,南边和西边为埃塞俄比亚人据有,北边是利比亚人的疆域,这个游牧民族又称为纳萨摩尼亚人,他们的势力范围深入内陆地区③。

所有膜拜阿蒙的子民都住在村庄里面,在这个国度中间有一个用三道城墙保护的城堡④。内围的城墙环绕古代的统治者所居住的宫殿;中间是妇女的庭院住着儿童、妇女和家属,还有配置戒护人员的警卫室,供奉神明的圣地以及

———————

① 阿瑞安《亚历山大远征记》第3卷第3节,根据亚里斯托布拉斯(Aristobulus)的说法,两只乌鸦飞在部队的前面充当向导。

② 这里提到几个地方在其他作品当中都找不到,首先提到的苦湖可能是位于瓦迪·纳特伦(Wadi Natrun)地区的盐水湖。麦萨·马特鲁(Mersa Matruh)和西瓦之间还有一个小绿洲,很难说成"几个阿蒙的城市"。从海岸到西瓦的图上距离大约是90英里。

③ 克尔久斯《亚历山大战史》第4卷第7节的叙述很有条理:埃塞俄比亚人在东边和西边,特罗格迪底人在南边,纳萨摩尼亚人(Nasamonians)在北边。斯特拉波把纳萨摩尼亚人看成利比亚的一个部族,他们生活在海岸地区靠近叙特斯(Syrtes)。

④ 有关西瓦绿洲的情况和古代的遗迹,可以参阅法克里(A.Fakhry)《西瓦绿洲的历史和古迹》(*The Oasis of Siwah*, *Its History and Antiquities*)。城堡和颁布神谶的寺庙都位于一个名叫阿格赫米(Aghurmi)的小丘上面;整个地区从事毫无条理的考古挖掘。

从地下涌出的泉水,称为圣泉,是神明给予民众最大的恩惠;外围城墙的里面是国王的卫队所使用的营房,以及为了保护统治者所设置的警卫室①。

城堡外面距离不远的地方有另外一座阿蒙神庙,位于很多巨大树木的阴影之下,靠近一道性质非常特殊的"太阳之泉"②。流出的泉水每天会按时辰的不同改变温度,令人感到不可思议。旭日初升之际流出温水,随着太阳的转移按照比例变得更有凉意,等到正午最热的时候到达最冷的程度,接着以同样的比例慢慢变得温暖起来,午夜达到另一个顶点,如此周而复始到了拂晓泉水重新恢复原来的温度。

神像镶嵌翡翠和各种名贵的宝石,指点迷津的神谶使用一种极其特殊的形式。一艘金光闪闪的船只上面坐着八十个祭司,他们的肩上背负神明的雕像,前往的地区不能按照自己的意愿,使用的路径要根据神明的指示,一大群女孩和妇女跟随在祭司的后面,一边行走一边唱着赞美曲,她们用传统的圣诗颂扬神明的崇高和伟大③。

51 亚历山大受到祭司的引导进入神庙,有一阵子他的来临被他们视为神明,这时一位身份如同先知的老人走上前来对他说道:"孩儿④,很高兴你能领受如同来自神明的对话形式。"他回答道:"父亲,我乐于接受,未来我还要自称是你的孩儿。设若你要我统治整个世界,

---

① 克尔久斯《亚历山大战史》第4卷第7节,对城堡的叙述非常详尽,提到阿蒙神庙位于第二道城墙之内。

② 克尔久斯和阿瑞安对这道泉水,都详细介绍了它那不可思议的特质。

③ 神明给予的答复是用颔首或手势,如同凯利昔尼斯的报道,后来在海拉波里斯的阿波罗也是同样的方式。寺庙的游行行列是典型的埃及模式,神像都放在船形的抬舆或浅盘上面。

④ 普鲁塔克《希腊罗马名人传》第17篇第1章"亚历山大"第27节,祭司用希腊语向亚历山大致意 O paidion,意为"我的孩子",由于发音不准最后一个字母 n 读成 s,成为 O pai dios,意为"神的儿子"。亚历山大对这种错误感到很高兴,后来流传的说法神谶就是使用这种称呼。

就请你告诉我想要知道的事情。"祭司现在进入神圣的内院，就将身上背负的神像高高举起，按照某种规定的音调不停地移动，先知大声宣示神明当然会答应他的请求，亚历山大再度祈求："啊！神灵！我唯一需要回答的问题：那些谋杀我父亲的凶手是否都已遭到我的惩罚？是否还有罪人逃过我的报复？"先知提高音调说道："肃静！那些阴谋对付你亲生之父的人没有一个活在世上。所有谋杀菲利浦的凶手都已遭到惨痛的报应。他来到世间出自神意的安排，能够建立盖世的功勋就是最好的证据，如同过去他从未被人击败，自今而后他再也不会受到征服。"亚历山大对于神明的回答感到无上的愉悦。他推崇神明的睿智奉上丰盛的祭品，接着返回埃及①。

52 他决定要在埃及建立一座雄伟的城市，下令留在后面的人员，负起的任务是在位于沼泽和大海之间的地区，兴建他计划中的都城②。就在他选定的范围和所及的幅员，运用技巧的手法规划街道，交代拿他的名字将这座城市称为亚历山德拉。这个地方的位置适中前后都有安全的保障，靠近法罗斯(Pharos)的港口交通便利，所有的街道形成直角的交叉，亚历山大要让城市感受伊特西安季风③的吹拂带来的好处，因为它从广阔的海洋呼啸而过，使得当地的空气冷却下来，居民获得温和的气候和健康的环境。亚历山大构筑的城墙格外高耸厚实，坚固的程度使它成为无法攻陷的金城汤池，坐落在一个巨大的沼泽和海洋之间，使得陆上只有两条接近路线，进出的位置非常狭窄，稍加阻绝即成为易守难攻的要塞。

---

① 阿瑞安《亚历山大远征记》第3卷第4节，亚里斯托布拉斯说他循原路向北回到海岸，托勒密却说他向东取一条新路直接到达孟菲斯。

② 狄奥多罗斯、克尔久斯和贾士丁遵从亚里斯托布拉斯的说法，亚历山德拉的奠基是亚历山大游历西瓦绿洲以后的事，只有普鲁塔克和阿瑞安赞同托勒密的论点，访问之前就已经开始城市的兴建工作。这里提到的沼泽就是马里欧提斯湖(Mareotis Lake)。

③ 这是夏天刮起的西北季风。对于亚历山德拉的叙述是他到当地游历获得的成果。

亚历山德拉的形状就像希腊人穿着的短氅，一条广阔而又美丽的大道，几乎要将整个市区分为两半，连接两端的城门之间距离是四十弗隆①，宽度是一百尺，整个大道的两边是连绵不绝的房屋和寺庙。亚历山大下令兴建的皇宫，无论是富丽堂皇或规模宏大都无与伦比。不仅是亚历山大，就是一直到我们这个时代的埃及统治者，除了少数例外都要在这座城市大兴土木达到踵事增华的程度。一般而言城市在近代有很大的成长，很多人说亚历山德拉是文明世界第一大城，无论就高雅、幅员、富裕和奢华而论，与所有城市相比都是首屈一指。居民的数量远超过其他的城市，我们在埃及的时候，经过户口调查获得的报告说是具有自由人身份的居民超过三十万人②，国王征收赋税的岁入是六千泰伦。

马其顿国王亚历山大指派他的伙友负责亚历山德拉的兴建工程，他在处理完毕埃及的事务以后，率领大军返回叙利亚③。

53 大流士听到亚历山大抵达叙利亚的信息，这时他已经将帝国各个地区的部队集结起来，从各方面完成会战的准备工作。他制造的佩剑和长矛较之早先的式样要更长一点，因为他认为亚历山大是凭着这方面的优势，才赢得西里西亚会战的胜利。他还建造两百辆车轮装上镰刀的战车，会使敌人畏惧因而惊慌失措。车轮的轮轴上面各装上三把朝向不同方向的镰刀，向着外侧突出约有三指距的长度④，随着车轮的转动总有一把镰

---

① 狄奥多罗斯同时代的斯特拉波《地理学》第 17 卷第 1 节，提到这段距离是 30 弗隆，即大约 6 千米。至于古代的城墙已经找不到遗迹。

② 较晚时期有一份写在纸草上面的资料，提到亚历山德拉的市民就有 180000 人，只是真实性值得怀疑。

③ 克尔久斯《亚历山大战史》第 4 卷第 8 节，有更为详尽的叙述。亚历山大抵达萨普沙库斯是在亚里斯托法尼斯担任雅典执政官（前 331 年）的 Hekatombaion 月（7 月）。

④ 这里的指距是五指伸开，从拇指尖到小指尖的距离，大约 9 英寸或 23 厘米。3 指距大约 27 英寸。

刀朝向正面,而且这种特制的刀具有更长和更宽的刀身,高速旋转之下发挥很大的杀敌功效,弧形的刀刃非常适合用来切断敌人的身体和他的坐骑。

国王的军队全都甲胄鲜明而且旗帜招展,所有的指挥官都是一身华丽的披挂。他从巴比伦开拔的时候,麾下的部队有八十万名步兵和将近二十万名骑兵①。行进的路线保持底格里斯河在他的右方而幼发拉底河在左边②,通过一个富裕的国度,能够供应充足的草料和粮食给数量庞大的驮兽和士兵。他一心想要在尼尼微(Nineveh)的郊区发起一场会战,广大的平原符合他运用战车的意图,对于他所部署的庞大兵力,可以提供足够的机动空间。他将营地设置在一个名叫阿贝拉(Arbela)的村庄,部队经由每天的操练可以保持训练的成效和加强军纪的要求,由于聚集众多的民族使用不同的语言,使得他非常担心命令的下达在会战当中引起混乱。

54 在另一方面,先前曾经派遣使者去见亚历山大商议和平协定③,愿意割让哈利斯河以西的土地,以及赠送两万泰伦银币,亚历山大并不接受,这次大流士再度派出其他的使者,颂扬亚历山大对待大流士的母亲和其他俘虏的慷慨和义举,愿意双方建立友谊化干戈为玉帛,提出的条件是奉送幼发拉底河以西的地区加上三万泰伦银币④,并且将一个女儿许配给他。亚历山大成为大流士的女婿有了半子之份,可以分

---

① 提到波斯的兵力大小,贾士丁说是 500000 人,普鲁塔克认为是 1000000 人,阿瑞安竟然认为多到 1000000 名步兵和 40000 名骑兵。克尔久斯的估算比较合理,45000 名骑兵和 200000 名步兵。

② 克尔久斯认为大流士的进军,从巴比伦开始沿着幼发拉底河的左岸,在上流某些地方渡河来到底格里斯河的左岸。

③ 这是大流士三次求和活动当中的最后一次,还是无法说服亚历山大。

④ 手抄本当中出现不同的数据。

享统治整个帝国的权利①。亚历山大召集所有的伙友开会商议,将可以选择的方案放在他们的面前。他要求大家说出心里话,不过,没有人敢就这一重大事务提出自己的意见,只有帕米尼奥说道:"如果我是亚历山大,我会接受对方提出的条件,愿意签订和平协议。"亚历山大打断他的话说道:"如果我是帕米尼奥,我也会这样做。"

他仍旧用高傲的言辞拒绝波斯国王提出的主张,宁可获得荣誉而不是接受送给他的礼物。然后他向使者提出"天无二日,地无二君"的观念,人类居住的世界有两位国王在统治,无法保持安宁更不能避免战争②。他吩咐来使告诉大流士,如果波斯国王想拥有最高的权力,就应该与他打一场会战,看谁适合成为独一无二的君主;从另一方面来看,要是大流士将荣誉视若无物,选择利益和奢华让生活过得更为舒适,就应该服从亚历山大的指示和命令,成为国王就要凌驾于所有统治者之上③,他的慷慨会允许大流士拥有这方面的特权。

亚历山大结束会议,命令部队继续行军,向着敌人的营地前进。就在这个时候,大流士的妻子亡故,亚历山大给她安排了一场奢华的葬礼④。

55 大流士听到亚历山大的回答,放弃运用外交手段解决争端的所有希望。他继续每天加强部队训练的做法,要求严格战场

---

① 按照大流士的提议,他统治东方而亚历山大统治西方,整个王国还是统一的局面。看来这一大块割让给亚历山大的区域,后来竟然成为罗马帝国的领土。

② 成为谚语的"如果我是帕米尼奥,我也会这样做"这一句话,出现在与亚历山大有关的各种著作当中;只有贾士丁的《菲利浦王朝史》第11卷第12节,提到"天无二日"这个比喻。

③ 这种概念用来保持波斯帝国的采邑组织和封建制度,所以他们的国王才有"万王之王"的称号。

④ 普鲁塔克提到这件丧事发生在大流士使者来到以后,其他人说是在使者来到之前,时间大约是前331年的夏季。她成为俘虏是在公元前333年11月,普鲁塔克《希腊罗马名人传》第17篇第1章"亚历山大"第30节说她死于难产。

军纪能够达到令人满意的程度。他派出一位名叫马舍乌斯(Mazaeus)的友伴,率领一支精选的部队前去守卫敌人可以渡河的位置,要将徒涉点掌握在手里不让对手有可乘之机。同时派遣其他的部队将敌军可能到达的地区,全面纵火化为一片焦土。他认为可以运用底格里斯河的河床当成一条防御线,用来阻止马其顿的进军①。不过,马舍乌斯巡视河流的情况以后,自以为它的深度和湍急的流速,使得敌人无法徒涉②,因而忽略对河川的防守就是要趁敌半渡而击之。他加入其他部队从事的工作,对于广大的乡村地区进行坚壁清野,使得敌军无法在当地获得所需的粮草。

    亚历山大抵达底格里斯河准备完成渡河的工作,就从一些土著那里得知徒涉点的位置,要从这里将军队转移到底格里斯河的东岸。完成这个任务不仅困难还要冒很大的危险。徒涉点的深度到达一个人的胸部,激流的力量让渡河的人难以立足,很快就会被河水冲走,加上他们携带的盾牌受到水流的冲击,使得很多人偏离徒涉的路线,带到河床更深的区域陷入灭顶的困境。亚历山大构想出一种方式用来应付河流巨大的冲刷力量。他下令渡河的人彼此的手臂相互勾连起来,牢固的程度如同构建一座桥梁。渡河的过程真是惊险万状,他们处于千钧一发之际完成重要的工作,亚历山大让大家休息一天,次日将部队编成战斗部署,向着敌军前进,就在离波斯大军不远的地方设置营地③。

---

①　阿瑞安《亚历山大远征记》第3卷第7节,提到马舍乌斯率领3000名骑兵,用来防守幼发拉底河一线,这个计划与克尔久斯的报道大相径庭。

②　克尔久斯提到底格里斯河的得名,来自急湍的激流有如"飞掠的箭矢"。

③　这次会战发生的时间有不同的说法,由于会战之前曾经出现月食,经过推算是在公元前331年9月20—21的夜晚,从而得知会战日期应该是10月1日;有人认为月食发生在Boedromion月第15天(9月15日),那么会战是在当月的26或27日。阿瑞安《亚历山大远征记》第3卷第15节,提到会战发生的时间,正值亚里斯托法尼斯担任雅典执政官的Pyanopsion月(331年10月),还说那个月恰好出现月食。

56 波斯部队的兵力优势和迫在眉睫的会战具有决定命运的性质,始终在他的心中盘旋难以摆脱,成功和失败完全在于军队的实力,亚历山大整夜考虑次日要发生的情况无法成眠①。大约在拂晓时刻他方始就寝,睡得很沉直到太阳升起尚未醒来。他的伙友看到这种情况都很高兴,认为他们的国王比任何人都要精明,能在会战之前保持轻松的心情,一定是胸有成竹可以击败敌军。等到时间过去他还在睡梦之中,最为资深的伙友帕米尼奥,基于自己的职责对部队下达命令,要他们完成会战的准备工作。由于亚历山大继续在睡觉毫无动静,所有的伙友来到发号施令的御帐,最后终于将他唤醒。

大家都对这件事表示非常惊奇,问他一点都不操心的理由何在,亚历山人说大流士将所有的部队集中在一个地方,使得他所有的忧虑烟消云散。现在只要一天的工夫就会让所有的问题迎刃而解,他们会有很长一段时间免予辛劳和危险。虽然如此,亚历山大还是把所有的部将召集起来,对他们讲一些适合当时场面的话,鼓舞他们的士气要在会战当中有英勇的表现。然后率领军队从营地鱼贯而出,面对波斯的阵线完成会战部署,下令骑兵中队的位置要在步兵方阵的前面。

57 亚历山大的部署如下:他在右翼配置黑旋风克莱都斯指挥的皇家骑兵中队,接着是由伙友担任指挥官的七个骑兵中队,这些伙友都听从帕米尼奥之子斐罗塔斯的命令。再下来部署称为银盾军

---

① 阿瑞安《亚历山大远征记》第 3 卷第 10 节,以及普鲁塔克《希腊罗马名人传》第 17 篇第 1 章"亚历山大"第 31 节都提到帕米尼奥建议亚历山大发起夜袭,最后还是遭到拒绝。

(Silver Shields)①的步兵军团②所组成的方阵,这个部队的成员穿着光耀夺目的铠甲以善战著称于世,他们在帕米尼奥之子尼卡诺尔(Nicanor)的领导之下。其次据称是来自埃利米奥蒂斯(Elimiotis)的军团,接受西努斯(Coenus)的指挥;接着他部署欧里斯提人(Orestae)和林西斯提人(Lyncestae)组成的军团,由帕迪卡斯负责指挥。默利杰(Meleager)指挥下面一个军团,再下来是名叫斯廷法姆人(Stymphaeans)的民族组成的军团,置于波利斯帕强(Polysperchon)的指挥之下。巴拉克鲁斯(Balacrus)之子菲利浦指挥部署在下面的单位,再接下来的指挥官是克拉提鲁斯(Craterus)。

对于骑兵部队的部署,我已经提过由骑兵中队构成的战线,接着是伯罗奔尼撒人和亚该亚人混合组成的骑兵队,然后是来自弗昔奥蒂斯(Phthiotis)和马利斯(Malis)的骑兵队,以及来自洛克瑞斯和福西斯的骑兵队,这些全部交由米蒂勒尼的厄瑞吉乌斯(Erigyius)负责指挥。其次部署在菲利浦指挥之下由帖沙利人组成的骑兵部队,这支部队无论是战斗的素质还是骑术的技巧,远胜于其他的单位。其次他部署克里特的弓箭手以及来自亚该亚的佣兵。

他让两翼稍微向后退用来保护他的翼侧,使得兵力占优势的敌军,不致对战线较短的马其顿人形成包围。为了对付装上镰刀的战车带来的威胁,他命令由重装步兵组成的方阵,对于战车的攻势很快将盾牌连接起来,

---

① 银盾军是由轻盾兵组成的近卫步兵部队,亚历山大崩殂以后,继承将领之间的战争经常见到此一部队,主要的特征是成员多为马其顿的老兵,参阅塔恩《亚历山大大帝》第 2 章第 116 页。

② 前面提到亚历山大编组以营为单位的步兵和以中队为单位的骑兵。这里提到的"军团"是菲利浦的作战单位,因为菲利浦将步兵的方阵编组"军团",编制人数是 3456 人;下面再分为 6 个团,每团 576 人;团分为 4 个营,每营 144 人;营分为 2 个连,每连 72 人;连分为 2 个排,每排 36 人。菲利浦还是以营为基础编成方阵,正面和纵深各为 12 人。每位重装士兵使用长 14 英尺的长矛,右臂携带一个轻型防盾,穿着胫甲和金属片保护的皮袄。等到公元前 2 世纪,纵深加大为 16 列,携带长达 21 英尺的长矛,前五列和最后一列由充分训练的士兵担任。

可以抵挡投射武器带来的伤害,同时用他们的长矛敲击盾牌,发出响亮的噪声用来惊吓拖车的马匹向后逃窜,要是不能发生作用战车继续前进,战线留出空隙让它们不能造成损害地驾车通过。他亲自指挥右翼,采取斜行运动对于会战产生决定性的影响因素①。

58 大流士部署的会战队形是基于各地勤王部队的特性②,他自己的位置正对下令马其顿人前进的亚历山大。等到双方的战线即将接触,两军的喇叭手吹起攻击的号角,部队向前挺进呐喊的声音响彻云霄。首先是装上镰刀的战车在左右摇摆之下展开高速的行动,立即在马其顿人当中引起惊慌和恐惧,特别是马舍乌斯指挥的骑兵部队③,用密集的队形如同千军万马一样发起攻击,跟在后面支持战车的冲杀带来更大的威胁。这时方阵的重装步兵彼此的盾牌紧密相连,听从国王的命令全都用长矛敲击盾牌,发出一片山响的噪声,马匹受到惊吓畏缩不前,大部分战车转回去让自己的行列受到难以抗拒的撞击。

还有一些战车继续冲向马其顿的战线,士兵在他们的行列当中留出很宽的空隙,战车毫无阻挡就从中间穿透过去。在有些情况之下马匹被投掷的标枪射杀,还有一些战车高速通过以后立即逃走。当然会有若干战车发挥杀敌的作用,巨大的冲力和转动的利刃,使得马其顿的很多士兵丧命,造成的伤势更是形形色色。锋利的刀具和强大的力道,使得撞上的东西都被

---

① 根据阿瑞安《亚历山大远征记》第3卷第11—15节的叙述,亚历山大获得胜利在于掌握四个要点:第一是战斗序列和部署,第一线的正面之后安排第二线,两个快速突击纵队可以应付各方面的攻击。第二是攻势发起以后,左翼采用斜行接敌运动,逼使敌军延伸阵线造成分离。第三是利用分离形成的空隙,向大流士的指挥位置发起骑兵冲锋。第四是这个突破在左侧有步兵方阵的掩护,使得波斯国王受到震撼,立即逃出战场,造成全线的崩溃。

② 克尔久斯和阿瑞安对于波斯军队的部署有非常详尽的描述,亚里斯托布拉斯说是会战以后,获得敌方大量作战的文书和记录,根据这些数据知道他们的部署。

③ 从下面一节得知马舍乌斯负指挥波斯军队的右翼而不是左翼。

它斩断,包括很多手臂、盾牌、武器和其他的装备,还有不少的例子是头颅被从颈部快速切掉,落在地面的时候眼睛仍旧张开,惊吓的表情也没有改变,在有些情况之下割开肋骨带来一个致命的切口,使得受伤的人很快死亡①。

59 两军的主力接近,使用弓箭、投石器和标枪,耗费无数投射武器,接着就是短兵相接的搏斗。骑兵是最早接战的人马,马其顿的部队位于右翼,所以大流士指挥他的左翼,领导族人所组成的骑兵与敌手对阵。这些成员基于英勇和忠诚才能充当先锋,一个中队的编制就有整千的骑士②。知道国王在注视他们的一举一动,面对有如暴雨的投射武器,表现出兴高采烈的神情。那些用苹果作为标志的近卫部队,不仅英勇而且人数众多,此外就是马地亚人(Mardi)和科萨亚人(Cossaei),这两个民族的出名在于他们的体能和大胆,还有所有属于皇宫管辖的警卫部队以及印度人当中最出色的战斗人员。他们同时发出惊天动地的战斗呐喊,他们与敌人的接战极其英勇,凭着兵力的优势给马其顿的部队带来难以抗拒的压力。

马舍乌斯指挥波斯大军的右翼,率领麾下精良的骑兵在第一轮的猛攻中,杀死不少与他们对抗的敌人,这时他派出两千名卡杜西亚人和一千名精选的锡西厄骑士,命令他们全速绕过敌军的侧翼,继续向着营地前进,要将对方的辎重据为己有。他们快速执行这个任务,等到冲进马其顿的营地,有些俘虏夺取武器帮助正在抢劫行李的锡西厄人。整个营地面对出乎

---

① 参阅克尔久斯《亚历山大战史》第4卷第15节,阿瑞安提到这些战车的攻击,根本没有发生一点作用。

② 阿瑞安《亚历山大远征记》第3卷第11节,大流士的位置在战线的中央,四周是由亲属和族人组成的波斯部队(他们使用的长矛上面有金苹果的标志)和印度部队。

意料的情况陷入喧嚣和混乱之中。大部分女性俘虏急忙赶出来欢迎波斯的骑兵，大流士的母亲西辛刚比瑞斯在大家的叫唤声中并没有跟在后面，仍旧保持镇静的神情留在原地，因为她并不相信命运女神会很快改变心意，同时也不愿意抹杀她对亚历山大的感激之情。最后，锡西厄人将大批到手的行李聚集起来，他们骑马去向马舍乌斯报告这件重大的成就①。就在这个关键的时刻，大流士部分骑兵部队拥有优势的兵力，紧紧压迫当面的马其顿人一点都不放松，逼得他们逐步后退。

60 波斯的反击第二次获得顺利的进展，亚历山大看到这种情况，认为这时唯有他率领皇家骑兵中队和精锐的护卫骑兵，全部投入战斗才能挽回部队遭遇的损失，于是排除所有的困难向着大流士快速前进。波斯国王接受他们的攻击和战斗，从战车上面向他的对手投掷标枪，他的周围有许多卫士给予强力的支持。等到两位国王快要接近，亚历山大用标枪向大流士猛刺失去准头，戳中站立在他身边的御者，一击之下从车上跌落地面。大流士四周的波斯人发出一阵惊呼之声，他们在一段距离之外，认为是国王已经被敌手击毙。

他们初步的反应是赶快逃走，其他的人员不明情况随着行动，使得不稳的情势向四周扩展开来，大流士的卫队原来构成坚强的战线，现在已经逐渐趋向土崩瓦解。由于两边侧翼没有掩护完全暴露在攻击之下，国王本人陷入惊慌的处境只有向后撤退②。逃离战场蔓延开来已经成为普遍的现象。众多波斯骑兵队疾驰激起的灰尘升得很高，亚历山大的骑兵中队在

---

① 克尔久斯提到这次骑兵的进击，目的是要救出在伊苏斯会战被俘的皇家妇女，阿瑞安的描述完全着眼于军事行动。

② 除了亚历山大率领骑兵部队的突击，还有马其顿的步兵方阵正在迫近之中，大流士只有抛弃他的战车和华丽的铠甲，据说是骑上一匹刚生过马崽的母马逃走。

后面紧追不舍,由于他们的数量和浓厚的尘土,无法得知大流士朝哪个方向逃逸。空气里面充满落马人员的呻吟、骑兵部队产生的喧嚣,以及马鞭不断抽击的声音。

就在这个时候,波斯军右翼的指挥官马舍乌斯,率领数量庞大而且训练精良的骑兵部队,向着当面的敌军施加最大的压力,帕米尼奥麾下的帖沙利骑兵,以及所属其他部队,在尽全力进行顽强的抵抗。经过一阵英勇的战斗,他甚至认为凭着帖沙利人的训练素质他们稳占上风,但是在马舍乌斯指挥之下的骑兵部队,千军万马的冲锋使得马其顿的骑兵陷入困境之中。接着开始一场损失惨重的屠杀,帕米尼奥对于抗拒对方的优势力量已经感到绝望①,派出手下的骑士去见亚历山大,请求他赶紧前来救援。奉命的人发现亚历山大已经离开战场,发起长距离的追击之中,他们没有完成任务只有无功而返。虽然如此,帕米尼奥仍指挥帖沙利的骑兵部队施展高明的技巧杀死很多敌人,最后波斯人得知大流士已经撤离的消息,无心恋战之下被帕米尼奥打得大败而逃②。

61 大流士为人精明富于心机,没有像其他的蛮族一样向着后方撤退,能够运用扬起的漫天灰尘,掩护他的行动向相反的方向逃遁,带着他的卫队安全来到位于马其顿战线后面的村庄。最后,所有的波斯部队溃逃一空,马其顿的骑兵继续追杀散兵游勇,整个会战地

---

① 普鲁塔斯《希腊罗马名人传》第17篇第1章"亚历山大"第33节,特别提到大家认为这次会战当中,帕米尼奥的表现欠佳,行动迟钝毫无贡献,可能是年纪衰老、勇气丧失的关系,或者如同凯利昔尼斯所言,他对亚历山大的威望日隆存着嫉妒心理。

② 从这里可知上面那个注释,对于帕米尼奥的指控可以说是言过其实。须知帕米尼奥是作战经验极其丰富的将领,右翼遭到坚强的抵抗有战败之虞,波斯军的方阵仍旧保有原来的阵地,左翼贸然发起追击,战力形成分离有遭各个击灭的危险。好在这些都能转危为安,使他获得最后的胜利。

区到处覆盖死者的尸首。波斯方面被杀的步兵和骑兵加起来超过九万人①，马其顿人有五百名阵亡，还有很多人受伤②。其中最为显赫的指挥官赫菲斯提昂被长矛戳伤手臂，他负责指挥亚历山大的卫队。受伤的将领是帕迪卡斯和西努斯，以及明尼达斯（Menidas）和其他高阶的指挥官。

这是阿贝拉会战的结局。

62 雅典的执政官换成亚里斯托奉（Aristophon），罗马的执政官由盖尤斯·杜米久斯（Gaius Domitius）和奥卢斯·高乃留斯（Aulus Cornelius）担任③。在这一年（前330年），有关阿贝拉会战的消息传到希腊各地，很多城市因为马其顿的权势迅速增长已经提高警觉，特别是波斯的局面还是大有可为，决定要为争取自由权利继续奋斗。他们期望大流士能够提供帮助，送给他们很多金钱可以召集一支强大的佣兵部队，这时亚历山大无法将他的部队分散开来，用在不同的地区。从另一方来看，他们无所事事在一边观望，波斯的大军才会遭到彻底的惨败，希腊城邦的下场就会变得孤立无援，再也不能恢复他们的自由权利。

就在这个时候色雷斯发生一场动乱，似乎为希腊的城邦提供机会去争取自由。门侬曾经在该地担任拥有军事指挥权的总督，在那里建立武力而且这个人有旺盛的企图心。他在暗中煽动当地的部落背叛亚历山大，很快获得一支实力强大的军队，公开宣布要将战争带到马其顿。安蒂佩特被迫运用所有的部队，从马其顿进入色雷斯讨伐门侬，要让这个地区的动乱平

---

① 克尔久斯和阿瑞安提到波斯军阵亡的数字分别是40000人和300000人，俘虏的人数还要更多。

② 阿瑞安说亚历山大的部队有100人战死，战马的损失是1000匹，那是追击过于劳累的关系；克尔久斯认为马其顿的阵亡人数是300人。

③ 从布洛顿《罗马共和时期职官志》第1卷第141节得知，这两位是前332年的罗马执政官。

静下来①。

　　就在安蒂佩特忙着处理这场事故的时候②，拉斯地蒙当局认为发动一场战争的时机已经来到，呼吁全体希腊人联合起来保护他们的自由权利。雅典要比所有的希腊城邦能从亚历山大那里获得更多的好处，所以他们没有参加行动。不过，大部分的伯罗奔尼撒城邦和北部地区的希腊人达成协议，保证加入战事绝不退缩。按照个别城市的能力征召年轻力壮的人员，入营服役的士兵不少于两万名步卒和大约两千名骑兵。拉斯地蒙当局负起指挥的责任，指派所有的部队参加决定性的会战，他们的国王埃杰斯担任的职位是最高统帅。

63 安蒂佩特得知反叛的城邦已经动员，他尽可能答应对方的条件结束色雷斯的作战行动，然后率领所有的部队向伯罗奔尼撒进军。他从仍旧表示忠诚的希腊城邦获得更多的兵源，扩展军队的实力直到兵力不少于四万人③。经过一场激战埃杰斯阵亡，拉斯地蒙的部队奋勇抵抗，很长的时间内维持对峙的局面。等到他们的希腊盟军被迫放弃阵地，只有承认失败退回斯巴达。在战场被杀的拉斯地蒙士兵和盟军有五千三百人，安蒂佩特的部队损失高达三千五百人。

　　发生一桩壮烈的义举与埃杰斯的死亡有关。他身先士卒从事光荣的战斗，使得身体的正面留下很多伤口，就在他被士兵抬着向斯巴达撤退的时候，发现四周都是敌人围绕，他根本不顾自己的安全，命令所有人员尽最大能力逃走，留得性命将来为国家效劳。他用膝盖跪在地上提高身体拔剑

---

　　① 这位门侬不是前面所提前 333 年逝世的罗得岛人门侬，这里说起色雷斯的动乱和门侬的反叛，除了本书找不到其他的来源。

　　② 这里的文字应该是继续本章第 48 节的叙述，下面要与本章第 73 节相连；参阅克尔久斯《亚历山大战史》第 6 卷第 1 节。

　　③ 阿瑞安提到亚历山大拨交安蒂佩特 3000 泰伦的经费。

进行防护,杀死一些敌人自己也丧生在投掷的标枪之下①,埃杰斯在位的期间有九年(第十七章前半部分在此处告一段落②)。

我们已经交代了欧洲发生的事件,现在接着叙述亚洲的情况。

64 大流士在阿贝拉会战失败以后,直接向着上行省赶路,想要拉开他与亚历山大之间的距离,获得休养生息的时间足够重新组成一支军队。他首先取道米地亚的伊克巴塔纳(Ecbatana),在那里收容溃败下来的散兵游勇③,发给他们已经失落的武器。他派人到邻近的部落要求提供兵源,亲自写信给巴克特里亚(Bactria)和上行省的省长和将领,呼吁他们对他保持往日的忠诚。

亚历山大在会战以后埋葬阵亡人员,进入阿贝拉发现储存的粮食非常充足,还有不少蛮族式样的衣物,金库里面有三千泰伦银币。地区的空气因为众多未曾掩埋的尸首变得恶臭不堪,他立即开拔率领全军抵达巴比伦。那里的民众欢迎他的来临,供应马其顿人住处并且安排盛大的宴会招待他们④。亚历山大鉴于此地的食物供应非常充足而且人民友善,所以停留三十天让辛劳的士兵休养生息。

这时他指派皮德纳(Pydna)的阿加丰(Agathon)率领七百名马其顿士兵负责城堡的警卫,任命安斐波里斯的阿波罗多鲁斯(Apollodorus)和佩拉(Pella)的麦尼斯(Menes),成为巴比伦和包括西里西亚在内各行省的军事总

---

① 这场会战发生在麦加洛波里斯附近,时间可能是在阿贝拉会战之前。

② 从本章的目次得知区分为两部分叙述。

③ 根据阿瑞安《亚历山大远征记》第3卷第16节的记载,大流士是从北方绕一大圈子才抵达伊克巴塔纳,这座城市位于美索不达米亚到伊朗高原最好道路的终端,很多会战的幸存者采用这条撤退路线。

④ 克尔久斯《亚历山大战史》第5卷第1节,提到款待过于奢侈和色情,会败坏军队的纪律和风气。

督,拨发一千泰伦银币作为经费,给予的指示是要尽可能征召更多的士兵①。亚历山大将阿美尼亚(Armenia)当成一个行省交给米塞瑞尼斯(Mithrines)治理,因为这个人向他投降奉上萨德斯(Sardes)的城堡②。他用掳获的金钱犒赏手下的弟兄,每一位骑士是六迈纳,每一位盟军的骑士是五迈纳,马其顿方阵的重装步兵是两迈纳,所有的佣兵多发两个月的薪饷③。

65 国王离开巴比伦在进军的途中,接受安蒂佩特派来的部队,五百名马其顿骑兵和六千名重装步兵,六百名色雷斯骑兵和三千五百名特拉勒斯人(Trallians),还有来自伯罗奔尼撒的四千名步兵和不足一千名的骑兵④。还有就是国王的伙友将他们的儿子从马其顿叫来,一共有五十名留在身边充当护卫。国王欢迎他们的来临,继续行军。在第六天渡过河流,进入西塔辛尼(Sittacine)行省⑤。

这里是一个富裕的地区,盛产各种粮食,他停留在此不少日子,同时还为其他部队因为长途行军的疲劳感到焦虑,进一步的考虑是要重新编组他的军队。他要拔擢一些官员负起更高的职责,增加兵员的数目用来加强部队的战力,注重训练和教育提升指挥官的素养,他在这方面的努力取得很好的效果。他详细审查所有人员的纪录,根据他们的良好表现让很多人得

---

① 阿瑞安提到很多行政方面的事务都是在占领苏萨以后执行。

② 阿瑞安和克尔久斯都提到这个时候还未征服亚美尼亚,米塞瑞尼斯不可能出任总督的职位。

③ 我们不知道亚历山大付给部下的薪资是多少,那个时代一个熟练工匠的收入约为日薪1德拉克马,1迈纳等于100德拉克马约为1个工匠3个月的薪资,看来他的犒赏从当时的标准来说已经很高。

④ 亚历山大在亚洲作战已有三年,所向无敌而且收获极其丰硕,当然会吸引更多希腊市民和佣兵前来为他服务。克尔久斯提到同样的数字,只是多了360名训练极其精良的骑兵。安蒂佩特送来部队是在希腊发生动乱之前。

⑤ 克尔久斯提到这个地方的位置约与巴比伦尼亚平行,只是在底格里斯河的左岸。

到高阶的军职,甚至让他们对于地方的事务负起更大的责任,同时他给所有的指挥官更高的特权,双方能用深厚的友情紧密结合在一起。他测试个别士兵的情况,同时经过深入的考虑推荐很多改进的方法供大家运用。他让全军官兵无私奉献给指挥官,并且绝对服从他的命令,对于即将来临的会战总是保持高度的作战效率。

他从此地出发没有遭到抵抗进入苏西亚纳(Susiana),接收国王留下的无比奢华的皇宫。该地的省长阿布莱提斯(Abulites)[1]主动投降,奉献他所管辖的城市,这是大流士写信给他信任的官员要他们这样做,所以阿布莱提斯的行为完全是服从命令。波斯国王希望运用这种策略,使得亚历山大忙着处理令人炫目的东西,像是获得知名的城市和巨大的金库,大流士可以争取时效为一场新的战争做好准备[2]。

66 亚历山大进入城市,发现皇宫里面的金库储存价值超过四万泰伦的金条和银块,历代国王聚集的储蓄,很长的时期没有使用,以备发生天灾人祸拿来应付不时之需。此外还有大批达里克金币相当于九千泰伦[3]。

这时出现一个很特殊的情况,他要观看大流士留下的珍贵物品,等到坐在宝座上面,才知道它的体积硕大与他的身材不成比例,一个侍童看到他的两只脚接触不到宝座上面的踏板,就拿起大流士经常使用的桌子放在他悬空摇摆的脚下。这样一来刚刚适合,国王对于这个小孩反应的机敏感

---

① 克尔久斯和阿瑞安都提到这个人的名字是阿布莱提斯(Abulites),亚历山大任命他为苏萨的总督。

② 其他的作者都没有提到这一类的谣言,也不知道来源和动机何在。

③ 普鲁塔克提到亚历山大占领苏萨以后,在皇宫找到价值40000泰伦的钱币,阿瑞安和克尔久斯认为还要更多一些;达里克金币是波斯官方的货币,一面是国王的头像,另一面是一个弓箭手。它的得名来自最早的铸造者大流士一世。

到非常满意,但是一位站在旁边的宦官看到命运女神造成这样巨大的改变,感到难过不禁流下眼泪哭了起来。亚历山大注意到他的失态就问道:"难道你看到什么不对的地方,所以才会哭泣?"这位宦官回答道:"我现在是你的奴隶如同过去是大流士的奴隶,所以对我的主人尽心奉献也是当然的事,我之所以感到悲伤是你前任视为最心爱的器物,竟然成为任人践踏的家具。"

这样的回答让国王知道波斯王国发生的变化,竟然是如此的巨大和激烈。他认为自己的行为过于傲慢,有违他对俘虏宽大处理的原则,于是他叫侍童将放在脚下的桌子搬走。然而当时在场的斐洛塔斯说道:"将桌子放在脚下这个动作并不是你下的命令,所以在这方面谈不上失礼的问题;之所以会发生这种情况,完全出于天意以及侍童能够发挥主动积极的精神。"因此国王将这番话当成一个征兆,命令将桌子留在宝座下方当成将脚放在上面的踏板。

67 亚历山大将大流士的母亲、两个女儿和儿子留在苏萨,安排人员教导他们学习希腊的语言和文字,然后率领军队开拔,经过四天的行军来到底格里斯河①。这条河流发源于悠克西亚人的山区,开始的一千弗隆通过崎岖不平的地区,到处都是巨大而深邃的峡谷,等到横越广阔的平原水流变得非常和缓,这段距离大约六百弗隆,终点是注入波斯湾。他渡过底格里斯河进入悠克西纳人(Uxians)的国度,这里的土地肥沃,有无数的溪流供应灌溉用水,各种农作物都能生长。收获的季节在成熟的谷粒干燥以后,商人利用底格里斯的航运,可以将各种令人大快朵颐的食物送到巴比伦的餐桌上面②。

---

① 克尔久斯和阿瑞安都提到经过 4 天的行军来到帕西底格里斯(Pasitigris)河。
② 参阅斯特拉波《地理学》第 15 卷第 3 节,没有人比他更强调这片国土的肥沃和富裕。

亚历山大得知大流士的表弟马德底(Madetes),率领一支颇具实力的部队守卫这条隘道,同时立即看出这个地方的困难所在。高耸的悬崖没有可以通行的路径,有位悠克西纳(Uxiana)的土著对于这个国度了如指掌,愿意带领士兵经过一条羊肠小道,到达敌人上方的位置。亚历山大接受提出的建议,派出一支部队随着土著出发,自己迅速展开行动对于守军发起连续不断的攻击。正在战况最为紧急的时候,波斯的守军对于头顶上方出现马其顿火速挺进的纵队,立即感受到敌人的威胁只有赶快溜之大吉。亚历山大控制隘道以后,悠克西纳地区所有的城市全部落到他的手里①。

68 接着亚历山大朝着波斯的方向进军,第五天来到一个名叫苏西安高崖(Susian Rock)的地方,这个关卡由亚里奥巴札尼斯(Ariobarzanes)负责把守,手下的兵力是两万五千名步兵和三百名骑兵②。国王最早的想法是在这个山脉起伏的地区,运用武力强行通过狭窄的隘道,但是一路上都没有遭到抵抗。当时的情况允许他沿着道路前进深入关卡相当距离,等到他在半途已经通过最困难的部分,敌人突然对他们发起攻击,巨大的漂石从头顶滚了下来,冲向马其顿密集的队列,很多人遭到压毙。大批波斯士兵从悬崖上面向着聚集的人群投掷标枪,这样显著的目标不会失手。还有人来到接近的位置向紧跟不放的马其顿人投掷石块。土著生长在这片崎岖的国度居有地形之利,很多敌人被他们杀死,受伤的人员也不在少数。

亚历山大对于手下的遭遇无法给予帮助,对改变现状感到力不从心,同时看到敌人没有一个毙命,甚至未曾有人受伤。这时自己的部队有很多

---

① 据说大流士的母亲还为悠克西纳人讲情,亚历山大就将夺取的领土还给他们,每年的贡品是马 100 匹,驮兽 500 头和羊 30000 只。

② 阿瑞安提到守军的兵力是 40000 名步兵和 700 名骑兵。

人被杀,正在攻击的部队根本无法产生任何作用。他要喇叭手发出信号召回正在战斗的士兵。从关卡的位置向后撤退大约三百弗隆①的距离,他开设营地,要从当地土著那里收集情报,想要知道是否有其他的道路可以通过面前的山丘。所有的人都坚持没有其他的方法,虽然可以迂回却要多花几天的行程。不过,就亚历山大来说,放弃毫无指望的事似乎让他感到羞辱,询问土著也不是体面的行为,因为只会给他带来遭到打败的信息,于是他下令将所有的俘虏押到他的面前。有一个人通晓两国语言②还会说波斯话,像是给他带来希望。

来人说他是一个吕底亚人,成为波斯的俘虏来到这里,就在山地放牧羊群过了很多年。他对这个国度的情况非常熟悉,可以引导一支部队经由隐藏在丛林当中的小径,绕过防守隘道的波斯部队来到他们的后方。国王承诺要赐给他贵重的礼品③,亚历山大在他的指点之下,乘着黑夜的掩护通过高山的时候,费力在深雪中跋涉,小径可以越过地形破碎的区域,遍布很深的溪涧和险峻的山谷。来到可以看见敌人哨所的位置,切断他们第一道防线,俘虏所有配置在第二线阵地的人员,接着击溃第三道防线的守军,赢得隘道的控制,亚里奥巴札尼斯的部队大多数人员被歼。

69 现在他向着帕西波里斯(Persepolis)进军,路途当中接到城市的总督送来的信函,这个人的名字是泰瑞达底(Tiridates)。信中提到目前有些部队正在计划要为大流士守城,如果他能提早比这些人先抵达,就可以成为城市的主人,因为泰瑞达底要背叛大流士,将城市献给亚

---

① 后撤300弗隆相当60千米,这段距离真是太远,克尔久斯说是30弗隆比较合理。
② 普鲁塔克《希腊罗马名人传》第17篇第1章"亚历山大"第37节,提到这位向导的父亲是吕西亚人而母亲是波斯人,所以会讲两种语言,克尔久斯还要加上希腊语那就更方便了。
③ 克尔久斯提到国王赏给他30泰伦,过于慷慨让人难以置信。

历山大。因此亚历山大下令部队用急行军赶路,他在阿拉克斯(Araxes)河上架桥,使得他的人马可以到达彼岸。

国王进军到这个地方看到奇特而可怕的一幕,对于加害者激起义愤的情绪,不幸的受害者却让他深感震撼和悲痛①,因为他遇到一群手里拿着诉愿树枝的希腊人,他们被前任波斯国王从他们的家中掳走,总共有八百多人,大部分都是年纪很大的长者。所有的人都受到残害,有些人被砍掉双手,有些人失去双腿,还有人被割去耳朵和鼻子。他们都是技术熟练的工匠,接受这方面的教导以后获得很大的进步,现在只留下与职业有关的器官和四肢,其他部分都被恶意切除。所有的士兵看到他们都是值得尊敬的老人,身体受到摧残失去最宝贵的部分,无不对他们不幸的遭遇给予同情。亚历山大情不自禁地流出怜悯的眼泪。

他们异口同声哀求亚历山大给予援手让他们脱离苦海。国王召唤他们的首领来到前面,很客气地问候他们表现出伟大君王的风度,答应给他们最大的照顾和重建他们的家园。他们聚集起来对于处理的方式进行讨论,最后决定最好的方式还是返回故土。只是他们如果能够安全返乡,就会分散成为很小的团体,各自在他们的城市里面过活,就会发现自己落在命运女神的手里,受到苛待成为受到谴责的目标。不过,如果他们还是生活在一起,如同一群遭遇不幸的伙伴,对于大家遭受的伤残在完全类似的情况下可以找到安慰。因此他们再度来到国王的面前,报告他们所做的决定,请求他给予适当的援助达成所望的目标。亚历山大赞许他们的决定,赐给每个人三千德拉克马,无论男女都有五件长袍,两对耕牛,五十头绵羊

---

① 克尔久斯《亚历山大战史》第 5 卷第 5 节和贾士丁《菲利浦王朝史》第 11 卷第 14 节,都用很长的篇幅叙述与这个故事有关的情节,普鲁塔克和阿瑞安的作品里面对这件事没有任何记载。

和一石蒲式耳小麦①。他还豁免他们所有皇家的税赋,交代当地行政官员不让他们受到任何人的伤害。

亚历山大用恩惠安抚不幸的人们,完全是仁慈的天性使然。

70 帕西波里斯是波斯帝国的首都②。亚历山大只要向马其顿人提到亚洲的城市,就说这个地方他最为痛恨③,全城除了皇宫都让士兵大肆洗劫。这是世界上最富裕的城市,多少年来就连私人的房舍都让财富装饰得花团锦簇。马其顿人争先恐后进入城市,开始屠杀所有遇到的人,抢劫府邸和豪华的住宅,很多房屋属于普通市民所有,里面都有大量的家具和各种饰物。他们带走大量银块和为数不少的黄金,许多值钱的服装染成华丽的紫色,或是用金线绣成各种图案,搜刮以后最适合用来奖赏征服者的功勋。面积广大的皇宫在整个文明世界拥有响亮的声名,成为受到羞辱的被害者最后的下场是完全的毁灭。

给了战胜者一整天的抢劫和狂欢,还是不能满足毫无限制的贪婪。他们对于掠夺品有超乎常情的渴望,彼此为了据有发生斗殴,甚至有很多追随者为了分一杯羹惨遭杀害,发现这么多的财富每个人用刀剑来分配应得的部分。那些紧紧抓住财物不放的人连手都会被士兵砍掉,他们在激情的驱使之下像是要发狂一样。征服者拖走妇女连带她们的衣服和所有一切,用出售的方式将俘虏变成奴隶。

---

① 克尔久斯《亚历山大战史》第 5 卷第 5 节,提到同样的物品和数量;只是赐给每个人 3000 德拉马克相当于 50 迈纳,从前面第 64 节得知,阿贝拉会战以后亚历山大对重装士兵的犒赏每人不过 2 迈纳,稍为比较一下就会让人对这件事感到可疑。

② 这座城市是泽尔西斯的出生地,所以他才将首都迁到此处,位于苏萨的东南方约 500 千米。马其顿军队在帕西波里斯停留的时间,是公元前 330 年 2 月到 5 月。

③ 阿瑞安提到亚历山大酒醉以后,烧掉泽尔西斯的宫殿泄愤,没有加上罗曼蒂克的情节,其他的作者有不同的看法。

由于帕西波里斯较之其他所有城市更为富有,所以它遭受的不幸下场也更为悲惨①。

71 亚历山大登上城堡的高台,接收位于该处的金库。这里储存的财物来自国家的岁入,开始于波斯首位国王居鲁士一世,直到目前为止,拱形屋顶的大厅装满包扎好的银块和金条,经过盘点总值是十二万泰伦②。亚历山大需要获得金钱支付战争极其昂贵的费用,他将庞大的财富储存在苏萨,城市里面设置一支卫队负责看管,因此他从巴比伦和美索不达米亚派来大批骡子,还有来自苏萨同样数量的驮兽,三千匹满载的骆驼。运用这种工具可以将所有的东西运到想要到达的地方。他感到居民对他充满无法和解的敌意,同时他对他们一点都不相信,最后的解决方法是将帕西波里斯夷为平地。

城市里面皇宫据有的区域面积广大充满各种精美的建筑物,我认为应该给予简单的介绍③。城堡本身就是一座极其突出而又坚固无比的防御工事,四周围绕三重的城墙。外层的城墙全部兴建在极其坚固和精心打造的基础上面,高度有十六肘尺顶端砌起城垛和雉堞。第二道城墙与第一道非常类似,只是高度还要加倍。第三道城墙按照计划周边成为长方形,高度有六十肘尺,全用坚硬的巨石砌成可保恒久的时日不致损毁。每一边有一

---

① 狄奥多罗斯没有提到亚历山大是否接受泰瑞达底的献城投降,帕西波里斯受到的待遇像是在猛攻之下落到敌人手里,克尔久斯提到泰瑞达底获得奖赏,在于他奉上大流士的皇家金库。

② 这个金额的总值在于银块的重量和金条的价值,通常古代的金和银的兑换比率是1比12或15。

③ 对于帕西波里斯的叙述只见于本书,芝加哥大学对此城进行考古挖掘,可以提供更详尽的资料。

座城门装着青铜制造的大门,除此以外每边还设立青铜柱,高度有二十肘尺①,用来引起窥伺者的注意,让他们知道城门的安全将会万无一失。

高台的东边大约四百尺的距离,称为皇家山丘是历代国王的墓地。这里是一块光滑的岩层上面建造很多宫殿,里面放置亡故国君的雕像,没有任何进出的通道,只能运用某种机械的升降装备将死者的石棺运进来。皇家高台上面散布国王和皇室成员的住处,也是最高贵族阶层的活动地区,所有的摆设和装饰都极其精美华丽,建筑物的位置经过安排对皇家的金库形成安全的保障。

72 亚历山大为了庆祝这次大捷举行运动会,他不惜花费向神明奉献大量牺牲,款待伙友出手极其大方。大家参加宴会痛饮作乐,酒醉的宾客被疯狂的想法占据他们的心灵②。此刻在场的妇女当中有一位是泰绮思(Thais),她出身阿提卡世家,她说亚历山大可以完成在亚洲最重要的工作,就是参加他们的凯旋游行行列,允许妇女用她们的手对皇宫纵火,片刻之间让波斯人最为光辉的成就化为灰烬。有很多人说亚历山大还是一个年轻人,醉意产生的晕眩让他认为这就是他期望要做的事,有人喊叫要扮成酒神的模样手拿点燃的火炬,大声疾呼要为希腊的神庙遭到毁灭进行报复的行动③。其他人都在七嘴八舌说是只有亚历山大够资格完成这样的工作。国王果然不会食言手里接过火炬,所有的宾客全从卧榻上面起身,传下话去为了推崇狄俄尼索斯,大家排成一个庆祝胜利的

---

① 建立青铜柱的目的何在无人得知,他们认为如同埃及寺庙的塔门前面有几根高耸的旗杆。

② 阿瑞安提到亚历山大有意要将皇宫烧掉,事先帕米尼奥还劝他要保存下来,主要理由是把到手的财产加以毁弃总不是妥善的处置方式。至于这个故事涉及泰绮思是最通俗的说法。普鲁塔克还提到泰绮思是托勒密的情人,后者在亚历山大崩殂以后成为埃及国王。

③ 是指大流士一世和泽尔西斯在前492—前479年对希腊的侵略,参阅本书第十六章第89节。

队列。

马上就有很多火炬聚集起来。宴会当中还有很多女乐师参加,国王带着这些酒神在木箫和芦笛的演奏声中离开大厅,身为交际花的泰绮思领导整个行动。她跟在国王后面第一个将燃烧的火炬投向皇宫。其他人员全部照做不误,片刻工夫整个皇宫地区燃起一场大火。最令人感到惊奇的地方,就是波斯国王泽尔西斯对雅典的卫城做出亵渎神明的举动,过了很多年以后在一个妇女的手里遭到报应,须知这位妇女就是雅典的市民,不过是谈笑之间使得城市落入万劫不复的地步。

73 等到这些事情都过去以后,亚历山大征讨波斯的城市,有些用武力夺取,有的靠着善意获得归顺。然后他开拔前去追捕大流士,波斯国王的计划是集结巴克特里亚和其他行省的武装部队,这时亚历山大很快对着急进,大流士率领三万波斯人马和希腊佣兵向巴克特里亚的城市逃走,然而在退却的过程当中,遭到巴克特里亚的省长贝苏斯(Bessus)劫持和谋害。就在他刚刚过世的时候,亚历山大带着骑兵已经火速赶到,发现正为死者的遗体举行皇家的葬礼。还有人的记载是亚历山大发现他的时候他已经奄奄一息,非常同情他所遭遇的苦难。大流士的遗言是要为他的死亡复仇①,亚历山大同意立即出发追赶贝苏斯,省长早就离开已经到巴克特里亚,亚历山大只有暂停逮捕的行动返回苏萨。

上面是亚洲当时的情况。

欧洲方面拉斯地蒙人在一次决定性的会战中被安蒂佩特击败,于是向

---

① 普鲁塔克《希腊罗马名人传》第17篇第1章"亚历山大"第43节,提到亚历山大获得贝苏斯就下令将他撕成两半:他们用力将两棵树拉弯在一起,再把贝苏斯的两条腿分别绑在两棵树上,突然松开的强大弹力使得他的身体为之肢解。

他提出和平的建议①。安蒂佩特的指示是他要在希腊联盟（Hellenis League）的会议中给予答复②。代表团来到科林斯相聚,双方经过冗长的讨论,他们的决定是在获得亚历山大的裁示之前,暂时先搁置彼此的争议。安蒂佩特得到五十名人质都是出身显赫的斯巴达贵族,同时拉斯地蒙当局派出使者③前往亚洲,为他们犯下的错误请求亚历山大原谅。

74 年度快要结束,西菲索奉(Cephisophon)成为雅典的执政官,盖尤斯·华勒流斯(Gaius Valerius)和马可斯·克洛狄斯(Marcus Clodius)当选罗马的执政官。就在这一年(前329年),大流士已经亡故,贝苏斯、纳巴尼斯(Nabarnes)、巴克扎伊尔斯(Barzaes)和很多其他的伊朗贵族,逃脱亚历山大的追捕来到巴克特里亚。贝苏斯原来曾奉大流士指派担任这个地区的省长,每个人都知道他的施政作为,现在他呼吁大家起来维护国人的自由权利。他特别指出这个国度的自然形势对他们大有帮助,地区的阻绝让一支敌军很难深入,可以提供足够的兵源用来保障他们的独立自主。他公开宣布要亲自指挥这场战事,即使登基成为国王还是要获得人民的同意。然后他开始办理征兵的事务,制造武器建立适当的存量,为了迫近的需要忙着完成各项准备工作。

就亚历山大这方面来说,他非常清楚马其顿人对于大流士的死亡极其关切,因为这表示战役的终结他们可以班师返回故乡。他召集全体人员参加一次大会,鼓动如簧之舌说服大家追随他完成剩余的局部战争④;还将

---

① 从这里开始继续前面第63节的叙述。

② 克尔久斯认为安蒂佩特处理欧洲的事务,始终对亚历山大存着畏惧谗言和构陷的心理,所以才有这样的表示。

③ 阿瑞安提到亚历山大在营地接见斯巴达派往大流士的使臣,将他们逮捕关进监牢。

④ 普鲁塔克摘录亚历山大的演说:"任何人都可以离开他绝不勉强,只是这些人要为他做证,当他为马其顿征服世界的时候,仅有少数朋友和自愿参加的人员与他同患难共生死。"

希腊各城邦派来的盟军部队集合起来,赞扬他们有杰出的服务,然后解除他们的军事责任①。他发给的犒劳是骑兵每人一泰伦,步兵每人十迈纳②。他除了按照服役的日期付给他们薪饷,还把回程直到返家这段时间都包括在内。对于那些仍旧与他在一起的皇家军队,发给每个人的特别津贴是三泰伦。他对待士兵是如此的大手笔,因为他生性慷慨,还有就是他在追击大流士的过程当中,获得数量极其惊人的财富。他从皇家金库接收的金额是八千泰伦,除了将这些分配给士兵,还有衣物、酒具和其他项目相当于一万三千泰伦,至于洗劫当中抢走或偷窃的损失,一致认为数量之巨更是无从估算。

75 亚历山大开拔向着海卡尼亚(Hyrcania)前进,第三日在接近一个名叫赫卡顿塔皮拉斯(Hecatontapylus)的城市设置营地。这个地方非常富裕,可以供应给人带来愉悦的物品,他停留几天让军队获得充分的休息;然后赶了一百五十弗隆的路,宿营的地方靠近一个高耸而又宽阔的悬崖③;底部有一个很大的山洞,里面发源一条水量充沛名叫司蒂比特斯(Stiboeites)④的河流。河床的落差造成长达三弗隆的激流,然后分为两个河道,每边都有形状如同胸部的岩层,下方就是巨大的洞穴。来到这条河流就陷入喧嚣的怒吼之中,撞击岩石的水流浮起层层的泡沫。等到

---

① 希腊联盟的成员通过决议派遣部队参加远征,等到夺取帕西波里斯和大流士的死亡,他们的任务已经完成;阿瑞安《亚历山大远征记》第3卷第19节,提到亚历山大抵达伊克巴塔纳以后,就要帖沙利骑兵部队和其他的盟军返回希腊。

② 这一次的犒劳远较上次在巴比伦的赏赐更为优渥,倒不是亚历山大没有照顾自己的同胞,因为他认为更大的好处还在后面。

③ 狄奥多罗斯经常提到这种“高崖”或“陡岭”,用来作为最坚固的要塞和城堡,希罗多德《历史》第1卷第176节,提到吕西亚的詹苏斯就是这样性质的要塞,曾经三次陷落在敌人手里,经历极其惨痛的下场。

④ 这条河流现在的名字是奇士美·伊·阿里(Chesmeh-i-Ali)河,位于赫卡顿塔皮拉斯的西北方15英里。

在地底潜流三百弗隆的距离以后,重新从地表破土而出。

　　亚历山大率领军队进入海卡尼亚,将所有的城市据为己有,最远到达他们所称的里海。他们说此地到处衍生大蛇,鱼的种类更是繁多,仅就体形和色泽而言与他们在自己家乡所见大不相同。他通过海卡尼亚全境来到一个大家口中所称的"幸福之村",果真是名不虚传,他们的田地生长的作物比起其他地方更为茂密茁壮。据说每一棵葡萄树能够酿出一大桶美酒,还有一些无花果树能生产十担的干果①,那些在收获的时候遭到忽略的谷物,就会散落在地面,无须播种就会发芽,成熟以后带来更为大量的丰收。当地土著知道有一种外形很像橡树的乔木,叶子上面有一些如同蜂蜜的树液滴落,可以收集起来当成可口饮料。这个国家生产一种有翼的动物称之为 anthredon,体形要比蜜蜂约小一些,却有广泛的用途。会在山区到处飞翔从各种花朵里面吸取花蜜。居住在空洞的岩层或枯萎的树干里面,构成蜡质的蜂巢,产生极其甜的液体,质量不输给蜂蜜。

76　　亚历山大获得海卡尼亚和邻近的部落,还有很多与大流士一起逃亡的指挥官,全都放弃抵抗向他投诚②。他用仁慈的态度接待来人,公正的作风赢得众口同声的赞誉。例如为大流士提供服务的希腊人为数多达一千五百人,还要加上训练有素的士兵,他们很快改变立场投向亚历山大的阵营,国王赦免他们过去对他的敌意,将他们分配到军中各个单位,所有的待遇和薪饷与其他成员一视同仁。

　　亚历山大沿着海岸线向西继续前行,进入马地亚人(Mardians)的国

---

　　①　斯特波拉《地理学》第 11 卷第 7 节,说是 60 担的干无花果;这里提到的 1"桶"相当于 4.5 加仑,1"担"相当于 1.5 蒲式耳。

　　②　贝苏斯杀害大流士以后篡位为王,称号是阿塔泽尔西兹,这些指挥官在投诚的时候将贝苏斯献给亚历山大,次年遭到处决,过程没有前面第 73 节那样耸动。

度。土著为自己的作战能力感到自豪,认为亚历山大的实力不足为惧,没有派人前去讲情或求饶,配置八千士兵防守隘道,充满自信等待马其顿人的来临。国王对他们发起攻击在会战中大有斩获,驱赶余众进入位于山岭的营寨。

就是他在四周的乡村地区大肆破坏的时候,他的侍童带着一群皇家的骏马,在离国王不远的地方被蜂拥而出的土著,抢走其中最出色的一头良驹①。这匹战马是科林斯的笛玛拉都斯(Demaratus)②送给他的礼物,陪伴国王参加亚洲各次会战。它要是没有配备齐全的马具,负责调教它的马夫可以骑它出去驰骋,等到它完成出战的披挂,对于任何接近它的人都会提高警觉,只有亚历山人一个人能让它安静下来,甚至还会放低躯体的高度,帮助它的主子更容易跨上马鞍。

这匹坐骑拥有极其优秀的特质,国王对他的损失暴跳如雷,下令要将整个地区所有的树木砍伐一空,同时经由通译向土著宣布,要是不归还这匹骏马,他们会看到整个国土成为一片荒漠,所有居民杀得一个不留。就在他开始将威胁付诸执行的时候,胆战心惊的土著归还马匹还奉上最名贵的礼物。他们押来五十名应为此事负责的人士请求国王的饶恕,亚历山大将其中最重要的人物留下充当人质③。

77

亚历山大返回海卡尼亚,亚马孙人(Amazons)当中名叫萨勒斯特瑞斯(Thallestris)的皇后,统治发西斯(Phasis)河和瑟摩登

---

① 这匹马就是举世闻名的布西法拉斯(Bucephalus)。

② 笛玛拉都斯在科林斯是亲马其顿党的领导人物,年轻的时候曾在泰摩利昂的麾下服务,成为菲利浦的知己之交,甚至家庭事务都要询问他的意见,陪伴亚历山大东征参加格拉尼库斯会战,后来在苏萨相见不久逝世。

③ 普鲁塔克《希腊罗马名人传》第17篇第1章"亚历山大"第44节,提到土著将马送还以后,亚历山大赐给他们一大笔赏金;后来这匹战马因衰老而亡故,亚历山大为了纪念它,特别在海达斯披斯河畔建立一座城市,命名为布西法利亚(Bucephalia)。

（Thermodon）河之间广大的疆域,竟然在他的身边相陪。她的容貌艳丽而且强壮有力,在她的同胞当中以作战英勇享有盛名。她将大部分军队留在海卡尼亚的边境,身边只有三百名全副披挂的亚马孙人担任待卫。国王对于身份尊贵的妇女出乎意料的到达,当然会感到不可思议,当他问到萨勒斯特瑞斯为何愿意前来,她的回答是肚子里要怀上他的小孩,因为他是男子当中完成建树最伟大的人物,她则以体力和勇气远胜所有的妇女,这样卓越的父母孕育的后代必然在各方面都无人能及。国王对她的说法感到非常高兴,答应她的要求与她相处十三天,最后感谢她的来临奉上名贵的礼物,送她返回自己的国土①。

看来亚历山大已经达成预定的目标,保有他的王国再无竞争的敌手,他开始模仿波斯人的奢华浪费以及身为亚洲国王过分炫耀的场面。首先他指派亚裔人士担任宫廷的司阍和传达,然后他命令最显赫的人物充当他的待卫,其中包括大流士的兄弟渥克萨色里斯②。他的头上戴起波斯人的冠冕,身穿白色的长袍以及波斯人使用的肩章,可以说除了裤子和长袖上装以外,采用其他所有式样的服装③。他将嵌着紫边的斗篷发给随伴穿戴起来,让坐骑使用波斯型式的马具。除此以外,他袭用大流士的模式将侍妾加入随从的行列,数量不少于一年的天数,都是选自亚洲各地的东方佳

---

① 普鲁塔克《希腊罗马名人传》第17篇第1章"亚历山大"第46节,许多作者信誓旦旦,提到亚马孙女王曾经拜访亚历山大,诸如克莱塔克斯、波利克莱都斯、欧尼西克里都斯、安蒂吉尼斯和伊斯特(Ister)都提到此事。担任宫廷职位的亚里斯托布拉斯和查里斯,还有托勒密和安蒂克莱德,以及底比斯的斐隆(Philon)、瑟吉拉(Theangela)的菲利浦和很多当代的学者,都认为这是无稽之谈。

② 他在伊苏斯会战有很卓越的表现,大流士逝世以后,受到母亲的影响向亚历山大投诚。

③ 亚历山大的心愿是继承大流士成为波斯国王,发生贝苏斯谋篡事件以后,他的意图更为强烈;从生活上来说,首先用改换服装进行试探,达成逐渐变换习惯的目标。典型的波斯服式是灯笼裤和宽大长袖长衣,配上头巾和锥形头饰,显得更为威严和庄重。

丽,每个夜晚这样的行列围绕在国王卧榻的四周,可以挑出中意的宠姬侍寝①。事实上亚历山大很少采用异国的习俗,为了不冒犯马其顿人起见,大部分还是保持原有的生活方式。

78 不过,很多人为了这些事情对他责备有加,他用赐给礼物的手法让他们闭嘴保持沉默。就在这个时候,他得知阿瑞安(Areia)的省长萨蒂巴札尼斯(Satibarzanes),将他留下的士兵全部处死②,要与贝苏斯采取一致的行动,下定决心攻击马其顿的入侵者,于是亚历山大出发前去征讨他们。萨蒂巴札尼斯率领他的部队进入科塔卡纳(Chortacana)③,这是当地最为著名的城市,天然的形势极其险要而且易守难攻,等到国王快要来到,大军的阵容和马其顿英勇善战的声名,使他感到胆战心惊。他带着两千骑士前去保护贝苏斯,为了应对方的要求尽快给予救援,告诉他的追随者要在名叫④的山岭寻找庇护,可以提供崎岖的地形和安全的屏障,给那些不敢与敌军面对面接战的人士。等到他们这样做以后,将自己安置在陡峭而高耸的悬崖上面,国王带着习以为常的大无畏精神,前去攻打这个险要的地方,英勇的进击迫使对方放下武器归顺。在三十天的征讨过程当中,他使这个行省所有的城市全部望风而降。然后他离开海卡尼亚进军德朗吉纳(Drangina)的都城⑤,在那里暂停下来让军队获得充分

① 波斯后宫有庞大的侍妾行列,《列王纪上》第 11 章第 3 节,得知所罗门有妃三百和嫔七百,本章提到的数目可以参阅普鲁塔克《希腊罗马名人传》第 23 篇第 2 章“阿塔泽尔西兹”第 27 节,帖西阿斯的记载是阿塔泽尔西兹有 360 名嫔妃。
② 萨蒂巴札尼斯是谋害大流士的凶手之一,等到战败投降以后,亚历山大让他继续担任省长,留下少数马其顿部队在他身边,加以监视不至于犯下恶行。
③ 这座城市通常称为阿塔科亚纳(Atacoana)。
④ 这是手抄本出现的遗漏,任何臆测的名字都没有意义。
⑤ 阿瑞安将该地的居民称为札兰迦亚人(Zarangaeans)。

的休息①。

79 就在同一时候,亚历山大犯下错误做出卑劣的恶行,完全违背原本仁慈的天性②。国王有一个名叫狄姆努斯(Dimnus)③的伙友,因为某些原因总是对他抱怨不已,后来因为愤怒难消就贸然行事,组成一个叛逆团体准备谋害亚历山大。他有一个名叫奈柯玛克斯(Nicomachus)的爱人,说服对方参加这个组织。因为非常年轻的关系,这个小孩泄露阴谋给他的兄长塞巴利努斯(Cebalinus),这时塞巴利努斯害怕有人出首,经过追查会涉及此案脱不了关系,决定出面举发成为告密者。

他前往宫廷遇见斐洛塔斯,原原本本告知此事,要他尽快将整个情节面报国王。很可能斐洛塔斯是参加叛逆的成员之一④,他仅仅要他们等待机会让行动缓慢下来。对于整个事件,他听到塞巴利努斯的陈述带着漠不关心的样子,虽然他觐见亚历山大,就很多问题参与冗长的讨论,一个字都不提那些告诉他的话。等到他回复塞巴利努斯的时候,说他找不到适当的机会谈到这件事。保证次日单独去见国王提出详尽的报告。斐洛塔斯到了第二天还是没有任何举动,塞巴利努斯为了不让这件阴谋被其他人泄露出去,因而使自己陷入危险之中,只有抛弃斐洛塔斯去与一位皇家的侍童

---

① 亚历山大离开海卡尼亚,通过帕提亚和阿里亚向前进军,留下担任省长的萨蒂巴札尼斯,等到后者发生叛变,他回到阿里亚,省长的逃走应该与亚历山大采取相反的方向才对。后来他与萨蒂巴尼斯的步兵部队,在阿塔科亚纳的东边山区相遇,这时他不可能进入城市。等到过了30天以后,他转向南方来到德朗吉纳,不再使用原来采用的进军路线。

② 对这次的阴谋事件和后续的发展,无论是克尔久斯、贾士丁、普鲁塔克和阿瑞安都有详尽的叙述和记载,唯有狄奥多罗斯对亚历山大做出严厉的指控和公正的批判。换一个角度来看,亚历山大的父亲遭到近臣的行刺身亡,他对这方面的防范和处置的残酷也是意料中事。

③ 普鲁塔克提到这个人的名字是黎努斯(Limnus),克尔久斯说他是迪努斯(Dymnus)。

④ 普鲁塔克同样持这种观点,他在《道德论丛》第25章"论亚历山大的命运和德行"第7节,提到帕米尼奥之子斐洛塔斯的个性极其荒淫放纵,产生的过失使他落到悲惨的下场。

打交道,告诉对方他得知此事的来龙去脉,恳求侍童立即报告国王。

侍童带着塞巴利努斯进入军械室将他藏在那里①,前去见正在沐浴的国王告知此事,还说已经将塞巴利努斯安置在附近。国王的反应极其迅速而且果断,立即逮捕狄姆努斯,从他那里得知所有阴谋的细节,然后他召来塞巴利努斯和斐洛塔斯。整个事件经过调查发现真实不虚。狄姆努斯当场自刎身亡②,斐洛塔斯承认自己对这件事的处理过于草率,否认与阴谋活动有任何关联,亚历山大同意将他交给马其顿的法庭进行审判。

80 听到很多辩护和证据以后,马其顿的法庭判定斐洛塔斯和其他被告有罪处以死刑。这样一来就涉及亚历山大头一位伙友帕米尼奥。这时他不在军中,却被认定他利用自己的儿子斐洛塔斯,从事谋害亚历山大的叛逆活动。斐洛塔斯第一位受到酷刑拷问③承认犯下滔天大罪,经过判决用马其顿的方式杀死他和其他定谳的人员。

趁着这个机会将林西斯蒂斯家族一位成员的案子,再度送到亚历山大的面前。这个人受到指控犯下谋害国王的罪行,已经监禁三年,由于他与安蒂哥努斯有亲戚关系,所以延迟审判的时间,现在被带到马其顿的法庭前面,不让他为自己辩护就被判处死刑④。

亚历山大派出骑士乘坐参加竞赛的骆驼,要比斐洛塔斯受到惩处的消

---

① 这个侍童的名字叫麦特隆(Metron),负责保管和供应亚历山大使用的武器和装备。

② 普鲁塔克说他自卫不肯束手就缚,被前去逮捕的士兵杀死。

③ 普鲁塔克提到斐洛塔斯受到酷刑拷问,苦苦发出可怜的哀求,据说亚历山大脱口而出:"斐洛塔斯,像你这样的怯懦优柔,怎么还有胆子从事不惜身家性命的阴谋?"

④ 本章第32节提到这位亚历山大遭到逮捕,由于王位空悬他是合法继承的人选,他的存在使得现任的国王亚历山大处于危险的状态,必须除去以绝后患。他的妻子是安蒂佩特的女儿,只是他与安蒂哥努斯的亲属关系并不太清楚。

息更为快速,这样可以从容谋害他的父亲帕米尼奥①。这时帕米尼奥在地
米亚担任总督,负责管理设在伊克巴塔纳的皇家金库,里面储存的金额高
达十八万泰伦。亚历山大从马其顿人当中找出那些明显对他带有敌意的
人,对于帕米尼奥之死感到悲痛的人,以及那些写信到马其顿的家中提到
有对国王表示任何不满的人,他将这些人集中起来放在一个称之为"惩戒
连"②的单位,使得其他的马其顿人不会因不当的言论和批评受到影响。

81 等到他空出手来处理德朗吉纳的事务以后,亚历山大率领军
队去讨伐一个名叫亚里玛斯庇亚人(Arimaspians)的民族,他
们因为下述理由被人称为救星。居鲁士的统治阶层从米堤亚人转移到波
斯人的手里,有次在沙漠地区作战因为粮草断绝,陷入极其险恶的困境,士
兵被迫到达相互为食的地步,这时亚里玛斯庇亚人出现带着三万大车的粮
食。从完全绝望之中获得拯救,居鲁士给予他们豁免税赋的特权以及其他
各种好处,要他们不用过去的名字,直接将他们称为救星。现在亚历山大
率领军队进入他们的国土,他们非常友善地接待了来人,亚历山大为了笼
络起见送给对方丰硕的礼物。

他们的邻居西德罗西亚人(Cedrosians)③做出同样的表示,他对这个
部落给予适合的奖励和优待。他将管理这两个民族的行政大权授予泰瑞
达底④。这时他全神贯注于刚刚带给他的信息,萨蒂巴札尼斯带着大量骑

---

① 根据阿瑞安的说法,亚历山大派出他的伙友之一波利达马斯,带着他的信函到米地
亚去见克伦德(Cleander)、昔塔西斯(Sitaklces)和明尼达斯(Menidas),这几位将领率领的部
队当时归帕米尼奥指挥,他们接信以后立即处决这个位高权重的总督。
② 除了克尔久斯没有其他作者提到这件事,至于把某些人集中起来,放在一个待命分
发的临时单位,这种说法也不能说是没有道理。
③ 这个民族通常称为基德罗西亚人(Gedrosians)。
④ 阿瑞安提到亚历山大让这些部族拥有自治权,或许泰瑞达底是当地土著的关系。
米依成为基德罗西亚和阿拉考西亚的总督。

兵部队,从巴克特里亚来到阿里亚,煽动当地的人民起来反叛亚历山大。听到这方面的消息国王派出一部分兵力在厄瑞吉乌斯和斯塔萨诺尔的指挥之下,前去攻打萨蒂巴札尼斯①,他自己要去征服阿拉考西亚(Arachosia),不过几天工夫就让整个地区归顺在他的统治之下。

82 这一年即将结束,优特克瑞都斯(Euthycritus)成为雅典的执政官,卢契乌斯·普拉久斯(Lucius Platius)和卢契乌斯·帕皮流斯(Lucius Papirius)当选罗马的执政官。举行第一百一十三届奥林匹亚运动会②。这一年(前328年)亚历山大进军征讨所谓的潘罗佩尼萨迪人(Paropanisadae),他们的国土位于极北之地,由于极度寒冷到处覆盖深雪,其他的部族很难进入。大部分地区是没有树木的平原,很多村庄分布其间③。每间房屋的屋顶用瓦排列到顶端形成突出的拱状穹窿,屋脊的中间留下开口可以让烟发散出去,密闭的建筑物使得居住其中的人员,在严寒的天气获得适当的保护。地区的积雪非常深厚,一年之中大部分时间他们留在室内,所有的供应品和粮食都放在手边。他们在葡萄和果树的四周堆积土壤,整个冬季留着不动,等到发芽的时候才全部移开。地面的景色不会出现绿意或者耕作的迹象,冰天雪地的北国全是令人目眩的白色。因此,没有鸟类的栖息也看不到动物的经过,这片国土的绝大部分都没有外人前来

---

① 克尔久斯和阿瑞安都提到这些马其顿部队是受厄瑞吉乌斯和卡拉努斯(Caranus)的指挥,斯塔萨诺尔在征讨反叛的行省以后,取代原来省长阿萨米斯(Arsames)的职位。

② 这里提到两位罗马执政官全名是卢契乌斯·帕皮流斯·克拉苏(L.Papirius Crassus)和卢契乌斯·普劳久斯·温诺(L.Plautius Venno),根据布洛顿《罗马共和时期职官志》的记载,他们的任职是两年以前的前330年。奥林匹亚运动会是在公元前328年7月举行,狄奥多罗斯没有提及赛跑优胜者的名字,根据优西拜乌斯的《编年史》,应该是马其顿的克利顿(Cliton)。

③ 克尔久斯和阿瑞安都提到这个地方,就是现在的阿富汗高原,冬季非常寒冷,然而它的位置并不是极北之地,也不是一个平原。要是根据亚里斯托布拉斯的说法,这个地区只生长出产松节油的笃耨香树和提炼油脂的阿魏。

游历,要想进入极其困难。

虽然如此,国王对于军队所面对的障碍还是毫不在意,马其顿人习惯于发挥大无畏的精神克服地区的困难,很多士兵和营地的随军人员因为精疲力竭留在后面。还有一些人因为雪地反射极其明亮的强光,在不停照耀之下使得眼睛丧失视力,从一段距离以外就无法看见任何东西。村庄因为冒烟的关系才会暴露位置,否则就是正好站在他们的屋顶上方,也无法发觉深藏雪地里面的住处。他们只能用这种方式找到村庄,士兵有了充足的粮食,身体就能从极其疲惫之中复原。国王不用多久就能让自己成为所有民众的主人①。

83 亚历山大在他的进军途中,靠近高加索山设立营地,另外有一个名字叫作潘罗佩尼苏姆(Paropanisum)的山②。他花了十六天从这一边越过山脉到另外一边,在通向米地亚③的一条隘道口,兴建一个名叫亚历山德拉的城市。高加索山的中部有一座"悬崖",周长是十弗隆而高度是四弗隆,土著指出普罗米修斯(Prometheus)栖身的山洞,老鹰筑巢的位置还有传说中提到的铁链④。

亚历山大在距离亚历山德拉行程约一天的地方,还兴建其他的几座城市,他让七千名土著、三千名随营人员以及出于志愿的佣兵,定居在这些地

---

① 斯特拉波《地理志》第 15 卷第 2 节,提到亚历山大是在公元前 330—前 329 年间,在此地度过一个冬天。

② 克尔久斯和阿瑞安都提到古代的学者,常常将兴都库什(Hindu Kush)山脉和高加索山脉混淆起来,并不知道两者有何差异之处。

③ 这是非常明显的错误,提到的隘口应该通往印度,城市就是高加索地区的阿历山卓。

④ 阿瑞安提到伊拉托昔尼斯对这方面的说法,都持否定的态度,认为都是杜撰的无稽之谈,有些是为了讨好亚历山大,就会说一些言不由衷的话。

方①。然后他率领部队向着巴克特里亚开拔前进,传来的信息说是贝苏斯已经登基称王,正在着手征召一支军队。

对于亚历山大相关的事务有如上的叙述。

那些奉派回到阿里亚的将领,发现叛徒已经聚集一支相当可观的部队,全部置于萨蒂巴札尼斯的指挥之下,这个人无论将道和骁勇都拥有响亮的声名,于是马其顿的军队靠近对手设置营地。这段期间不断发生冲突和小规模的前哨战斗,最后是一场正规的会战。伊朗人坚守自己的战线绝不退后半步,这时他们的将领萨蒂巴札尼斯举起双手,取下头盔让所有的人看到他是何人,然后向马其顿的将领挑战有谁敢与他单打独斗。厄瑞吉乌斯富于英雄气概愿意出阵厮杀,结果是厄瑞吉乌斯获得胜利。指挥官的死亡让他们士气大减,伊朗人为了自身的安全只有投降,交出自己任凭亚历山大处置。

贝苏斯成为国王向神明奉献牺牲,举行盛大的宴会邀请朋友参加。因为饮酒的关系他与一位来宾巴哥达拉斯(Bagodaras)②发生口角,双方的争执愈来愈激烈,贝苏斯怒气大发意图处死巴哥达拉斯,经过朋友的求情只有放他一马。不过,巴哥达拉斯脱离危险,连夜投向亚历山大的阵营。贝苏斯手下的将领被亚历山大买通,给予他们安全的保证和丰硕的赏赐,于是他们结成一伙抓住贝苏斯,然后押解到亚历山大的面前③。国王赐给他们巨额的钱财,同时将贝苏斯交给大流士的兄弟④和亲戚,任凭他们惩处。他们用凌迟处死的方式让他尝尽千刀万剐的痛苦,最后将他的尸体挫骨扬

---

① 除了本书其他的著作都没有提到这几座城市,可能只是配置哨所的堡垒或是加强守备的村庄。克尔久斯提到7000人被派往高加索的亚历山德拉。

② 克尔久斯修正手抄本的错误,说这个人的名字是科巴里斯(Cobares)。

③ 托勒密的说法是他抓住贝苏斯,再押解到亚历山大的面前,后来在伊克巴塔纳遭到处决,不管怎么说弑主叛徒一旦被捕,都会遭遇惨不忍睹的下场。

④ 就是前面提到的渥克萨克里斯。

灰散布到异地。①

84 根据双方认可的条件签订和平协议（前 327 年），皇后对于亚历山大的慷慨印象极其深刻，派人送给他价值连城的礼物，答应无论任何事务都会听从他的命令。

佣兵遵从协议的条件离开城市，在不受任何干扰的情况下就在距离八十弗隆的地方宿营，也没有迹象会有事故发生②。即使如此，亚历山大对他们仍怀有难以祛除的敌意。他掌握已有充分准备的部队尾随，对他们发起突如其来的攻击，接着展开一场大屠杀。开始的时候他们大叫，这样的攻击违背和平协议，神明可以见证亚历山大所犯的罪行。亚历山大叫着回答，说是他同意他们有平安离开城市的权利，并不等于他们永久是马其顿的朋友。

这些佣兵面对险恶的情势毫无惧色，他们将战线的行列连接起来形成一个圆圈，将他们的子女和妇女放在中央，可以有效应付来自各个方向的攻击。他们充满绝望中奋斗的勇气，靠着战场的经验和天生的蛮劲，使得他们的拼命更是势不可当，与他们对阵的马其顿士兵全都忧虑不已，生怕自己的战斗能力较之蛮族更为逊色。因此会战出现令人毛骨悚然的场面。

---

① 本书在这一部分的叙述当中，下面脱落很长一段文字，涵盖的时间从公元前 328 年到前 327 年，使得手抄本遗漏很多重大的事件，诸如在锡西厄、巴克特里亚和粟特进行的作战行动、亚历山大与克利都斯的口角给后者带来杀身之祸、亚历山大引用诗句表达对凯利昔尼斯的不满，"侍卫叛案"的破获与处置，以及他娶罗克萨娜的结婚大典。亚历山大经由卡布尔（Cabul）山谷向印度进军；他在阿萨西尼亚（Assacenia）地区一个名叫马撒加（Massaga）的城市，俘虏美丽的王后克丽奥菲斯（Cleophis），还让她继续拥有属于她的王国，更为浪漫的说法是王后为亚历山大生了一个儿子。

② 阿萨西尼亚人雇来这些佣兵为他们服务。普鲁塔克提到背信杀降的行为，是亚历山大投身战争建立勋业唯一白璧之瑕，除此以外他的言行都合于公理和正义，表现出帝王的风范。阿瑞安说这些投降的印度士兵，愿意参加亚历山大的阵营，结果他们违背承诺打算在夜晚逃走，才被他派出军队包围以后全部歼灭。

他们发生短兵相接的肉搏战斗,到处是阵亡的尸体和奄奄一息的伤员,交战当中各种奇特的形态都在眼前出现。马其顿的长矛戳穿佣兵使用的轻盾,铁质矛头刺进对手的肺部,同时他们向敌人密集的行列投掷标枪,这样近的距离不会错失目标。

伤者愈来愈多,被杀的人不在少数,妇女捡起阵亡人员的武器,与她们的男人并肩作战,由于面对严重的危机和激烈的行动,逼得她们的英勇要超越性别的限制。她们之中有些人穿上铠甲,躲在她们的丈夫同一块盾牌的后面获得掩护。这时还有一些人没有护身的披挂就冲出去,抢夺对方的盾牌不让敌人使用。最后,战斗的妇女和其他所有人一样,被敌军的优势兵力所压制和屠杀,赢得光荣的死亡总比苟且偷生更有价值。亚历山大将身体虚弱和没有武装的人员以及幸存的妇女集中在一个地方,交代骑兵部队照料他们。

85 他用突击的方式攻占很多其他的城市,屠杀拒不归顺的守军;来到一座名叫阿奥努斯(Aornus)的"陡岭"①前面,因为这个天险易守难攻,幸存的土著拿这个地方当成庇护所。据说古代的赫拉克勒斯想要围攻这个"陡岭",发生强烈的地震以及其他上天的示警,使得他只有知难而退。亚历山大听到这个传闻,为了要与威名远播四方的神明一争高下,更加激励他要占领这个坚强要塞的决心②。

"陡岭"的周长是一百弗隆,高度是十六弗隆,表面平坦构成圆形的周边;只有南边受到印度河的冲刷,这是印度最大的河川,另外三边被深邃的

---

① 无论是克尔久斯、贾士丁、普鲁塔克和阿瑞安全都叙述过同一个故事,施泰因爵士(Sir A.Stein)《踏着亚历山大的足迹前往印度》(On Alxander's Track to the Indus)一书,对于这些作者所提到的地方,都一一证实现在的位置。
② 阿瑞安《亚历山大远征记》第4卷第28节,对于古老的传说做出合理的解释,认为有的地方夸大其词,甚至硬把赫拉克勒斯拉进去,让建立的功勋更加伟大。

狭谷和高耸的悬崖所围绕。亚历山大考虑所要克服的困难以后，最后的认定是这个要点不可能用武力攻取。这时有个老人带着两个儿子前来觐见，说他自己的生活非常穷困，长时间在这个地区勉强支撑下去，占用一个山洞在岩壁上面凿出三张睡觉的床，暂时借住在里面，因而对这个国度非常熟悉。所以他愿意担任国王的向导，带领他们通过山区来到一个地方，在那里对于占据"陡岭"的敌人发挥居高临下的瞰制作用。

亚历山大答应赏赐他丰盛的礼物①。运用这个老人作为向导，首先控制通往悬崖的小径，因为这里没有其他的出路，可以将防守的人员困死在里面。然后他运用很多人力填平岩层下方的间隙，部队可以接近发起英勇的攻击，轮番运用生力军继续进行长达七天七夜的进攻。开始的时候防守的一方拥有高屋建瓴的优势，他们杀死很多过于莽撞的攻击者。等到突堤建好以后，发射标枪的弩炮和其他攻城机具都能向前配置，显示国王绝不会放弃围攻，印度人陷入惊慌失措之中，亚历山大早已预料会有这种情况发生，将留在小径的警卫调走，允许他们撤出"陡岭"。印度人对于马其顿的战斗素质以及国王的坚定决心极其畏惧，所以他们在黑夜的掩护下离开固若金汤的要塞②。

86 亚历山大运用谋略以战争威胁印度的守军，没有费一兵一卒获得"陡岭"。他用丰富的报酬犒赏向导，接着继续进军。就在这个时候，一位名叫阿弗瑞西斯(Aphrices)的印度将领率领两万人的兵力和十五头战象，在邻近地区设置营地③。他的部下将他杀死以后，割下

---

① 克尔久斯《亚历山大战史》第 8 卷第 11 节，提到这些礼物的价值是"80 泰伦"。

② 根据施泰因爵士现在的探查，发现亚历山大运用一条峡谷，修筑栈道抵达山岭的顶端，证明狄奥多罗斯的叙述真实无虚。至于印度守军受到威胁就会撤离，这方面很难提出合理的解释。

③ 克尔久斯说他要阻止亚历山大的进军。

他的头颅带给亚历山大,想用这种方式讨好国王维护自己的生命安全。国王接受他们的投效,驱赶在乡间游荡的大象将它们聚集起来。

亚历山大向着印度河前进,准备好许多艘三十只划桨的船只,用来在河流上面搭起一道浮桥①。他让部队休息三十天消除征战的疲劳,向神明奉献排场丰盛的牺牲,然后率领军队渡河,经历极其凶恶的惊险最后还是安然无恙。当地的国王塔克西勒斯(Taxiles)逝世,他的儿子摩菲斯(Mophis)继承王位。他早就派人向亚历山大传送信息,当时后者还在粟特(Sogdiana),要求与马其顿国王联合起来,共同与印度境内的敌人作战,现在他派出信差说他要把整个王国交给亚历山大。这时国王还在四十弗隆以外的地方,摩菲斯做出了作战部署,接着向前行动,他的战象都有华丽的披挂,他的属下环绕在他的四周。

亚历山大看到一支大军摆出接战的序列正在接近之中,立即获得结论认为对方的承诺不过欺骗的伎俩,所以他该在对方有时间完成准备之前先发起攻击。他下令喇叭手吹起备战的号角,所有的士兵回到会战的位置,向前迎击当面的印度军队。摩菲斯看到马其顿展开积极的行动,猜出之所以如此的理由。他离开军队在少数几位骑士的陪同之下向前疾驰,用来证明马其顿人对他发生误解,然后将他自己和他的军队交给国王任凭处置。亚历山大感到极其欣慰,让对方仍旧保有原来的王国,把他视为知己和盟友,同时要他改名称为塔克西勒斯②。

这些都是那一年发生的情况。

---

① 克尔久斯和阿瑞安都提到过这件工程,前者说是赫菲斯提昂独自负责,后者说是他和帕迪卡斯合力完成。

② 阿瑞安只是很简略提到塔克西勒斯的归顺,普鲁塔克《希腊罗马名人传》第17篇第1章"亚历山大"第60节,对于塔克西勒斯与亚历山大的见面交谈,有详尽的记载,甚至后者送给这位印度国王1000泰伦的礼物,使得他的老友和部下深表不满。

87 雅典的执政官换为克里密斯（Chremes），罗马选出巴布留斯·高仍留斯（Publius Cornelius）和奥卢斯·波斯都缪斯（Aulus Postumius）出任执政官①。就在这一年（前 326 年），亚历山大留在塔克西勒斯的疆域整补他的军队，然后出兵攻打邻近的印度国王波鲁斯（Porus）②。波鲁斯的军队有五万多名步兵，大约三千名骑兵，一千多辆战车以及一百五十头战象③。他可以获得邻近另一位国王的支持，伊姆皮萨鲁斯（Embisarus）④的实力只是较波鲁斯稍为弱小一点。

亚历山大得到的信息是这位国王离他还有四百弗隆，决定要在波鲁斯的盟军到达之前先向他发起攻击。等到他快接近印度国王的大军，波鲁斯探知马其顿部队的前进很快完成会战的部署。他将骑兵配置在两翼，战象安排成单一战线，沿着整个正面采取相等的间隔，用来恐吓当面的敌人。他将其余的步兵部署在这些猛兽之间，主要的任务是帮助战象，不让它们受到侧面投射标枪带来的伤害。他的整个战线看起来很像一个守备森严的城市，战象如同突出的高塔，士兵配置其间是形成掩护的城墙⑤。亚历山大看到敌军的部署就对自己的部队做适当的安排。

88 战斗开始，印度人的战车被亚历山大的骑兵打得无法还击，在会战中完全丧失作用。然而战象可以大显身手，经过训练可

---

① 这里提到罗马两位执政官，任职的时间应该是前 328 年，名字还是有些差异。

② 有些学者认为与波鲁斯的会战发生在公元前 326 年 7 月，阿瑞安认为要更早一点，阿提卡的月份是那一年的 Mounichion 月（4 月），不过，他又提到是在夏至以后。不过，狄奥多罗斯对于亚历山大渡越海达斯披斯河，极其惊险刺激的场面略而不提。

③ 克尔久斯提到波鲁斯的兵力是 30000 名步卒，300 辆战车和 85 头战象。普鲁塔克说是 20000 名步卒和 2000 名骑兵。阿瑞安认为是 4000 名骑兵、300 辆战车、200 头战象和 30000 名步卒。

④ 阿瑞安和克尔久斯说这位国王的名字是阿比萨里斯（Abisares），狄奥多罗斯在本章第 90 节用另一个名字萨西比莎里斯来称呼他。

⑤ 克尔久斯用同样的比喻方式，只是其他的作者不会将步兵部署在战象之间。

以借重它们的身高和强大的力量。有些马其顿人遭到猛兽的践踏就死在它们的脚下，全身的骨头连带身穿的铠甲都被踩得粉碎。还有一些人被战象的长鼻卷起，高举起来再用力摔落地面，这种惨死的情况看起来令人毛骨悚然。很多士兵被它的长牙贯穿整个身体就会当场毙命。虽然如此，马其顿人还是用大无畏的精神忍受极其可怕的考验。他们使用长矛发挥最大的作用，拿来对付配置在战象旁边的印度人，保持会战在势均力敌的局面。然后是标枪开始以这些巨大野兽的侧面作为目标，使得它们感受到伤口带来的疼痛。印度御者不再能控制这个庞大动物的行动。战象在无法操纵的情况下开始转向，冲向自己的行列践踏对它友善的队伍①。

波鲁斯的战线变得更加混乱，这时他才看出有事故发生。他的坐骑是一头最为巨大的战象，集中仍旧掌握在手里的四十头猛兽，形成一股无法抗拒的冲力，向着敌人攻击给他们带来很大的伤亡。他自己力大无穷远胜手下的将士，身高五肘尺②，胸部要比最魁梧的士兵还要宽一倍。他投出的标枪劲道十足，比得上弩炮发射的短矢。那些与他接战的马其顿人对他的搏斗能力感到极其惊讶，亚历山大召来弓箭手和轻装步兵，指示他们集中火力对付波鲁斯。命令的执行非常迅速，同一时间很多武器向这位印度人投掷，因为他的体形硕大，没有人会错失目标。他还是奋战到底，直到他多处受伤因而大量失血产生迷昏，最后从战象上面摔落下来，像是已经倒毙在地面。等到国王被杀的消息传播开来，其余的印度军队全部溃散一空。

89 很多敌人在败逃当中被杀，亚历山大满足于光辉的胜利，下令喇叭手吹响收兵的号角。会战当中阵亡的印度人超过一万两

① 阿瑞安《亚历山大远征记》第 5 卷第 17 节，对于马其顿军队打败印度战象的战术和技巧有详尽的叙述，非身历其境的作者无法有这样真实的记载。

② 相当于 7.5 英尺或 2 米 25 厘米，普鲁塔克说他的高度是 6 英尺 3 英寸或 1 米 90 厘米。阿瑞安说印度人的身材都有这样的高，克尔久斯认为他们要比马其顿人高出一个头。

千,其中包括波鲁斯的两个儿子和手下知名的将领和军官①。被俘的人数超过九千,还要加上八十头战象。波鲁斯自己留住性命,交给印度医生给予治疗和照顾。马其顿方面的损失是两百八十名骑兵和七百名步兵。国王为阵亡人员举行盛大的葬礼,举凡表现优异的将士给予应得的酬劳和奖赏,向赫留斯(Helius)奉献牺牲感谢他的保佑,完成东部地区的征服行动。

距离不远的山区生长茂密的枞树,还有很多杉树、松树和其他适合造船的树木,亚历山大在此地造出大量船只。他的打算是到达印度的边界,征服这个地区所有的居民,然后顺流而下航向大洋。他建立两座城市,一座位于渡河位置的对岸,另外一座是他击败波鲁斯的地方②。由于获得很多劳工使得工程的进度非常快速。波鲁斯康复以后,亚历山大对他的英勇非常赏识,让他继续担任国王治理原来拥有的疆域。马其顿的军队在资源丰富的地区,停下来休息一个月。

90 人们在这里的山区可以看到奇特的现象,除了盛产可供造船的树木,整个地区有体形硕大而且数量众多的蛇类,长度可以达到十六肘尺。这里还有种类繁多的猴子,体形大小不一,都会模仿它们所见到的各种动作,等于教会印度人捕捉它们的方法,特别是它们行动敏捷而且机警,运用武力很难奏效。因此,猎人在这种动物可以看到的地方,将蜂蜜涂在眼睛上面,或是足踝穿上凉鞋用皮带绑紧,或是颈脖悬挂镜子。他们在离开的时候,留下用绳索紧紧系住的鞋子,再就是用鸟胶来取代蜂蜜,或者将镜子装上可以滑动的活套。等到这些猴子模仿它们看到的动

---

① 阿瑞安提到损失的数字是步卒20000人和骑兵3000人,还包括他的两个儿子在内。
② 两座城市是尼西亚(Nicaea)和布西法利亚(Bucephalia),前者命名胜利(Victoria)城,根据希腊语的发音是尼西亚,因为他在该地打败印度的大军,是庆祝战胜印度人建立的城市,后者为了纪念战马布西法拉斯(Bucephalus)的亡故。

作,最后陷入无法脱身的地步,因为它们的眼睛被胶黏在一起,它们的脚被束缚无法行动,它们的身体被绑紧无法动弹。这样一来很容易被猎人捉住①。

身为国王的萨西比莎里斯(Sasibisares)②没有及时采取行动,无法在会战中助波鲁斯一臂之力,现在感受到威胁被迫接受亚历山大的命令。接着亚历山大重新开始东方的进军,渡过河流继续穿越一个土壤极其肥沃的地区。这里生长非常奇异的树木,高度可以到达七十肘尺,庞大的树干四个人无法合抱,投下长和宽达三百尺③的阴影。

这个国度有很多的蛇,体形很小表皮呈现各种色彩④,有的外表如同一根青铜棍,有的生长浓密而粗糙的冠毛,被它们咬到很快就会毙命。那些被蛇咬到的人感受无法忍耐的痛苦,全身流出血红色的汗液。马其顿人非常害怕这种动物侵害,即使在两棵树之间悬挂吊床用来睡觉⑤,大部分的夜间还是保持清醒难以入眠。后来他们从土著那里学到使用一种可供药用的树根,才能免予这方面的恐惧。

91 亚历山大继续进军,这时得到消息说是波鲁斯王(前面被他打败那位波鲁斯的表兄弟)已经离开他的王国,逃到刚达拉(Gandara)的人民那里寻找庇护。这件事让马其顿国王感到困扰,派遣赫

---

① 有关捕捉猴子的方法来自克莱塔克斯(Cleitarchus)的著作,伊利安《论动物的习性》(*De Natura Animalium*)第 17 卷第 25 节有非常详尽的说明。

② 这个国王在前面的名字是伊姆皮萨鲁斯,克尔久斯提到他的降服只是做做样子而已。

③ 树荫的面积有 3/4 英亩,这种树可能是长着气根的榕树。

④ 尼阿克斯和克莱塔克斯都提到印度各种毒蛇,阿瑞安《亚历山大远征记》第 8 卷"印度"第 15 节,提到他们捉到长达 16 肘尺的巨蛇,还有伊利安《论动物的习性》记录很多相关的数据。

⑤ 按照尼阿克斯的说法,这是土著常用的睡觉方式。

菲斯提昂率领一支军队进入对方的国土,给予的命令是这个王国必须转交给友善的波鲁斯。

　　亚历山大前去征讨的民族称为亚德里斯提安人(Adrestians),获得他们的城市部分运用武力部分经过协议。然后他进入卡萨亚人(Cathaeans)的国土,他们的习俗是丈夫过世,妻子要跳进火葬堆殉葬。这条法规之所以产生效力,是因为有一位妇女用毒药谋害她的亲夫①。他在经过一场激战夺取最大和最坚固的城市,然后纵火将它焚毁。他对另外一座知名的城市进行围攻,等到印度人手执恳求的树枝前来请罪,他饶恕对方不再做进一步的攻击②。

　　接着他采取作战行动用来攻占索皮则斯(Sopeithes)统治的城市。这里有廉明的政府,所有城邦的功能都为了获得响亮的声名,美的价值重于一切。他们的子女从呱呱落地就要接受遴选的程序,只有获得先天的禀赋具备美好的容貌和强壮的身体,才能得到父母的抚育和培养,如果身体和机能出现任何残缺,就会遭到人为的淘汰。所以他们的婚姻完全不在意嫁妆或财产的多寡,主要考虑因素是个人的体魄和外表。结果是这些城市的大多数居民,比起其他任何地方都能享有更高的声望。

　　他们的国王索皮则斯容貌的英俊令人吃惊,他的身材比其他人更为修长,高度超过四肘尺③。他离开首都将自己和王国交给亚历山大,由于征服者的仁慈又退还给他。索皮则斯举行盛大的宴会和慷慨的犒劳,接连数天招待全军的将士。

---

　　①　斯特波拉《地理志》第 15 卷第 1 节,说是他相信这个来自欧尼西克瑞都斯的传闻,参阅雅各比(Jacoby)《希腊史籍残卷》No.134,F21。
　　②　克尔久斯在《亚历山大战史》第 9 卷第 1 节的叙述,如同狄奥多罗斯一样含糊不清,阿瑞安提到这座城市名叫桑加拉(Sangala)。
　　③　塔恩认为他的身高如同波鲁斯一样,只是肘尺的长度有不同的衡量标准(古代的肘尺长度是在 18 英寸到 22 英寸之间)。

92 索皮则斯向亚历山大奉献很多让人印象深刻的礼物,其中包括一百五十条猎犬,特别是它们的体形、勇气和其他性质真是无与伦比①。人们说它们的体内带有老虎的血统。他要让亚历山大知道这种动物的禀赋,就用真正的行动给予测试,于是将一只完全成年的狮子和狗群当中最为弱小的两条猎犬,放进一个圆形的围场当中。他让猎犬去攻击狮子,看到出现困难又放进去两条给予援助,四条猎犬对付狮子已经占了上风,这时索皮则斯派一个人手拿一把弯刀,进去要将一条猎犬的右腿砍下来。亚历山大看到这一幕发出愤怒的喊声,卫士冲过去抢下这个印度人的武器,索皮则斯说他会用三条猎犬赔这一条,于是这个人紧抓住猎犬的腿慢慢将它切除。当时这条猎犬没有痛得吠叫也没有呜咽,还是用它的牙齿紧紧咬住对手不放,直到血液流尽死在狮子的身上。

93 这些事务正在处理的时候,赫菲斯提昂完成使命带着军队返回,已经征服印度很大一部分地区。亚历山大赞许他的成就,然后入侵菲吉乌斯(Phegeus)的王国,居民欢欣鼓舞接受马其顿军队的来到。菲吉乌斯带着很多礼物前去迎接,亚历山大让他保有统治的权力。亚历山大用两天的时间举行宴会,准备丰盛的饮食犒劳所有的部队。然后向着海发西斯(Hyphasis)河进军,这条河的宽度有七弗隆,深度达六唒,非常湍急,使得渡河相当困难。

他向菲吉乌斯询问印度河②对岸国土的情况,得知那边有一片沙漠,横越需要花十二天,然后是宽度达三十二弗隆的恒河,深度超过印度所有的河流。这条巨川对岸居住的民族是塔布里西亚人(Tabraesians),整

---

① 印度的猎犬极其有名,希罗多德《历史》第 1 卷第 192 节和第 7 卷第 187 节都提到这种动物,像是克尔久斯和斯特拉波都对印度犬赞誉备至。

② 前面已经提过这一条巨川是海发西斯河,编者总是忘不了深印脑海的印度河。

个刚达瑞迪地区是在詹德拉米斯(Xandrames)统治之下。这位国王的麾下有两万名骑兵,二十万名步兵,两千辆战车,以及四千头配备齐全的战象①。亚历山大怀疑菲吉乌斯提供的数据,派人召来波鲁斯查证报告是否属实。波鲁斯肯定菲吉乌斯的说法全部正确无误,特别提到詹德拉米斯非常平凡而且没有杰出的表现,据说他是一位理发匠的儿子。他的父亲长得非常英俊受到皇后的宠爱;等到她谋杀自己的丈夫,王国就落到他的手里。

亚历山大非常清楚讨伐刚达瑞迪的作战行动相当困难,却一点都不感到气馁。他对马其顿人的作战素质充满信心,还有从他得到的神谶指出胜利是意料中事。他记得阿波罗的女祭司称他为"战无不胜"的君王②,以及阿蒙给他的承诺是要统治整个世界。

94 亚历山大注意到他的士兵经历不断的战斗已经变得精疲力竭③。他们有八年的时间一直处于辛劳和危险之中,如果还要对甘德瑞迪发起远征作战,必须采取有效的措施用来提升部队的士气和战力。手下的士兵会遭遇很大的伤亡,从可见的战斗当中没有人能减轻负担,就连马匹的蹄甲因为不断的行军都磨损非常厉害。武器和铠甲都会消耗,希腊式样的服装变得不堪穿着。他们制作衣物要用外国的质

---

① 普鲁塔克《希腊罗马名人传》第 17 篇第 1 章"亚历山大"第 62 节,提到的兵力是 80000 名骑兵,200000 名步卒,8000 战车和 6000 头战象。本书第二章第 37 节,狄奥多罗斯也说战象有 4000 头。

② 普鲁塔克《希腊罗马名人传》第 17 篇第 1 章"亚历山大"第 14 节,提到亚历山大前往德尔斐,对即将进行的战争能否达成目标,请求阿波罗给予指示,抵达当天正逢忌日,按照规定不能颁布神谶,他非要女祭司执行职务,强行将她拉到神殿,女祭司被他纠缠得毫无办法,便对他说道:"你这个孩子,真是让人无法抗拒。"亚历山大听到这句话,宣布他已得到所希望的神谶。

③ 普鲁塔克有完全相反的记载,虽然亚历山大注意到部队的情况,他还是执意要继续前进,部下的反对使他非常烦恼而且愤怒,当众宣布如果他们不愿渡过恒河,对于他们以前的成就毫无感激之情,认为现在要是退却,等于公开承认他已失败。

材,只有修改土著的袍服发给大家①。气候还是带来不利的影响,因为这个季节始终是倾盆大雨,持续已有七十天之久,伴随不断的闪电和雷鸣。

所要面对的情况都在反对他的计划,如果他能够经由士兵的感激而获得他们的善意,这是唯一的希望可以达成他的意愿。他允许他们掠夺敌人的国度,那里到处都有值钱的东西②。这段期间就在军队忙着征收粮食的时候,他将士兵的妻子和子女召唤过来,他发给每位妻子一个月的配给额度,子女按照他们的父亲在军中的服役记录,每个人可以获得一份特别津贴③。他召集士兵举行一次全军大会,由于他们从远征行动当中已经满载而归,虽然他对征讨甘德瑞迪发表精心准备的演说,马其顿人还是不愿接受,他只有放弃原来的构想④。

95 他认为最好是在这个地方结束他在印度的作战行动,就在那里为十二位神明建立一个祭坛,每位神明的雕像都有五十肘尺高⑤,设置的营地就周长而言要比现有的大三倍,四周的壕沟有五十尺

---

① 阿瑞安《亚历山大远征记》第8卷"印度"第16节,提到印度人穿亚麻布制作的衣物,肩上披一块布作为外袍,头上裹着很长的头巾。

② 菲吉乌斯的王国对马其顿人非常友善,在这个国度不会出现这种情况是毋庸置疑的事。读到一个手抄本虽然能够避免产生合于逻辑的困境,还是很难相信亚历山大会允许他的士兵洗劫菲吉乌斯的城市。即使在下面第102节和104节,提到亚历山大纵兵大掠还将城市付之一炬,须知将领为了取悦手下的士兵,就会经常出现各式各样的暴行。

③ 这部分的译文有令人不解之处。普鲁塔克《希腊罗马名人传》第17篇第1章"亚历山大"第71节,说是亚历山大在欧庇斯(Opis)发生军队反叛的事件以后,开始遣返不适现役的人员,给予丰富的赏赐和酬庸,所有阵亡官兵的子女,继续领取他们父亲的薪饷。

④ 阿瑞安《亚历山大远征记》第5卷第25节,记载全篇的讲词,说是他讲完以后是长时间的沉寂,没有人敢反对国王,但也不愿表示同意,西努斯站起来代表大家讲出他们的心声,即使如此,亚历山大还是决定继续渡河的工作,最后还是在祭祀当中,奉献的牺牲出现不利的征兆,经过再三的探讨,才公开宣布班师回国。

⑤ 普鲁塔克提到他还建立一些礼拜神明的祭坛,直到今天普里西人的国王在渡河的时候,还要到那里去致敬,按照希腊人的仪式奉献牺牲。

宽四十尺深,将挖出的泥构建一道很可观的城墙,他命令步兵建造很多营舍,每间都有两张长达五肘尺的床,骑兵还做一些喂食马匹的秣槽,体积都是正常的两倍。用同样的方式让留下的东西全都加大尺寸。他的观念是留下证据给当地的土著,建起广阔的营地和竖立庞大的雕像,征服他们的外来者都是力大无穷的巨人。

等到做完这些事情以后,他率领全军循着来时的路径返回阿昔西尼斯(Acesines)河①,那里有他原先下令建造的船只,经过整备还须多造一些才能满足他的需要。就在这个时候,新从希腊来的盟军和佣兵部队,全都纳入他的指挥系统,使得他的兵力达到三万多名步兵和将近六千名的骑兵。他们还带来两万五千套精美的铠甲供应重装步兵,以及重达一百泰伦的各类药物。他将这些都分配给士兵。然后他的水师建立一支舰队,包括两百艘大型帆桨两用船和八百艘各种运输船②。他在河流的两岸兴建两座城市,一座为了庆祝他的战争获得胜利命名为尼西亚(Nicaea),一座为了纪念在与波鲁斯作战中毙命的坐骑命名为布西法利亚(Bucephalia)③。

96 他与伙友登船顺流而下航向南方的大洋④,所有的部队在克拉提鲁斯和赫菲斯提昂的指挥之下沿着河岸行军⑤。他们来到

---

① 前面提到尼西亚和布西法拉利亚两座城市位于海达斯披斯河畔,阿昔西尼斯河在与桑达巴(Sandabal)河和海阿罗蒂斯(Hyarotis)河汇合以后,才成为名叫吉拉姆(Jhelum)的河流,不过,狄奥多罗斯在第96节提到阿昔西尼斯河和海达斯披斯河的汇合,好像它们是不同的两条河流。

② 阿瑞安《亚历山大远征记》第6卷第2节,提到全部船只的数目:30桨大船80艘,运输船、轻型船,包括早已在河上长期使用和临时赶造的各种船舶在内,总数将近2000艘。

③ 战马布西法拉斯的亡故,权威的说法是它在疗伤时死去,欧尼西克瑞都斯认为是衰老的缘故,当时它已有30岁。

④ 这个时候是公元前326年的秋季,斯特拉波《地理学》第15卷第1节,提到"是在金牛宫升起前几天"。

⑤ 阿瑞安说克拉提鲁斯在河的右岸而赫菲斯提昂是在河的左岸。

阿昔西尼斯河和海达斯披斯（Hydaspes）河的汇合口①，他下令士兵下船然后领导他们前去讨伐名叫西比亚人（Sibians）的民族。据说这些人是一群士兵的后裔，他们的祖先跟随赫拉克勒斯来到阿奥努斯这座"陡岭"的前面，经过围攻没有成功就在这里定居下来②。亚历山大在一座美丽的城市旁边设置营地，居于领导地位的市民前来觐见。他们向国王表示要加强双方的情谊，愿意成为他的亲属，在各方面给予最大的协助。他们还带来很多精美的礼物，亚历山大接受他们的善意，宣称对于他们的城市会秋毫无犯，然后进军前去攻打其他的部落。

他发现阿加拉西斯人（Agalasseis）已经摆出会战的队形，对方的兵力是四万名步兵和三千名骑兵。他发起攻击赢得压倒性的胜利，很多人被杀使得溃败的军队逃进邻近的城市，经过围攻夺取以后将所有的居民出售为奴。成群结队的土著聚集起来，他攻下一座大城里面有两万名避难的居民。印度的守军将街道用障碍加以阻绝，然后逐屋进行激烈的战斗，虽然获得胜利却损失不少马其顿士兵，他在恼怒之下纵火焚城，大部分居民葬身其中③。剩下还有三千土著逃进堡垒，带着哀求的树枝请他大发慈悲，亚历山大赦免他们。

97 他再度与伙友登上船只继续顺流而下的航程，来到与印度河的汇合处④，两条大河交汇产生很多危险的旋涡，引起船只相互碰撞造成很大的损害。舵手的技巧不敌快速而且狂暴的激流，两艘大船沉没，还有不少运输船搁浅。旗舰冲进一条很大的瀑布使得国王身陷险恶

---

① 其实阿昔西尼斯河与海达斯披斯河就是不同名字的同一条河流。

② 参阅本章第85节，只是阿瑞安没有提到这件事。

③ 克尔久斯《亚历山大战史》第9卷第4节，提到这些印度人不愿降服，放火自焚让全城陷人烈焰之中。

④ 克尔久斯和阿瑞安都说这里是海达斯披斯河与阿昔西尼斯河的汇合口，至于印度河要在更南边的地方才会加入这个水系。

的处境。面临死亡的威胁他只有脱掉衣服跳进水中,赤身裸体尽最大的可能拯救自己的性命①。他的伙友向他游过去,全力抢救国王让他获得安全,这时他的座舰开始浸水下沉。船上是一片混乱,水手都在水里拼命挣扎,河流还是远胜人类的技巧和体能,很多落水的人惨遭淹毙。虽然如此,亚历山大以及其他的船只还是克服困难安全靠岸。经历千钧一发的危险之后他向神明献祭,看来他很像阿基里斯那样要与河流大战一场②。

98 接着亚历山大要去攻打的地区名叫悉德拉凯(Sydracae)③,那里的马利斯人(Mallians)是一个人口众多和黩武好战的民族。他发现对方已经动员所有的部队,共有八万名步兵、一万名骑兵和七百辆战车。亚历山大来到印度之前,他们彼此鏖战不已,现在停止争执愿意讲和,双方的嫁娶多达一万名,运用通婚的方式建立亲属关系。虽然他们愿意联合起来对抗外来的侵略者,但不断为指挥权的问题发生争执,最后只有避战退到邻近的城市。

亚历山大接近第一座城市,要用强攻的方式夺取,笛摩奉(Demophon)是位占卜官前来觐见,说是很多征兆让他得知国王会遭遇很大的危险,战斗的过程当中身体要受重伤。他请求亚历山大现在独自离开这座城市,将他的心思用在其他的活动上面。国王责骂他这样做会减弱部队的士气,然后部署兵力发起攻击,亲自领导大家向城市前进,一心要用武力将它夺取。

---

① 普鲁塔克曾经说过,亚历山大不会游泳,即使如此,看到一条很深的河流,仍打算不顾一切持盾涉水过河。

② 荷马《伊利亚特》第21卷第228—382行。如同普鲁塔克《道德论丛第25章:论亚历山大的命运和德行》第9节,说他"要在经过苦战的海洋扬帆航行",是指印度河有两个河口流入的印度洋。克尔久斯如同阿瑞安叙述的情况,庆幸亚历山大能够安全通过狂暴的河流。

③ 这个名字出现不同的拼写方式,像是斯特拉波的Sydracae、克尔久斯的Sudracae、贾士丁的Sugambri和阿瑞安的Oxydracae。克尔久斯认为他们的兵力是90000名步卒、10000名骑兵和900辆战车,贾士丁说是80000名步卒和60000名骑兵。

这时作战的进展开始慢了下来,他打开一道后门最先冲入市区,击败很多守军迫使他们退进城堡。

马其顿的士兵仍旧忙着在城墙上面战斗,亚历山大找到一架云梯,斜靠在城堡的墙壁,用一面轻型的盾牌护着头向上攀登,他的行动是如此快速,抢在守军能够制止他之前到达城堡的顶上。印度的守军不敢近身与他接战,只在一段距离之外投掷标枪和拉弓射箭。打击的力道极其猛烈他已经是立足不稳,这时他的手下又架起两个云梯,大家前赴后继抢着爬上去,负荷过重梯身全都断裂,士兵跌落地面。

99 国王这时只有单独留在上面,采取极其大胆的行动真是值得在这里大书特书。如果像是过去获得成功的方式,在没有人员随护的情况之下,他会从城墙上面下来与部队会合。现在他反而穿着铠甲单独纵身跳进城市里面,这时印度人一拥而上将他围住,他丝毫都不畏惧使出全力抵抗他们的攻击。他利用一棵长得靠近城墙的树木来保护自己的右侧,左边则是城墙使得印度人难以接近,你只能期望像他这样一位建立丰功伟业的国王,才能展现出如此大无畏的精神和勇气。如果在他一生当中这是最后能够建立功勋的机会,他非常热诚地希望可以获得极其崇高的荣誉。

他的头盔接受敌人无数次的重击,就是手执的盾牌也挡住不少致命的冲刺和疾飞而来的箭矢。最后他的胸部下方中了一箭①,为了忍受重击使得他的一个膝盖跪在地上。有一个印度士兵原来用弓箭射他,看到他孤立无援就跑过来要将他杀死,亚历山大用剑刺进对手的胁部,深入内脏造成

---

① 这一箭贯穿他的胸甲插入他的肋骨当中,后来他的头部又受到敌人的重击,马其顿人在紧急关头把他抢救回来,医生要将宽三指长四指的箭头挖出来,国王在手术进行的时候已陷入虚脱的状态,濒临死亡的边缘,等到箭头取出来他才开始苏醒。

致命的伤口。这个印度士兵倒毙在地上,国王靠着紧紧抓住身边的树枝能够逃过一劫,根本不在乎蜂拥而上要与他战斗的蛮族。

就在这个关键的时刻,他的卫士朴西斯底(Peucestes)从另外的云梯攀登上来,赶快用他的盾牌护住国王的全身。他的后面陆续有很多人出现,他们吓退土著救出亚历山大①。城市还是落在他们的手里,马其顿人对于国王受伤感到无比愤怒,杀死遇到的所有印度居民,使得全城堆满尸首。

国王为了疗伤很多天躺在那里,完全是力不从心的样子。那些奉命搬迁到巴克特里亚和在粟特定居的希腊移民,他们逗留在异族人当中很难适应,长期以来心生不满,现在传来国王受到重伤因而丧命的消息,大家举起义帜反抗马其顿当局。他们组成一个有三千人马的帮派,在返乡的路途上面历尽千辛万苦。就在亚历山大逝世以后,他们遭到马其顿追兵的屠杀不留一个活口②。

100 亚历山大从伤势中复原,向神明奉献牺牲,举办盛大的宴会邀请伙友参加。欢饮作乐之中发生严重的事件值得一提③。国王的随从有一位名叫科拉古斯(Coragus)的马其顿人,强壮的身体在很多次会战中都有突出的表现,每当饮酒以后他的坏脾气就会发作,就向雅典人戴奥克赛帕斯(Dioxippus)挑衅要进行决斗,后者是一位声名响亮的运动员,参加上一届的运动会赢得优胜的桂冠。如同你想象得到的情况,宴会的宾客都在那里起哄,唆使戴奥克赛帕斯接受挑战,国王为他们定下比

① 大家都同意是朴西斯底在那个时候救了亚历山大一命,克尔久斯的报道是还有泰密乌斯、李昂纳都斯和亚里斯托努斯(Aristonus)等人在场,普鲁塔克提到朴西斯底和黎尼乌斯(Limnaeus),阿瑞安说是李昂纳都斯和阿布里阿斯(Abreas)。

② 本书第十八章第4节,狄奥多罗斯认为有20000名步卒和3000名骑兵,被皮松的士兵杀害。

③ 有关科拉古斯和奥克赛帕斯的比武,除此之外只有克尔久斯叙述过这件事情。奥克赛帕斯可能是在公元前336年举行的奥林匹亚运动会上,赢得拳击比赛的优胜。

赛的日期,等到那天来到,前来参观的群众真是人山人海。马其顿人和亚历山大因为同族的关系支持科拉古斯,这时希腊人都为戴奥克赛帕斯呐喊助威。两个人进入比武场,前者穿上华丽的铠甲,后者赤裸的身体上面涂着油膏,携带一根不长不短的棒棍。

两位勇士无论是充沛的体能还是肉搏的锐气,看起来都是难分轩轾的高手,每个人都张大眼睛注视这场向神明奉献的战斗。科拉古斯的举止粗野携带光辉耀目的兵器,如同他是战神阿瑞斯让人感到畏惧,戴奥克赛帕斯的体力和经验要胜过对手,特别是他手执棒棍看起来就像威风凛凛的赫拉克勒斯。

等到两位在彼此的迫近之中,科拉古斯在适当的距离投出标枪,另外一位稍为偏斜身体避开致命的来势。然后马其顿人放平他的长矛向前冲击,雅典人站稳身体用棒棍重击长矛打成碎片。科拉古斯的两次攻击无效以后,只得拔出佩剑继续战斗,等到他接近对方,戴奥赛克帕斯一跃而上用左手抓住他执剑的手,这时希腊人用右手使得马其顿人丧失平衡,一时之间失足摔倒在地上,戴奥赛克帕斯用脚踏住他的颈脖,高举棒棍看着观众会有什么表示。

101 整个场面是一片喧嚣和骚动,战斗的结束是如此的快速,个人的技巧已到无与伦比的程度,国王做出手势要他放开科拉古斯,解散这次聚会以后离开。他对马其顿人的失败明显表示出气恼的神情。戴奥克赛帕斯放过落败的对手,这时他成为轰动一时的胜利者,他的同胞在他的身上披挂着彩带,像是他给所有的希腊人带来共同的光荣。不过,命运女神不让他有长久吹嘘胜利的机会。

国王愈来愈对戴奥克赛帕斯抱着不以为然的神情,亚历山大的伙友和宫廷的马其顿人更是表现出很不友善的态度,唆使司膳将一只金杯暗中藏在他的枕下①，接着在下一次的宴会当中，借口找到金杯指控他是窃贼，戴奥克赛帕斯陷入羞辱和极其困窘的处境。他看到马其顿人联合起来杯葛他只有离开宴会。过了一会儿他回到自己的住所，写一封信给亚历山大诉说他受到陷害的经过，交代他的仆人将信呈送给国王，然后自裁结束生命。他完全是欠考虑才从事这场决斗，用这种方式送掉性命更是愚蠢。因为很多人在辱骂他，嘲笑他的不智举动，力大无穷而又头脑简单的人，总是命该如此。

国王读完信对戴奥克赛帕斯的死感到生气，认为不值得走上绝境。对于他有高尚的人格经常哀悼不已，这个人生前受到他的忽略，只要死后才让他觉得悔恨。他之所以能够发现戴奥克赛帕斯的高贵，在于对比之下那些指控他的人何其卑劣，即使已经于事无补，还是让他更了解人性。

102 亚历山大命令军队要沿着河岸行进可以护卫船只的安全，这时他继续河上的航行向着海洋顺流而下，到达桑巴斯提人（Sambastae）②居住的国度。他们人数众多而且素质很高不亚于任何一个印度民族，全都居住在城市里面，治理的方式采用民主制度。他们得知马其顿人即将抵达，集结的兵力有六万名步兵、六千名骑兵和五百辆战车。

等到整个舰队停泊在他们的面前，他们对于这种出乎意料的到达方式感到无比的惊奇，而且马其顿的将领拥有响亮的声名让他们极其畏惧。除此以外，他们的长者劝他们不要冒险开战，因此他们派出五十名领导人物担任使者，恳请亚历山大用仁慈的态度对待他们。国王赞许他

---

① 当时的希腊和罗马参加宴会是躺在卧榻上面，当然会有可以倚靠的枕头。

② 克尔久斯的手抄本称这个民族是萨巴凯人（Sabarcae），相关的情节可以参阅《亚历山大战史》第 9 卷第 8 节，阿瑞安《亚历山大远征记》第 6 卷第 15 节提到完全不同的称呼和事迹，他们的名字是阿巴斯塔尼人（Abastanes），两本著作根本没有相同之处。

们的诉求同意和平相处,从他们那里接受大批礼物和给予英雄的荣誉。

那些居住在河流两岸的民族像是索德里人(Sodrae)和马萨尼人(Massani),亚历山大陆续接受他们的输诚,就在河流的旁边建立一座名叫亚历山德拉的城市①,为了充实人口迁入一万名居民。接着他来到缪西卡努斯(Musicanus)这个国王所拥有的疆域,他运用计谋让对方落到他的手里,杀死以后使得这个国家成为他的属地②。然后他入侵波蒂卡努斯(Porticanus)的王国,用强攻的方式夺取两座城市,纵兵洗劫再付之一炬。波蒂卡努斯逃进一个坚固的要塞,亚历山大用围攻将它夺取并且杀死对方。他继续前进占领王国其他的城市,很多遭到无情的摧毁,他的名字遍传整个地区,听到耳中让人胆战心惊。

其次他进军掠夺桑巴斯(Sambus)的王国,很多城市大部分的民众都被出售为奴,这些城市遭到摧毁以后,大约有八万名土著被杀③。根据他们的说法他对婆罗门的部落施加同样的灾难,幸存者手里拿着树枝前来恳求亚历山大,只有罪大恶极的主犯受到惩处,其他人员全部被赦免。桑巴斯王带着三十头战象渡过印度河,逃走以后不知下落。

103 婆罗门(Brahmins)最后一座城市称为哈玛特利亚(Harmatelia),以居民的英勇和城池的坚固极其自傲。他派出一支兵力较小而机动力很大的部队,命令他们去与敌人接战,如果对方大举出击就要向后撤退。他们的兵力只有五百人,带着藐视的态度向城墙发起攻击。大约有三千名士兵从城市里面冲杀出来,亚历山大的任务部队装作惊

---

① 克尔久斯和阿瑞安都提到过这座城市,它的位置在阿昔西尼斯河与印度河的汇合处。
② 阿瑞安说是这位国王后来反叛,才被亚历山大处决。克尔久斯称呼这个民族是缪西卡尼人(Musicani),也提到他们的叛乱。欧尼西克瑞斯对这个王国提供很多传闻逸事,斯特拉波的《地理志》和雅各比《希腊史籍残卷》采用这方面的数据。
③ 克尔久斯《亚历山大战史》第9卷第8节,提到这个数字,说是来自克莱塔克斯的估算。

慌的模样转身逃走。国王对于后面的追兵发起出乎意料的攻击，非常勇猛地冲杀过去，很多土著当场阵亡，还有一些成为俘虏。

国王的部队有不少人受伤，他们遇到一种新出现而又严重的危险[1]。婆罗门使用的武器上面涂了致命的毒药，所以他们才有充分的信心参加会战。药物的功效来自某种毒蛇，捕捉以后将它杀死曝晒在阳光下，热力可以熔解血肉中间的物质形成潮湿的水滴，由此提炼出来的毒汁有剧毒。当一个人受伤以后，毒性使得身体立即变得麻木，接着是极其尖锐的痛苦，整个身体发生痉挛和不停抽搐，皮肤发冷变成铁青的颜色，就会反胃呕吐胆汁，伤口渗出黑色的泡沫以及出现坏疽的症状。很快扩散以及损害身体最重要的器官，会为受害者带来可怕的死亡。不论是伤口的大小或者仅仅是擦破表皮，都会得到同样的结局。

很多伤者陷入垂危的状态，亚历山大对于其他人士虽然相当关切，但是对托勒密的伤势却感到极其忧虑，须知后者是未来的国王，当时非常受到他的器重。托勒密的病情出现极其奇特而又有趣的事件，有些人归功于上苍的保佑。因为托勒密对人和蔼可亲因而受到大家的喜爱，这种拯救的方式非常适合他的个性。国王在梦中见到一个幻象，像是一条蛇口里衔着一种植物，向他展示具备的药效和生长的地方。等到亚历山大醒来派人找到梦中的植物，磨碎以后敷在患者的身上，或是熬成汁液让托勒密喝下去。经过这种治疗的方式能够恢复他的健康[2]。

药物的效用已经展示出来，所有受伤的人接受同样的用药程序，就会很快痊愈。然后亚历山大准备发起攻击夺取哈玛特利亚，这座城市很大而

---

[1] 克尔久斯和贾士丁的著作都记载同一件事，还说这种情况出现在安布斯（Ambus）国王的疆域之内。

[2] 阿瑞安没有提及这一次意外事件，像是要讨好托勒密的样子，让人质疑托勒密是否会写进他的传记当中。斯特拉波《地理志》第15卷第2节，提到托勒密受伤的情况。

且有坚固的防卫，居民带着恳求的树枝前来觐见，将整座城市交到他的手里。他给予赦免不加任何惩处。

104 现在他继续原订的行程，与他的伙友顺流而下进入大洋①。航行途中遇到两座岛屿②，他在上面用大量牺牲向神明献祭，举行酹酒的仪式将很多金质大酒杯投进海中。他为特齐斯（Tethys）和奥逊努斯（Oceanus）建立祭坛，宣布原来计划的作战行动要告一个段落。他起航离开岛屿再溯流而上来到美丽的城市帕拉塔（Patala）③。政府的体制非常类同斯巴达的情况，两位国王出自两个家族继承父亲遗留的职务，他们负责与战争有关的所有事务，同时长老会议是主要的施政团体。

亚历山大烧掉已经损坏的船只。就将舰队其余部分交给尼阿克斯（Nearchus）和其他伙友，奉到的命令是沿着海岸航行，最后不论遭遇任何情况都要在幼发拉底河的河口会合④。他率领部队开拔前进横越广大的区域，击败当地充满敌意的土著，自动归顺的族群受到仁慈的待遇⑤。他用和平的方式与阿布瑞提人（Abritae）打交道，那个部落位于西德罗西亚（Cedrosia）。接着他通过很长一段无水的沙漠地区，最远可达欧里蒂斯（Oreitis）的边界。他将部队分为三个师，用指挥官的名字称第一个师为托勒密，第二个师为李昂纳都斯。他命令托勒密肃清滨海地区的敌人，李昂

---

① 普鲁塔克提到这段顺流而下的行程花了7个月，现在已经是公元前325年夏季。

② 阿瑞安提到两座岛屿，一座在河道当中，另外一座在外海，普鲁塔克说是只遇到一座岛屿。

③ 斯特拉波《地理志》第15卷第1节，提到这个时候正是天狼星升起的7月中旬，印度洋要等到秋季才适合向西方的海上航行，所以舰队要在这里等待很长一段时间。

④ 克尔久斯提到舰队交由尼阿克斯和欧尼西克瑞都斯共同指挥，普鲁塔克说后者仅仅负责导航，阿瑞安也认为尼阿克斯是独当一面的指挥官。舰队要等西南季风停息以后，秋天吹起东南季风才能返航，所以他们起航的日期是公元前325年9月20日。

⑤ 亚历山大和后来的罗马一样不喜欢中立主义，他们要求其他的国家和民族，不是战斗就是归顺。

纳都斯负责内陆地区的掠夺,他自己从中央进军征讨居住在山间的部落。几乎就在同一时候,很多地区遭受战火的蹂躏和大量的杀戮。士兵很快变得拥有大量战利品,遇害的土著数以万计,这些部落陷入毁灭之中,使得所有邻近区域的城市,惊惧之余全都迎风而降。

亚历山大很想在海边建立一座城市,找到一个掩蔽良好的港口而且形势极其险要,就在附近规划名叫亚历山德拉①的城市。

105

他进入欧里蒂斯人的国度,穿越隘道很快使所有土著全部归顺。这些欧里蒂斯人在很多方面与印度人有同样的习俗,其中有一项非常奇特简直令人难以置信。死者的遗体被亲戚带走,他们全都赤裸着身体手里拿着长矛,然后将尸首放在丛林当中除去所穿的衣物,留在那里让野兽食用。他们将衣物瓜分以后向阴间的英雄人物献祭,然后举行宴会招待友人②。

接着亚历山大采用的路线尽量靠近海洋向西德罗西亚进军,遭遇一个极其野蛮且又不友善的民族。住在这里的人会让他们的手指甲和脚指甲,从出生到老死一直生长不可以剪去。同时他们的头发全部缠结在一起如同毛毡。由于炽热的阳光皮肤的颜色有如漆黑的焦炭,身上的衣物是动物的皮毛。他们的生存要靠着食用搁浅鲸鱼的肉,建造房屋的墙来自③屋顶

---

① 克尔久斯和阿瑞安都提到这座城市由李昂纳都斯负责建立,留一部分人在那里等待舰队的来到。

② 只有本书提到这方面的资料,举凡居住在北伊朗的民族都有类似的习俗。欧尼西克瑞都斯说是巴克特里亚人和粟特人,都会将病患和老人抛弃在旷野,任由野犬吞食,后来亚历山大下令禁止这种行为。普鲁塔克《道德论丛》第 25 章"论亚历山大的命运和德行"第 1 篇第 5 节,提到粟特人将他们的父母活活饿死,锡西厄人不埋葬死者而是吃进肚中。还在《道德论丛》第 37 章"恶习是否足以引起不幸?"第 3 节,提到海卡尼亚人让狗吃掉死者的遗体,巴克特里亚人要切碎尸首去喂兀鹰。

③ 阿瑞安说到这些墙壁都用贝壳当成材料,狄奥多罗斯认为唯一可靠的来源是鲸鱼的骨头。所有这方面的传闻逸事都来自尼阿克斯的叙述,参阅斯特拉波《地理志》第 15 卷第 2 节。

用鲸鱼的肋骨制成,如同架在梁上的橼长度可达十八肘尺,鱼类的鳞片覆盖在屋顶取代一般的瓦片①。

亚历山大通过这个地区时遭遇很多困难,不仅食物短缺等到进入沙漠地区以后,所有赖以生存的东西全部无法获得②。很多人死于饥饿。马其顿大军士气沮丧,亚历山大陷入悲伤和焦虑当中到无以复加的地步。最令人感到难过的在于这支战无不胜的大军,竟然在沙漠地区因为缺乏粮食,落到不幸和羞辱的处境因而灭亡殆尽。

他决定派出行动快速的信差前往帕昔伊(Parthyaea)、德朗吉纳、阿里亚和毗邻沙漠的其他地区,命令他们使用竞赛的骆驼和经过训练的驮兽,就最大的负荷载运粮食和其他必需品,尽快赶到卡玛尼亚(Carmania)的城门③。这些信差赶路去见这些行省的省长,就将大量的补给运到指定的地方。亚历山大损失很多士兵,主要原因是没有及时解决食物的缺乏,还有就是欧里蒂斯人攻击李昂纳都斯的师,遭受惨重的伤亡,被迫向着自己的国土逃遁④。

106 亚历山大经历千辛万苦通过沙漠来到人烟稠密的地区,可以供应军队所需要的任何物品⑤。他在那里让士兵休养生息,部队穿着节庆的服装长达七天,自己出面办理酒神的欢宴,经历旅途的辛

---

① 鲸鱼是没有鳞片的动物。

② 几位作者都提到,特别是供水极其困难,须知他们通过的区域是世界上最荒凉和最干燥的地带。

③ 阿瑞安没有提到这件事,须知所有的地区到卡玛尼亚都有很遥远的距离,任何支持和救助都是缓不济急。亚历山大通过沙漠的行军是极其不当的决定,他要为这次的灾祸找出替罪羊,所以基德罗西亚的省长苏西亚纳(Susiana),后来受到罢黜或处决的惩罚。

④ 亚历山大为了表彰李昂纳都斯的功绩,赐给他一顶金冠作为奖励。

⑤ 普鲁塔克说他们经过 60 天的行军进入基德罗尼亚,邻近的君王和总督,刻意准备供应一切需要的物品。

劳就会尽情吃喝玩乐①。

等到这些庆祝活动结束以后，亚历山大得知很多官员仗着权势图利自己，犯下非常严重的罪行，于是对很多省长和将领给予惩处②。等到这些消息传播开来，他要用正义的愤怒对付违纪犯法的部属，很多将领想起他们蛮横傲慢或无法无天的行为，害怕受到指控难免产生警惕和戒心。有些人拥有佣兵部队开始反叛国王的权威，还有一些人带着搜刮的钱财潜逃。有关的情况传到国王那里，他写信给亚洲所有的将领和省长，命令他们在读过来函以后，立即解散所有的佣兵单位。

就在这个时候，国王停留在海边名叫萨尔穆斯(Salmus)的城市，在剧院里面主持戏剧的竞赛，舰队奉命从大洋返回以及探勘沿岸的水域以后正好进入港口③。官员立即赶到剧院向亚历山大汇报他们的作为。马其顿人对于舰队的抵达感到极其高兴，大家用高声的赞誉欢迎他们安全归来，整个剧院充满狂野的喧嚣和热烈的气氛。

海员提到他们在大洋遭遇令人惊讶的退潮和涨潮的激流④。处于前面那种情况，很多大型而且出乎意外的岛屿在海岸附近出现，等到开始涨潮就有一股巨大而且强烈的海流冲向陆地，完全掩盖以后水面只有白色的泡沫。最令人难以忘怀的是遇到一大群体形硕大到令人难以置信的鲸鱼。

---

① 这是他到达卡玛尼亚以后的事。阿瑞安《亚历山大远征记》第6卷第28节，托勒密或亚里斯托布拉斯并没有提到寻欢作乐和盛大的宴会，就是他自己也不相信这一类的传闻。亚历山大曾在卡玛尼亚为了征服印度向神明献祭，庆祝部队安全通过基德罗西亚的沙漠，举行体育和文艺的竞赛。

② 普鲁塔克说亚历山大采取大规模的整肃行动，凡是忠诚有问题的将领和省长，一律处死绝不宽恕。巴迪安(Badian)的著作对这段期间有详尽的描述，并且称之为"恐怖统治"。

③ 尼阿克斯留下一份书面资料叙述他两次与亚历山大相会的情况，一次是在卡玛尼亚非常戏剧化的场合，然后是他从帕西底格里斯河溯航而上抵达苏萨再度会晤。他们没有在海岸相遇，就是萨尔穆斯这座城市也不知道位于何处。普里尼提到尼阿克斯在海上航行花了6个月，见面的时候应该是在公元前324年春天。

④ 克尔久斯和阿瑞安描述印度河口海潮带来滔天的巨浪，真是难得一见的奇观。

水手极其惊惧认为他们的性命难保，这些动物会将所有的船只撞成碎片。这时全体人员大声叫喊，敲击盾牌发出强烈的噪声，加上喇叭手用力吹起号角，鲸鱼对于陌生的声响感到惊慌，向下潜游到海洋深处。

107 经过这番陈述以后，国王命令舰队的官员带领船只驶入幼发拉底河溯航而上，这时他率领部队继续长途行军，前往苏西亚纳的边界。对于哲学有深入研究的印度学者卡拉努斯（Caranus）①，受到亚历山大的赏识，在该地走完人生的旅程。他活了七十三岁从未患过疾病，现在发觉自己无论出于自然或是命运，都已到达幸福和快乐的极限，那是应该做出最后决定的时刻。特别是目前病得很重身体愈来愈虚弱，于是请求国王给他搭起一个火葬堆，他会自己走上去，吩咐他的追随者将它点燃。

开始的时候亚历山大劝他不必如此，最后无法说服就同意他的要求。等到计划变得众所周知以后，火葬堆已经架设起来，每个人都来观看前所未见的仪式。卡拉努斯真是自己爬上火葬堆，很高兴点燃以后肉身在烈焰当中消失。有些人认为他已经发疯才会如此寻求短见，还有人觉得他以能够忍耐痛苦感到自负，至于他对死亡那种藐视的态度，更让很多人为之惊讶不已。

国王给卡拉努斯安排盛大的葬礼，然后他前往苏萨，举行婚礼娶大流士的长女史塔蒂拉（Stateira）为妻，同时让她的妹妹德莉庇蒂斯（Drypetis）嫁给赫菲斯蒂昂。他还说服地位显赫的伙友，娶最高贵的波斯淑女

① 卡拉努斯的本名是斯芳尼斯（Sphines），见到希腊人总用 Cale 这句印度语打招呼，所以大家称他为卡拉努斯，据说他对亚历山大就统治的方式提供极具启发性的教海，必须掌握帝国的中枢机构，不必为边界花费太多的时间。

为妻①。

108 这时来到苏萨的还有一个三万人的波斯团体，全部是年轻人，无论仪表和体格都经过严格的挑选②。他们征召入营要听从国王的命令，基于需要安排很长的训练期程，接受督察和教导有关战争艺术和用兵之道的授课和实习。他们装备精美的马其顿式全副铠甲，营地的位置选择在城市的前面，他们展现严肃的军纪和运用武器的技术，博得国王诚挚的赞许和器重。马其顿的士兵不仅在奉命渡过恒河的时候扬言叛变③，经常在大会进行之中表现出一副倔强不羁的模样，同时还讥笑亚历山大把阿蒙视为自己的父亲。因为这些缘故亚历山大要组成一个单位，成员都是情投意合的波斯青年，能够与马其顿的方阵求得态势的平衡。

这些都是亚历山大最关切的事项。

哈帕拉斯（Harpalus）奉派管理设在巴比伦的国库以及负责征税和岁入的开支，等到国王率领军队前去征讨印度，他认为亚历山大无法活着返回，这时他一心一意要过舒适的生活。虽然他如同一位省长④负责广大地区的行政事务，却纵情声色并且与土著的妇女有不法的私通行为，沉溺在淫乱的欢乐当中不知节制浪费很多的金钱。经过长途的输送将大量的鱼

---

① 这次皇家的婚礼共有一百对新人，新郎是马其顿和希腊的高阶人士和贵族，新娘是波斯淑女。贾士丁和普鲁塔克说亚历山大娶史塔蒂拉为妻，阿瑞安却说马其顿国王的新娘是大流士的大女儿巴西妮（Barsine），同时还娶了渥克斯最小的女儿帕里萨蒂斯（Parysatis）。

② 亚历山大做出这个决定可能是前327年，这批年轻人到达苏萨参加他的军队是在公元前324年，使得马其顿人惴惴不安，生怕国王不像过去那样重用他们，因而产生很多的问题，带来不断的争执和烦恼。

③ 公元前324年才在欧庇斯发生叛乱，引起士兵不满的原因有很多种说法，经安抚没有造成难以收拾的局面，克尔久斯对这件事有详尽的记载；接着海费西斯（Hyphasis）的叛变非常严重，几乎使得整个军队失去控制。阿瑞安《亚历山大远征记》第7卷第8节，记载对为首人物的逮捕和处决，普鲁塔克就这一部分只字未提。

④ 事实上哈帕拉斯不是省长，他的职位是皇家金库的总管，也就是帝国的财务大臣。

从红海运来,仅仅为了满足口腹之欲,奢侈荒唐的生活方式引来不利的批评。后来他还从雅典召来当时最迷人的娼妓,她就是妖艳无比的皮索妮斯(Pythonice)①。她陪伴在哈帕拉斯的身边给予的礼物像是她的身份有如皇后,她的逝世由他安排极其豪华的葬礼,花费巨款在她的墓地建立阿提卡常用的纪念碑。

后来他又派人送来第二位阿提卡的交际花芳名叫作格利西拉(Glycera),仍旧保持极其豪华的饮食起居,巨额的花费已经到令人难以置信的程度。就在这个时候他非常在意命运的无常和灾难的临头,就用施恩讨好雅典权贵的方式,要在他们那里获得安全的庇护。

等到亚历山大从印度班师返朝,很多省长受到渎职的指控被判处死刑,哈帕拉斯变成惊弓之鸟害怕惩罚落到他的头上。他侵占五千泰伦的银两招募六千名佣兵,离开亚洲经由海上航向阿提卡②。这时没有人愿意收留他,他只有带着部队乘船前往拉柯尼亚的提纳朗,带着金钱投身在雅典市民大会的前面请求他们大发慈悲。安蒂佩特和奥琳庇阿斯要求他自首认罪③,虽然他送出大笔金钱给那些为他讲情说项的人士,最后逼得他只有暗中溜走带着他的佣兵回到提纳朗。后来他又乘船前往克里特,在那里被他的伙友瑟比隆(Thibron)谋害。哈帕拉斯在雅典的时候,有一份账目记载金钱的支用情况,成为确凿的证据指出笛摩昔尼斯和其他的政客,从

---

① 阿昔尼乌斯《知识的盛宴》第 13 卷 586c 提到这位艳帜高张的交际花,就是后面的格利西拉都有详尽的介绍,相关的资料来自狄奥庞帕斯和克莱塔克斯的著作。

② 普鲁塔克特别提到,亚历山大对于哈帕拉斯一直非常器重,双方保持良好的关系,哈帕拉斯逃走和背叛的信息,最初是伊弗阿底(Epaialtes)和西苏斯(Cissus)向他提出报告,他竟然认为这两个做了不实的指控,下令将他们监禁起来。

③ 安蒂佩特和奥琳庇阿斯竟然会有共同的说法,真是令人感到奇怪,因为这两位始终保持敌对的态度。

这样的来源接受数额极其庞大的贿赂①。

109 当年举行奥林匹亚运动会的时候,亚历山大在奥林匹亚公开宣布,所有受到放逐处分流亡在外的人员,除了犯下亵渎神圣或谋杀的罪行,都可以回到他们的城邦。他从马其顿的部队选出年纪很大的士兵共有一万多人,解除他们服行兵役的义务。他得知其中有很多人债务在身,他找一天为他们支付欠款,整个额度不少于一万泰伦②。

那些仍旧留下来的马其顿人变得更加难以约束,他召集大家举行一次全军大会,他们用高声的喊叫干扰他的讲话,这时他在暴怒之下不顾自身的安危对他们痛加谴责;然后他受到群众的恐吓就从讲台上面跳下来,亲手抓住闹事的为首分子,交给他的随从加以治罪③。这样一来使得士兵的敌意更为激烈,国王从特别选出的波斯人当中指派将领,擢升他们到负起更大责任的职位。马其顿的老兵对于这件事一直感到后悔不迭。他们流着眼泪向亚历山大求情,请他原谅他们的过失,花了很多口舌终于让他回心转意,双方和好如初。

110 安蒂克利(Anticles)成为雅典的执政官,卢契乌斯·高乃留斯(Lucius Cornelius)和奎因都斯·波披留斯(Quintus Pop-

---

① 哈帕拉斯在雅典大肆贿赂,有关详情可以参阅普鲁塔克《希腊罗马名人传》第 20 篇第 1 章"笛摩昔尼斯"第 25—26 节。特别是笛摩昔尼斯因为受贿受到极其严厉的惩处。

② 这部分的情节有不同的说法。克尔久斯认为只是支付债务,对于受惠者的身份和额度都没有任何限制,已经准备 10000 泰伦的现金,最后剩下 130 泰伦。贾士丁提到分配的款项是 20000 泰伦,这种做法受到债务人和债权人的喝彩。普鲁塔克说他在苏萨代为偿还全体参加婚礼宾客的债务,开支的额度如同克尔久斯提出的数字 9870 泰伦。

③ 这里所说就是欧庇斯的反叛事件,抓出带头闹事扰乱军心的士兵共有 13 人,下令当场处决。

illius)当选罗马的执政官①。在这一年(前325年)亚历山大用同等数目的波斯青年,顺利取代已经解甲归田的士兵,再从他们当中选出一千人担任侍卫②,配置在宫廷里面。各方面他都表现出对他们的信任,与在马其顿人的护卫之下没有任何差别。这个时候朴西斯底③带着两万名波斯弓箭手和投石兵到达,亚历山大将他们与其他的士兵编在相同的单位,运用革新的方式混杂和调整他们的理念,最后创造出别开生面的部队。

马其顿士兵的儿子现在有很多是被俘妇女所生,他决定全部列册加以征召,总共有一万多人,就从岁入里面提供足够的金额,使得他们如同市民的小孩给予适当的抚养,同时派出教师让他们接受正规的训练。

相关的事务处理完毕以后,他率领军队离开苏萨,渡过底格里斯河就在一个名叫卡里(Carae)的村庄附近宿营。经过四天的行军通过西塔辛尼区域来到名叫桑巴纳(Sambana)④的地方。他在该地停留七天,接着行军在第三天来到西洛尼斯(Celones),这个地方直到我们这个时代仍旧是皮奥夏人的居留地,他们的迁移是在泽尔西斯进行波斯战争的期间,迄今仍旧没有忘记祖先遗留的习俗。他们会说两种语言,一种是用来与当地土著沟通,另外一种保留很多希腊的词汇,同时他们还维持一些祖国的生活方式⑤。

---

① 狄奥多罗斯在这部分的叙述是公元前324年夏末发生的事件,克尔久斯的《亚历山大战史》,根本没有提亚历山大崩殂的有关情节。

② 阿瑞安提到这一千波斯青年组成近卫骑兵第5团。

③ 朴西斯底救过亚历山大的性命,后来拔擢他出任波斯的总督用来酬庸他的功勋,在亚历山大所有将领当中,只有他与波斯人相处得最为融洽。

④ 狄奥多罗斯对于地形和方位发生错误。这个"卡里亚人"的村庄是在巴比伦尼亚,按照本章第65节的描述,应该位于底格里斯河的右岸,西塔辛尼在左岸,桑巴纳的位置何在没有人知道。或许亚历山大渡过底格里斯河两次。这里所指的底格里斯河不是第67节提到的帕西底格里斯河,因为后者位于苏萨的东南方。

⑤ 这些居民可能是希罗多德在《历史》第6卷第119节提到的伊里特里亚人,大批民众被泽尔西斯俘虏以后,就在苏萨附近指定一个地区让他们定居下来。

停留数天以后继续行军,后来从主要的道路转向①,为了巡视他进入巴吉斯塔纳(Bagistana)地区,广大的国度到处生长果树,物产丰富使得人民能过美好的生活。接着他来到一个养育了为数众多的马群的地方,据说古代这里放牧的数量有十六万匹,亚历山大来访的时候还有六万匹②。他在这里休息三十天再开始行军,第七天来到米地亚的伊克巴塔纳。据说城市的周长有两百五十斯塔德,这里是米地亚的首府,城内建有皇宫和存放大量财富的库房。

他在该地让军队休息和整补一段时间,举办戏剧表演和节庆活动,与他的朋友参加各种聚会。在整个饮宴过程当中,赫菲斯提昂因为过度的酗酒,生病不治亡故。国王对此感到无比的悲伤,交代帕迪卡斯将遗体运到巴比伦,颁布敕令要为死者举行极其盛大的葬礼。

111 这个时期的希腊因为动荡不安和革命活动从而引起拉米亚(Lamian)战争③。发生的理由如下所述。国王命令所有的省长要解散佣兵组成的军队,由于大家服从他的指示,整个亚洲到处都是已经退役离开军队的士兵,靠着抢劫维持自己的生活。目前他们开始从各方赶到拉柯尼亚的提纳朗集结,就像波斯的省长和将领仍旧幸存在世,只要带着他们的金钱和士兵,就能组成一支合作无间的军队。最后他们选出雅典人李奥昔尼斯(Leosthenes)出任最高指挥官,在于这个人具备光明磊落的人格,从头到尾反对亚历山大的政策和远征亚洲的大业。他在雅典召开会议暗中商议,同意支付五十泰伦给部队,以及大储备的武器足够应付

---

① 巴格达到哈马丹的古老通道,是从美索不达米亚进入伊朗的主要接近路线。
② 这里有知名的城市奈萨(Nysa),阿瑞安提到"奈萨马"有不同的数字,说是过去有150000匹母马,现在只有50000匹。
③ 拉米亚战争是在亚历山大过世以后才全面爆发,狄奥多罗斯在本书第十八章有详尽的叙述。

急迫的需要。他派出使者去见素来与国王不和的艾托利亚当局,想要与他们建立联盟的关系,除此以外从各方面进行战争的准备工作。

李奥昔尼斯对于预期的斗争毫无疑问已经感受到它的严重性,所以忙着处理相关的事务,亚历山大运用一支机动部队,由于科萨亚人不肯降服就去讨伐他们①。这是一个极其英勇的民族占据的米地亚的山区,靠着崎岖难行的地形和他们的作战能力,从来未曾接受一位外来的主人,整个波斯王国权势绝伦的时期仍旧无法征服,现在他们太过自信根本不畏惧马其顿的武力。虽然如此,国王在他们觉察之前先占据进入的道路,科萨亚大部分区域受到蹂躏,每一次的接战他都占上风,许多科萨亚人被杀,俘虏的人数还要增加很多倍。

科萨亚人完全被对方击败,俘虏人数之多让他们深感悲痛,只要用全面的归顺作为代价,就会让他们恢复自由之身,于是他们放下武器任凭亚历山大处置,接受和平的条件是而后一切要听命从事。他最多只用四十天就征服这个民族,就在位置要冲的地方建立城市然后让军队休养生息。

112 亚历山大在与科萨亚人的战争结束以后,调动部队以和缓的步伐向巴比伦行军,经常停止下来好让军队获得休息②。就在他们离城市还有三百弗隆的地方,那些在天文学获得响亮声誉称为迦勒底人的学者,成员的选择在于年纪最长以及最有经验,他们早已习惯预测未来发生的事情,运用的方式是靠着长期的观察,由于星辰的外观让他们得知巴比伦的国王快要大难临头,于是他们派出代表前去报告国王迫近的

---

① 这些行动发生在公元前 324 年冬季,主要着眼于安抚亚历山大因赫菲斯提昂之死带来的悲伤。

② 普鲁塔克提到亚历山大在前进的途中,尼阿克斯的舰队从海洋已经进入幼发拉底河口,现在前来报告,说他曾经遇到几位迦勒底的占卜者,他们提出警告认为亚历山大不能进入巴比伦,亚历山大根本不予理会,还是继续原来的行程。

危险已经对他形成威胁。特别交代使者要规劝国王在任何情况之下都不得进入城市。如果他能重建贝拉斯(Belus)的坟墓,因为早已为波斯人破坏,或许可以避开这一次的凶险,无论如何他一定要放弃进入城市的打算①。

迦勒底人的使节团由一位名叫毕勒丰底(Belephantes)的学者担任首领,这个人缺乏胆识不敢直接向国王进言,保证可以私下见到亚历山大的一位伙友尼阿克斯,告诉他这件事的来龙去脉,请他去让国王了解这些情况。亚历山大从尼阿克斯那里得知迦勒底人的预言,他在接到警告以后,只要想起这个民族的能力和他们拥有崇高的声誉,就会愈来愈感到困扰和烦恼。经过一番犹豫之后,就让大部分的伙友进入巴比伦,改变自己的行程避开城市,在一个营地设立他的行宫,那里距离巴比伦还有两百弗隆②。

这样的行动让大家感到惊奇,使得很多希腊人前去觐见,包括知名的哲学家安纳萨尔克斯(Anaxarchus)③。等到他们发现他之所以这样做的理由,就不断灌输他来自哲学的论点,使得发生改变到藐视所有预言技术的程度,特别是受到迦勒底人重视的项目④更要置身事外不加理会。他们还说国王要是灵魂受到伤害,就要用哲学家的原则进行治疗,那么他现在就能率领军队进入巴比伦。在目前的情况之下民众的接待非常热情,所有人都将注意力转向娱乐和休闲,所有的必需品可以说是应有尽有。

这些都是本年度发生的事件。

---

① 阿瑞安《亚历山大远征记》第 7 卷第 17 节有完全相反的陈述,说是迦勒底人的祭司为了谋取私利,不让贝拉斯神庙完成兴建,能够继续享用征收税赋的特权。

② 阿瑞安认为亚历山大根本不在意迦勒底人提出的警告,他引用亚里斯托布拉斯的话,亚历山大之所以会避开城市,是因为要通过沼泽带来困难,使得他不得不绕越过去。

③ 阿布德拉(Abdera)的安纳萨尔克斯是公元前 4 世纪的哲学家和诡辩家,德谟克利特(Democritus)的弟子也是皮罗(Pyrrho)的老师,曾经全程陪伴亚历山大远征亚洲,后来被塞浦路斯国王奈柯克里昂(Nicocreon)处死。

④ 须知迦勒底人最擅长的项目是天文学。

113 亚杰西阿斯(Agesias)成为雅典的执政官,盖尤斯·巴布留斯(Gaius Publius)和盖尤斯·帕皮流斯(Gaius Papirius)当选罗马的执政官,以及举行第一百一十四届奥林匹亚运动会,罗得岛的迈西纳斯(Micinas)赢得赛跑的优胜①。在这一年(前324年)所有人类居住世界派来使节要完成所负的任务,有的是要庆贺亚历山大的班师返国,有的给他带来金冠当作礼物,还有人为了建立友谊签订同盟协议,很多人带来价值连城的贡品,有人受到指控准备为自己辩护。除了来自各部族和城市以及亚洲当地的统治者,就是利比亚和欧洲这些相对的部分,都有代表出现在亚历山大的宫廷。来自利比亚的是迦太基人、利比腓尼基人(Libyphoenicians)以及所有住在海岸的部族,最远要到赫拉克勒斯之柱。来自欧洲的是希腊的城市,马其顿也派出代表,还有伊利里亚人和住在亚德里亚海周边的居民,色雷斯地区的民族,甚至他们的邻居高卢人,这个民族是首次为希腊世界所知②。

亚历山大将来临的使节开出名单,安排接见的顺序要一一与他们交谈,并且回答有关问题③。第一要听取宗教事务方面的意见,第二是带来礼物的人士,第三是那些与邻人发生争执的代表,第四是个人有关的困难,第五是反对接受放逐者返国要当面提出辩驳的人士。他的接见以伊利斯人居于首位,然后是阿蒙尼姆人、德尔斐人和科林斯人,还有伊庇首鲁斯人和其他人等,为了彰显圣地的重要性接受他们的请愿和陈情。他对所有的案件都能给予适当的答复让大家深表感激,尽最大能力使得每个人在离开的时候感到满意。

---

① 根据阿提卡出土的铭文,赫吉西阿斯是雅典的执政官,任期从公元前324年7月到前323年6月。奥林匹亚运动会应该在公元前324年夏天举行,实际上延到公元前323年春季。

② 阿瑞安对于有些作者提到罗马派遣使者一事感到怀疑,这方面的资料都来自克莱塔克斯的陈述。

③ 亚历山大的宫廷做出明智而合理的安排,除了本书没有其他的来源和佐证数据。

114 就在这些使节告辞以后,亚历山大全部精力用来准备赫菲斯提昂的丧事。他对于葬礼的有关事项表示出极其热心的态度,不仅过去在地球上面没有出现过这样庞大的排场,就是后来的世代也不可能见到更为隆重的典礼。那群伙友当中以赫菲斯提昂最受他的宠爱,亡故以后也应该表示最高的尊荣。亚历山大的一生当中对于赫菲斯提昂最为器重,虽然克拉提鲁斯会跟他争宠。例如有次一个伙友说他爱克拉提鲁斯甚于赫菲斯提昂,亚历山大的回答是克拉提鲁斯为国王所爱,赫菲斯提昂则为亚历山大所爱①。就在他们与大流士的母亲首次相见的时候,她在不知情的情况之下竟然向赫菲斯提昂躬身行礼,误以为他就是国王,这时有人在旁提醒她因而感到窘迫不安,亚历山大说道:"没有关系,母亲,其实他也是一位亚历山大。"

从实际情况得知,赫菲斯提昂经常大权在握,基于他与亚历山大的友谊,会随心所欲发表意见而且毫无顾忌,奥琳庇阿斯因为嫉妒开始疏远赫菲斯提昂,在写给亚历山大的信中对他的宠臣有尖锐的批评和威胁的词句,他为了答复她的谴责表露他对赫菲斯提昂的深厚情感,下面是信中最后几句话:"请停止与我们的争吵,不必生气或是说些恐吓的话。如果你还要坚持,也不会带给我们多大的困扰。你知道亚历山大对于友情比起其他任何事务都看得更为重要。"

就葬礼的准备工作这一部分而言,国王命令地区的城市应该尽其所能,盛大的排场要达到富丽堂皇的程度,同时他还宣布亚洲所有的民族,必须基于谨慎恐惧的态度熄灭波斯人所称的圣火,直到葬礼全部办理完毕。波斯人的习惯是国王逝世才有这种举动,人们认为这个命令是一个凶兆,

---

① 意思是说克拉提鲁斯爱的对象是国王,主要在于达成交付的公务,赫菲斯提昂爱的对象是亚历山大本人,完全基于私人的情分。至于克拉提鲁斯和赫菲斯提昂之间的关系,可以参阅普鲁塔克《希腊罗马名人传》第17篇第1章"亚历山大"第47节。

等于上天预告国王的亡故。这个时候对于同一事件还有其他奇特的征兆，我们在结束葬礼的叙述以后还会简短交代几句①。

115 每一个将领和伙友为了迎合亚历山大的愿望，将象牙、黄金或其他材料制作成赫菲斯提昂肖像，他们用恭敬的态度拿在手里。亚历山大集中工匠和大群工人，拆除的城墙大约有十弗隆，他征集大量砖瓦推平很大一块场地，建造一个方形的火葬堆，每边的长度达一弗隆。他将整个地区分为三十个间隔，用巨大的棕榈树干作为柱子上面盖起屋顶，使得整个结构成为四方形。然后他装饰所有的内墙。他用黄金制作五层桨座战船的船首，一共有两百四十个排列在地基上面，每个船首的系锚架装上两个雕像，下跪待射的弓箭手高度是四肘尺，甲板上面是全副武装的男子雕像高五肘尺，所有间隔插满精心制作的红色旗帜。火葬堆的第二层上面竖立十五肘尺高的火炬，把手装饰黄金制作的花圈。明亮的尾端有几个栖息的老鹰，这些雕像全都展开双翅向下凝视，基座上面有一些蛇的模型举首望着老鹰。第三层是一群野兽被猎人追逐的雕像。第四层是黄金制作的马人雕像，同时在五层交错摆着狮子和野牛，全部都是金制品。上面更高的一层放满马其顿人和波斯人的武器，显示一个民族的英勇无敌，以及另一个民族的失利败北。顶端都是站立的塞壬，制造出来还能隐藏他们的形体，在为死者唱出悲伤的挽曲。整个火葬堆的高度超过一百三十肘尺。

所有的将领、士兵和使节都在彼此竞争，要对这次葬礼做出更大的贡

---

① 亚历山大对赫菲斯提昂的逝世感到极其悲伤，所有史家对这方面的陈述都能一致。至于他表示哀悼的具体行动，则是各有各的说法，记载的内容相差悬殊，这与他们对赫菲斯提昂的好恶有很大的关系。伊斐帕斯（Ephippus）《论亚历山大和赫菲斯提昂的葬礼》（*On the Funeral of Alexander and Hephaestion*）一文有很精辟的见解。

献,据说全部的费用多达一万二千泰伦①。为了保持葬礼的庄严还给予更为崇高的地位,亚历山大最后颁布诏书下达指示,要求大家将赫菲斯提昂视为神明的助手奉献牺牲。事实上就在这个时候,他的一位伙友从阿蒙神庙带回的答复,说是赫菲斯提昂可以当成神明给予膜拜②。亚历山大对于上苍认可他的意见感到极其欣慰。他率先举行燔祭的仪式,要求所有的祭品都完美精致,奉献的牺牲包括一万头各式各样遭到杀害的动物。

116 就在葬礼举行完毕以后,国王接着办理各种娱乐和饮宴的活动,就在他达到权力的顶峰处于无往不利的顺境时,命运女神却运用自然界的力量,切断他留存世间的生路。上苍很快开始预告他的死亡,接二连三出现很多征兆和迹象。

有一次国王沐浴完毕正在涂油,袍服和冠冕放在一张椅子上面,一个被严密看管的土著,竟然从脚镣手铐之中脱身而出,逃过守卫的注意通行皇宫的门户没有受到阻拦。他来到国王的御驾前面,穿着皇家的服饰头上戴起冠冕,坐上宝座保持安宁的神情③。很快国王发觉此事,对于这种奇特的事件感到无比的震惊,只是不动声色走到座位的旁边,用平静的声调问这个人他是谁以及他这样做是什么意思。他无法做出任何回答④,亚历

---

① 普鲁塔克和阿瑞安都说是 10000 泰伦,普鲁塔克还提到亚历山大要求史塔西克拉底(Stasicrates)为他设计陵墓,已经到了匪夷所思的程度,可以参阅《希腊罗马名人传》第 17 篇第 1 章“亚历山大”第 72 节。

② 普鲁塔克提到亚历山大接获阿蒙的神谶,赫菲斯提昂成为伟大的英雄人物,可以拥有接受牺牲的尊荣,竟然前去攻击萨亚人,用刀剑消灭整个民族,这种行为被他称为向赫菲斯提昂英灵的献祭。

③ 普鲁塔克提到后来他们审问这个人,很久都没有讲话,最后他的神志清醒过来,才说出名字和籍贯,罪犯被关在监牢很长一段时间,刚才是塞拉皮斯显灵出现在面前,除去他的脚镣手铐带到皇宫,要他穿上王袍戴起皇冠,坐在宝座上面不要讲话。

④ 这里说他无法回答,可能是过于惊吓或是不会讲希腊话,虽然普鲁塔克提到神明的力量使他在皇宫通行无阻,最后还是无法将他救出。

山大要占卜官就这件事做出解释并且询问征兆的凶吉,听从他们的意见将擅入宫廷的男子处死,希望这个人的行为经过预测所带来的祸害,只是落在自己的身上与别人无关①。

他穿上用心挑选的衣物向神明奉献牺牲,祈求改运以后转危为安,但是仍旧不断发生非常严重的问题。他召来迦勒底人提供他们所做的预测,对于哲学家想要说服他进入巴比伦一事仍旧愤怒不已。特别是迦勒底人有高明的技术和洞察的能力,再度让他印象极其深刻,有些人会用似是而非的理由将命运女神的权力贬得一文不值,迦勒底人提出的论点可以将这些人拒之门外。

没过几天,上苍就他拥有的王权给予第二次的征兆。他突然产生一个念头要去巡视巴比伦的大沼泽,与他的友人乘坐很多轻舟前往游历。他的船因为迷路有几天与其他的船只分离,这时他害怕不会有生还的希望,后来在前进当中经过一条狭窄的水道,茂密的芦苇悬挂在水面,头上戴的王冠被拂落下来掉进沼泽。有一个划桨手下水游过去将它抓住,为了确保王冠不再掉落起见,就将它戴在头上再游回船上。经过三天三夜在沼泽里面漂流,就在亚历山大接过王冠重新戴上的时候,正好找到安全返回城市的路线,似乎是这样的动作让他获得希望②。他再度让预言者推断它的含义。

117 他们叮嘱他要尽快以最为壮观的排场向神明奉献牺牲,刚巧他的伙友帖沙利的米狄斯(Medius),邀请他参加一场酒宴。

---

① 阿瑞安提到亚历山大逝世前还出现很多征兆,可以参阅《亚历山大远征记》第7卷第18、22、24节,特别是有人擅自坐上他的宝座,其中情节与普鲁塔克描述的情况真是大相径庭。

② 有关亚历山大的皇冠失而复得,每个作者的说法大不相同,阿瑞安提到其他船只迷路走失,还是亚历山大派领航员将他们救出来。

因为那天是赫拉克勒斯的忌日,为了悼亡大家饮下大量未掺水的葡萄酒,还用巨型的酒具斟满美酒大口灌下肚去。突然之间他像是遭到重击发出一声惨叫,旁边的伙友立即停止宴会,用手扶着他送回寝宫①,侍从总管安排他上床休息,密切注意他的身体情况,这时他的疼痛有增无减,立刻召来医生②。

这时大家束手无策已非人力所能挽回,亚历山大的身体不断衰竭带来难以忍受的苦楚,最后,他对于生存已经感到绝望,就将戒指取下来交给帕迪卡斯③,他的伙友问他:"你把王国留给哪一位?"得到的回答是:"交给能力最强的人。"最后的遗言是要他那些居于领导地位的伙友,举办一场大规模的竞赛活动,使他的葬礼获得最高的荣耀。这是他统治十二年七个月④以后不幸亡故的过程。他完成的丰功伟业不仅在他以前的国王无法与他相提并论,直到我们这个时代还是独占鳌头。

有些史学家对于亚历山大的崩殂,并不同意上述的情节,提到它的成因是服毒所致,就这方面有加以阐明的必要⑤。

---

① 普鲁塔克转述亚里斯托布拉斯的说法,亚历山大染上热病来势汹汹以致口渴难忍,喝下一些葡萄酒以后,很快陷入神志昏迷的状态。

② 亚历山大逝世的情况,阿瑞安和普鲁塔克都提到宫廷的《起居注》有详尽的记载。米狄亚出身拉立沙的贵族世家,后来成为亚历山大最亲密的朋友,负责他所有的私人事务。

③ 克尔久斯和贾士丁都提到这件事,认为这有两种含义,一是将他拥有的权力交给帕迪卡斯,一是交代他贯彻他的遗言和处理他的后事。

④ 古代的记录很多地方不够精确,特别是历法更是如此,虽然宫廷的《起居注》记载崩殂的时间是 Daisios 月第 28 天(5 月 28 日)夜晚,后来经过换算说是 6 月 13 日黄昏,1955 年发现巴比伦的天文观察表,经过修正以后,断定亚历山大逝世的时间是公元前 323 年 6 月 10 日。这里提到 Daisios 月是马其顿第 8 个月(马其顿的月份,他们一年的开始是 Dios 月就是我们的 10 月,所以第 8 个月的 Diasios 月等于我们的 5 月),所以狄奥多罗斯说他的统治是 12 年 7 个月,阿瑞安多了一个月成为 12 年 8 个月,因为亚历山大是新年登基,将那月包括在内。

⑤ 有关这方面的传闻一直不断,普鲁塔克《道德论丛》第 58 章"十位演说家的传记"第 9 篇,提到海帕瑞德在雅典的市民大会提案,要发布敕令将殊荣赠予爱奥劳斯(Iolaus),大家认为是他毒毙了亚历山大大帝。

118 他们提到亚历山大将安蒂佩特留在欧洲担任摄政,后来与国王的母亲奥琳庇阿斯发生龃龉。开始的时候他没有放在心上觉得问题并不严重,亚历山大对于母亲的怨言抱着不以为然的态度,等到后来双方的敌意逐渐增加,国王对此深表忧虑,出于一种孝心在很多方面要尽量使他的母亲感到满意,当然安蒂佩特有很多次让国王知道他所受的委屈。等到展现最为恶劣的情势,帕米尼奥和斐洛塔斯遭到谋杀,安蒂佩特以及所有的伙友人人感到自危,由于他的儿子是国王的侍酒长,借他的手用下毒的方式除去最大的隐忧①。

亚历山大逝世以后,安蒂佩特在欧洲掌握最高的权势,然后是他的儿子卡桑德接收整个王国,很多史学家对于下毒一事置若罔闻。不过,可以很明显看出卡桑德的诸般措施,就亚历山大的政策而言表现出强烈的敌意。他谋害奥琳庇阿斯还不准埋葬她的尸体,对于遭到被亚历山大夷为平地的底比斯,他抱着热烈的情绪给予重建②。

亚历山大崩殂以后,大流士的母亲西辛比瑞斯哀悼他的英年早逝,感念自己受到的恩惠,认为老迈的一生已经走到尽头,绝食五天以后亡故,用这种痛苦的方式放弃生命也不能说是没有光荣可言。

我们在本章开始的时候提过,等到亚历山大亡故以后,要在下一章叙述王国的继承者有关的各种行动。

---

① 安蒂佩特当时是马其顿的摄政,接到解除职位的命令并且要他率领马其顿的新兵前去增援亚历山大,就在这个时候亚历山大崩殂,他继续留在马其顿执掌军政大权,直到前319年逝世为止。安蒂佩特有一个儿子爱奥劳斯担任亚历山大的侍酒长,这是国王身边一个地位很高的职位。

② 可以参阅本书第十九章第49—51节。普鲁塔克特别提到一件事,很多年以后,卡桑德成为马其顿的国王和全希腊的共主,有次前往德尔斐开会,利用这个机会欣赏当地的景物,突然之间见到亚历山大的雕像,紧张起来全身发抖,几乎要晕倒在地,很久才恢复神志,可见留存在他心中的恐怖印象是何等强烈。

第十八章
群雄逐鹿天下

1 萨摩斯人毕达哥拉斯和古代其他哲学主张
人的灵魂不灭,根据他们提出的学说,灵魂
在死亡那一刹正要离开肉体可以预知未来的情况。
荷马同意他们的论点,他描述赫克托在回光返照的时
刻,预先告知阿基里斯的殒命会接踵而来①。据说在
最近的时代很多人走向生命的尽头,会出现同样的情
形也不是没有道理,特别是马其顿的亚历山大逝世时
的情况,他在巴比伦病危弥留之际,伙友问他要将王
国交给何人,他说:"交给最优秀的人;因为我预先看
到我的伙友进行激烈的战斗,成为我的葬礼当中最引

---

① 荷马《伊利亚特》第 22 卷第 357—360 行:我的诅咒给你带来上苍的降罪,哪怕再谨
慎勇敢全都无法避免,帕里斯有银弓神阿波罗的帮助,将你杀死在斯开安瓮城前。

人入胜的节目。"①后来发生的事情确实如此;亚历山大崩殂以后他的伙友为了争权夺利,引起一连串的战事。

本章的内容主要是记载他的伙友建立的事业,会使深感兴趣的读者更能了解哲学家的学说。前面一章诉说亚历山大一生的功勋,本章叙述的事件发生在继承他的王国那些人物的身上,结束于阿加萨克利(Agothocles)出任僭主的年代,整个时期共有七年②。

2 西菲索多鲁斯(Cephisodorus)成为雅典的执政官,卢契乌斯·弗鲁流斯(Lucius Frufius)和迪修斯·朱纽斯(Decius Junius)当选罗马的执政官③。马其顿国王亚历山大逝世没有子女,就在这个王位空悬期间(前323年),主要的领导人物之间发生重大的争执④。重装步兵支持的对象是菲利浦的儿子阿里迪乌斯(Arrhidaeus),虽然他患有无法治愈的精神疾病,还是要拥护他登上宝座⑤。国王的伙友和侍卫是最具影响力的人物,他们为了自身的利益聚在一起磋商,还有一群号称"亲随"(companions)的

---

① 参阅阿瑞安《亚历山大远征记》第7卷第26节,提到亚历山大最后两天两夜发高热,已经口不能言;只是说有人记载他有这样的交代。

② 狄奥多罗斯在本书第19节,提到阿加萨克利成为僭主的时间,是笛摩吉尼斯出任执政的前317年。有关他的情况在第十八章,只记载在4个执政纪年,就是西菲索多鲁斯的前323年、斐洛克利的前322年、阿波罗多鲁斯的前319年和阿契帕斯的前318年。狄奥多罗斯记载发生在前322年的事件,帕罗斯刻在大理石的编年资料全部漏列,因为里面没有记载前320年以后的项目。所以很难决定是狄奥多罗斯的编年出了问题,还是手抄本的脱落或误植造成这方面的混乱。

③ 按照罗马传统的年代记,公元前325年的执政官是卢契乌斯·弗流斯·卡米拉斯(L.Furius Camillus)和迪西穆斯·朱纽斯、布鲁特斯·西昔瓦(D.Junius Brutus Scaeva);前者是第二次担任这个职务。

④ 对于这一次的争执和解决的方式,参阅贾士丁《菲利浦王朝史》第13卷第2—4节,以及普鲁塔克《希腊罗马名人传》第15篇第2章"攸门尼斯"第3节。

⑤ 按照普鲁塔克的说法,阿里迪乌斯是出身微贱的女子菲莉纳(Philinna)所生,他的心身迟钝是服了奥琳庇阿斯的药物所致。

骑士团体参加会议,首先做出决定是要用武力对付组成方阵的部队,派到步兵的使者选自最高阶层的人士,其中以默利杰(Meleager)的地位最为显赫,要求对方听从他们的命令。

不过,等到默利杰与重装步兵的指挥官见面,他根本不提所负的任务,反而对他们的主张赞誉备至,他们接受他的奉承之词对于敌对的一方更是怒火高涨。造成的结果是马其顿的军队让他成为首领,进军用武力讨伐那些不赞同他们的人;等到侍卫从巴比伦退出准备战争,居中调解的人士说服双方达成协议。他们终于推举菲利浦的儿子阿里迪乌斯成为国王,同时他的名字改为菲利浦;亚历山大在临终之际将戒指交给帕迪卡斯(Perdic-cas),所以大家让他成为王国的摄政①;他们决定伙友和侍卫当中最重要的人物取得省长的职位,服从国王和帕迪卡斯的命令。

3 帕迪卡斯拥有最高的指挥权力,就与各方面的军头进行磋商②,他将埃及交给拉古斯(Lagus)之子托勒密,米蒂勒尼(Mitylene)的劳美敦(Laomedon)分到叙利亚,西里西亚和米地亚③分别由斐洛塔斯(Philotas)和皮松(Pithon)治理。他把帕夫拉果尼亚(Paphlagonia)、卡帕多西亚(Cappadocia)以及所有相邻的区域全部交给攸门尼斯(Eumenes),亚历山大在过去并没有入侵上述这些地方,因为他急着要去完成的重大事务就是终结与大流士的战争;安蒂哥努斯(Amtigonus)得到庞菲利亚(Pam-

---

① 虽然事实上帕迪卡斯是唯一的摄政,后来依据解决争执所拟定的条件,要与克拉提鲁斯分享所有的权力,同时让默利杰成为帕迪卡斯的副手。狄奥多罗斯在这里根本没有提罗克萨娜的儿子要与阿里迪乌斯共同统治这件事,他在本章第18节,说到萨摩斯的问题要由两位国王做出最后的裁定。

② 笛克西帕斯、阿瑞安和克尔久斯的著作,都认同下面提及的行省和省长以及相关的数据,只是没有将东部的行省包括在内。贾士丁《菲利浦王朝史》第14卷第4节列出的人名和地名都不够精确。

③ 这是指大米地亚(Media Maior)区域。

phylia)、吕西亚（Lycia）和所称的大弗里基亚（Great Phrygia）；阿山德（Asander）得到卡里亚（Caria），米南德（Menander）得到利底亚（Lydia）以及李昂纳都斯（Leonnatus）得到海伦斯坡地区的弗里基亚。这些人拥有省长的职位，用上述方式瓜分亚洲的疆域。

至于欧洲方面，色雷斯和靠近潘达斯海（Pontic Sea）相邻的部落分给黎西玛克斯（Lysimachus），马其顿和居住在邻近地区的民族指定由安蒂佩特治理①。不过，帕迪卡斯最后裁定不要干扰亚洲其余的省长，让他们仍旧听命于原来的统治者；因此他维持原来的方式，塔克西勒斯（Taxiles）和波鲁斯（Porus）还是在自己的王国当家做主，这些都是亚历山大的安排②。他让皮松（Pithon）担任省长位阶在塔克西勒斯和其他国王之下；还有沿着高加索山脉③的行省称之为帕罗潘尼萨迪（Paropanisadae），他指派给巴克特里亚的奥克西阿底（Oxyartes），亚历山大娶了他的女儿罗克萨娜（Roxana）。

他把阿拉考西亚（Arochosia）和西德罗西亚（Cedrosia）交给西伯久斯（Sibyrtius），阿里亚（Aria）和德朗吉纳（Drangina）交给索利（Soli）的斯塔萨诺尔（Stasanor），巴克特里阿纳（Bactriana）和粟特（Sigdiana）交给菲利浦，帕提亚（Parthia）和海卡尼亚（Hyrcania）交给弗拉塔菲尼斯（Phrataphernes）④，波斯交给朴西斯底（Peucestes），卡玛尼亚（Carmania）交给特利波勒穆斯（Tlepolemus）⑤，米地亚交给阿特罗佩底（Atropates）⑥。巴比伦尼

---

① 阿瑞安特别提到这个地区要安蒂佩特和克拉提鲁斯共同负责。
② 参阅本书第十七章第 86 和 89 节。
③ 应该是兴都库什山脉才对。
④ 笛克西帕斯提到这个人的名字是拉达弗尼斯（Rhadaphernes）。
⑤ 笛克西帕斯提到他的名字是尼奥普托勒穆斯（Neoptolemus）。
⑥ 帕迪卡斯的岳父阿特罗佩底是整个米地亚的省长，参阅阿瑞安《亚历山大远征记》第 4 卷第 18 节。他现在保留整个区域的西北部分，称为小米地亚或米地亚·阿特罗佩特纳（MediaAtropatena）；这个地区很快独立，许多年都在他的后裔子孙的统治之下，参阅斯特拉波《地理学》第 11 卷第 13 节。

亚交给阿强(Archon),以及美索不达米亚(Mesopotamia)交给阿昔西劳斯(Arcesilaus)。

他选择塞琉卡斯(Seleucus)指挥称为"亲随"的骑兵部队,这是一个最为显赫的职位;赫菲斯提昂(Hephaestion)是第一任指挥官,后来由帕迪卡斯接替,上面提到的塞琉卡斯是第三任。准备车辆运送已故国王的遗体前往阿蒙神庙,这个任务他们指派阿里迪乌斯①负责。

4 克拉提鲁斯(Craterus)是地位最高的人员之一,原来奉亚历山大派遣带着一万名军队中遭到定罪的犯人前往西里西亚②,同时得到国王给予的书面命令要将这些人全部处决,虽然如此,现在亚历山大已经逝世,对于这些继承人而言最好还是不要执行预定的图谋③。

帕迪卡斯在国王的备忘录中,发现为了要完成赫菲斯提昂的火葬堆④,下令需要大量的金钱,还有亚历山大其他的计划项目,数量之多和规模之大可以说都是史无前例,必须花费巨额的经费和庞大的人力,他的决定是在目前的情况下再要贯彻实行是极其失策的做法。他不愿意过于武断从而对亚历山大的荣誉有任何毁损,就将所有的问题在马其顿的议会中提出,经过讨论获得最后的决定。

下面是他的备忘录中规模巨大和最重要的项目:计划要在腓尼基、叙

---

① 贾士丁《菲利浦王朝史》第13卷第4节,尽管提到这个人是国王,却不是菲利浦·阿里迪乌斯。鲍萨尼阿斯《希腊风土志》第1卷第6节,认为亚历山大的遗体安葬在马其顿的埃吉伊(Aegeae),同时阿瑞安暗示他的遗体并没有运到埃及。

② 参阅本书第十七章第109节。

③ 他们曾经讨论这些计划,特别是对于非洲和欧洲进行的入侵行动,可以参阅塔恩和鲁滨逊(C.A.Robinson)对这个题目所写的论文。

④ 赫菲斯提昂的葬礼已经办理完毕,亚历山大参考这一次的方式,要为自己的陵墓拟订计划;参阅普鲁塔克《希腊罗马名人传》第17篇第1章"亚历山大"第72节,提到设计大师史塔西克拉底(Stasicrates),要用整座阿索斯圣山作为他的坟地。

利亚、西里西亚和塞浦路斯等地,建造一千艘要比三层桨座战船更大的船只,用来攻打迦太基,讨伐利比亚和伊比里亚沿岸居住的民族,以及包括西西里在内的地区①;沿着利比亚的海岸线筑成一条道路直达赫拉克勒斯之柱;为了满足如此重大的远征行动所需,要在适当的地方兴建港口和造船厂;要盖好六座富丽堂皇的庙宇,每一座的造价是一千五百泰伦;最后是要建立很多城市,一方面从亚洲将人口迁移到欧洲,同时在相对的位置将人口从欧洲运到亚洲,使得这两个大洲因为通婚和家庭的关系,因为亲情和友谊紧密地结合在一起。

上面提到的庙宇要建在提洛、德尔斐、多多纳(Dodona)以及马其顿的三座,分别是迪姆(Dium)的宙斯神庙、安斐波里斯(Amphipolis)的阿特米斯·陶罗波里斯(Artemis Tauropolus)神庙和色努斯(Cyrnus)②的阿西娜神庙。还要在伊利姆(Ilium)为这位女神盖一座神庙,规模之大和面积之广没有任何同类庙宇可以与之相比③。他要为他的父亲菲利浦修筑一个陵墓,可以与埃及最大的金字塔相媲美,须知世人将埃及的金字塔誉为世界七大奇观之首④。等到这些备忘录宣读以后,在座的马其顿权贵虽然赞许亚历山大的威名远播,却将这些计划视为好大喜功和难以执行,最后裁决束之高阁不再提及。

---

① 到他要直接对非洲北海岸的蛮族发起攻势行动,再经由欧洲的南海岸从西班牙到西西里,等于绕着地中海走完一圈;参阅阿瑞安《亚历山大远征记》第7卷第1节。据说他要亲率一支庞大的舰队,驶出幼发拉底河的河口,环绕阿拉伯半岛和阿非利加,从赫拉克勒斯之柱进入地中海;参阅普鲁塔克《希腊罗马名人传》第17篇第1章"亚历山大"第68节。
② 马其顿的色努斯没有人知道位于何处,希罗多德《历史》第9卷第105节提到这个地方,要说这座城市就是昔拉斯(Cyrrhus)也很容易,倒也没有这个必要。
③ 斯特波拉《地理学》第13卷第1节,对这座庙宇有同样的看法。
④ 公元前2世纪西顿的讽刺诗人安蒂佩特提到世界的七大奇观:巴比伦的城墙、菲迪阿斯的宙斯神像、巴比伦的空中花园、罗得岛的巨像、埃及的金字塔、哈利卡纳苏斯的摩索拉斯陵墓以及以弗所的阿特米斯神庙。还有人将巴比伦的城墙和空中花园并成一个,另外加上亚历山德拉的法罗斯灯塔。

帕迪卡斯首先处死三十名士兵①,罪名是煽动部队动乱的为首分子,平素对他抱着极其敌视的态度。后来再将默利杰当成叛徒给予惩罚,起因是最早双方各拥其主的时候,他的行事违背所负的任务②,就拿私下的争执作为借口,指控默利杰暗中对他进行谋害和叛逆的活动。然后那些定居在上行省③的希腊移民开始叛变,征集一支具有相当实力的军队,他派出一位名叫皮松的贵族,领兵前去加以镇压。

5 考虑以上提到的事件,我认为首先要说明叛变的成因、亚洲的情势,以及行省的大小和所具备的特质;同时要提到地形和距离的关系,把这一切都放在读者的面前,让大家对我的叙述更容易接受。

从西里西亚的陶鲁斯(Taurus)有一条连绵不绝的山脉,通过整个亚洲一直蔓延到高加索以及东部的大洋④。这条山脉有不同高度的主峰,可以区分几个段落,每一段都有适当的名称。亚细亚将这条山脉分成两个部分,一个向着北方倾斜,另一个向着南方。顺着这两个斜坡,河川流向相同的方向。因此在山脉的一边,有些河川流入里海,有一些流入潘达斯的黑(Euxinus)海或者北方的海洋。至于方向相反的河川,有些流入面对印度或者相邻这个大陆的海洋,还有一些流入我们所称的红海⑤。

这些行省用同样的方式加以区分,有些向着北方倾斜,有些向着南方。

---

① 克尔久斯《亚历山大战史》第 10 卷第 9 节,说是杀掉 300 人。参阅阿瑞安《希腊史籍残卷》No.156 第 1 节。

② 参阅本章第 2 节。

③ 上行省位于帝国最遥远的东部地区。

④ 这里所说的高加索山脉是兴都库什山脉之误。东部的大洋应该是孟加拉国湾,当时认为这是亚洲最西的界线。陶鲁斯山脉将亚洲分为两个部分,这是依据伊拉托昔尼斯的理论,参阅斯特拉波《地理学》第 2 卷第 1 节。

⑤ 后面提到 3 个海域分别是印度洋、孟加拉国湾和波斯湾(本书都称为红海)。相邻的大陆当然是亚洲。

首先要提到的行省是面对北方沿着塔内斯（Tanais）河①的粟特和巴克特里阿纳；其次是阿里亚、帕提亚和海卡尼亚，全都濒临海卡尼亚海②，分离的水体四周为陆地围绕。接下来是米地亚，包括很多地区各有不同的名称，这也是面积最大的行省。亚美尼亚（Armenis）、黎卡奥尼亚（Lycaonis）和卡帕多西亚，这些地区的冬季非常寒冷，又居于更下方的位置。彼此相邻成为一条直线是大弗里基亚和海伦斯坡周边的弗里基亚；吕西亚和卡里亚就有这一边；上方是弗里基亚以及旁边的毕西迪亚（Pisidia），再其次是利底亚。这些行省的滨海地区兴建很多希腊的城市，就我们当前的要求并不需要提到它们的名字。面对北方的行省占据的位置如同上面所述。

6 这些面对南方的行省，第一个沿着高加索山脉的是印度③，面积广大和人口众多的王国，有很多印度的民族居住在其中，其中刚达瑞迪（Gandaridae）地区最大，亚历山大因为对方拥有很多战象④，所以没有对他们发起远征的行动。恒河是这个地区最深的河流，它的宽度有三十斯塔德⑤，使得这块土地与印度其他相邻的地区分离。印度其他地区都为亚历山大征服，可以从河流获得灌溉之利，成为物产最为丰富的国度。这些都是波鲁斯和塔克西勒斯拥有的疆域，还要加上很多其他的王国，印度河流

---

① 塔内斯河就是现在的顿河；其实本章提到的河流应该是奥克苏斯（Oxus）河（就是现在的阿姆河）或是雅克萨提斯（Jaxartes）河（就是现在的锡尔河），古代的作者经常将这两条河与顿河分不清楚，或者认为中亚的河流都包括在顿河的水系当中。

② 这个名字有时用于整个里海，有时只用于东部的海域。伊拉托昔尼斯和后来的希腊地理学家，通常都认为里海只是北方海洋一个海湾，但是希罗多德《历史》第 1 卷第 203 节，却说里海是一个内海。

③ 本书第二卷第 35—37 节。狄奥多罗斯提到印度的疆域像是四边形，南边和东边的界线是大海（分别是印度洋和孟加拉国湾），西面是印度河，北方是高耸的山脉。

④ 他们说他拥有 4000 头战象。

⑤ 本书第十七章第 93 节提到恒河的宽度是 32 斯塔德，斯特拉波引用麦加昔尼斯提供的数据，竟有 100 斯塔德（相当于 12 英里）那样宽。

经其间,整个地区从这条河流获得通用的名字。次于印度这个行省的是阿拉考西亚、西德罗西亚、卡玛尼亚和波斯,接下来是苏西亚纳(Susiana)和西塔辛尼(Sittacine)。

再下来是巴比伦尼亚一直延伸到阿拉伯沙漠。在另外一边的方向要我们从事陆上的行军,就是幼发拉底河与底格里斯河汇合的美索不达米亚,得名出于这样的原因。次于美索不达米亚是所谓的上叙利亚(Upper Syria),邻近的国家沿着海岸,就是西里西亚、庞非利亚和内叙利亚(Coele Syria)以及所包围的腓尼基。沿着内叙利亚的边界以及沙漠,接着就是尼罗河所形成的通道,可以分为叙利亚和埃及两大部分①,其中的埃及是最富裕的行省每年可以征收大宗税赋。所有这些国度都很炎热,气候的情况南方与北方大不相同。举凡为亚历山大征服的行省都位于这一部分,我们在前面已经有完整的叙述,这些都要分配给地位最为显赫的人士。

7 亚历山大让希腊的人民迁移到所谓的上行省,虽然他们渴望希腊的习俗和生活方式,却被发配到王国最为遥远的部分,国王活在世上的时候他们基于恐惧的心理只有屈服,等到国王崩殂以后就会激起大规模的叛变②。他们在一起聚会讨论,选出伊尼亚的斐隆(Philon)担任将领,征集一支相当可观的武力。他们拥有两万多名步兵和三千名骑兵,所有人都接受多次战争的考验,作战的英勇获得很高的声名。

帕卡迪斯得知上行省叛变的消息,就用抽签的方式从马其顿的军队

---

① 有些地理学家认为尼罗河是亚洲和利比亚非洲的界线,还有人说埃及属于亚洲,参阅斯特拉波《地理学》第1卷第4节。

② 这些行省在过去一直处于动乱不安的局面,参阅本书第十七章第99节和克尔久斯《亚历山大战史》第9卷第7节。

当中派出三千名步兵和八百名骑兵。他选用皮松担任全军的指挥官,这个人是亚历山大的侍卫,做事积极进取而且富于领导统御的能力,他除了奉命指挥这些部队,还要带着送给各行省省长的信函,里面交代他们要供应皮松一万名步兵和八千名骑兵,然后由他率领前去讨伐叛军。

皮松本人有很大的野心,非常高兴接受远征作战的任务,他的打算是用善意赢得希腊移民的效忠,他的兵力由于盟军的加入变得极其强大,就要考虑自己的利益成为上行省的统治者。帕迪卡斯怀疑他别有用心,给他明确的命令在制伏叛军以后要全数处死,获得的战利品发给士兵。皮松率领军队出发,沿途从各行省接受派来的辅助部队,带着全军前去攻打叛军,经由某位伊尼亚人在中间的说合,买通列托多鲁斯(Letodorus)倒戈,这位指挥官拥有三千人马,所以皮松能够大获全胜。

会战开始就已分出胜负,因为列托多鲁斯毫无预警就离开盟友,带着他的三千人退到一座小山上面。其他的单位认为他是在战败不支的情况下撤离,使得整个战线陷入混乱,大家只有转过身来赶快逃走。皮松赢得会战的胜利,派出传令官去见战败的叛军,命令他们放下武器,可以返回原来的殖民区,为了保证他们的安全,愿意在神明的面前立下誓言绝不违背。等到立誓以后一切安排妥当,就将希腊人分散安置在马其顿的部队里面,皮松感到极其欣慰,因为所有的事务都能按照他的意图一一完成。

马其顿的士兵记得帕迪卡斯的命令,根本不理会必须遵守的誓词,对希腊人做出不守信义的行动。全军对他们发出意料不到的袭击,剥夺他们自卫的能力,投出标枪将他们全部射死,用抢夺的方式洗劫他们的财物。皮松没有能够达成他的愿望,带着军队返回去向帕迪卡斯交差。这些都是在亚洲发生的情况。

8 欧洲也是事故不断，罗得岛当局赶走马其顿派遣的驻防军，让城市获得自由的权利，雅典发起拉米亚战争(Lamian War)用来反抗安蒂佩特①。为了使大家明白整个事件的始末，需要叙述战争发生的成因。就在亚历山大逝世之前没有多久，他决定要让所有受到放逐的流亡人士，恢复他们原有的权利可以回到希腊的城市②，这样做部分是出于他要获得众所赞誉的声名，还有部分原因是希望在每座城市都有可靠的同路人，用来制止希腊的革命活动和反叛的行为。趁着举行奥林匹亚运动会的机会③，他派遣史塔吉拉(Stageira)的尼卡诺尔(Nicanor)前往希腊，交给他一份有关恢复权利的敕令，由比赛当中负责唱名的传令官向在场的群众宣布④。

尼卡诺尔执行他的指示，传令官接受他的要求宣读书面的文件："马其顿国王亚历山大致来自希腊各城市的放逐人员。我无意追究你们受到放逐处分的原因，除非你们因而受到诅咒，我同意你们能够返回土生土长的城市。我会写信给安蒂佩特，告诉他有关这件事已经获得前面提到的结论，如果有任何城市不愿让你们恢复原有的权利，他会对他们采用强制的手段。"等到传令官宣布此事，群众发出赞誉的欢呼声，大家对于国王的善意表示由衷的感谢。参加这次节庆的放逐人员全部聚集起来，数量已经超过两万人。

一般而言民众乐于放逐人员能够恢复权利，认为这是一件对大家都有利的好事，只有艾托利亚人(Aetolians)和雅典当局对这样的行动大为反

---

① 有关拉米亚战争，参阅普鲁塔克《希腊罗马名人传》第18篇第1章"福西昂"第23—26节，海帕瑞德(Hypereides)《葬礼演说》第10—20节。

② 参阅本书第十七章第109节。

③ 就在亚历山大逝世的前一年，前324年，举行第114届奥林匹亚运动会。

④ 比赛开始之前各城邦派来的传令官要经过一番竞争，胜者担任整个赛会期间的法定职务。参阅苏脱纽斯《尼罗传》第24节以及鲍萨尼阿斯《希腊风土志》第5卷第22节。

感,觉得受到冒犯因而恼羞成怒。艾托利亚人之所以会如此①,在于他们迫使厄尼阿迪家族(Oeniadae)离开自己的城市,深感所犯的错误预期会有相应的惩处,因而亚历山大对他们发出威胁之词,虽然厄尼阿迪家族没有儿子出面讨个公道,但是国王却有这样的实力。雅典也出于类似的缘故,他们将萨摩斯所有的土地,已经用定额分配的方式发给市民,当然不愿放弃这个岛屿。目前他们缺乏可以与国王相互抗衡的兵力,这个时候只有保持沉默等待有利机会的来到,命运女神很快就会不负所望。

9 亚历山大逝世以后过了很短一段时间,由于没有子嗣成为王国的继承人,雅典敢于坚持他们的政策方针,以及主张他们在希腊的领导地位。战争的起源在于他们拥有哈帕拉斯(Harpalus)留下的大批金钱,上一章②对这件事已经交代得非常清楚,还有就是从各行省解除服役下来的佣兵,仅仅在伯罗奔尼撒的数目就有八千人,停留在提纳朗(Taenarum)附近等待被雇用的机会。当局暗中指使市民李奥昔尼斯(Leosthenes)③,要他赶紧前去招募这些佣兵,对外表示完全出于他个人的行为,并没有获得城邦的授权,这会使安蒂佩特对于李奥昔尼斯抱着藐视的态度,这样一来他的备战工作就不会积极进行,从另一方面来看,雅典会获得更加充分的时间,为战争的需要做好万全的准备。因此李奥昔尼斯一点都不张扬,雇用上面提到的部队,在不让大家知晓的情况之下,确保相当数量的兵力准备采取行动;因为这些人在整个亚洲从事战斗已经有很长的时间,参加过

---

① 这时的安蒂佩特在亚历山大处决帕米尼奥和他的儿子以后,为自己的命运感到惴惴不安,为了增强实力,秘密派人去与艾托利亚商议盟约;参阅普鲁塔克《希腊罗马名人传》第17篇第1章"亚历山大"第49节。

② 参阅本书第十七章第108节。至于哈帕拉斯带到希腊的佣兵,已经不再为他服务。

③ 李奥昔尼斯收到指示要遣返这一大批佣兵,他可能是雅典的代理人,参阅鲍萨尼阿斯《希腊风土志》第1卷第25节。

很多次重大的行动，都能获得最后的胜利。

　　现在这些事项都已完成准备，只是亚历山大的死亡还无确切的信息，有些人从巴比伦来到，成为国王崩殂的目击证人，然后民选的政府公开宣示作战的意图，派遣李奥昔尼斯带着哈帕拉斯的部分钱财，加上很多套铠甲，吩咐他无须保持秘密的行动，只要能够造成有利的态势尽量公然行之。李奥昔尼斯支付佣兵应有的报酬，让欠缺铠甲的人获得充分的供应，前往艾托利亚安排共同行动的有关事项。艾托利亚当局很高兴听到他的报告，答应给他七千士兵，他奉派去见洛克瑞斯人和福西斯人以及其他邻近的民族，力劝他们争取自由权利，不要让希腊接受马其顿的专制统治。

10　雅典召开市民大会，家有资产的人士提出劝告要求不必采取行动，唯恐天下不乱的民意代表煽动群众要勇敢发起战争，那些宁愿打仗而且习惯于军旅生活的人，在数量上面占有优势。有次菲利浦说起那些家无恒产的人，他们把战争视为和平，同时也把和平当作战争。政客直截了当要将共同的意愿变成具体的策略，写成敕令要求市民为希腊的自由权利尽一份责任，解放受到驻防军压迫的城市；他们必须准备四十艘四层桨座战船和两百艘三层桨座战船①；所有年纪在四十岁以上的雅典市民都要列入征召的名单；三个部族用来守卫阿提卡，其余七个部族参加边界以外的作战行动②；需要派出使者前去访问希腊的城市，告诉大家雅典的人民在过去一直用行动证明，整个希腊是所有希腊人民共有的祖国，他们与入侵希腊要奴役他们的蛮族在海上战斗，现在雅典认为有这种必

---

　　① 贾士丁《菲利浦王朝史》第 13 卷第 5 节，估计雅典水师的实力约有 200 艘船只。

　　② 克里斯提尼(Cleisthenes)在前 508 年为了推行民主制度，着手政治改革，组成 10 个新部族，计为 Erechtheis、Aigeis、Pandionis、Leontis、Akamantis、Oineis、Kekropis、Hippothontis、Aiantis 和 Antiochis。

要，即使冒着丧失生命、金钱和船只的危险，还是要维护希腊人民共同的安全。

敕令的批准非常快速，希腊族群占优势的地方是他们的智慧，知道雅典市民重视荣誉事先的协调非常周到，问题是有的地方拘泥原则缺乏权宜的手段；他们会在适当的时间之前先表示明确的立场，不需要有人在后面催促或者使用强迫的手段，敢于迎战那些强有力而且未曾战败的部队，再者，他们以良好的判断享有很高的声名，底比斯悲惨的下场并没有让他们学得更为审慎①。即使如此，使者环游所有的城市，运用口若悬河的辩才说服他们投身战争，大多数希腊的民众参加联盟，有的打着公民团体的旗号，有的使用整座城市的名义。

11 其余的希腊城邦有的倾向马其顿，其他仍旧保持中立。艾托利亚用全部的力量首先加入联盟，接着是所有的帖沙利人除了佩林尼姆（Pelinnaeum）的市民，除了赫拉克利（Heraclea）的居民以外所有的厄塔人（Oetaeans），除了提贝（Thebae）的民众以外弗昔奥蒂斯（Phthiotis）的亚该亚人（Achaeans），除了拉米亚（Lamia）以外的梅利亚人（Melians），还有所有的多里斯人（Dorians）②、洛克瑞斯人、福西斯人、伊尼亚人、阿利查伊人（Alyzaeans）、多洛庇斯人（Dolopians），还要加上阿萨玛尼亚人（Athamanians）、琉卡斯人（Leucadians），以及在阿里普提乌斯（Aryptaeus）统治下的摩洛西亚人（Molossians）。

最后提到这个人只是保持一个虚有其表的盟友身份，后来倒戈与马其顿合作。还有一些伊利里亚人和色雷斯人，因为痛恨马其顿的关系加入联盟。其次是来自优卑亚的卡里斯都斯人（Carystians），要分担战争的部分

---

① 亚历山大将底比斯全城夷为平地一事，参阅本书第十七章第8—14节。
② 指多里斯的居民，这座城市位于希腊中部。

责任;最后是来自伯罗奔尼撒的人民,像亚哥斯、西赛昂、伊利斯、梅西尼以及阿克提(Acte)的居民。举凡加入联盟的希腊城邦,我都将他们列入名单上面。

雅典当局将市民身份的士兵当成增援部队派给李奥昔尼斯,共有五千名步兵和五百名骑兵,还要加上两千名佣兵。他们取道皮奥夏,所以发生事故在于皮奥夏的城邦对雅典抱着敌视的态度,那是因为下面所提的理由。亚历山大将底比斯夷为平地以后,就将土地送给邻近的皮奥夏城邦。他们将不幸民族的田产分配妥当以后,广大的土地每年带来额度很高的收益。因此,他们知道雅典要是在战争中获胜,就会将城市和土地归还底比斯的人民,这样一来逼得他们只有倒向马其顿的阵营。

皮奥夏的军队正在普拉提亚附近设置营地的时候,李奥昔尼斯率领部分军队进入皮奥夏。他运用原有的部队和增援的兵力,全部都是雅典人列阵前去攻打当地的居民,经过一场会战击败后者,搭起战胜纪念牌坊就赶紧退回色摩匹雷。他在那里花了一些时间,要抢在敌人的前面占据关卡,他的打算是仗着地形之利再与马其顿的军队接战。

12 安蒂佩特被亚历山大留在欧洲担任将领负责所有的军政事务,听到国王在巴比伦逝世以及瓜分行省用来划分势力范围的信息,他派员前往西里西亚去见克拉提鲁斯,要求他尽快前来帮忙以渡过难关(因为后者事先已经奉命前往西里西亚,他要将从军中退伍的马其顿老兵带回祖国,有一万多人①)。安蒂佩特还派员去见斐洛塔斯②,这位已经接受海伦坡地区的弗里基亚成为他的行省,同样要求他给予援助,答应将一位女儿嫁给他建立婚姻关系。

---

① 参阅本书第十七章第 109 节以及本章第 18 节。
② 这位应该是李昂纳都斯才对,参阅本章第 3 节。

不过,很快他得知希腊的城邦已经采取行动对他有所不利;他留下夕帕斯(Sippas)出任马其顿的将领,给他一支兵力够用的军队,吩咐他尽可能征召更多的兵员,他自己率领一万三千名马其顿人和六百名骑兵(马其顿短缺由市民征集的士兵,因为很多人被送到亚洲用来补充那里的军队),从马其顿开拔前往帖沙利,整个舰队陪伴他的进军,原来奉亚历山大的派遣护送皇家的金库到马其顿,一共有一百一十艘三层桨座战船。

开始的时候帖沙利是安蒂佩特的盟邦,将很多优秀的骑兵派到他的麾下服务;后来被雅典的使者争取过去,他们投奔李奥昔尼斯与雅典的军队列阵出战,为争取希腊的自由奋斗不息。等到这支庞大的部队加入雅典的阵营,希腊的城邦在兵力方面远较马其顿为优的情况下获得胜利。安蒂佩特在会战中遭对手击败,后来他不敢再与敌人接战同时无法安全返回马其顿,只有将拉米亚当成庇护所。他将部队留在城内加强各项防务,并且准备武器、装具和粮食,焦急等待亚洲的援军。

13 李奥昔尼斯率领所有的部队来到拉米亚附近,挖掘深沟和建立围栏用来加强营地的防卫。首先他将部队排成阵式向着城市前进,向马其顿的将领下达战书,双方进行会战。然而后者不敢冒险以免得不偿失,李奥昔尼斯每天对着城墙派出士兵发起轮番的攻击。马其顿的防御极尽顽强和坚韧,很多希腊士兵因为贪功冒进遭到杀害。就受到围攻者这一方而言,他们在城市里面的部队拥有相当强的实力,各种投射武器的储备非常充分,加上城墙的构建用去巨额的经费,使得守军的作战更加有利。李奥昔尼斯放弃强攻夺取城市的打算,实施严密的封锁不让供应品进入,认为很容易用饥饿的手段逼使被围者屈服。他还建起城墙和挖出又深又宽的沟壕,不让围困在城内的部队有逃脱的机会。

等到这些工作完毕以后,艾托利亚人向李奥昔尼斯提出请求,因为国内发生重大的事务,允许他们返回家乡妥善处理,他们离开以后围攻的实力大受影响。安蒂佩特和他的手下已到罗掘俱穷的地步,饥馑使得城市有立即丧失的危险,然而马其顿因为偶发的事故,出乎意料地给他们带来好运。安蒂佩特对挖掘壕沟的人发起攻击,双方产生激烈的战斗,李奥昔尼斯前来援助他的手下,被投出的石块击中头部立即倒在地上,昏厥当中被抬回营地。他在第三天逝世,马革裹尸使得他获得英雄的荣誉①。雅典人民要海帕瑞德(Hypereides)发表葬礼演说②,这个人不仅是名响亮的演说家,拥有口若悬河的辩才,而且他对马其顿充满敌意;那个时代雅典的演说家以笛摩昔尼斯独占鳌头,接受哈帕拉斯贿赂的金钱遭到被放逐的处分③。安蒂菲卢斯(Antiphilus)出任将领接替李奥昔尼斯的职位,这个人无论是军事才能还是战斗勇气都有杰出的表现。

以上是欧洲当时的局势④。

14 提到亚洲的情况,在瓜分行省获得好处的人员当中,托勒密接收埃及没有遭遇困难,他对待居民表现仁慈的态度。他在金库找到八千泰伦,开始招募佣兵组成一支军队。他的礼贤下士使得大群朋友聚集在他的周围。他与安蒂佩特经由外交的折冲樽俎签订合作协议,因为他知道帕迪卡斯处心积虑想要将埃及这个行省从他的手里夺走⑤。

---

① 贾士丁《菲利浦王朝史》第 13 卷第 5 节,对他逝世的情节有不同的记载。
② 演说词的大部分内容已经保存下来。
③ 在这个时候之前,笛摩昔尼斯已经回到雅典,加入代表团游说各城邦,要对马其顿发起攻击,将他们逐出希腊;参阅普鲁塔克《希腊罗马名人传》第 20 篇第 1 节"笛摩昔尼斯"第 27 节。
④ 笛摩昔尼斯回到雅典是在这个时候之前,参阅普鲁塔克《希腊罗马名人传》第 20 篇第 1 章"笛摩昔尼斯"第 27 节。
⑤ 从这里要接续第 15 节的叙述。

黎西玛克斯进入色雷斯地区,发现当地的国王修则斯(Seuthes)率领两万名步兵和八千名骑兵出现在战场,面对强势的军队毫无畏惧之心①。虽然他的部队只有四千名步卒和两千名骑兵,还是与蛮族发起一场会战。虽然说他的兵力处于劣势,但部队的作战素质却让他占了上风,双方的战斗极其顽强而且坚持到底。他损失不少将士却也杀死数倍之多的敌人,收兵返营就宣布他已获得不容置疑的胜利。因而双方的部队在这个时刻从当地向后撤离,忙着对最后的决战进行各项准备工作②。

至于李昂纳都斯,赫卡提乌斯(Hecataeus)以使者的身份前来相见,求他用最快速度赶去拯救安蒂佩特和整个王国,他答应给予军事的援助。因此,他渡过海峡进入欧洲,继续前往马其顿,征召很多额外的士兵。他在集结两万名步兵和一千五百名骑兵以后,率领他们通过帖沙利前去攻击敌人。

15 希腊的将领放弃围攻③同时烧掉他们的营地(前 322 年),就将对决定性会战没有用处的随军人员以及他们的辎重行列,安置在梅利夏(Melitia)的小镇,这时主力部队用轻装的方式向前挺进,准备在李奥纳都斯与安蒂佩特会合之前,先与李奥纳都斯发起会战,何况这时两军已经来到同一个地方。他们的主力部队是两万两千名步兵,所有的艾托利亚人早已经离开回到自己的城市,还有不少其他的希腊军队,这个时候散布在他们的国土上面。大约有三千五百名骑兵参加这次作战行动,其中有两千名骑士是作战极其英勇的帖沙利人。希腊联军把胜利的希望寄托在他们身上。

激烈的骑兵会战持续很长一段时间,帖沙利人认为凭着他们的英勇已经

---

① 参阅阿瑞安《希腊史籍残卷》No.156 第 1 节。

② 我们对后续的情况一无所知。修则斯能够保住国王的头衔,并有意愿要与黎西玛克斯缔结同盟,到了前 313 年他还是废止双方的条约。

③ 是指放弃对拉米亚的围攻作战,这场战事已经持续公元前 323 年整个冬天。梅利夏是帖沙利南部地区的市镇,位置在拉米亚的北边。

稳占上风,李奥纳都斯虽然作战所向披靡,但是后来被切断退路困在一个沼泽地区,处于极其不利的局面,身体多处受伤濒临死亡的边缘,随护的侍从将他抢救出来,送到辎重行列时已经不治亡故①。希腊的骑士在帖沙利人米侬的指挥之下,赢得光彩夺目的骑兵会战,马其顿方阵的重装步兵畏惧骑兵的攻击,立即撤出平坦的地区,来到崎岖难行的高地,加强阵地的防务用来确保自身的安全。等到帖沙利骑兵部队继续发起攻击,由于地形的不利没有任何成果可言,希腊联军建起战胜纪念牌坊,安葬阵亡人员的遗体以后离开战场。

次日安蒂佩特带着部队与战败的人员会合,所有马其顿人驻扎在同一个营地,全部听从安蒂佩特的指挥。他的决定是目前情况之下以避战为上策,由于敌人的骑兵占据优势,撤退的路线是避开开阔的平原,而经由复杂难行的山地,先行占领有利的要点,才能安全脱离这个区域。希腊的指挥官安蒂菲卢斯在一次光荣的会战当中击败马其顿的军队,采取伺机而动的谋略,留在帖沙利观察敌军的动向。

希腊的事务出现风起云涌的局面,由于马其顿的水师仍旧控制海洋,雅典使用其他已准备好的船只增加实力,所以他们拥有战船的总数是一百七十艘②。克莱都斯(Cleitus)指挥马其顿的舰队,接战的数量是两百四十艘;他

---

① 参阅阿瑞安《希腊史籍残卷》No.156 第 1 节以及贾士丁《菲利浦王朝史》第 13 卷第 5 节。

② 狄奥多罗斯只是概约提到海上作战,难以了解真实的情况,很可能是这场战争的决定性因素,我们并不清楚狄奥多罗斯的打算是提到两次或三次会战,倒是可以把整个过程表达得更为详尽。雅典的水师原来拥有 240 艘战船,一部分用来堵塞安蒂佩特那支位于马利安湾(Malian Gulf)的舰队,主力留在海伦斯坡海峡有一段时间,用来拒止李昂纳都斯派来帮助安蒂佩特的援军。虽然雅典的舰队在增加兵力以后,拥有 170 艘战船,然而在公元前 322 年春天的阿布杜斯会战当中,败于克莱都斯更为强大的舰队。克莱都斯越过爱琴海在马利安湾的利查德(Lichades)岛,击溃雅典其余的舰队,让对方遭受重大的损失,立即向阿莫哥斯(Amorgos)岛前进发起决战,从而终结雅典的海权到一蹶不振的地步。提到的会战不可能发生在爱纳德岛,因为这个岛位于阿卡纳尼亚的西海岸,中间相隔整个希腊和伯罗奔尼撒半岛,倒是马利安湾的北岸有个地方名叫爱契努斯(Echinus),所以才会产生这样的错误。

在两次海上会战击败雅典的水师提督伊维提昂,摧毁敌人大量的船只,会战的地方靠近称为爱契纳德(Echinades)的岛屿。

16 就在这些事件陆续进行的时候,帕迪卡斯带着国王菲利浦和皇家军队,前去讨伐卡帕多西亚的统治者阿里亚拉则斯(Ariarathes)。过去他不愿听命于马其顿,得到亚历山大的宽容,要归于亚历山大与大流士的激烈斗争以及为其他事项所分心,使得他在卡帕多西亚国王的宝座上面,安享多年悠闲而平静的生活①。他能从年度的巨额岁入聚积大量财富,组成一支地区性的部队,不仅数量庞大还招募很多佣兵增强阵营。他因而被列入帕迪卡斯要加以征讨的名单,运用三万名步兵和一万五千名骑兵防卫他的王国。双方发起会战,帕迪卡斯击败对手,有四千人被杀,俘虏的数量超过五千人包括阿里亚拉则斯本人在内。帕迪卡斯对国王和他的亲属施以虐待再用刺刑的方式处决②;却对征服的民族本着宽大为怀的原则,等到卡帕多西亚的事务处理完毕以后,将这个行省授予攸门尼斯,最早的安排就是如此③。

大约在同一时候,克拉提鲁斯离开西里西亚抵达马其顿,增援安蒂佩特使得吃了败仗的国家能转危为安④。他带来的六千名步兵都是随着亚历山大渡过海峡前往亚洲的老手,还有行军途中征召的四千人,一千名波斯弓箭手和投石兵以及一千五百名骑兵。进入帖沙利主动将指挥权交给

---

① 按照卡狄亚的阿瑞安《希腊史籍残卷》No.154第4节,提到阿里亚拉则斯享有82岁的高寿。有关这次战役可以参阅阿瑞安《希腊史籍残卷》No.156第1节,以及普鲁塔克《希腊罗马名人传》第15篇第2章"攸门尼斯"第3节。

② 本书第三十章残卷第19节,提到阿里亚拉则斯在会战中阵亡,有一个养子逃脱,后来光复王国。

③ 参阅本书第3节。这里接续本书第22节的叙述。

④ 普鲁塔克《希腊罗马名人传》第18篇第1章"福西昂"第26—30节,以及阿瑞安《希腊史籍残卷》No.156第1节,都提到拉米亚战争最后的战役与双方的解决办法。

安蒂佩特,与他共享一个沿着佩尼乌斯(Peneius)河①设置的营地。包括原来在李昂纳都斯麾下的人马,现在集结的兵力是四万名重装步兵,三千名弓箭手和投石兵以及五千名骑兵。

17 这个时候在他们对面开设营地的希腊联军,兵力方面明显居于劣势;因为他们过去的运气很好所以对敌人有藐视之心,现在回到自己的城市去处理私人的事务,很多士兵用这个借口放弃他们的职责,营地只剩余两万五千名步兵和三千五百名骑兵。他们将胜利的希望放在后者的身上,因为这些骑士非常勇敢而且地面极其平坦。

安蒂佩特终于开始部署队伍,每天都向对方挑衅要求两军进行会战。有一阵子是为了等待那些人从城市返回前线,时间逐渐变得非常紧迫,希腊联军被逼出兵迎战,像是赌运气一切要靠天命。马其顿的军队列队排成战线,骑兵部署在步兵方阵的前面,他们运用这种方式决定会战的结局。等到双方的骑兵在会战中很快遭遇,帖沙利的骑士由于作战的英勇获得很大的优势,安蒂佩特率领方阵向着敌人的步兵发起猛攻,开始进行屠杀造成对方重大的伤亡,希腊联军没有能力抵挡敌军的冲击和兵力的优势,立即退向崎岖不平的地面,尽量保持队伍的完整。他们占领高地很容易击退敌人,对于自己拥有更好的阵地感到非常得意。虽然希腊的骑兵部队已经获得优势,这些骑士很快得知步兵的退却行动,他们立即转回去向他们靠拢。最后会战到了终止的时候,胜利的桂冠落在马其顿人的头上。希腊联军这边有五百人被杀,马其顿的损失是一百三十人②。

第二天希腊联军的领导者米侬和安蒂菲卢斯聚在一起商议,是否应该

---

① 就在克朗侬(Crannon),后来会战就用这个名字。

② 丁斯摩尔(Dinsmoor)《希腊时期的雅典执政》第329页,提到克朗侬会战发生在公元前322年9月5日。

等待从城市派来的盟军部队,使得他们能在兵力相等的条件下战斗,可以达成所望的结局,或者屈从目前的情况尽快与马其顿谈和。他们决定要求对方谈判签署和平协议,于是传令官奉命行事,安蒂佩特的答复是所有的城市必须分别与他进行交涉,因为他不可能将所有的事项全部一次解决。希腊联军不愿丧失原有的领导地位,拒绝了这种方式。安蒂佩特和克拉提鲁斯开始围攻帖沙利的城市,运用强袭的方式夺取。这时希腊的盟邦已经无法对他们有任何帮助。等到所有的希腊地区都处于重大的威胁之下,每一座城市按照自己的情况派遣使者商议解决的办法,安蒂佩特与他们进行交谈,用容易达成的条件签订停战协议。结果是这些城市都能确保本身的安全,很快获得和平带来的好处。至于原本最为痛恨马其顿的艾托利亚和雅典,现在遭到盟友的遗弃,他们自己的将领就战争的问题商议有关的对策。

18 安蒂佩特运用这种谋略摧毁希腊城邦的联盟关系,然后率领所有的部队前去攻打雅典。民众得不到盟友的援助陷入窘迫的困境。大家现在转头对着迪玛德斯,大声喊叫说是必须派他担任使者,去见安蒂佩特,请求同意双方讲和;虽然他被指名道姓要提供宝贵的意见,迪玛德斯还是一言不发毫无反应。他过去为了草拟违背法律的敕令,三次受到定罪的处分①,不得在市民大会提出任何议案,现在人民恢复他身为市民的权利,他与福西昂以及其他人士立即奉派为使者。

安蒂佩特听到他们提出的主张,他的回答是雅典人要想结束双方的战争,除了投降任凭对方自行处理以外没有其他的条件。因为他们将安蒂佩特围困在拉米亚的时候,他派出使者求和得到这样的答复。没有力量反抗

---

① 普鲁塔克说他受到定罪有 7 次之多,苏达斯提到他的处分只有两次。

的人民,被迫接受安蒂佩特严苛的要求,他对于雅典拥有绝对的权威,可以任意进行所有的惩处和各种的报复。安蒂佩特用合乎人道的精神对待雅典的市民,让他们保有城市、财产和所有的东西。但是他要改变民主体制的政府架构,要求政治权力的基础在于财产的普查,拥有价值两千德拉克马家产的人可以控制政府的运作和参与选举活动,要将市民团体当中少于这个额度的人员,全部迁移离开雅典,所持的理由亦即这些人是和平的破坏者和战争分子,提出的解决办法是在色雷斯找一个地方,让他们在那里定居下来。

看来大约有一万两千人必须离开自己的祖国;那些拥有规定额度财产的人大约是九千名,成为城市和整个区域的主人,治理按照梭伦(Solon)的理念所建立的政府。允许所有人都能保有他们的财产不会加以剥夺和籍没,不过,他们被迫接受一支由麦尼拉斯(Menyllus)担任指挥官的驻防军,目的在于阻止任何人改变政府的体制。有关萨摩斯的问题全部交由两位国王做出最后的裁定。雅典人民受到的宽容让他们感到喜出望外,对于和平怀有确保之心;由于他们处理公众的事务不会受到妨害,享受土地的收成不会带来干扰,很快有长足的进步较过去更为富裕。

安蒂佩特班师回到马其顿,授予克拉提鲁斯适合的职位和贵重的礼物,将自己的长女斐拉(Phila)许配给他建立婚姻关系,协助他完成返回亚洲的准备工作。他同样用谦和的姿态对待其他希腊城市,一方面贬低市民团体的强大势力,一方面运用灵活的手腕加以重组,由于处置得宜获得颂词的赞扬和金冠的贺礼。萨摩斯人被赶出家园四十三年以后,帕迪卡斯带着他们返回故国,将城市和整个岛屿还给他们①。

----

① 公元前366年雅典的将领泰摩修斯占领萨摩斯。狄奥多罗斯要到本章第24节再度叙述希腊的事务。

19 我们已经叙述了拉米亚战争整个过程当中所有的行动,转过来要讨论发生在塞伦(Cyrene)的战事,历史的发展过程不会与年代的顺序产生太大的偏离。只是需要回溯一段时间,使得某些序列的事件变得更加清晰和明白①。哈帕拉斯逃离亚洲,带着佣兵向克里特岛航行,我们在上一章②已经有所交代,瑟比隆(Thibron)可以视为他的一个朋友,起了叛逆的念头将他谋害③,连带他的七千名士兵和所有的钱财全部落到瑟比隆的手里。瑟比隆同样据有留下的船只,带着士兵上船航向塞伦人的陆地。他为了完成计划就把一些塞伦放逐的人员带在身边,让他们当老师使得他熟悉当地的情况。

塞伦的市民反对他的入侵引起一场会战,瑟比隆获得胜利,杀死很多对手还有不少人成为俘虏。控制港口以后用围攻的方式威胁塞伦当局,他迫使对方接受和平的条件,同意送给他五百泰伦,以及交出半数的战车帮助他而后的作战行动。他派遣使者到其他的城市,要求他们与他建立联盟关系,这样做的目的是他要征服利比亚相邻的地区。他在港口掳获商贾的财物视同战利品,分给士兵当作抢劫的成果,用来激励他们献身战争的热情。

20 瑟比隆的事业像是一帆风顺,由于下面的情况,命运女神在转瞬之间让他落到卑微的处境。他的手下有一个头目是克里特人纳西克利(Mnasicles),这个人的作战经验非常丰富,为了战利品的分配

---

① 克朗侬会战发生在公元前322年9月,但是有关雅典的解决方案,拖了7年还是无法完成,参阅《剑桥古代史》第6章第458页。

② 参阅本书第十七章第108节。

③ 按照鲍萨尼阿斯《希腊风土志》第2卷第33节的记载,哈帕拉斯是被他的奴隶或是一个名叫鲍萨尼阿斯的马其顿人所谋害。至于瑟比隆发起攻打塞伦的作战行动,以及最后败在托勒密之手,参阅阿瑞安《希腊史籍残卷》No.156第9节,以及贾士丁《菲利浦王朝史》第13卷第6节。本书第十七章第108节和阿瑞安的著作,都说佣兵的数目是6000人。

觉得不公与他发生口角；由于个性倔强加上胆大妄为，激烈的争执使他前去投靠塞伦。他一直对瑟比隆怨声载道，指责这个人的残酷和毫无信义，说服塞伦当局毁弃双方的协议，努力争取自由权利。他们只付六十泰伦其余的钱不愿再给，瑟比隆指责他们是骗子，抓住在港口的塞伦人有八十名之多，然后率领部队前来攻打城市，接着开始围城作战，没有任何成效可言，只有撤回港口。

巴卡（Barca）和赫斯庇瑞德（Hesperis）①与瑟比隆联盟，现在塞伦的将领留下部分人员守城，率领大部分兵力前去攻打这两座城市，同时还抢劫与他们相邻的地区。受到攻击的城市派人向瑟比隆求救，他带着所有的士兵前去对付塞伦的盟军②。克里特的纳西克利认为港口的防务空虚，说服留在城市的人员前去占领。他们服从他的指示立即对港口发起攻击，他自己在前面领路；由于瑟比隆带着士兵倾巢而出，他们很轻易便控制了这个要地。他把留下的货物返还给商人，使得他们心甘情愿守卫港口。

瑟比隆面临困境感到气馁毫无斗志，因为他丧失有利的位置和士兵的武器装备，后来还是恢复进取的精神，用围攻的方式夺取一座名叫陶契拉的城市，兴起死灰复燃的希望。不过这也是偶发的有利情况，他在很短的时间之内再度遭到厄运。他的船只在失去港口以后，所有的水手就会缺乏粮食，每天到四周的乡野去寻找供应品已经成了习惯，利比亚人趁着他们在外面游荡的机会，设下埋伏杀死他们很多人，捉住不少的俘虏。那些避开危险逃回船上的水手，立即出海前往联盟的城市。他们在途中遭遇强烈的风暴，大多数船只被海洋吞噬，有些漂流到塞浦路斯或埃及的海岸。

---

① 　还有人说是赫斯庇瑞德（Hesperides）、优赫斯庇瑞德（Euhesperides）和贝里尼斯（Berenice）［现在的名字是班加西（Benghazi）］这座塞伦最西边的城市。贝卡的位置在东北方相距不远。

② 　塞伦的盟邦是利比亚的城市和迦太基，这要在下一节才会提到。

21 瑟比隆遭到如此重大的不幸还是不愿放弃作战行动,选择适合达成招募任务的朋友,派遣他们前往伯罗奔尼撒,雇用那些在提纳朗附近等待的佣兵;许多在军中遭到遣散的人到处游荡寻找愿意出价的雇主;这个时候在提纳朗就两千五百人。他的使者与这些佣兵谈好条件,立即上船赶赴塞伦为新的主人效力。在这些佣兵到达之前,塞伦的军队受到成功的鼓舞使得士气高昂,在会战中击败瑟比隆杀死很多士兵。瑟比隆屡遭失利已经丧失勇气,准备放弃对塞伦的作战行动;等到来自提纳朗的士兵到达港口,大量部队增加他的实力重建他争取胜利的信心。

塞伦当局看到战争的潮流又开始高涨,他们从邻近的利比亚地区和迦太基召来盟军部队,包括他们由市民征集的士兵在内,整个兵力有三万人,要在会战当中达成最后的决定。瑟比隆杀死很多敌人赢得这场大规模会战的胜利,他在兴高采烈之余认为自己可以再度占领附近的城市;塞伦的指挥官全部在会战中阵亡,他们选出克里特的纳西克利和其他人士担任将领。瑟比隆因为这次大捷而得意扬扬,他将塞伦的港口围得水泄不通,每天都对城市发起攻击。战争延续很长时间,塞伦的市民因为缺乏食物彼此发生争执;一般大众占了上风要驱走富有的家庭,他们被迫离开祖国,有些人投奔瑟比隆,有些人逃往埃及。

后者说服托勒密要恢复他们被剥夺的权利,随着一支相当实力的部队返回塞伦,欧菲拉斯(Ophellas)奉派出任将领所属的单位主要是步兵和水师。原来投奔瑟比隆阵营的放逐人士,听到埃及出兵即将接近的信息,企图利用夜色的掩护与欧菲拉斯会合,事机不密泄露出去,瑟比隆将他们全部杀死不留一个活口。塞伦民主党派的领导人物对于流亡者的归来一直提高警觉,他们与瑟比隆谈好条件,准备共同对抗欧菲拉斯的军队;欧菲拉斯击败瑟比隆并且将他捉住,同时将所有的城市置于控制之下,整个地区解交给他的国王托勒密①。从此塞伦和周围的城市丧失自治权纳入托勒密的王国。

22 帕迪卡斯和菲利浦王击败亚里阿拉则斯,将这个行省交给攸门尼斯负责②,接着率军离开卡帕多西亚。他们到达毕西狄亚以后,决定摧毁拉朗达(Laranda)和伊索里亚人(Isauria)这两座城市,因为亚历山大在世的时候,该地的民众曾经处死尼卡诺尔之子巴拉克鲁斯(Balacrus),当时的巴拉克鲁斯出任将领和省长。拉朗达在强攻之下被夺取,所有服役年龄的男子被杀死,其余的民众成为奴隶,整个城市被夷为平地。

伊索里亚这个城市防务坚强而且面积很大,里面有很多勇敢坚决的战士;马其顿的军队发起两天的围攻,在损失不少人员以后只有收兵,因为居民供应投射武器和抵抗围攻所需的物品,在他们的心目当中要凭着绝望的勇气忍受严苛的考验,不惜牺牲性命也要保护他们的自由权利。到了第三天马其顿的军队重新发起攻击,很多士兵被杀使得城墙因为人力的缺乏只有少数守军,市民做出富于英雄气概的壮烈行为。看到落在头上的惩罚已经无法避免,再也没有足够的力量可以阻止敌军,他们的决定是城市不会投降,更不会将他们的命运交在敌人的手里,带来的屠杀和暴行是必然的结局,他们找到一个高贵的死亡方式,到了夜晚大家一致行动,将他们的儿女、妻子和父母关在自己的家里,接着开始纵火让他们葬身在烈焰之中。

等到大火开始燃烧起来,伊索里亚人将值钱的物品和所有可以为胜利者所用的东西,全部投入焚毁殆尽;帕迪卡斯和麾下的军官对于发生的情况感到惊讶不已,绕着城墙的外围配置部队,在强势作为之下从各方面破

---

① 帕罗斯刻在大理石上编年数据,记载塞伦的占领是在前 322 年。托勒密那时尚未登基成为国王,参阅本书第二十章第 53 节。塞伦人后来想要恢复他们的自由权利。

② 参阅本章第 16 节。

城攻进市内。这时居民在城墙上面奋力抵抗,很多马其顿的士兵被击倒在地,帕迪卡斯对这件事感到惊讶,想要找出他们何以如此的理由,如果他们采取玉石俱焚的决裂手段,大可主动与敌人列队决一死战,又何必在城墙上面进行消极的抗拒。最后帕迪卡斯和马其顿的军队从城市撤离,伊索里亚人跳进火中要与他们的家庭葬身在一起①。等到度过这个混乱的夜晚,帕迪卡斯将这座城市当作战利品交给士兵。他们在扑灭大火以后,发现大量的白银和黄金,一座城市经历很多年的繁荣局面,这也是非常自然的事。

23 摧毁两座城市以后,接着是帕迪卡斯娶两个女子为妻②,一个是安蒂佩特的女儿尼西亚(Nicaea),这是帕迪卡斯自己提亲得到允许,还有一位是克里奥帕特拉(Cleopatra),她是亚历山大的姐妹,阿明塔斯之子菲利浦的女儿。帕迪卡斯过去一直想与安蒂佩克建立和谐的关系,但是在他的地位未能稳固建立的时候,一直将求婚的事放在心里不敢提出。等到他获得皇家军队的控制大权,负起保护国王的责任,对于过去的盘算开始有了改变。他现在把王位作为要达成的目标,所以一心一意要娶克里奥帕特拉为妻,认为可以利用她说服马其顿的权贵,帮助他获得最高的权力。为了不愿让他的图谋泄露出去,所以这个时候他娶尼亚娅,不会让安蒂佩特认为他别有用心而引起反感。

不过,目前安蒂哥努斯认清他的真面目,由于安蒂哥努斯是安蒂佩特的朋友,还是最为积极进取的指挥官,帕迪卡斯决定要在暗中将安蒂哥努斯除去。对他进行恶意抹黑的诽谤和莫须有的指控,帕迪卡斯明确表示要

---

① 贾士丁《菲利浦王朝史》第13卷第6节,提到很多类似的情节,但是与帕迪卡斯发起战争,用来对付亚里阿拉则斯有很大的关系。

② 有关这方面的图谋以及下面提到安蒂哥努斯逃到马其顿,参阅阿瑞安《希腊史籍残卷》No.156第9节以及贾士丁《菲利浦王朝史》第13卷第6节。逃亡的时间不可能在公元前322年冬季之前。

将他置于死地。不过,安蒂哥努斯极其精明而且富于胆识,于是让大家知道他要对控诉的罪名进行公开的辩护,但是他暗中安排逃亡,与他的友人和他的儿子德米特流斯(Demetrius),趁着夜晚在无人觉察之下登上雅典的船只。他来到欧洲以后赶去加入安蒂佩特的部队。

24 就在这个时候,安蒂佩特和克拉提鲁斯率领三万名步兵和两千五百名骑兵前去讨伐艾托利亚;参与拉米亚战争的城邦当中,只有艾托利亚还未被征服①。他们对于一支大军压境而来并未表露惊慌的神色,尽可能征召一万名英勇善战的士兵,他们在山区难以通行的地方,安置老孺妇女和大部分的财富。那些难以防御的城市加以放弃,特别坚固的要点全力固守,每处都配置一支颇具实力的守备部队,以逸待劳等候敌军的进犯。

25 安蒂佩特和克拉提鲁斯进入艾托利亚,发现弃守的城市很容易占领,只有前去清除那些退到通行困难地区的人员。然而,马其顿的军队开始的时候,要通过崎岖不平的地形,对于防务坚固的要点发起猛烈的攻击,损失很多士兵;因为艾托利亚的战士有不屈不挠的精神,加上他们的阵地经长期的经营,任何冒进的敌人只要超过援军所及的范围,就会陷入危险当中很快遭到击退。不过,后来克拉提鲁斯建造可以栖身的营房,留在那里面度过寒冬,而坚持要留在覆盖冰雪和缺乏粮食的地区,艾托利亚已经陷入极大的危险之中②;因为他们从山地下来与兵力数倍于自己的敌军战斗,还要与声名显赫的将领抗衡,况且他们即将被匮乏

---

① 参阅本章第 18 节。这次作战行动是在克朗侬会战以后,可能是在这一年的冬天。算起来时间是在雅典执政纪年前 322 年(322 年 7 月到 321 年 6 月)之内。

② 这是在公元前 322 年冬天。

和寒冷击倒再无还手之力。

就在他们为了饥馑快要放弃希望的时候,竟然所有的困难全部迎刃而解,如同一位神明为他们的英勇深受感动产生怜悯之心。安蒂哥努斯从亚洲逃回来前去参加安蒂佩特的阵营,将帕迪卡斯的图谋原原本本告诉安蒂佩特,说是他娶了克里奥帕特拉以后,像一位国王率领军队回到马其顿,就会剥夺安蒂佩特集于一身的军政大权。克拉提鲁斯和安蒂佩特听到这个意外的信息后,哑口无言,召集所有的指挥官开会商议。

整个情势经过深思熟虑的讨论,一致决定在任何条件之下都要与艾托利亚讲和,用最快的速度运送军队到亚洲,同时将亚洲和欧洲的指挥权力分别授予克拉提鲁斯和安蒂佩特,派遣使者去见托勒密商量彼此采取一致的行动,特别是他对帕迪卡斯一直保持敌视的态度,而对他们两人非常友善,何况他们三人都是帕迪卡斯计划当中要铲除的目标。因此他们立即与艾托利亚达成协议,虽然如此还是保持不变的决心,等到以后再来征服艾托利亚,最终的目标是要将这个民族连同他们的男女老幼,全部迁移到亚洲遥远的沙漠地区。他们起草一份敕令将这些计划用文字具体表达以后,就对未来的作战行动做各方面的准备。

帕迪卡斯将他的朋友和将领召集起来,要他们就两个方案进行考虑和提供意见,一个是向着马其顿进军,一个是先行击灭托勒密。所有人都赞同打败托勒密是当务之急,可以排除在马其顿进行作战的障碍,并且确保无后顾之忧;因此他派遣攸门尼斯率领一支实力相当的军队,命令他控制海伦斯坡地区,阻止敌人在此地渡过海峡;他自己带着大军从毕西狄亚出发,前去征讨埃及的托勒密①。

以上是这个年度发生的重大事件。

---

① 有关攸门尼斯的作战行动参阅本章第 29—32 节,帕迪卡斯的作战行动参阅本章第 33—37 节。

26 斐洛克利(Philocles)成为雅典的执政官,盖尤斯·苏尔庇修斯(Gaius Sulpicius)和盖尤斯·伊留斯(Gaius Aelius)当选罗马的执政官①。在这一年(前322年),阿里迪乌斯负责将亚历山大的遗体运回故国②,已经完成载运车辆的建造,正在从事旅途所需的各项准备工作。所有的物品和装备都要能够彰显亚历山大的光荣和伟大,整个奉安的过程花费之大无人能比,据说就这个项目已用去很多泰伦,这一切都要精工制作务必富丽堂皇,我认为值得详尽叙述一番③。

首先要为遗体准备大小适当的棺木,外面是用包金制作,遗体四周的空间塞满香料,使得它充满芬芳的气味而且不会腐烂。棺木的底座配上黄金的棺盖,上缘的四周固定起来形成紧密的接合。棺盖上面有一根巨大的紫色绳索,掺杂金线作为装饰之用,旁边放着死者的武器,整个设计能与他的丰功伟业相得益彰。他们接着要制造载运棺木的车辆。这个车辆的上方是黄金制作的穹状拱顶,八肘尺宽十二肘尺长,覆盖重叠的隔板全都镶嵌着贵重的宝石④。屋顶的下方是精工制作的黄金藻井,装饰浮雕的山墙向外伸出羊头形状的托架,两掌宽的金环从上面悬挂下来,每个金环系住一件专供节庆穿着的礼服,彩色缤纷非常华丽。灵车的末端是网状的縬带,上面悬挂很大的金铃,人们在很远的地方就会听到接近的声音。穹状拱顶每边的角落都竖立胜利女神的黄金雕像,女神的手里举起战胜纪念牌

---

① 利瓦伊《罗马史》第8卷第37节,提到执政官是盖尤斯·苏尔庇修斯·隆古斯(C. Sulpicius Longus)和奎因都斯·伊米留斯·西里塔努斯(Q.Aemilius Cerretanus),同时还说他们接替在本章第2节提到的执政官,也就是前321年。罗马的《岁时记》(*Fasti*)在这两组执政官之间,插入一个"狄克推多纪年",传统的编年数据提到苏尔庇修斯和他的同僚,就任的时间是前323年。

② 参阅本书第3节。

③ 穆勒(K.F.Muller)《亚历山大大帝的灵车》(*Der Leichenwagen Alexanders des Grossen*)一书,对这方面有详尽的介绍。

④ 这个车厢的尺寸大约是12英尺×18英尺,车顶的隔板可以与雅典的黎西克拉底纪念堂做一比较。

坊。柱廊的爱奥尼亚式柱头是黄金制成,用来支撑整个穹状拱顶。柱廊的里面是一张金网,是用粗如手指的金线编成,用来支撑四块很长的画板,彼此的两端相接与柱廊保持同样的长度①。

27 第一块画板有精工制作的浮雕是一辆战车,亚历山大坐在上面手里拿着一块闪闪发光的令牌。国王四周是一群全副武装的随从,侍卫有马其顿人也有波斯人②,手执武器的士兵站在他们的前面。第二块画板是国王的侍卫后面跟着排列成队准备作战的战象,印度的象奴骑在上面,接着是全副披挂的马其顿重装步兵。第三块画板是编成会战行列的骑兵部队。第四块是准备海上会战的船只。寝宫进口的旁边有黄金制作的狮子,瞪着眼睛注视那些进入的人士。每一根圆柱的底座到柱头都有黄金的爵林叶饰,从中央向外一点一点延伸开来。寝宫屋顶的中央有一面迎风飘展的紫色大旗,装饰着巨大的金色橄榄树叶的花圈,太阳的光线照射在它的上面,从远方望去像是一道闪电发出耀眼的光芒。

华丽覆盖的寝宫下面的车体有两根车轴,装上四个波斯造型的车轮,有着镀金的轮毂和车辐,接触到地面的部分全用钢铁制造。轮轴的突出部分是用黄金制成狮头的形状,它的利牙中间含着一根长矛。每一根车轴的中央有一个轴承③,这种非常巧妙的装置与寝宫紧密地结合起来,即使行走在崎岖的路面也不会产生很大的震动。整辆灵车装有四根拖杆④,每根拖杆系着四组轭座,每组轭座有四头骡子使用的马具。总共的需求是六十

---

① 车厢的外观很像带有柱列的爱奥尼亚式庙宇,门窗和墙面都略过未提。
② 这些波斯的侍卫称为"携带苹果者",因为波斯国王的贴身侍卫使用的长矛,在矛尖的下方或矛杆的底部,装饰着金苹果的标志,参阅希罗多德《历史》第 7 卷第 41 节。
③ 这种装置很难加以解释所具备的功能。
④ 波斯那些同类型的车辆都会使用几根拖杆,参阅色诺芬《居鲁士的教育》(Cyropaedia)第 6 卷第 1 节。

四头骡子,经过挑选要非常强壮而且体形硕大。每头骡子戴着镀金的冠冕,颚下挂着一个金铃,颈部的项圈镶嵌名贵的宝石。

28 灵车用这种方式加以建造和装饰,看到以后比起前面的描述更显得富丽堂皇。这个重大的消息很快在广大的地区传播,吸引来自各地的观众;到达每一座城市之前所有的市民都会出来迎接,随后还要护送灵车的离开,所有的人在看到以后都感到欢乐并乐此不疲。组成执拂的队伍极其庞大,伴随人数众多的道路修护人员和各种技师,以及大批士兵担任警卫。

阿里迪乌斯为了完成这个任务几乎花了两年(前 321 年),他负责将国王的遗体从巴比伦运送到埃及①。托勒密为了表示对亚历山大的感恩图报,率领一支军队远到叙利亚去迎灵,接替所有的任务,认为还应做更为妥当的安排。他的决定是在目前情况之下不必将遗体送到阿蒙神庙,国王的陵墓应该修筑在亚历山大自己建立的城市②,亚历山德拉已经成为人类居住世界声名最为响亮的都会。他准备一个就它的面积和建筑的精美能配得上亚历山大的功勋和荣誉的区域。无论是墓地的准备、牺牲的奉献和盛大的赛会都将亚历山大视为一个半神,从而托勒密赢得人们和神明给予的报酬,对于一般人而言,他具有慷慨的度量和高贵的心灵,虽然两位国王的军队即将征讨托勒密,大家还是从各地蜂拥而来,乐于投效他的军队参加作战行动,他们明知要冒很大的危险,为了托勒密的安全甚至牺牲自己的性命在所不惜。神明由于他的英勇和对待朋友的忠诚,出乎意料地将他从

①　参阅阿瑞安《希腊史籍残卷》No.156 第 9 节;鲍萨尼阿斯《希腊风土志》第 1 卷第 6 节和斯特拉波《地理学》第 17 卷第 1 节。

②　按照鲍萨尼阿斯的说法,亚历山大的遗体安葬在孟菲斯。

难以脱身的险境当中拯救出来①。

29 帕迪卡斯对于托勒密权势的日益增加起了猜忌之心,决定他自己以及国王,率领大军前去埃及展开作战行动,攸门尼斯奉派占领海伦斯坡,阻止安蒂佩特和克拉提鲁斯渡过海峡进入亚洲②,交给他足以执行任务的兵力。帕迪卡斯还将知名的指挥官派到他的麾下,其中最显赫的人物是自己的兄弟阿尔西塔斯(Alcetas)和尼奥普托勒穆斯(Neoptolemus);他命令这两人在各方面都要服从攸门尼斯,因为后者有卓越的用兵才能和对他极其忠诚。攸门尼斯带着指派给他的部队赶往海伦斯坡;他从自己的行省已经准备大批骑兵的队伍,过去他校阅军队总是觉得缺少这部分的兵力。

克拉提鲁斯和安蒂佩特率领他们的军队从欧洲那边渡过海峡,嫉妒攸门尼斯的尼奥普托勒穆斯,手下有相当数量的马其顿人,暗中与安蒂佩特进行谈判,获得协议要暗中杀害攸门尼斯。等到阴谋暴露引起战争,尼奥普托勒穆斯陷入送命的危险,所有的部队丧失殆尽;攸门尼斯赢得胜利杀死很多敌人。

幸存的士兵愿意向他效忠,还要加上大量久历战阵的马其顿老兵,从而增加他不少的实力。尼奥普托勒穆斯为了苟且偷生从战场逃走,带着三百骑兵前去投奔安蒂佩特。举行作战会议决定将大军分为两部。安蒂佩特带领一部,向着西里西亚进发,要与帕迪卡斯交战,克拉提鲁斯指挥另一部前去攻打攸门尼斯,等到击败对手再加入安蒂佩特的行列。两支部队会

---

① 参阅本章第 14 和 33 节。

② 这一次的作战行动,参阅阿瑞安《希腊史籍残卷》No.156 第 9 节和普鲁塔克《希腊罗马名人传》第 15 篇第 2 章"攸门尼斯"第 4—7 节。发生的时间可能在前 321 年或许是该年夏天。

合以后再加上托勒密加入联盟，他们的战力已经胜过皇家的军队。

30 攸门尼斯听到敌人正在进军的消息，立即从各地聚集他的部队，特别是骑兵更受他的重视。因为他的步兵不敌马其顿的方阵，只有骑兵是精锐的主力，要靠他们击败来犯的敌人。双方的部队快要接近，克拉提鲁斯集合全军举行会议，发表演说鼓舞士气，只要士兵获得会战的胜利，会将敌人的辎重队列提供给他们当成劫掠的目标。这些话激起部队高昂的情绪，完成会战部署以后他自己指挥右翼，左翼交由尼奥普托勒穆斯负责。他拥有两万名步兵，马其顿人的英勇善战早已威名在外，他将胜利的希望全部寄托在他们身上，两千多名骑兵如同辅助部队。攸门尼斯有来自不同种族的两万名步兵，以及创造决定性战果的五千名骑兵。

双方的将领都将骑兵部署在两翼，快速前进超越步兵的战线，克拉提鲁斯首先率领精选的部队向着敌人冲锋，英勇的战斗令人感到佩服；谁知他的坐骑一时失足使他跌落地面，遭到马蹄的践踏竟然就此丧生，这是没有注意到冲锋的混乱和密集的队形，造成不幸的后果。他的逝世使得敌人激起百倍的斗志，成群结队从各个方向向前猛冲，为制伏敌人展开大肆杀戮。右翼遭到压倒性的惨败以后，被迫向着步兵方阵的后方逃窜。

31 尼奥普托勒穆斯在左翼的列阵正对着攸门尼斯，领导人物充满野心的斗志使得彼此非要拼个你死我活。他们从坐骑或服饰认出对方的身份，立即策马向前进行短兵相接的肉搏；他们要把两军的胜败取决于两人的决斗。他们用佩剑打了几个回合，随之是奇特而怪异的厮杀方式；他们的接战被怒气和彼此的憎恨冲昏头脑，竟然让左手抛去缰绳相互紧紧揪住不放。结果是他们的坐骑因为冲劲太大止不住脚步，使得两个人从马鞍上面掉了下去。

突然发生的情况加上跌倒的力道很重,特别是铠甲妨碍身体的动作,使得两人很难从地上爬起来,还是攸门尼斯身体灵活抢先动手,用力将尼奥普托勒穆斯的膝盖砍成重伤,受伤的人躺在地上,无法运用两腿的力量站立起来。然而他的勇气胜过体力的虚弱,双膝支撑地面用剑刺他的对手,使得攸门尼斯的手臂和大腿有三处受伤。然而这些皮肉之伤并不致命,攸门尼斯的第二击砍在尼奥普接勒穆斯的颈部,就这样将他杀死。

32 其余的骑兵部队此时加入战斗,使得双方都遭到惨重的损失。有些人阵亡还有很多受伤的骑士,会战在开始的时候两军势均力敌打个平手,后来得知尼奥普托勒穆斯被杀以及另外一翼的溃败,大家赶紧离开逃到步兵的方阵找他们给予庇护,如同进入一个坚固的城堡可以获得安全。攸门尼斯对于他能占有优势以及拥有两位将领的尸体感到非常满意,吹响号角召唤他的士兵返回营地。他在建立一座战胜纪念牌坊以及埋葬死者以后,派人去见吃了败仗的重装步兵部队,只要他们加入他的阵营,可以撤退到任何想去的地方。

马其顿的士兵接受投降的条件,要在神明前面立下誓言用来保证他们的安全,获得允许可以到附近的村庄去寻找食物。他们欺骗攸门尼斯,等到恢复力气和收集到补给品以后,就在夜晚动身暗中前去会合安蒂佩特的部队。攸门尼斯很想惩罚这些不讲诚信和违背誓言的人,就在这些重装步兵部队的后面追蹑前进;由于撤退路线的崎岖难行加上他受伤身体变得虚弱,没有能力达成他的目标只有放弃追击。攸门尼斯赢得一次著名的大捷,杀死两位显赫的领导人物,光荣的事迹使得他的威名远播四方。

33 安蒂佩特收容溃逃的人员将他们编入自己的部队,立即前往西里西亚,急着要去助托勒密一臂之力。帕迪卡斯得知攸门尼斯的胜利①,对于自己在埃及的作战行动更加充满信心②;等到他的军队接近尼罗河之际,在离佩卢西姆(Pelusium)不远的地方设置营地。就在他着手清理一条老旧运河的时候,河水突然暴涨使得他功亏一篑;他的很多朋友背弃他前去投奔托勒密。事实上帕迪卡斯是一个性情火暴的人,他会篡夺其他指挥官的权力,将全军置于他的统御之下;但是托勒密与他大相径庭,他为人慷慨宽厚而且公平正直,会让所有的指挥官畅所欲言而他会虚心接受。

他在埃及那些最重要的地方驻扎拥有相当实力的守备部队,配置各种投射武器和所有必备的用具。这可以解释托勒密何以会在事务的处理方面占有很大的优势,那是因为他的手下有很多人为他尽心尽力,甚至赴汤蹈火都在所不辞。帕迪卡斯为了能够努力改善他的缺陷,召集指挥官聚会讨论,有的人他赠送名贵礼物,有的给予承诺的好处,在与大家谈话的时候态度非常友善,要赢得他们的服务和效忠,激励他们的士气去迎战即将来临的危险。

他最后交代大家准备撤收营地,率领全军在黄昏之际开拔,不让任何人知道他打算抵达的地方。经过整夜的高速行军来到尼罗河畔以后,就在一个名叫骆驼堡的坚固前哨据点附近设置他的营地。这是一天的拂晓时刻,他派遣部队开始渡河,战象位于前锋的位置,跟随在后面的是盾牌手和云梯手,以及其他可以用于攻击城堡的部队,最后才是最为英勇的骑兵,在他的计划当中万一要有托勒密的部队出现,就用他们来对付。

---

① 本章第37节的说法,打败克拉提鲁斯和尼奥普托勒穆斯的消息,帕迪卡斯生前并未得知,也就是没有传到埃及他的军队里面。狄奥多罗斯对于两个不同的来源,使用的时候混淆起来就会发生错误,除非说"攻门尼斯的胜利"只是打败尼奥普托勒穆斯而已,认为不值得一提,否则对会战的重要性不会如此忽视。

② 有关这次作战以及帕迪卡斯的被害,参阅阿瑞安《希腊史籍残卷》No.156第9节,贾士丁《菲利浦王朝史》第13卷第8节以及鲍萨尼阿斯《希腊风土志》第1卷第6节。

34 就在帕迪卡斯的大军半渡之际,托勒密带着部队出现,他们跑着前来防守前哨据点。虽然在攻击发起前早已进入阵地,并且让用号角和喊叫的声音让对方知道他们的抵达,帕迪卡斯的部队根本不在乎这些威胁,非常勇敢地攻击在他们面前的防御工事。盾牌手立刻架起云梯开始向上爬,配属大象的部队驱赶猛兽将防栏踩成碎片,接着冲进围场里面。托勒密的身边虽然有最优秀的士兵,但还是鼓舞其他的指挥官和朋友勇敢面对危险,手里拿着长矛站在据点工事的顶端,眼光停留在领头的战象身上,因为他占有一个较高的位置,可以杀伤坐在战象上面的印度象奴。

然后带着全然藐视危险的神色,攻打和伤害那些顺着云梯爬上来的敌人,使得他们带着装备和武器,从上面翻滚下去掉进河里。他的朋友拿他作为榜样非常英勇地战斗,接着他们射杀指挥大象的印度人,使得这些猛兽无法发挥作用。城墙上面的战事延续很长一段时间,帕迪卡斯的部队在轮番发起攻击,不惜任何代价要夺取这个坚固的据点,托勒密的勇敢应战和他的朋友展现忠诚的斗志,就会发生很多次充满英雄气概的肉搏战斗。双方都有很多人阵亡,两军的指挥官可以说是势均力敌,托勒密的士兵拥有居高临下的优势位置,帕迪卡斯这边则以兵员众多占了上风。最后,经过终日的激战不分胜负,帕迪卡斯放弃围攻收兵返回营地。

帕迪卡斯在黑夜的掩护之下撤收营地,暗中行军来到位于孟菲斯(Memphis)对面的地方,尼罗河在此处分流形成一个岛屿,大到可以安全设置一个营地足够容纳更多的部队。他开始转运手下的人马到岛上,但是河流的深度到达一个人的下巴,特别是身体因为携带的装备受到更大的冲击,使得士兵的渡河非常困难。

35 帕迪卡斯看出渡河的困难在于强大的激流,必须有效减弱河水向下冲刷的能量。他将战象列成一线放在左边,可以用来削弱激流带来的力道,将所有的骑兵放在右边,经由这些人的努力可以抓住被河流冲走的人,将他们安全带到对岸。这支部队在渡河的时候发生奇特而且难以理解的事件,最早开始渡过的人都很安全,过了一段时间渡河的人遭遇很大的危险。出于一种无法目测的原因,河流的水位变得更高,整个身体都会淹没在水中,水流的冲击使得人立足不稳,几乎无法获得任何帮助。

他们想要找出河水上涨的原因,真相难以发觉也是很有道理。有人说上流的地方有一条运河,平时处于关闭的状态,只要打开让水流进河道,就会使得徒涉点的水位变得很高;还有人说是上游地区降雨的原因,就会增加尼罗河的水量。其实跟这些都毫无关系,开始在徒涉点渡河的时候,河床上面的泥沙还未受到扰动当然没有危险,等到后来大群的马匹、战象和步兵从这里经过,激起的泥沙被强劲的水流带走,河流中央的位置就会深得无法通行。

他的军队其他的部分出于这个原因无法渡过河流,帕迪卡斯陷入很大的困难当中;已经渡河的单位还不够强大到能与敌军作战,留在近岸的人员不能前去帮助他们的战友,于是他下达命令全部撤退回来。在这些被迫返回对岸的人员当中,有些人会游泳而且身体强壮,还是要吃尽苦头才能渡过尼罗河,还得抛弃所有的装备;其余的人有的由于不会泅水就被河流吞噬,有的看情况不对还是回到敌人这边,其中大部分在河中停留相当长时间的人,就会丧生在凶狠野兽的口里[①]。

---

① 死于鳄鱼之口。弗隆蒂努斯(Frontinus)《兵略》(*Strategematica*)第4卷第7节,提到一些极其生动的情节,托勒密为了显示自己有众多的骑兵部队,使得帕迪卡斯产生畏敌之心就会向后撤离,他让牛群拖着树枝在干燥的原野奔跑,引起漫天的灰尘像云一样从地面升起。

36 这次的损失超过两千人，包括一些最优秀的指挥官，全军的官兵将这场惨剧归罪于帕迪卡斯。不过，托勒密将漂到对岸的尸首收集起来，举行适当的葬礼加以火化，派人将骨灰送给死者的亲人和朋友。

等到这件事情发生以后，马其顿的士兵对帕迪卡斯极其恼怒，提到托勒密反而产生好感。黑夜来临，营地里面充满悲悼和哀恸的声音，很多人没有受到敌人致命的一击，然而就这样无声无息地失去性命，至少有一千多人成为猛兽的食物。因此很多指挥官聚在一起指控帕迪卡斯的处置不当，所有组成方阵的重装步兵开始与他疏离，使用威胁的喊叫表达明显的敌意。因此，就有一百多位指挥官要背叛他，其中以皮松的声名最为响亮，他曾经镇压希腊人的叛乱，在亚历山大的"亲随"当中，就英勇和声誉而言不逊于任何人；其次是一些骑兵，他们在气愤当中聚集起来，前往帕迪卡斯的帐篷行凶，就在里面将他当场刺死。

翌日士兵在召开大会的时候，托勒密前来向大家问候，就自己的立场说了一些辩护的话；由于他们的补给已经短缺，他供应全军充足的粮食，使得营地一片富足的景象。他获得大家的赞誉，经由低阶士兵的大力支持，使得他拥有两位国王的监护权，只是他不愿将一切都抓在自己手里，为了表示对皮松和阿里迪乌斯的感激，运用他的影响力让这两人成为位阶最高的指挥官。他们将最高权力授予大会，托勒密认同运用的程序，在毫无异议之下选出托勒密为国王的监护人，皮松担任摄政，阿里迪乌斯负责运送亚历山大的遗体。因此帕迪卡斯在三年的统治以后，以上述的方式丧失他的指挥大权和他的性命。

37 就在帕迪卡斯亡故以后，有人带来消息说是攸门尼斯在卡帕多西亚赢得会战的胜利，克拉提鲁斯和尼奥普托勒穆斯战败被杀。要是大家早两天知道这件事,看在攸门尼斯有这样好运的分上,没有人敢对帕迪卡斯痛下毒手。不过,马其顿人听到与攸门尼斯有关的传闻,对他和他手下五十名重要人员通过死刑的判决,其中一位是帕迪卡斯的兄弟阿尔西塔斯。他们还杀死帕迪卡斯那些忠心耿耿的朋友,还有他的妹妹也是阿塔卢斯(Attalus)的妻子阿塔兰塔(Atalanta),那时的阿塔卢斯是指挥舰队的水师提督。

帕迪卡斯遭到谋害以后,指挥舰队的阿塔卢斯还在佩卢西姆待命;等到他得知妻子和帕迪卡斯遇害,带着舰队离开航向泰尔。城市的驻防军指挥官阿奇劳斯是一个马其顿人,就将城市奉献给阿塔卢斯,再加上帕迪卡斯托付保管作为安全保障的基金,总额高达八百泰伦,全部送给阿塔卢斯用来偿还他的损失。阿塔卢斯留在泰尔接待帕迪卡斯幸存的朋友,他们从孟菲斯前面的营地安全脱逃①。

38 安蒂佩特离开马其顿前往亚洲②以后,艾托利亚人根据他们与帕迪卡斯签署的协议,就在帖沙利发起作战行动,目的是要安蒂佩特改变心意。他们的兵力是一万两千名步卒和四百名骑兵,将领是一位名叫亚历山大的土著。他们在行军途中围攻洛克瑞斯的安斐沙,蹂躏他们的乡村地区,占领几个邻近的市镇。他们在会战中打败安蒂佩特派来的将领波利克利(Polycles),杀死他以及他手下不少的士兵。有一些俘虏被他们当作奴隶出售,还有一些在交付赎金以后获得释放。接着他们大举入侵帖利沙,说服大多数帖利沙的人民加入他们的阵营,要对安蒂佩特发起作战行动,很快集结一支部队,数量达到两万五千名步兵和一千五百名

———————

① 根据阿瑞安《希腊史籍残卷》No.156 第 11 节的记载,后来阿塔卢斯征集一支军队有10000 名步兵和 800 名骑兵,前去攻打罗得岛还是铩羽而归。

② 参阅本章第 25 和 29 节。

骑兵。

就在他们争取到这些城市给予支持的时候，一直对艾托利亚怀有敌意的阿卡纳尼亚，趁着他们倾巢而出的大好机会，入侵艾托利亚到处抢劫财物和围攻城市。等到艾托利亚的士兵得知他们的家园陷入危险之中，留下其他的部队在帖沙利，推举法尔色拉斯（Pharsalus）的门侬负起指挥的责任，这时他们运用从市民中征召的士兵，尽快赶回艾托利亚让阿卡纳尼亚当局感到惊惶不已，解救他们的城市免予陷落的危险。就在他们尽全力处理这些事务的时候，留在马其顿担任将领的波利斯帕强（Polysperchon），率领一支实力相当强大的部队进入帖沙利，在一场会战中击败敌人，身为将领的门侬被杀，他的部队全部溃散，使得帖沙利重新受到马其顿的控制。

39 这个时候在亚洲，国王的监护人阿里迪乌斯和皮松，带着两位国王和军队离开尼罗河来到叙利亚的垂帕拉迪苏斯（Triparadeisus）①。身为皇后的优里迪丝（Eurydice）②对很多事务带来干扰和妨害，反对监护人所有的作为。给皮松和他的同僚带来极大的烦恼，他们看到马其顿的军队对她的指使言听计从，于是他们召集一次全军大会，要重新安排有关监护的事项；这时马其顿人选出安蒂佩特担任两位国王的监护人，赋予他全部的权力。过了几天安蒂佩特到达垂帕拉迪苏斯，发现优里迪丝在煽动大家的不满情绪，唆使马其顿的人马离开他的身边。军队陷入

---

① 没有人知道垂帕拉迪苏斯（意为"三个花园"）的详细位置。有关这部分的叙述杂乱无章，以及后续的处理办法，包括行省的重新分配，参阅阿瑞安《希腊史籍残卷》No.156 第 9 节和波利努斯《战略》第 4 卷第 6 节。

② 亦即优里迪丝·埃迪娅（Eurydice Adeia），她的父亲是帕迪卡斯三世之子，母亲是菲利浦二世的非婚生女。她与菲利浦·阿里迪乌斯定亲甚或已经结婚。

混乱之中;这时召集一次大会,安蒂佩特向众人讲话,制止骚动不安的局势①,威胁优里迪丝使得她保持沉默。

　　然后他重新分配行省划分势力范围。托勒密还是保有原来的地盘,不可能将他换到其他地方,由于他的英勇把埃及掌握在手里当成战争胜利的报酬。他把叙利亚交给米蒂勒尼的劳美敦(Laomedon),西里西亚交给斐洛克森努斯(Philoxenus)。有关上行省方面安菲玛克斯(Amphimachus)分到美索不达米亚和阿比利斯(Arbelitis)②,塞琉卡斯(Seleucus)分到巴比伦尼亚,以及安蒂吉尼斯(Antigenes)因为最先对帕迪卡斯发起攻击的关系分到苏西亚纳,还有朴西斯底获得波斯,特利波勒穆斯获得卡玛尼亚,皮松获得米地亚,菲利浦获得帕提亚③,塞浦路斯的斯塔桑德(Stasander)获得阿里亚和德朗吉纳,索利的斯塔萨诺尔获得巴克特里阿纳和粟特,这个人来自与城市同名的岛屿。

　　他还让亚历山大的妻子罗克萨娜之父奥克西阿底统治帕罗潘尼萨迪(Paropanisadae),邻接帕罗潘尼萨迪的部分印度领域交给亚杰诺尔之子皮松统治。两个相邻的王国,一个沿着印度河指派给波鲁斯,沿着海达斯披斯(Hydaspes)河交给塔克西勒斯,如果不运用皇家的军队指派一个优秀的将领,要想这两位国王让出部分疆域是不可能的事。

　　面对北方的行省,卡帕多西亚指派给尼卡诺尔④,大弗里基亚和吕西

---

　　① 根据阿瑞安《希腊史籍残卷》No.156第9节的记载,帕迪卡斯的军队发生叛变,安蒂佩特在间不容发的情况下逃过一劫,完全是靠着自己的部队,以及安蒂哥努斯和塞琉卡斯派来的援军,使得愤怒的士兵面对严厉的惩罚,动乱平息下来不敢闹事。

　　② 这个地区位于阿贝拉(Arbela)上方的底格里斯河谷。

　　③ 后面发现一位名叫斐洛塔斯的马其顿人正在统治帕提亚,参阅本书第十九章第14节。

　　④ 这个时期有四个人的名字都叫尼卡诺尔:一位是卡帕多西亚的省长,始终受到安蒂哥努斯的信任,最后被塞琉卡斯打败,参阅本书第十九章第92节;一位是托勒密的朋友和将领,参阅本章第43节;一位是卡桑德的支持者,指挥慕尼亚的驻防军,参阅本章第64节;一位是卡桑德的兄弟,参阅本书第十九章第11节。

亚仍旧不变由安蒂哥努斯统治,卡里亚交给阿山德(Asander),利底亚交给克莱都斯,海伦斯坡·弗里基亚交给阿里迪乌斯。他要安蒂哥努斯担任皇家军队的将领,负责发起战争击灭攸门尼斯和阿尔西塔斯,同时他让自己的儿子卡桑德出任千夫长①,追随在安蒂哥努斯的身边,这样一来安蒂哥努斯想要满足他的野心,那就不可能不被别人探知。安蒂佩特与两位国王率领自己的军队返回马其顿,为了光复失去的故土②。

40 安蒂哥努斯出任亚洲的将领目的在于发起消灭攸门尼斯的战争(前320年),就从冬营当中集结他的军队③,等到完成会战的准备工作以后,开拔前去攻打仍在卡帕多西亚的攸门尼斯。这时攸门尼斯手下有一位非常出色的指挥官名叫帕迪卡斯(Perdiccas),背弃他以后扎营的地方有三天行军的距离,追随帕迪卡斯的叛军有三千名步兵和五百名骑兵。攸门尼斯、特内多斯(Tenedos)的斐尼克斯(Phoenix)率领四千名精选的步兵和一千名骑兵,经过一次夜间的急行军以后,在晚上第二时辰对叛军发起突击,将他们从睡梦中惊醒,活捉帕迪卡斯完全控制他的部队。攸门尼斯处死举事的首要分子,将士兵分散以后安置

---

① 千夫长顾名思义是手下有一千名士兵的指挥官,希腊人用它称呼拥有巨大影响力的人士,授予这个职位就要负责指挥波斯国王的卫队。亚历山大开始将千夫长当成头衔赐给赫菲斯提昂,后来是帕迪卡斯,参阅阿瑞安《希腊史籍残卷》No.156第1节以及本章第48节。

② 这一部分的叙述,可能有很长的篇幅出现脱落或丧失。卡桑德让安蒂佩特知道他怀疑安蒂哥努斯别有用心是无的放矢之事,因此安蒂佩特将自己从欧洲带来的军队,绝大部分留给安蒂哥努斯使得他能对攸门尼斯发动战争。然后他陪伴两位国王或许带着卡桑德一起返回马其顿。对于攸门尼斯来说,这时亚历山大的姐妹克里奥帕特拉还在萨德斯,即使可以确保精神方面的援助仍然无济于事,他费很大工夫想要与阿尔西塔斯合作始终没有结果。尽管如此,他的实力还是非常强大,安蒂哥努斯不愿对他发起攻势,于是派出一支军队前去讨伐阿尔西塔斯,竟然败北而返。攸门尼斯在公元前321年冬季停留在大弗里基亚地区,后来才退向卡帕多西亚。

③ 这是前321年冬季,下面的作战行动参阅普鲁塔克《希腊罗马名人传》第15篇第2章"攸门尼斯"第9节,以及贾士丁《菲利浦王朝史》第14卷第2节。

在其他的部队,对他们的处理非常宽大,使得这些人后来成为忠心耿耿的支持者。

后来安蒂哥努斯派出亲信去见阿波罗奈德(Apollonides),后者在攸门尼斯的军队担任骑兵部队的指挥官,暗中答应给他很大的好处,说服他成为一个叛徒,在会战当中背弃攸门尼斯投向对手的阵营。这时攸门尼斯正好驻扎在卡帕多西亚的平原上面,地形非常适合骑兵的战斗,安蒂哥努斯出动全军向他发起攻击,占据一个可以控制平原的小高地。此刻安蒂哥努斯有一万多名步兵,其中半数是英勇善战的马其顿人,还有两千名骑兵和三十头战象;攸门尼斯的麾下有两万名左右的步兵和五千名骑兵。就在会战最为激烈的时候,阿波罗奈德出乎意料倒戈相向,安蒂哥努斯赢得这一次的大捷,杀死的敌军就有八千余人。他还夺得对方所有的辎重行李,攸门尼斯的士兵不仅因为战败感到胆战心惊,所有补给品的丧失更使得他们士气消沉。

41 会战以后攸门尼斯逃到亚美尼亚,他的盟友当中有些是当地的居民;就在他走投无路的时候,看到他的士兵背弃他前去追随安蒂哥努斯,他只有占据一个名叫诺拉(Nora)的要塞①。这个城堡很小周长只有两斯塔德②,却非常坚固,部分出于天然的形态部分出于人力的加强,所有的建筑物密集兴建在高耸悬崖的顶端,储存大量的粮食、木材和食盐,可以让避难的人员满足数年的需要。攸门尼斯有一些朋友陪他逃走,他们对他非常忠诚,面临最恶劣的困境愿意与他一同赴死。所有人员

---

① 攸门尼斯向诺拉的退却和城堡的防卫,参阅普鲁塔克《希腊罗马名人传》第15篇第2章"攸门尼斯"第9—11节,以及尼波斯《攸门尼斯传》第5卷第3—7节。没有人知道诺拉的详细位置,可能位于陶鲁斯地区的北部。整个前320年冬天,攸门尼斯都留在这个城堡里面。

② 大约1200英尺。

包括步兵和骑兵一共只有六百名①。

现在安蒂哥努斯等于接收攸门尼斯的军队，连带留下的行省和每年的岁入，还夺取大量的财富，使得他受到鼓舞要从事更伟大的工作；现在整个亚洲没有任何一位指挥官，拥有一支强大的军队可以与他争夺天下，虽然有很长的时间他以有利安蒂佩特为借口，等到一旦能够保持很稳固的地位，下定决心不再听命于两位国王或是安蒂佩特。因此他为了不让这些人逃出城堡，就在外面建起两道城墙、壕沟以及坚固的防栏；然后他与攸门尼斯打交道重新恢复过去的友谊，想要说服对方与他成为祸福与共的伙伴。

不过，攸门尼斯非常清楚一件事，就是命运女神的改变心意是何等快速，于是向安蒂哥努斯表示以他目前的情况而论，极力主张要做更大的让步以免有所僭越，其实他真正的想法是应该得回原来分配给他的行省，这样就会澄清所有对他的指控。安蒂哥努斯虽然对安蒂佩特提到这些事情，等到他围绕着城堡配置足够的警卫以后，前去会见敌方仍旧幸存还有部队的指挥官，一位就是帕迪卡斯的兄弟阿尔西塔斯，另外一位是指挥整个舰队的阿塔卢斯②。

42 攸门尼斯后来派遣几位使者去见安蒂佩特讨论投降的条件。领头的人物海罗尼穆斯（Hieronymus）③就是《亚历山大帝国的继承史》（*History of the Successors*）一书的作者。攸门尼斯的一生当中经历很多次兴衰浮沉的变迁，从来没有心灰意懒感到失望，因为他知道命运女神会突然改变方向带来出乎意料的结局。他一方面看到马其顿的国王没

---

① 本章第 53 节提到，经过一年的围攻以后，幸存者只有 500 人。
② 参阅本章第 37 节。
③ 罗得岛的海罗尼穆斯是亚里士多德的门徒，他的著作在公元前 4 世纪风行一时，虽然西塞罗经常提到他的名字，只是他的事迹后世所知甚少。狄奥多罗斯描述亚历山大这些继承人，主要的数据源是海罗尼穆斯的著作。

有实权,只能登上虚有其表的王位;另一方面很多野心勃勃的人据有指挥官的位置,所作所为都是在谋取自己的利益。因此,他希望那些需要他的人,虽然在乎他对战争的判断和经验,更要特别注意他坚持的立场,就是他对任何承诺和誓言保持忠实不移的诚信。

攸门尼斯看到空间的狭小和拥塞,马匹没有办法进行正常的训练,就不能运用在沙场的实战当中接受严酷的考验,因此他发明某种特殊而奇妙的装置①。他用屋梁垂下绳索绑住马匹的颈部,再用滑车慢慢拉起它的身体到两或三个双掌的高度②,全身的重量落在后腿,前腿只有蹄尖可以接触地面。马夫给予鞭策和吆喝,激使马匹做出腾跃的动作,同时会尽力地挣扎和蹶踢,直到口吐泡沫和汗流满身为止,可以加强马匹的体能和增进奔跑的速度。他发给士兵同样的定量配额,自己与他们分享简陋的饮食;他始终表现出和蔼可亲的态度使得自己获得善意的回报,所有与他同时避难的追随者一直保持和睦相处的关系。这些就是攸门尼斯和他一起逃到悬崖上面的人员所要面对的情况③。

43 埃及的托勒密④出乎意料能够摆脱帕迪卡斯和皇家军队的控制,战争带来的奖赏就是他能拥有这块土地。据说他看到腓尼基和内叙利亚的位置,很适合成为进犯埃及的基地,使得他渴望成为这两个地区的主人⑤。因此他从友人当中选择尼卡诺尔担任将领,指派他一支颇具实力的部队。尼卡诺尔进军叙利亚,省长劳美敦成为俘虏,整个地

---

① 参阅普鲁塔克《希腊罗马名人传》第 15 篇第 2 章"攸门尼斯"第 11 节以及尼波斯《修门尼斯传》第 5 卷第 4—6 节。

② 这里所说的双掌即 dichas,长度大致是 6 到 8 英寸。

③ 这里开始下面要连接第 53 节的叙述。

④ 这里开始上面是接续第 36 节的叙述。

⑤ 托勒密在叙利亚的作战行动应该是在前 319 年;参阅阿庇安《叙利亚史》第 52 节,以及本章第 73 节。

区落到他的手里。然后他与腓尼基结成稳固的同盟,派遣守备部队驻扎城内,完成短暂而有效的作战行动以后返回埃及。

44 阿波罗多鲁斯(Apollodorus)成为雅典的执政官,奎因都斯·波披留斯(Quintus Popillius)和奎因都斯·波普留斯(Quintus Poplius)当选罗马的执政官①。就在他们的任职期间(前 319 年),安蒂哥努斯击败攸门尼斯,决定用战争对付阿尔西塔斯和阿塔卢斯;这两个人是帕迪卡斯仅存的朋友和亲人,身为声名响亮的将领统率众多的士兵,还可以孤注一掷争夺权力②。安蒂哥努斯带着全军从卡帕多西亚出发,向着毕西迪亚推进,这时阿尔西塔斯和他的军队逗留该地尚未离去。实施的急行军已经达到手下人马可以忍耐的极限,据说他花了七天七夜走完两千五百斯塔德到达克里托波里斯(Cretopolis)③。

他行军的速度极其快捷能够避开敌人的注意,即将接近还是让对方不知道他的来临,就用衔枚疾走前去占领一个崎岖难行的山脊。阿尔西塔斯一旦觉察敌军已在眼前,立即用最快的动作排成方阵,派出一支骑兵前去攻击占据要点的部队,想要夺回该地并且将对方驱出这座山丘。一场势均力敌的会战使得双方都有很多人阵亡;然后安蒂哥努斯领导六千名骑兵,对着敌人的方阵发起猛烈的冲锋,为了切断阿尔西塔斯的撤退路线。即使这次的机动能够顺利完成,在山脊上的部队因为数量的优势和地形的困难,还是击败进攻的一方。阿尔西塔斯退向步兵的后路已断,敌人的围困

---

① 利瓦伊《罗马史》第 9 卷第 7 节,提到前 320 年的执政官是奎因都斯·巴布利留斯·斐洛(Q.Pubililius Philo)和卢契乌斯·帕皮流斯·克尔索(L.Papirius Cursor),两人分别第三次或第二次出任这个职位。

② 参阅本章第 37 和 41 节。

③ 这段距离有 287 英里,或者是每 24 小时前进 41 英里。克里托波里斯这个名字意为"克里特人的城市",没有人知道确切的位置,可能在卡巴利亚(Cabalia)地区之内或是吕西亚的北部。

让他们落在陷阱当中,面临迫在眉睫的危险即将全军遭到歼灭。已经丧失获救的希望,他只有放弃手下的士兵,逃脱方阵步兵的杀戮。

45 安蒂哥努斯领着战象和全部军队,从一个高地上面向着下方的平原急进,他的对手在兵力上居于劣势,因而陷入惊慌之中;他们只有一万六千名步兵和九百名骑兵,这时安蒂哥努斯除了战象,还有四万名步兵和大约七千名骑兵。战象从正面攻击阿尔西塔斯的部队,骑兵因为占有绝对优势就从各个方向冲杀过去,这时还有一支步兵部队,不仅占有数量的优势而且英勇善战,具有高屋建瓴之势的阵地在上面虎视眈眈。这时骚乱和惊惧紧紧抓住阿尔西塔斯的士兵;由于攻击的快速和力量的猛烈,他已经无法部署队列整齐的方阵。阿塔卢斯、多西穆斯(Docimus)、波勒蒙(Polemon)和很多重要的官员,都落在敌人手里成为俘虏①。

阿尔西塔斯在卫士和随从的陪同之下,加上毕西狄亚的盟军部队,一起逃往毕西狄亚一个名叫特米苏斯(Termessus)的城市。安蒂哥努斯经过磋商接受战败敌军的投降,将他们编入自己的队伍当中;宽大的处置使得他增加不少的实力。不过,六千名毕西狄亚人都是英勇善战的士兵,受到阿尔西塔斯的鼓舞有高昂的士气,他们的承诺是不会做出背叛的事,之所以会忠心耿耿是因为下面的缘故。

46 帕迪卡斯逝世以后阿尔西塔斯在亚洲没有支持者,他决定要善待爱好战争的毕西狄亚人,何况他们拥有的国度易守难攻可以提供坚固的要塞。因此所有的盟军当中他对他们最为礼遇,举凡在敌

---

① 要知道他们的下场如何,参阅本书第十九章第16节。

人的疆域作战所获得的战利品要分给他们半数。他与他们的谈话非常客气，每天都会设宴款待部族当中的重要人物，最后还要赠送许多贵重的礼物，他想尽办法要让对方成为最可靠的支持者。面临存亡关头的阿尔西塔斯将一切希望寄托在他们身上，他们也不会让他失望。安蒂哥努斯率领全部军队在特米苏斯附近设置营地，要他们交出阿尔西塔斯，部族的长老都劝他们投降，年轻人组成一个坚强的团体反对他们的父母，投票通过即使冒险犯难也要维护他的安全。

这些长老在开始的时候劝年轻人识时务，不要仅仅为了一个马其顿人让他们的家园沦为战争的牺牲品，等到看到年轻人的决心不会动摇，暗中开会讨论，趁着黑夜派出使者去见安蒂哥努斯，答应投降不论死活都会将阿尔西塔斯交到他的手里。他们要求他先对城市发起几天的攻击，接着用一场小规模的接战吸引守军出击，然后他们在不支之下向后逃走。他们说只要有这种情况发生，年轻人会在离开城市较远的地方作战，他们就会抓住机会完成承诺的工作。

安蒂哥努斯被他们说服，搬迁营地距离城市有很长一段路途，就与年轻人发生规模不大的冲突，使得他们远离城市在战场列阵。这时长老看到阿尔西塔斯单独留下来，就选出最受信任的奴隶，还有已到壮年的市民，他们要趁着年轻人不在去完成他们的计划。事实上他们没有将阿尔西塔斯生擒的可能和必要，因为他为了避免落入敌人手里，当场自裁也不要活在世上接受更大的羞辱；他的尸体放在棺架上面盖着一件粗布的斗篷，被人抬着从城市出去交给安蒂哥努斯，没有引起接战人员的注意。

47 他们运用不义的行为解除城市面临的危险，能够防止战争却无法避开年轻人的不满，等到从战场归来立即得知发生的事件，受到他们极力维护的阿尔西塔斯已经丧生，他们的亲人极其愤怒，首先他们拿走市镇部分财物,经过表决要对建筑物纵火烧毁,带着武器从城中冲杀出去存身在山区,经常抢劫属于安蒂哥努斯的领地;不过后来他们改变心意,禁止纵火将城市烧掉,他们成为一群山贼四处抢劫,蹂躏那些对他们充满敌意的地区。安蒂哥努斯在得到阿尔西塔斯的遗体以后,为了发泄怒气施以三天的凌辱,等到尸首开始腐烂,不加埋葬抛在旷野,然后离开毕西狄亚。

特米苏斯的年轻人仍旧对受害者表示善意,因为这个人是他们的恩主,彼此之间自然会出现仁慈的行为,后来他们找到阿尔西塔斯的骨骸,为他举行排场盛大的葬礼。安蒂哥努斯率领所有的部队离开毕西狄斯向弗里基亚进军,等到他来到克里托波里斯,米勒都斯的亚里斯托迪穆(Aristodemus)前来相迎,告诉他安蒂佩特逝世的消息,最高权力和国王的监护权都落到马其顿人波利斯帕强的手里。他对发生的情况感到满意,心中充满希望可以稳固掌握当前的局面,没有人可以与他争夺亚洲的统治地位。

这些是与安蒂哥努斯有关的情势①。

48 马其顿的政局发生变化,安蒂佩特罹患重病以后,给年迈的他带来致命的打击,雅典当局派遣迪玛德斯和其他重要人物出任使者②去见安蒂佩特,特别是迪玛德特始终与马其顿当局保持亲密的关系,使得他的城市获得很大的好处,所以才能拥有很大的名气。他们就向安蒂佩特提出请求撤走慕尼契亚(Munychia)的驻防军,因为他在开始的时候已经表示同意。早先安蒂佩特对于迪玛德斯相当礼遇,等到帕迪卡斯过

---

① 下面开始接续第 50 节的叙述。

② 有关迪玛德斯的任务,可以参阅阿瑞安《希腊史籍残卷》No.156 第 9 节,以及普鲁塔克《希腊罗马名人传》第 18 篇第 1 章"福西昂"第 39 节。他在公元前 319 年 6 月底之前还未离开雅典。安蒂佩特的逝世可能是那一年夏末。

世以后，从皇家的档案当中发现一些信件，迪玛德斯邀请帕迪卡斯尽快渡过海峡，进入欧洲前来攻打安蒂佩特。从此安蒂佩特与他疏远，心中保持隐藏的敌意。迪玛德斯根据市民大会给他的指示，请求安蒂佩特履行承诺，以及不让驻防军威胁到他们的自由权利。安蒂佩特没有给予任何答复，只是逮捕迪玛德斯和他那位担任使者的儿子德米阿斯（Demeas），交给负责起诉和判刑的官员，他们被关在监狱后来以上面所提的罪名遭到处决。

安蒂佩特在弥留之际，指派波利斯帕强担任两位国王的监护人和军队最高指挥官，因为在陪伴亚历山大的伙友当中，目前以他的年纪最长而且受到马其顿人的敬重①。同时还让自己的儿子卡桑德成为千夫长，仅次于波利斯帕强是第二位最有权势的人物②。波斯国王首先给千夫长这个职务和位阶带来名望和荣誉，后来亚历山大成为波斯习俗的仰慕者，使得千夫长获得更大的权力和更高的地位。安蒂佩特因为这缘故遵循以往的做法，由于他的儿子卡桑德年纪很轻，所以让他担任千夫长这个职位。

49 不过，卡桑德并不赞同他父亲为他所做的安排，认为一个没有血统关系的人去继承他父亲的职位是极其无礼的做法，何况身为他的儿子有能力处理公众的事务，无论是他的才华和勇气都经过证实。他首先要采取的行动是与他的朋友前往乡间，在那里等待机会而且有

---

① 波利斯帕强最早担任亚历山大的侍卫，伊苏斯会战以后成为一营重装步兵的指挥官，但是最终亚历山大一生没有擢升到更高的职位。就在亚历山大崩殂之前，一万名老兵要遣返马其顿，他出任克拉提鲁斯的副将陪同回国，参阅阿瑞安《亚历山大远征记》第7卷第12节。等到安蒂佩特前往亚洲讨伐帕迪卡斯，波利斯帕强留在马其顿担任他的代理人。

② 有关波利斯帕强和卡桑德的职位，参阅普鲁塔克《希腊罗马名人传》第18篇第1章"福西昂"第31节，提到安蒂佩特任命波利斯帕强为主将，卡桑德指挥骑兵部队。

闲暇的时间,他与大家谈起最高指挥权的问题,然后他分别与他们一个一个做深入的分析,私下要求他们加入他的阵营,齐心合力建立他的统治权力和疆域,都能赢得他们的承诺为他的事业共同奋斗。他还派遣使者去见托勒密,重新恢复过去的友谊关系,要求他加入联盟尽快让一支舰队从腓尼基发航前往海伦斯坡。用同样的方式他派出信差到其他的指挥官和城市,要求他们与自己结盟。不过,他本人在最后几天安排一次狩猎,避免有共谋叛乱的嫌疑。波利斯帕强出任两位国王的监护人以后,就与他的幕僚商量获得他们的赞成,派人前去提出劝告请求奥琳庇阿斯返国照顾亚历山大仍然幼小的儿子,留在马其顿可以享受皇室的尊荣。过去奥琳庇阿斯与安蒂佩特发生争执,逃到伊庇鲁斯(Epirus)过着放逐者的流亡生活。

这些是马其顿当时的情势。

50 安蒂佩特死亡的消息很快传到海外,亚洲立即发生反应激起革命的行动,每一个拥有权力的人为了达到自己的目标,开始进行必要的工作。这些人当中安蒂哥努斯居于首位,他在卡帕多西亚与攸门尼斯的会战中获得胜利,接收后者逃走以后留下的军队,随之在毕西狄亚击败阿尔西塔斯和阿塔卢斯,并吞了他们的部队[①]。再者他受到安蒂佩特的提拔成为亚洲的最高指挥官,同时奉派成为统率一支大军的将领[②],因而他感到骄傲表现出桀骜不驯的态度。他抱着雄心壮志希望获得最高的权力能够唯我独尊,做出决定不仅不接受两个国王的命令,就连他们的监护人也置之不理。因为他有一支实力强大的军队,整个亚洲的财富都落在他的手里,再也没有任何人可以与他抗衡,所以一切都要自行做主。那时他的兵力是六万名步卒和一万名骑兵,加上三十头战象;此外他只要对

---

① 参阅本章第40和44—45节。
② 参阅本章第39节。

部队有需要都可以获得满足,因为亚洲能够供应无数的佣兵,他拥有的财源大可以无限制支付。

他的心中存有这样的计划,于是召来史家海罗尼穆斯①,这位学者是卡狄亚人攸门尼斯的朋友和同胞;攸门尼斯当时在一个名叫诺拉的要塞找到安全的庇护。他花了很大的功夫用贵重的礼物,说服海罗尼穆斯愿意为他服务,担任使者奉派去见攸门尼斯,规劝后者要忘记在卡帕多西亚双方所打的会战,成为他的朋友和同盟,接受过去多次拥有的贵重礼品,就是一个面积更大和更为重要的行省,成为安蒂哥努斯最受器重的同僚,在所有的事务方面都是他最信任的伙伴②。同时安蒂哥努斯立即召集朋友开会,要让大家明了他获得帝国权力的图谋,将省长的职位指派给他几位重要的友人,还有一些人成为军队的指挥官;他不仅对他们的行动和能耐抱着很大的期望,也让他们对他的前途和事业充满热情。他确实想要进军整个亚洲,将现任的省长全部赶走由他的班底取代,重新编组军队由他器重的人士负起指挥的责任。

51 就在安蒂哥努斯着手进行这些事务的时候,海伦斯坡·弗里基亚的省长阿里迪乌斯发觉他的图谋,决定要确保行省的安全就在最重要的城市配置驻防军③。西兹库斯这座城市面积广大具有战略性重要地位,阿里迪乌斯派到那里用来进攻的步兵部队,是一万多名佣兵,一千名马其顿重装步兵和五百名波斯弓箭手和投石兵。他还有八百名骑兵,各种类型的投射武器,以及发射投矢和石块的弩炮,以及所有适合攻

---

① 海罗尼穆斯受到攸门尼斯的派遣,去见安蒂佩特商议投降的条件,参阅本章第42节。

② 参阅本章第53节。

③ 小亚细亚的希腊城市如同希腊本土的城市,理论上他都是马其顿拥有自治权的盟邦,不会听命于行省的省长。西兹库斯的围攻发生在前319年。

取城市的装备和器械。他突然来到城市的面前,还在偏远地区拦截大批民众,接着用围攻威胁城内的人员,迫使他们要接受一支驻防军。因为这次攻击出乎意料,大多数西兹库斯市民留在乡间切断回城之路;只有少数民众留在城内,他们根本没有做应付敌人围攻的打算。

即使如此,他们下定决心要维护他们的自由权利,公开派遣使者去与阿里迪库斯商议解围的问题,说是城市除了接受驻防军以外,他们愿意为他做任何事情;但是暗中集结年轻人以及适合作战的奴隶,将他们武装起来同时在城墙上面配置守卫的人员。阿里迪乌斯坚持城市要让驻防军进驻,使者表示这件事要在市民大会提出讨论。省长同意双方的停战,使得他们有一天一夜的时间改进缺失,加强抵抗围攻作战的准备工作。阿里迪乌斯虽然智慧过人却丧失机会无法获得预想的成功;西兹库斯位于一个半岛上面,形势险要很容易防范来自陆地的攻击,加上他们能够控制海洋可以免予敌人来自这方面的威胁。

他们派人前往拜占庭要求给予士兵、投射武器和所有用来抵抗攻击的装备和器械。拜占庭的人民乐于尽快供应所需的人员和物质,西兹库斯人变得更有自信,鼓足勇气用来应付当前的危险。他们立即派出战船沿着海岸巡航,将留在四乡的人员接回城市,很快他们聚集大量士兵,接着歼灭很多围攻的部队,靠着自己的力量达到解围的目标。西兹库斯的民众运用谋略击败阿里迪乌斯,让他铩羽而归回到自己的行省。

52 安蒂哥努斯得知西兹库斯受到围攻,这时他正好逗留在西利尼(Celaenae)。他为了更容易执行未来的计划,决定占据这个陷入危险之中的城市,就从全军当中精选两万名步兵和三千名骑兵,率领他们火速前去援救西兹库斯。虽然来到已经迟了一点,没有达成他所望的企图,但可以看出他对城市明显带有善意。他派遣使者去见阿里迪乌斯,向他提出下面几点指控：首先，他竟敢围攻一座希腊城市，这座城市是一个盟邦并没有犯下罪行和过失；其次，可以明显看出他的打算是要叛乱，将交给他管辖的行省变成私人的领地。最后，安蒂哥努斯命令他退出自己的行省，只能保留一座城市当成栖身之所，在那里安分守己不要再兴风作浪。

阿里迪乌斯听到使者的说辞，指责来人的话太过傲慢，拒绝离开他的行省，还说他正在这些城市安置驻防军，接着就会采取行动要用战争来结束安蒂哥努斯称霸的意图。他确保这些城市安全无虞，为了让他的决定可以贯彻执行，派出一部分的军队指定一位将领负起指挥的责任。他还命令后者要与攸门尼斯接触，解除他在城堡受到围攻的困境，等到攸门尼斯脱离危险以后就与他建立联盟。安蒂哥努斯急着要对阿里迪乌斯采取报复的行动，派出一支部队负责与这位敌手作战，他自己率领大军向着利底亚前进，希望能够将克莱都斯这位省长赶出他的行省。

克莱都斯预判会遭到攻击，部署驻防军用来保护几个重要的城市，他自己乘船赶往马其顿，向两位国王和波利斯帕强揭发安蒂哥努斯的狼子野心，乞求他们给予援救。安蒂哥努斯获得城内某些共谋者的帮助，用突击的方式夺取以弗所(Ephesus)。后来罗得岛的伊斯启卢斯(Aeschylus)带着四艘船抵达以弗所，他要从西里西亚运送四百泰伦的银块，前往马其顿交给两位国王，安蒂哥努斯将这笔巨款据为己有，说他需要大量现金用来支付佣兵。从而得知他为了达到目标开始不择手段，公开显示他要反对马其顿王国。接着他用强攻占领叙米(Syme)，然后按照次序向着其他的城市进军，有些运用武力加以夺取，有些靠着说服赢得归顺。

53 我们对于安蒂哥努斯的行动暂时停止介绍，现在转过来叙述攸门尼斯处于无往不利的顺境。这个人经历令人难以置信的巨大变化，不断出乎意料地适逢好运或者面对横逆。诸如，发生这些事件之前那段时间,他为帕迪卡斯和两位国王作战,接受卡帕多西亚和邻近地区成为治下的行省,他拥有一支实力强大的军队和巨额的财富,这些好运使得他名闻四海。接着他在一次决定性的会战中击败克拉提鲁斯和尼奥托勒穆斯,这两位是当代知名的将领,战无不胜的马其顿部队就在他们的指挥之下,不仅如此还将他们杀死在战场①。

虽然他赢得所向无敌的声名,却经历了命运的转变是如此快速,在一场大规模的会战中败在安蒂哥努斯的手下,逼得要与少数几位朋友在一座狭小的城堡里面寻找安全的庇护②。敌人为了封锁他建起两道城墙将他包围得水泄不通,这时他的霉运临头没有一个人给他任何帮助。围攻延续一年之久③,几乎就要放弃获得安全的希望,突然有人伸出出乎意料的援手要将他救出困境;原来安蒂哥努斯围住他让他无路可逃,一心一意非得消灭他不可,现在却要改变计划邀请他参加自己登基称王的事业,只要在神明的前面立下誓言,就会解围让他获得自由④。

他在获得解救以后过了一段时间,暂时在卡帕多西亚停留下来,那里聚集着往日与他在一起的朋友,这些人一旦在他的麾下服务,就不会投奔别的阵营,而是在这个地区停留等待与他见面的机会。由于他有崇高的声誉,很快发现许多人想要不负他的期望,愿意服役参加他的作战行动。原来与他被围在城堡里面的朋友不过五百人,不过几天工夫增加两千多名士

---

① 参阅本章第30—31节。

② 指诺拉,参阅本章第40—42节。

③ 尼波斯《攸门尼斯传》第5卷第6—7节,提到围攻的时间是6个月,安蒂佩特逝世的消息传到亚洲,才结束这一次的作战,参阅普鲁塔克《希腊罗马名人传》第15篇第2章"攸门尼斯"第12节,这里说是安蒂哥努斯派海罗尼穆斯去与攸门尼斯谈双方休战的条件。

④ 安蒂哥努斯将拟定的誓词要对方遵守,攸门尼斯变更领衔的当事人,将安蒂哥努斯的名字改为奥琳庇阿斯和国王,所以他宣誓的对象不是安蒂哥努斯而是马其顿的统治者。

兵①，这些人都是慕名前来投效。他在获得命运女神鼎力相助以后，权势日益增加甚至接管皇家的军队，要与那些胆敢终结国王统治地位的将领，不再妥协要进行殊死的斗争。我们以后会在适当的章节，对于这些事件有关的来龙去脉做更详尽的叙述。

54 我们对于亚洲的事务说得已经够多了，现在应该将注意力转到当时的欧洲方面②。虽然卡桑德未能在马其顿获得居于统治的地位，仍然没有怀忧丧志或者落到妄自菲薄的程度；他的决定是要维持自己的立场提出这方面的要求，父亲的职位现在由其他人担任总是让他感到羞辱不已。由于他觉察到马其顿的民众偏爱波利斯帕强，他私下与那些最信任的朋友谈话，并且在不引起猜忌的情况下将他们派往海伦斯坡地区；他自己花了几天的时间在乡间欢度闲暇的生活，并且编组人马进行打猎的活动，造成一种印象，他不想获得这个职位。不过，为了他的离开所要做的每一件事都准备妥当，他却在不引人注意的情况下告别马其顿③。

他先到克森尼斯(Chersonese)再从那里抵达海伦斯坡。渡过海峡前往亚洲去见安蒂哥努斯请求给予帮助，说是托勒密已经答应成为一个盟友。安蒂哥努斯非常热情欢迎他的来到，答应会在各方面与他密切合作，立即给他颇具实力的步兵部队和一支舰队。安蒂哥努斯这样做看来是因为自己与安蒂佩特的友谊，表面上故意装出帮助卡桑德的模样，事实上安蒂哥努斯希望波利斯帕强始终为四周的事务扰得心烦意乱，就是这个缘故安蒂哥努斯才到亚洲去打天下，希望在没有危险的情况下确保自己拥有最高的

---

① 本章第 41 节提到有 600 人在诺拉获得庇护，等到他与安蒂哥努斯讲和以后，普鲁塔克说是立刻就有 1000 多名骑兵前来投效。

② 这里开始接续前面第 49 节。

③ 帕罗斯刻在大理石上的编年资料，提到这件事发生在前 319 年。

权力。

55 这个时候的马其顿在卡桑德溜走以后，波利斯帕强身为两位国王的监护人，预先看到针对他的战争在爆发以后即将面临严重的危机，因为他办事方式是没有朋友提出劝告总是无法做出决定，于是他召集所有的指挥官和马其顿的权贵前来商议对策。可以很清楚地看出，卡桑德获得安蒂哥努斯的援助，就会掌握希腊的城市反抗马其顿王国，因为有些城市是在他父亲派出的驻防军控制之下，还有一些受到安蒂佩特的朋友和佣兵的管辖，统治的方式是寡头政体，同时卡桑德成为埃及统治者托勒密和安蒂哥努斯的盟友，他们已经公开背叛两位国王，何况每个人都拥有强大的武力和巨额的财富，成为很多重要的国家和城市的主人。

等到质疑何以应付即将来到面前的冲突，有关战争的问题就会产生很多精明的提议，他们的决定是抛弃安蒂佩特所建立的寡头体制，让希腊所有的城市都获得自由权利；采用这种方式可以大幅减弱卡桑德的影响力，同时为他们赢得莫大的光荣和很多实力强大的联盟。因此，他们立即召集各城市派来的使者，摆出兴高采烈的模样向大家宣布，同意所有的城市再度建立民主体制的政府。他们根据公正的原则制定敕令颁发给使者，命令他们尽快返回自己的城市，将两位国王和将领对待希腊城邦的善意，在市民大会向与会人员提出报告。这份文件的内容如下所述：

56 "鉴于我们的祖先承受天命对希腊的城邦奉行很多仁慈的举措，我们希望维持原来的政策继续对人民表达明确的善意。亚历山大离开人世把王位传给我们两人，我们认为有恢复全面和平的必要，更应该回归到先王菲利浦建立的政府体制，对于这件事情我们曾经发函给所有的城市。过去曾经出现的情况，某些希腊城邦受到误导对马其顿发起战争,被我们的将领击败①,很多城市遭到冤屈和尝尽苦果,你们知道这些灾难应该由将领负起责任。我们为了尽快维护原来的政策,就是准备与大家确保和平的关系,让你们享有菲利浦和亚历山大在世时的政治制度,按照过去他们发布的敕令允许你们对所有其他的事务可以自行运作。

“再者,亚历山大渡过海峡前往亚洲,从那时开始被我们的将领赶出城市和受到放逐的人士,现在要恢复他们原有的权利;我们颁发的敕令特别规定,要返还他们所有的产业,不再受到党派倾轧的骚扰,可以获得全面的赦免,在他们的城邦拥有全部的市民权;任何已经通过的规定只要给他们带来不利,就让这些条文成为无效的废纸,除非他们的放逐是犯下按照法律要惩处的谋杀和亵渎神圣的罪行。麦加洛波里斯(Megalopolis)的人民受到放逐,因为只有他们追随波利厄尼都斯(Polyaenetus)犯下叛逆的重罪,所以得不到马其顿当局的赦免,除了他们还有安斐沙(Amphissa)、特里卡(Tricca)、法卡敦(Pharcadon)和赫拉克利这几座城市,他们的放逐人员都没有被列入恢复权利的名单②;所有的城市要在 Xandikos 月第三十天(3月 30 日)③之前让他们返回家乡。

“设若菲利浦和亚历山大颁布的规定彼此之间出现矛盾,让这些城市在我们处理之前先考虑他们目前的情况,应有的做法除了能够产生和谐的后果,还要带来让双方都有利的行动。雅典如同在菲利浦和亚历山大的时代一样拥有原来的领土,除了奥罗帕斯(Oropus)就像现在已经属于自己的市民④。我们将

---

① 有关拉米亚战争,参阅本章第 8—18 节。
② 对于这些城市的放逐人士,几乎无人知道有这一回事。
③ 马其顿纪年第 6 个月是 Xandikos 月即 3 月,正好是春分开始,应该算在公元前 318 年之内才对,所以敕令颁布的时间是在前一年夏季或是秋天。
④ 奥罗帕斯的地理位置应该是皮奥夏的一部分,从历史渊源来说一直为雅典人所有,所以菲利浦在前 338 年承认这座城市是雅典的属地,参阅鲍萨尼阿斯《希腊风土志》第 1 卷第 34 节。拉米亚战争产生的结局是奥罗帕斯获得自由权利。

萨摩斯交给雅典治理,因为这是菲利浦陛下决定的事项①。让所有的希腊城邦通过一份敕令,就不会有人投身战争或是公开对我们采取反对的行动,如果有任何人不愿遵从大家同意的敕令,他和他的家庭会受到放逐的处分,所有的财产要加以籍没。我们指派波利斯帕强负责处理这方面的事务。你们只要服从他的指示,如同在前面写给你们的信中已经特别加以强调;如果有任何人拒绝奉行这份敕令提到的各项要求,我们对他的处置是绝不宽恕。"

57 等到这份敕令颁布并且送到所有的城市以后,波利斯帕强发函给亚哥斯和其他的城市,命令他们放逐那些在安蒂佩特在世之时政府里面的当权人士,甚至可以判处他们死刑和籍没他们的财产,为的是剥夺他们所有的权力以后,这些人就无力用任何方式与卡桑德沆瀣一气。他还写信给亚历山大的母亲奥琳庇阿斯,因为她与卡桑德发生争执以后逗留在伊庇鲁斯,请她尽可能要返回马其顿,对亚历山大的儿子负起各方面的责任,直到他长大成人能够接下他父亲留给他的王国。

他派人去见攸门尼斯②,带去以国王的名义给他写的信函,劝他不要中止对安蒂哥努斯的敌意,坚持要为国王效劳尽忠的立场,如果他愿意的话,可以渡过海峡返回马其顿,成为两位国王的监护人之一与他通力合作;或许他情愿留在亚洲,在接受他给予的军队和金钱以后,继续与安蒂哥努斯战斗到底,因为这个人已经明确表示他是反对国王的叛徒。他说国王要将他被安蒂哥努斯夺走的行省归还给他,还有他在亚洲所拥有的一切特权。最后提到特别适合攸门尼斯现况的措辞,除了要他多多保重,对于他

---

① 参阅本章第 8 和 18 节。
② 参阅普鲁塔克《希腊罗马名人传》第 15 篇第 2 章"攸门尼斯"第 13 节。

与皇室的服务都能符合彼此的利益深表关切之意。如果他需要更大的军事力量，波利斯帕强给予承诺，他自己和两位国王会带着全部皇家的军队离开马其顿，来到亚洲与他会师。

以上是那一年发生的情况。

58 阿契帕斯（Archippus）成为雅典的执政官，奎因都斯·伊留斯（Quintus Aelius）和卢契乌斯·帕皮流斯（Lucius Papirius）当选罗马的执政官①。就在这些官员的任职期间（前318年），攸门尼斯平安无事撤出要塞②，接到波利斯帕强派人送来的信函，里面提到两位国王要送他五百泰伦补偿早先的损失，已经通知西里西亚的将领和财务官，除了这笔专款以外，他可以申请更多的经费，作为招募佣兵和其他紧急需要之用。信中还提到他们写信给三千名马其顿"银盾军"（Silver Shields）③的指挥官，命令他们要接受攸门尼斯的调度，各方面要与他全力合作，因为他们已经任命他为整个亚洲负有阃寄之权的指挥官。

还有一封来自奥琳庇阿斯的函件，请求他支持和协助国王和她本人，说是她现在只有他这位最忠诚的朋友，也只有他能够改善皇家目前处于孤立无援的情况。奥琳庇阿斯向他询问意见，是否她仍旧留在伊庇鲁斯较为适合，这样一来，那些经常以国王的监护者自居的人，她怀疑到时候真会将

① 利瓦伊《罗马史》第9卷第15节，提到公元前319年的执政官是第三次出任的卢契乌斯·帕皮流斯·克尔索或卢契乌斯·帕皮流斯·穆吉拉努斯（L. Papirius Mugillanus）以及第二次出任的奎因都斯·奥留斯·西里塔努斯（Q. Aulius Cerretanus）。最后这位也是公元前323年的执政官，只是狄奥多罗斯称他为盖尤斯·奥留斯，而利瓦伊将他叫成奎因都斯·伊米留斯·西里塔努斯。

② 参阅本章第53节，攸门尼斯的行动在下面几节叙述（第58—63节），这些情况全都发生在318年。

③ 马其顿重装步兵组成的银盾军是精锐的先锋，第一次提到这个名词是在阿贝拉会战，参阅本书第十七章第57节。他们现在都是一群老兵，非常强悍而且造成很多难以处理的问题。他们被派到西里西亚担任皇家金库的警卫。

王国交到这两位国王的手中；与其将来会有这样的结果，她还是应该返回马其顿。攸门尼斯立即回复奥琳庇阿斯，劝她目前以留在伊庇鲁斯为宜，等待战争的情势明朗再做定夺。至于他自己一再声明对两位国王保持绝不动摇的忠诚，他决心不再接受安蒂哥努斯的命令，因为这个人怀着黄袍加身的妄想，现在亚历山大之子需要外援，一方面因为他是根基不稳的孤儿，一方面则是众多将领的争权夺利，他相信自己的忠心耿耿，为了两位国王的安全冒险犯难在所不辞。

59 因此，攸门尼斯立即吩咐他的手下撤除营地离开卡帕多西亚，所有的人马是五百名骑兵和两千多名步兵。虽然获得同意有些部队要加入他的阵营，由于行动过于迟缓，他不愿等待以免浪费时间，何况一支颇具实力的军队即将接近，这是奉安蒂哥努斯的派遣在米南德（Menander）这位将领的指挥之下，不让攸门尼斯逗留在卡帕多西亚，这个时候他已成为安蒂哥努斯的敌手。事实上这支军队的到达晚了三天，虽然丧失攻击的机会，对于那些急着前去会合攸门尼斯的部队，就跟踪在他们的后面，由于无法追赶得上只有返回卡帕多西亚。

攸门尼斯用急行军越过陶鲁斯山脉进入西里西亚。银盾军的首领安蒂吉尼斯和图塔穆斯，遵从国王信函所给的指示，走了相当远的距离去迎接攸门尼斯和他的朋友①。对他们的来到表达欢迎，并且祝贺他们能够逃脱被追击的危险。他们答应在各方面都会心甘情愿与他密切合作。马其顿的银盾军成员有三千人，他们对他非常友善而且热情。大家对于命运女神难以置信的变幻莫测都感到惊奇不已，他们想起不久之前国王和马其顿当局判处攸门尼斯和他的朋友死刑，但是现在忘记他们的决定，不仅让他

---

① 谈起银盾军和他们的指挥官欢迎攸门尼斯的来到，可以参阅普鲁塔克《希腊罗马名人传》第 15 篇第 2 章 "攸门尼斯" 第 13 节和贾士丁《菲利浦王朝史》第 14 卷第 2 节。

免予受到惩处,反而授予整个王国权势最高的职位。只要想起人生的起伏和反复,对于命运的升降浮沉都不会感到惊奇,任何人看到攸门尼斯的运道发生翻天覆地的变化,还能有充分的理由让大家产生类似的情绪反应?就在命运女神赞同他的作为,确信自己拥有支配的力量,还会采用很高的姿态非要显露致命的弱点?像是在一些神明的控制和操纵之下,人类的生活经历一种循环的过程,无论任何时候的对与错、是与非、好与坏都会交替发生。

我们认为并非所有的事件都出乎意料,如果偶尔有无法预测的事情发生,这也没有什么可怪之处。我们有很好的理由承认历史的教训和获得的经验,由于事件的发生是如此易变和不定,历史对于我们如同一种矫正的机制,让一个人处于顺境不要傲慢,遭遇横厄无须绝望。

60 此刻的攸门尼斯把这些事情牢记在心,要用戒慎恐惧的态度确保自己的职位,因为他对命运女神的见异思迁早有先见之明。他知道自己是一个置身局外的异乡人,对于皇家的权力不会有染指之心,现在由他统率的军队执行敕令要置他于死地,任何人只要据有军事指挥官的职位,就会充满倨傲之气还要更上一层楼。因此他了解到自己的立场,无论是受到大家的藐视或是嫉妒,都会让他的性命陷入危险之中;没有人愿意接受自己认为地位较低者所下的命令,一个人成为主人以后变得更没有耐心,不愿去看那些过去必须讨好的人现在摆出的脸色。

他对这些人情世故有深刻的体会,等到根据国王的信函提供他五百泰伦,作为购买装备和编组部队之用,开始的时候他拒绝接受,他说他如同没有任何念头想要获得指挥的职位一样,他不需要价值这样高的礼物。甚至到现在他还说他没有意愿担任目前的职位,只是在两位国王的逼迫之下要从事这项艰巨的任务。尽管如此这些都要归功于他在军中长期毫无中断的服役,然而他现在已经不再能忍受困苦的工作和长途的跋涉,特别是没有一个外乡人可望获得行政长官的职位,所有的权力属于马其顿人,他必然受到排斥。

不过,他宣称在梦中见到一个陌生的幽灵,经过考虑认为应该让大家知道,这会对促进团结与和谐有很大的好处①。他说他在梦中见到马其顿国王亚历山大,身穿朝服主持会议,向指挥官下达命令,积极处理国家所有的事务。他说道:"我们要从皇家的库房搬来黄金制作的宝座,还有御用的衣袍、令牌和冠冕以及其他的仪仗和信物,全都放在那里,所有的指挥官在每天的拂晓,都要来为亚历山大上香,像是在他的面前召开会议,接受以他的名义颁布的命令,如同他仍旧活在世上领导他的王国。"

61 所有人都同意他的处理方式,每件事都很快办妥,皇家的库房储存很多金制品。接着架设华丽的大型帐幕,宝座上面放置冠冕、令牌和亚历山大惯常穿着的铠甲。还建立一个附带圣火的祭坛,所有指挥官向着黄金制成的棺柩奉献牺牲,点燃乳香和其他价格昂贵的香料,把亚历山大当成神明顶礼膜拜。然后他们为了履行指挥的职责,全都一起坐在座椅上面开会,对于经常需要注意的事项集思广益,听取大家的意见。

攸门尼斯对所有的军事及相关的业务进行讨论,要与其他的指挥官处于平等的地位,同时他们会用最友善的谈话向他讨教和请益,可以消除猜忌之心使得他在所有的指挥官中最得人望。他们对国王的敬意变得更加强烈,大家的心中充满预期可以获得的幸福,如同有一位神明在呵护他们,

---

① 攸门尼斯运用这些策略,减少马其顿将领对他的嫉妒和猜疑之心,参阅普鲁塔克《希腊罗马名人传》第15篇第2章"攸门尼斯"第13节;尼波斯《攸门尼斯传》第7卷第2—3节以及波利努斯《谋略》第4卷第8节。

引导他们走向顺利的康庄大道。攸门尼斯用同样的态度对待马其顿的银盾军,因而获得他们的钦佩如同他值得国王的挂念。

他选择能力最强的朋友,给予充分的经费要他们用最高的价格去雇用佣兵。他们之中有些人立即前往毕西狄亚、利底亚和邻近地区,非常热心地在那里招募部队,有些人进入西里西亚,或者到内叙利亚和腓尼基,更远到达塞浦路斯的城市。招募的消息已经传播开来,支付的报酬值得多加考虑,还有很多人基于个人的意愿来自希腊的城市,服役以后可以参加作战行动。很短的时间之内,聚集的部队有一万名步兵和两千名骑兵,还不包括银盾军和原来追随攸门尼斯的手下。

62 攸门尼斯在意料之外突然拥有极大的权势,托勒密率领舰队航向西里西亚的齐菲里姆(Zephyrium),派人送信给银盾军的指挥官,规劝他们不要与攸门尼斯再有任何关系,因为所有的马其顿人已经将他定罪判处死刑①。同时还通知派在赛因达(Cyinda)②负责指挥驻防军的官员,坚决反对他们运送钱财交给攸门尼斯,同时还答应保护他们的安全。两位国王以及他们的监护人波利斯帕强,还有亚历山大的母亲奥琳庇阿斯,全都有信函给他们,交代他们在各方面要听从攸门尼斯的指挥,这时他的职位是王国的统帅,所以没有人理会托勒密提出的要求。

对于攸门尼斯的快速升迁以及权力的过分集中,安蒂哥努斯感到极其不满,他认定攸门尼斯受到波利斯帕强的提拔,成为用来对付自己最强势的敌手,因为现在他已被视为反抗国君的叛徒,因此他决定要组成一个阴谋团体对攸门尼斯进行暗算,选择斐洛塔斯这位朋友,给了他一封写给银盾军的信函,同时还写给那些与攸门尼斯在一起的马其顿士兵。除此以外

---

① 参阅本章第 37 节,普鲁塔克提到有很多的阴谋伎俩,用来对付攸门尼斯。
② 这是西里西亚一个城堡,皇家金库安设在该地,没有人知道确切的位置。

他还派出三十名其他的马其顿人,都是一些爱管闲事和大言不惭的家伙,指示这些人分别与银盾军的指挥官安蒂吉尼斯和图塔穆斯(Teutamus)见面,通过他们对攸门尼斯进行暗中的谋害活动,事成以后赠送他们贵重的礼物,让他们治理范围更为广大的行省。

安蒂哥努斯特别交代他们,要与银盾军当中熟悉的朋友和市民同胞进行接触和联系,用贿赂的方式收买他们,对于暗算攸门尼斯的行动要给予支持。虽然他们没有能够说服所有的人士,银盾军的首领图塔穆斯接受贿赂,由他负责买通同僚安蒂吉尼斯参加行动。不过,安蒂吉尼斯的为人极其精明而且值得信任,不仅据理力争还劝那些接受贿赂的人悬崖勒马;他甚至表示攸门尼斯活在世上,会比安蒂哥努斯对他们更为有利。他认为后者要是变得更有权力,就会夺走他们的行省,用来安插他的朋友;攸门尼斯是一个外国人,不敢只考虑自己的利益,何况他还是一位将领,只要对他友善与他通力合作,他会保护大家在行省的职位,甚至会将其他的行省都交给他们。如上所述使得暗中对付攸门尼斯的阴谋遇到滞碍难行之处。

63 不过,斐洛塔斯将写给大家的信交给这些指挥官,银盾军以及其他的马其顿人私下瞒着攸门尼斯聚会,要求向大家宣读来信。安蒂哥努斯在里面写一些指控攸门尼斯的词句,规劝这些马其顿老乡尽快抓住攸门尼斯将他处死。如果他们还是拒绝,他会率领全军前来与他们决战,会使不愿服从他的人受到应得的惩罚。在读这封信的时候在座的指挥官和所有的马其顿士兵,困惑之余感到不知所措,因为他们要是站在国王这边就会得罪安蒂哥努斯,如果他们服从安蒂哥努斯就会受到波利斯帕强和国王的严惩。

部队陷入混乱的情况,信件读完以后攸门尼斯进来请求他们遵从两位国王的敕令,不要理会一个叛徒的胡言乱语。他抱着审慎的态度讨论有关这方面的问题,可以让自己摆脱重大的灾难,较之以往更能获得群众的爱戴。攸门尼斯在经历一场无法预知的危险以后,出乎意料使得他的权势更为增加。他下令撤收营地带领他们前往腓尼基,期望在附近的城市征集船舶,编成一支颇具实力的舰队,这样一来波利斯帕强增加腓尼基的船只,就有能力控制海洋,可以让他随心所欲将马其顿的军队,安全运到亚洲讨伐安蒂哥努斯。他留在腓尼基进行整建水师的准备工作①。

64 这时慕尼契亚的指挥官尼卡诺尔②,听到卡桑德离开马其顿前去投靠安蒂哥努斯,波利斯帕强很想在短期内率领军队来到阿提卡,于是他要求雅典当局继续支持卡桑德。没有人赞成他的意见,大家认为目前是驱逐驻防军的大好机会,尽可能赶快展开行动。尼卡诺尔知道大事不妙只有欺骗市民大会,说服他们等待几天,特别提到卡桑德会做一些事情能给城市带来好处;所以雅典当局在短期内没有采取任何行动,他利用黑夜的掩护暗中让士兵进入慕尼契亚,这支部队的实力足够维持防务,可以与围攻驻防军的人员进行战斗。

雅典当局发现尼卡诺尔使用卑劣的伎俩夺取慕尼契亚,派遣使者去见两位国王和波利斯帕强,请求他们按照有关希腊的自治权所颁布的敕令,给予应有的支持和协助③;这时雅典的当权人士经常在市民大会举行会议,对于发起与尼卡诺尔的战争要做审慎的考虑。就在他们仍旧忙着讨论有关事务的时候,尼卡诺尔已经雇来很多佣兵,趁着黑夜发起暗中的突击,夺取派里犹斯的城墙和围绕港口的木栏。雅典不仅未能保住慕尼契亚就连派里

---

① 下面接续第 73 节的叙述。

② 安蒂佩特过世以后,卡桑德马上派尼卡诺尔取代麦尼拉斯担任慕尼契亚的指挥官。接下来的重大事件是福西昂的亡故发生在公元前 319 年冬天。

③ 参阅本章第 55—56 节。

犹斯都一并丧失,听到这个不幸的消息无不怒气冲天。他们选出显赫的市民也是尼卡诺尔的朋友,像是福库斯(Phocus)之子福西昂(Phocion)、泰摩修斯(Timotheus)之子科农(Conon)①、瑙西克利(Nausicles)之子刻里克斯(Clearchus)等人出任使者,派他们去见尼卡诺尔,抗议他破坏双方友善关系的行动,要求他按照颁布的敕令恢复城市的自治权。不过,尼卡诺尔的回答是他们应该去找卡桑德解决问题,因为他担任驻防军指挥官是奉卡桑德的指派,所以他没有采取自由行动的权力。

65 这个时候奥琳庇阿斯写给尼卡诺尔一封信,命令他将慕尼契亚和派里犹斯归还雅典。尼卡诺尔听到两位国王和波利斯帕强,已经将奥琳庇阿斯迎回马其顿,托付她抚养年幼的国王,重享亚历山大在世所受的尊荣②,因此感到畏惧,答应遵从她的指示,只是找出很多借口不愿履行他的承诺。雅典的市民过去一直对奥琳庇阿斯尊敬有加,还通过敕令的方式推崇她的美德,现在已经获得回报,大家对于她的说项讲情感到非常高兴,希望经由她的鼎力支持,无须冒任何危险就能恢复他们的自治权。

就在承诺尚未履行的时候,波利斯帕强之子亚历山大率领一支军队抵达阿提卡。雅典当局认为他的到来是为了归还慕尼契亚和派里犹斯,事实适得其反,出于自私自利的动机要将这两个地方用于战争。某些雅典市民是安蒂佩特的朋友,其中一位是福西昂,害怕政敌运用法律的手段对他们进行制裁,于是去见亚历山大提供对策,让对方了解应该如何做才符合自

① 公元前4世纪第2个25年当中,雅典的泰摩修斯是居于领导地位的政治家,他的父亲科农(本文提到他的儿子也叫科农)在公元前393年修复派里犹斯已经拆除的城墙。瑙西克利是第二流的政客,笛摩昔尼斯的支持者。

② 参阅本章第57节。

己的利益,说服他要将这个要塞掌握在自己手里,等到卡桑德的野心遭遇失败以后,才能将两个地方归还雅典当局。

亚历山大靠近派里犹斯设置营地,不允许雅典与尼卡诺尔进行交涉;只能私下与他商谈进行暗中的协议,他很明确地表示不会让雅典当局得到好处。雅典的人民聚集起来召开市民大会,现存的官员全部遭到撤职的处分,接任职位的人士全是极端民主政体的拥护者①,他们谴责在寡头体制之下据有高位的官员,通过敕令,有些人受到死刑的宣判,还有人给予放逐和借没财产的处分,其中一位是福西昂,因为获得安蒂佩特的支持,一直掌握最高的权力。

66 举凡被赶出城市的人逃到波利斯帕强之子亚历山大那里,由于他愿意负起责任让他们的安全得到保障。他对他们的接待都很周到,还写信给他的父亲波利斯帕强,力言福西昂和他的朋友不应受到伤害,因为他们支持他的利益,答应在各方面与他密切合作。雅典当局同样派遣使者去见波利斯帕强,指控福西昂的罪行,恳请波利斯帕强将慕尼契亚归还他们,恢复他们原有的自治权。

现在波利斯帕强很想用一支驻防军占据派里犹斯,对于满足战争的需要可以做出很大的贡献;这个行动违背他颁发的敕令,让他无法自圆其说感到难为情,认为他要是对一个最重要的城邦食言而肥,必然在希腊人面前丧失信用,基于这种观点他要改变早已盘算好的企图。等到他听到使者提出的要求②,用非常友好的态度答应其中一项用来安抚雅典当局。他逮捕福西昂和他的同伴将他们捆绑起来送回雅典,承认市民大会拥有的权

---

① 这件事发生在公元前 318 年 3 月。

② 普鲁塔克《希腊罗马名人传》第 18 篇第 1 章"福西昂"第 33 节,对于这一次的觐见有详尽的叙述。

威,根据他们的满意与否,可以将这些人处以死刑或是撤销控诉。

雅典召开市民大会,涉案的福西昂和他的追随者被带到前面,会场有很多人在安蒂佩特当权的时代遭到放逐①,还有很多人是这些犯人在政治上的敌手,要求对他们的惩罚是死刑的判决。控诉的基本内容是这些人在拉米亚会战以后,要为祖国接受奴役的统治以及民主体制和法律受到推翻负起最大的责任②。等到被告有机会发言,福西昂开始为自己的行为提出申辩,暴民引起动乱反对他的辩护,使得被告陷入孤立无援的困境。骚动逐渐平息下来,福西昂想要再度为自己开脱指控的罪名,群众大声喊叫要他坐下,制造干扰不让被告的声音让大家全部听到;因为很多民主体制的支持者丧失市民的权利,现在超过大家的期望完全恢复,还能对剥夺雅典独立的人士给予可怕的报复。

67 福西昂想要击败那些反对他的政敌,为了生命的安全进行绝望中的奋斗,法庭当中离得很近的人,能听到他的抗辩表达公平正义的要求,至于位置隔得较远的人,因为暴民造成不断的噪聒,根本听不到他在说什么,只能看到他的姿态和手势,因为他的危险来自慷慨激昂的情绪和变化多端的气氛。最后,福西昂放弃全身而退的希望,拉开嗓子大声喊叫,乞求他们判处他死刑,赦免其他涉案人员的罪行。暴民的狂怒和愤恨的心态仍然没有任何改变,某些福西昂的朋友继续来到前面,对他的抗辩要助一臂之力。暴民听到他们公开的发言,明白他们在为福西昂辩护,整个会场发生难以平息的骚动,就在大众的嘲笑声中将他们赶走。最后被告在人民异口同声

① 波利斯帕强颁布敕令恢复放逐人员的权利,根据普鲁塔克的说法其中一个重要的目标就是要毁灭福西昂,波利斯帕强能够兵不血刃拥有雅典。有关福西昂的审判和处决,参阅普鲁塔克《希腊罗马名人传》第18篇第1章"福西昂"第34—37节。

② 参阅本章第18节。

的要求之下,受到判罪的宣告,要带到监狱执行死刑。

一些善良市民的陪同他们,同情他们的不幸,表现出哀悼的神色。因为这些人都有不逊于任何人的声名和家世,何况在他们的一生当中做了很多合乎人道的行为,现在却连辩护的机会和公平的审判都无法得到,难免让人感到害怕和产生别的想法,就会质疑命运女神的变幻莫测和公正不倚,是否对于任何凡夫俗子都是一视同仁。就拿很多民主党派的人士来说,他们吃尽苦头才会反对福西昂,由于自己的不幸就要刻薄寡恩地谩骂他,还要残酷无情地指控他。他们在成功的时候没有人对他表达恨意,等到命运女神带来改变让他们陷入困境,就会有人露出狰狞的面目对他们发泄自己的愤怒。遵循古老的习惯他们要饮用毒胡萝卜的汁液,丧命以后不许安葬,尸首要丢到阿提卡的边界之外。福西昂遭到莫须有的指控才会接受这种方式的死亡①。

68 卡桑德从安蒂哥努斯那里获得三十五艘战船和四千名士兵,接着航向派里犹斯。受到驻防军指挥官尼卡诺尔的欢迎,他接管派里犹斯和港口的防栏,这时尼卡诺尔仍旧保有慕尼契亚,因为他有足够的士兵用来防守这个坚固的要塞。波利斯帕强和两位国王凑巧正好停留在福西斯,等到波利斯帕强得知卡桑德已经抵达派里犹斯,他赶快进入阿提卡就在接近派里犹斯的地方设置营地。他的大军有两万名马其顿重装步兵,各地的联军共四千人,加上一千名骑兵以及六十五头战象。他的意图是要将卡桑德包围得水泄不通;由于补给品的匮乏,加上考虑围攻会拖延很长的时间,被迫只有将部分兵力留在阿提卡,接受他的儿子亚历山大的指挥,人数较少还能供应所需粮食;他率领主力部队进入伯罗奔尼

---

① 福西昂遭到处决是在公元前 318 年阿提卡的 Mounichion 月(4 月)。

撒地区,强迫麦加洛波里斯的人民必须服从两位国王,安蒂佩特过去要他们建立寡头政体的统治方式,所以会对卡桑德的反叛抱着关怀的态度。

69 就在波利斯帕强忙着这方面事务的时候,卡桑德率领的舰队能够确保伊吉纳(Aegina)当局与他的联盟关系,接着入侵对他怀有敌意的萨拉密斯。他日复一日地发起猛烈的攻击,加上武器和人员的供应非常充足,使得萨拉密斯陷入绝望的困境。波利斯帕强派出一支颇具实力的步兵部队和船只前去解围的时候,城市已处于即将落入敌人手里的危险边缘。卡桑德已经有所警惕,于是放弃围攻,全部回航派里犹斯。波利斯帕强基于自身的利益,对于解决伯罗奔尼撒的相关事务始终感到忧心忡忡,前往该地召集各城市派来的代表,开会讨论彼此建立联盟关系的问题。

他还派遣使者到这些城市,下达的敕令是任何人受到安蒂佩特的影响,成立寡头体制的政府并且担任官员,都会受到处以死刑的惩罚,同时他保证人民可以得到自治权。从事实来看有很多城市服从他的命令,也有一些城市就政体的变换展开屠杀,还有一些人遭到放逐;安蒂佩特的朋友难以幸免都会送掉性命,获得自治权和恢复行动自由的政府开始与波利斯帕强建立联盟。由于只有麦加洛波里斯与卡桑德保持友谊关系,波利斯帕强决定攻打这座城市。

70 麦加洛波里斯得知波利斯帕强的意图,投票通过议案将乡间的财产全部搬进城内。对市民、外乡人和奴隶进行人口普查,发现适合兵役的男子有一万五千人。有些人立即被编入军队组织,有些人被指派相关的工作,有些人奉命到城墙上面站岗。同一时间有一群人正在绕着城市挖出一条很深的壕沟,还有人在乡间砍树供应建起一道防栏所需的木材,有些人正在修整城墙上面已经破损的部分,有人在从事制造武器的工作,以及准备发射巨大投矢的弩炮,整座城市都积极地动了起来,这要归功于人民有主动进取精神,预见城破以后他们面临的危险。

的确如此,皇家军队的盛大阵容和众多战象加入战斗,这一类的消息已经传播开来,凶狠的野兽拥有好战的习性和巨大的躯体,根本没有任何部队可以抵抗它们的攻击。就在这一切都已经急着进行的时候,波利斯帕强率领全军到达此地,靠近城市找到有利的位置开设两个营地,分别供马其顿的部队和盟军使用。他开始建造比城墙要高的木塔,推进到攻取城市最适合的位置,供应大量投射武器向着敌人猛掷,驱赶那些在雉堞后面列队抵抗的守军。这个时候他的工人在城墙下面挖掘地道,等到将地道的支撑烧毁,引起三座巨大塔楼的倒塌以及很多处城墙的崩溃,突然发出响亮的冲击声音使得马其顿人欢呼不已,城里的居民看到情况极其严重,惊慌之余还是奋起抵抗的意志。

顷刻之间成群的敌人从缺口冲进城内,这时麦加洛波里斯的守军区分为不同的队伍,有些人对抗从缺口当中克服困难进入的敌人,展开一场激烈的战斗,其他人在缺口里面用木栏分隔落入敌人手里的地区,接着兴建第二道城墙,他们日夜不停地工作没有中断所负的任务。这项工作能够尽快完成,在于数量庞大的工人,以及充分供应所需的材料,使得城墙出现缺口带来的灾害,能够迅速弥补已经转危为安。再者,他们为了对抗在木塔上面与他们战斗的敌人,使用发射巨大投矢的弩炮、投石兵和弓箭手,很多人受到致命的重伤。

71 双方有很多人阵亡或是失去战斗的能力,这时夜幕开始降临,波利斯帕强下令喇叭手发出信号,召唤部队返回营地。第二天他清理城墙出现缺口附近的地面,作为战象前进的通路,他的计划是用这些猛兽达成占领城市的目标。不过,麦加洛波里斯的军队接受达米斯(Damis)的指挥,这个人跟随亚历山大前往亚洲,亲身的经历得知战象的习性和运用的方式,让他成为对付这些猛兽的最佳人选,发挥天赋的智慧使得力大无穷的动物无用武之地。他在巨大的木框上面钉进去很多锐利的铁钉,把它埋在很浅的壕沟里面,尖端用土掩盖看不出来;布置的地方就是进入城市的通路,没有配置部队实施正面的抵抗,侧面部署大量标枪投掷手、弓箭手和弩炮。

等到波利斯帕强的手下将缺口附近地面的碎石全部清除以后,就将所有的战象集中起来发起攻击,结果发生出乎意料的情况。前面没有设置障碍,印度象奴驱赶战象向着城市急奔,这些动物的冲锋是如此的猛烈,很快踩上满布铁钉的木框,身体的重量使得尖锐的铁钉全部穿过巨大的象脚,严重的伤势使得它们无法前进也不能后退。就在这个时候有些象奴被从侧翼发射的投掷武器所杀害,还有一些受了重伤失去战斗能力,因而战象在情况许可之下竟然丧失作用。这些战象遭受密如阵雨的投射武器,以及铁钉造成的伤口带来极大的痛苦,只有转过身来通过友军的行列,很多人因为践踏致死。最后那些最雄壮和势不可当的战象全部消失;其余的战象有的完全不能派上用场,还有一些给自己这边带来很大的伤亡。

72 麦加洛波里斯的守军对于他们的好运更是信心百倍,波利斯帕强看到这次围攻真是懊恼不已;鉴于他本人在此地不能等待更长的时间,留下部分军队继续执行原来的任务,自己离开要去处理更为棘手的事务。他派水师提督克莱都斯率领舰队出航,命令他留在海伦斯坡地区,阻止亚洲的部队渡过海峡来到欧洲。克莱都斯先要救出阿里迪乌斯,因为这个人是安蒂哥努斯的仇敌,现在带着他的士兵逃到西乌斯①。克莱都斯抵达海伦斯坡以后,能够与普罗潘提斯(Propontis)地区的城市结

①　西乌斯是位于俾西尼亚的城市,濒临普罗潘提斯海的西尼安湾(Cianian Gulf)。有关克莱都斯和安蒂哥努斯的行动,参阅本章第 52 节。

成联盟,会合阿里迪乌斯的部队,这时慕尼契亚的指挥官尼卡诺尔奉到卡桑德的派遣,率领整个舰队来到这个地区。

尼卡诺尔还接收安蒂哥努斯的战船,使得他的舰队拥有的船只已经超过一百艘①。在离拜占庭不远处发生一场海战,克莱都斯赢得胜利,击沉对方十七艘船,掳获的船只(连带上面的船员)不少于四十艘,剩余的残兵败将逃到卡尔西顿(Chalcedon)的港口②。克莱都斯认为敌军经过这次惨败,再也不敢与他在海上交锋,安蒂哥努斯在得知舰队遭到重大的损失以后,运用过人的智慧和高明的将道能够转危为安。他利用夜间在拜占庭征集辅助用船艇,运送弓箭手、投石兵和相当数目的轻装部队到对岸,天明之前袭击那些从船上下来宿营在陆地的敌人,一阵惊慌在克莱都斯的军队之间播散开来。所有人员马上陷入骚动和畏惧之中,大家跳上船只赶快离开,行李的丧失和大批人员成为俘虏,使得全军一片混乱。

安蒂哥努斯在这里将战船准备妥当,将很多最英勇善战的步兵当成水手配置在船上,派他们去与敌人战斗,要求他们要有信心击败对手,获得胜利都要依靠他们的努力。尼卡诺尔趁着夜晚出海,天明之际突然出现在混乱的敌军面前,第一次攻击使得对方大败而逃,有些敌人的船被他们用船头的撞角击沉,或者是划桨全被他们撞断,还有一些船只投降毫无损伤地落在他们手里,最后他们掳获所有的船只连带上面的水手,只有一艘带着指挥官逃走。克莱都斯放弃船只登上海岸,本想安全经由道路通过马其顿,结果落在黎西玛克斯麾下某些士兵的手里,还是无法逃脱惨遭杀害的命运③。

---

① 波利努斯《谋略》第4卷第6节,提到他的船只有130艘。
② 帕罗斯刻在大理石上的编年数据,记载这件事发生在公元前317年。
③ 两次海战都发生在公元前318年夏季。

73 安蒂哥努斯给予他的敌手灾难性的一击,使得他的军事才华获得极其响亮的声名。他开始掌握海上的优势,亚洲在他的控制之下已不再有争议。这场战事结束,他从全军选出两万名轻装步兵和四千名骑兵,向着西里西亚进军,希望在攸门尼斯建立更强大军队之前将他彻底绝灭①。就在攸门尼斯获得安蒂哥努斯采取行动的信息以后,他想要为国王光复失去的腓尼基,托勒密运用不讲信义的手段加以占领②;他为了采取先发制人的作战行动,率领部队离开腓尼基,行军通过叙利亚,企图与所谓的上行省保持接触。

不过,在靠近底格里斯河的地方,居民利用夜色的掩护对他发起袭击,使得他损失一些士兵。进入巴比伦尼亚发生同样的情况,塞琉卡斯在幼发拉底河附近向他发起攻击,使他陷入全军覆没的危险;一条运河的水位暴涨使得整个营地遭到淹没,总算及时逃到一个土堆上面,后来运河的水流进原来的河道,全军才能获得拯救。他在千钧一发之际能够摆脱塞琉卡斯的追兵,率领他的军队顺利通过波斯,共有一万五千名步兵和三千三百名骑兵。让他的军队休息恢复振奋的身心以后,他传话给上行省的省长和将领,需要他们供应士兵和金钱。

亚洲的事务在这一年的发展已经到达这个地步。

74 至于欧洲的局势(前317年),波利斯帕强围攻麦加洛波里斯失利,使得他的实力和才能受到藐视,大多数希腊城市抛弃两位国王,转过头去讨好卡桑德。雅典当局即使获得波利斯帕强或奥琳庇阿斯的鼎助,还是无法解除驻防军加在身上的束缚,这时有一个市民是大家都能接受的领导人物,冒险在市民大会发言,基于城市的利益应该与卡桑

---

① 参阅本章第 63 节。
② 参阅本章第 43 节。

德打交道。开始的时候引起一阵喧嚣,对于他的提案有人反对也有人支持,经过仔细的盘算认为这样做不失为权宜之计,大家一致赞同决定派遣使者去见卡桑德,他们认为最好的方式是安排与他关系密切的事务。

经过几次的磋商,依据下面的条件双方签订和平协议:雅典可以保有他们的城市和疆域、他们的岁入和税赋、他们的舰队和一切东西,要成为卡桑德的朋友和同盟;慕尼契亚暂时仍旧在卡桑德的控制之下,直到他与两位国王的战争宣告结束;政府掌握在财产至少有十迈纳的人士手里;卡桑德会指派一位雅典市民担任城市的监督。费勒隆的德米特流斯被他选中,等到他成为监督,运用和平的方式统治城市,对于市民都很友善①。

75 尼卡诺尔率领舰队返回派里犹斯,他们的战船上面用敌人船只的撞角当成战胜纪念的装饰品。开始的时候卡桑德对他的成就大肆赞誉,后来看到他全身充满傲慢和吹嘘的气焰,何况还用自己的手下负责慕尼契亚的防务,于是卡桑德认为他有叛变的意图,立即下手将他除去。卡桑德还把战争带进马其顿地区②,他发现很多居民前来投奔他的阵营。希腊的城市在冲动之余要与卡桑德缔结联盟关系;波利斯帕强处理两位国王和盟邦的事务,看起来像是缺乏活力和智慧,卡桑德对待所有人都公平正直,处理事务积极进取,特别是他的领导才能赢得很多支持者。

阿加萨克利在次年成为叙拉古的僭主,我们在前面提过要以这件事来终结本章的叙述。下面一章的开始就要叙述阿加萨克利的暴政以及所有值得探讨的事项。

---

① 和平协议的签订是在公元前317年春天,参阅斯特拉波《地理学》第9卷第1节。
② 参阅本书第十九章第35节。

第十九章
希腊的动荡

1 流传已久的古老谚语,绝非凡夫俗子而是位高权重者摧毁民主政体。看来一个人继续留在拥有权力的位置,就会易于逐渐采取步骤用来奴役自己的祖国,特别是能力高强和表现卓越的人物怀有统治的企图,让他们禁绝帝王的思想是相当困难的工作;渴求建立伟大的事业是人的天性,自己想要飞黄腾达还很在意他们的欲望不受限制,因此有些城市对于那些强势的知名之士,始终抱着猜忌和疑惧之心,因此要削弱他们对权力的窥伺和攫取。像雅典运用法律的手段设立贝壳放逐制度①，将位高权重的市民赶出城市流亡外国；他们这样做不是为了对违法的罪犯施加惩处，而是生怕某些市民拥有权势就会藐视法律，事先运用防患于未然的工具，使得这些人没有机会犯下拿祖国当成牺牲品如此重大的错误，因而他们经常引用一则神谶，说是梭伦预知庇西特拉图要当僭主进行极权统治，从而写出下面的对句：

> 伟大的人物致力城市的毁弃，
> 无知的民众成为僭主的奴隶。②

西西里早在接受罗马人统治之前，这个岛屿比起任何其他地方更有这种趋向，就是流行独夫可以肆虐的专制政体；很多城市受到煽动言辞的欺骗变得虚弱不振，身为强者成为专制暴君统治受到欺骗的民众。最特殊的例子是阿加萨克利成为叙拉古的僭主，这个人出身低贱卑微，不仅叙拉古的人民深受其害，就是整个西西里和利比亚都陷入极大的不幸之中。虽然他缺少资产以及境遇不佳，被逼从事陶匠的工作，等到抵达权力的顶峰就用残酷的统治，对这个庞大而美好的岛屿进行全面的奴

---

① 有关贝壳放逐制度是何人引进雅典已不可考，据说是彼昔斯特拉斯或者他的儿子，也有人认为是克里斯提尼，甚至早到帖修斯的时代。当一个人的权力变得极大，达到会给城邦带来危险的程度，就可以用这个制度将他放逐 10 年，并且要在 10 天之内离开雅典的疆域，运作的方式是每一个市民用一块陶片或贝壳，写上想要给予放逐者的名字，交给官员开始统计，总数超过 6000 名就加以分类，只要绝大多数贝壳上面有名字的人，就遭到放逐 10 年的判决，至于这个人的地位和财产都丝毫不受影响。第一次顺利放逐的案例发生在公元前 487 年，对象是僭主希皮阿斯（Hippias）的兄弟希帕克斯（Hiparchus），最后一次是公元前 417 年放逐群众领袖海帕波拉斯（Hyperbolus）；参阅亚里士多德《政治学》1284a。
② 本书第九章第 20 节有完整的诗篇。参阅戴尔《希腊抒情诗残卷》No.8 以及艾尔蒙《悲歌和抑扬格》第 122 页。

役。有一段时间他还拥有大部分的利比亚①和局部的意大利,使得西西里的城市充满暴行和杀戮。在他之前的僭主没有一位能像他那样建立丰功伟业,也没有一位能像他那样对待自己的臣民是如此残酷暴虐。例如,他通常为了惩处一个人就将他的亲属屠杀殆尽,为了与一些城市算老账残害居民连幼童都不放过;由于少数人受到指控成为罪犯,他会迫使大多数没有出错的人面临同样的命运,整座城市的居民都受到死刑的判决。

本章的内容涵盖与阿加萨克利有关的所有事件,立即摒弃序文的陈述开始主题的撰写。我们在前面的十八章当中,尽最大能力记录人类居住世界所知部分发生的事件,从早期直到阿加萨克利的暴政,向上回溯到特洛伊的毁灭,有八百六十六年之久;本章肇始于这个王朝的崛起,还要将阿加萨克利和迦太基之间的希米拉(Himera)会战包括在内,整个时期一共有七年。

2 笛摩吉尼斯(Demogenes)成为雅典的执政官,卢契乌斯·普洛久斯(Lucius Plotius)和马纽斯·弗尔维斯(Manius Fulvuius)当选罗马的执政官②,以及叙拉古的阿加萨克利成为该城的僭主(前317年)。为了使得这一序列的事件让人更能明了来龙去脉,我们必须简短叙述这位统治者早年的生活。

雷朱姆的卡辛努斯(Carcinus)受到放逐,离开家乡定居在西西里的瑟

---

① 非洲有一大块难以标示的区域位于塞伦和迦太基的领地之间,使用的称呼是利比亚。至于说阿加萨克利拥有大部分的利比亚,显然是过分夸大之词。

② 利瓦伊《罗马史》第9卷第20节,提到罗马在前318年出任执政官的是马可斯·弗留斯·弗拉西纳(M.Folius Flaccina)和卢契乌斯·普劳久斯·维诺克斯(L.Plautius Venox)。普洛久斯是普劳久斯的平民化名字。

马(Therma)，这座城市当时是在迦太基的统治之下①。他与一位当地的女子结婚，在她怀孕以后，经常在睡梦当中出现幻象给他带来困扰。他对这个小孩的呱呱降世感到焦虑，某位前去德尔斐办事的迦太基使者，受他的托付为期待之中的儿子，请求神明指点迷津。他们获得一份神谶，说是这个小孩的出生②会给迦太基和整个西西里带来不幸。卡辛努斯知道以后感到害怕，就将婴儿遗弃在公众场合，派一个人加以注意直到死亡。过了几天他从婴儿的旁边经过发现还好好活着，是派去观看的人疏忽所致。那个时候婴儿的母亲在夜里暗中前来哺乳。后来，她将婴儿抱走害怕丈夫发觉不敢放在家中，将他交给自己的兄弟赫拉克莱德(Heracleides)，用她父亲的名字为他取名阿加萨克利。

遗弃的小孩就在赫拉克莱德的家中抚养，长大以后比起同龄的儿童面孔更为俊美，身体更为强壮。就在这个小孩长到七岁的时候，卡辛努斯受到赫拉克莱德的邀请，到家中参加节庆的宴席，看到阿加萨克利与一些同伴在外面玩耍，对他的俊美和强壮感到惊奇。就向自己的妻子提到遗弃的婴儿，要是活在世上也是同样的年纪，他说他很后悔这样做，情不自禁流下眼泪。她看到丈夫的想法完全吻合当年自己的心情，就把过去的所作所为原原本本透露给卡辛努斯知道。他非常高兴听到妻子所说的话，就将儿子接回家中，害怕迦太基人采取不利的行动，全家搬到叙拉古定居③。这时他的家道已经穷困下来，阿加萨克利还在童年就教他陶器的制作这门手艺

---

① 瑟马就是本书第二十三章第 9 节提到的瑟米(Thermae)，现在的名字叫作特米尼(Termini)；这是迦太基人在公元前 407 年建立的殖民地，很多希腊的居民来自邻近的希米拉，因为希米拉这座城市在两年之前已经被夷为平地。到了公元前 397 年脱离迦太基获得自由的权利，没有人知道后来为何又受到迦太基的控制。

② 阿加萨克利大约是生在公元前 361 年，参阅本书第二十一章第 16 节。

③ 按照波利比乌斯《历史》第 12 卷第 15 节的记载，阿加萨克利在 18 岁的时候到达叙拉古。

和相关的买卖。

　　这个时候科林斯的泰摩利昂在克里米苏斯河会战中击败迦太基的大军，要把叙拉古的市民权授予所有想要获得的人士①。卡辛努斯与阿加萨克利一起登记成为市民，过了一段时间卡辛努斯逝世。阿加萨克利的母亲将自己儿子制作的石头雕像奉献在某个圣地，成群的蜜蜂聚集起来在神像的臀部造成一个蜂窝。等到得知作品出自天才神童之手，所有的人都认为这个小孩成年以后会建立很大的功勋，流传的预言后米完全兑现。

3　　叙拉古的知名人士当中有一位名叫达玛斯(Damas)②，爱上英俊的阿加萨克利，因为他累积庞大的财富，开始的时候供应男宠的花费真是一掷千金；后来达玛斯当选将领奉命征讨阿克拉加斯，手下一位千夫长过世，便指派阿加萨克利担任这个职位③。甚至就在他投身军旅生涯之前使用尺寸很大的铠甲受到大家的尊敬，参加军队的检阅习惯使用沉重的武器和披挂，一般人因为体力的关系无法负担。等到出任千夫长能够发挥所长，他在战场的搏斗英勇无敌和对群众的演说热情奔放，使他获得更高的声名。达玛斯生病亡故以后留下财产给成为寡妇的妻子，阿加萨克利娶了她成为城市最富的人士之一。

　　后来克罗顿受到布鲁提姆人的围攻，叙拉古当局派出一支强大的军队前去援救④。阿加萨克利的兄弟安坦德鲁斯(Antandrus)是援军当中一员

---

　　① 公元前341年在西西里的西部发生克里米苏斯河会战。狄奥多罗斯说是会战以后泰摩利昂将叙拉古的市民权授予希腊移民，要是按照普鲁塔克的记载，早在几年以前就开始办理。

　　② 参阅波利比乌斯《历史》第12卷第15节。贾士丁《菲利浦王朝史》第22卷第1节，提到阿加萨克利的恩主是达马斯康(Damascon)。

　　③ 千夫长名义上是指挥有一千个士兵的单位，参阅本书第十八章第39节和注释102。有关阿加萨克利早年的军旅生涯，可以参阅贾士丁《菲利浦王朝史》第22卷第1节。

　　④ 大约是在公元前325年。

将领,负责的主将是赫拉克莱德和索斯特拉都斯①,这两位一生当中做尽坏事,像叛逆、谋杀和其他邪恶的行为,本书前一章对他们的经历和事迹都有详尽的叙述。阿加萨克利参加他们的作战行动,他的能力受到大家的肯定,已经善尽千夫长的职责。虽然他首次对抗蛮族就已声名鹊起,索斯特拉都斯和他的朋友对他极其嫉妒,英勇的行为应得的奖励都被剥夺殆尽。阿加萨克斯对他们深恶痛绝,就在公众面前公开谴责他们,决定建立一个专制政府。叙拉古的人民对他的指控抱着毫不在意的态度,等到索斯特拉都斯从克罗顿返回,组成的阴谋集团能够控制整座城市。

4 阿加萨克利对他们采取敌对的行动,开始的时候就与那些有共同看法的人士,停留在意大利。打算在克罗顿②建立稳固的基础,结果受到驱逐就与少数人士逃到塔伦屯。停留在当地的时候他接受招募加入佣兵的队伍,因为不断参加冒险的行动,怀疑他有发起革命的企图。出于这个原因他被军队辞退,开始在意大利各地聚集流亡人士,前去援助雷朱姆,这座城市正遭到赫拉克莱德和索斯特拉都斯的攻击。后来叙拉古的阴谋集团走向穷途末路,索斯特拉都斯的党派遭到放逐,阿加萨克利回到自己的城市。很多声名显赫的市民与阴谋分子同时被迫离开,理由在于他们是"六百人团"(six hundred noblest)③的成员,这个团体就是寡头政治

---

① 我们在前面提到阿加萨克利的舅父名叫赫拉克莱德,是否就是这一位难免要引起争论,有的学者认为是同一个人,但是《剑桥古代史》第 7 章第 618 页,却加以否认。虽然狄奥多罗斯根据手抄本知道索斯特拉都斯这个名字,但是很多学者将他叫成索西斯特拉都斯(Sosistratus)。

② 这个时候的克罗顿是在寡头体制的政府控制之下,他们的做法如同叙拉古的"六百人团"。虽然民主体制有很多缺失,还是很快建立起来,公元前 317—前 318 年一度遭到对手的打压,最后还是消灭寡头政体的实力。

③ "六百人团"像是一个政治团体,并不是正式的政府组织,参阅《剑桥古代史》第 7 章第 618 页。

的主体架构,这时又在这群放逐者和民主体制的支持者之间爆发战争。迦太基与索斯特拉都斯领导的放逐者建立联盟关系,使得两个强大的武力阵营之间不断发生冲突和激战,就阿加萨克利而言,有时只是一个列兵,有时奉派成为指挥官,他的干劲和才华受到肯定,每逢紧急情况出现,他有本领化解危险的局面。

　　某件与此相关的例子值得提出来让大家知道。叙拉古人有一次在杰拉附近设置营地,他率领一千多人在夜间偷偷溜进城市,这时索斯特拉都斯带着大量兵力摆出会战的队形突然出现,击败已经进城的敌军使得对手有三百人被杀。这时剩余的人员必须经过一个狭窄的通道才能逃脱,大家已经放弃安全撤离的希望,阿加萨克利出乎意料将他们从危险当中拯救出来。他与敌人作战最为英勇,结果身上有七处伤口,因为失血过多使得体力变得衰弱;等到敌军全力攻打过来,他命令喇叭手登上城墙,在每个方向都吹响发起会战的信号。这时城中列队而出前来助阵的人员,因为在黑暗之中无法判明真相,认为叙拉古人的主力已经从城市的两边突入,于是放弃追击当面的敌人,他们兵分两路要去应付迫近的危险,向着喇叭手吹起号角的地方全速跑去。在这种情况之下,阿加萨克利和他的手下能获得喘息的机会,非常安全地返回戒备森严的营地。这就是他运用智力胜过敌人的方式,像是出现奇迹一样救出自己的同伴,连带还有七百多名盟军。

5　　就在科林斯人阿昔斯托瑞德(Acestorides)获选在叙拉古出任将领的时候①,据说阿加萨克利有进行专制统治的意图,后来由于他的精明才能逃脱这方面的危险。阿昔斯托瑞德对于城市的党派倾轧,在处理的时候抱着小心翼翼的态度,不愿为阿加萨克利带来动乱将他公开处

---

　　① 泰摩利昂逝世以后,叙拉古人为了表彰他的功勋,通过提案制定一条法律,而后发生对外的战争,要从科林斯选出一位将领前来领导他们。

决,只是命令他离开城市,派人趁着夜色在途中将他除去。阿加萨克利非常机警猜出将领的意图,选出一位与他身材和容貌相似的奴隶,让这个人穿上他的装束和甲胄,乘上他的坐骑,去欺骗那些派来杀他的人。至于他自己穿上褴褛的服装,行进当中完全避开道路。派来的凶手只能从穿着的披挂和外形认为这就是阿加萨克利,尤其是黑暗之中无法观察得更加仔细,虽然刺杀的行动已经得手却没有完成交付的任务。

后来叙拉古当局让受到索斯特拉都斯驱逐的人员返回家园,同时与迦太基当局讲和;阿加萨克利仍旧是放逐异地的流亡者,就在内陆地区聚集一支为个人效命的军队。等到他成为市民同胞以及迦太基人深感畏惧的目标①以后,受到说服安然回到自己的城市;就在市民的簇拥之下来到德米特神庙,神明面前立下誓言不再背弃和反对民主政体。后来直到他能与返回城市的放逐者建立和谐的关系为止,始终以身为民主政体的支持者为借口,运用各种伎俩赢得人民的爱戴,确保自己能够当选城邦的将领,成为和平的保护者。这时城邦分成很多的党派各有不同的政治主张,经常聚会提出相互对立和引起争执的意见;其中反对阿加萨克利最有力的组织是"六百人团",他们在那个时候引导城市走向寡头政体;因为在叙拉古人当中只有声望最高和财富最多的人士,才能成为这个团体的成员。

6 阿加萨克利对于权力的贪婪永不满足,具有很多长处可以达成这方面的企图。他这时不仅是一位指挥军队的将领,消息传来叛徒在靠近厄毕塔(Erbita)的内陆地区聚集一支军队,他还能在不引起猜忌的情况下,获得授权可以征召他所选择的士兵。他装出要对厄毕塔进行讨伐的模样,就从摩根提纳(Margantina)和其他内陆的城市征召市民组成军队,

---

① 参阅贾士丁《菲利浦王朝史》第 22 卷第 2 节。

这些人过去为了对抗迦太基人曾经在他的手下服役。他们对于阿加萨克利全都忠心耿耿,参与作战行动从他那里得到很多好处,同时他们对"六百人团"始终带有敌意,因为后者的成员在叙拉古构成寡头政体,民众被迫奉行命令当然会怀恨在心。士兵大约有三千人,由于他们的倾向和精心的选择,成为推翻民主政体最适合的工具,再加上这些市民不仅贫穷而且嫉妒,对以权势自诩的阶层充满敌意。

等到一切准备妥当,他命令这些士兵一大早要在泰摩利昂提姆(Timo-leontium)①报到;他自己召来"六百人团"的首脑人物派撒克斯(Peisarchus)和戴奥克利(Diocles),像是他要与这两位讨论一些有关公众的事务。他们还有四十名朋友陪同,阿加萨克利借口这些人对他有谋害的意图,就将他们全都逮捕以后在士兵的面前提出指控,说他同情一般民众的处境,所以遭到"六百人团"的陷害,对于自己的命运感到无比的哀痛。这些暴民全部鼓噪起来,大声叫喊催他立即对这群坏蛋施以应得的惩罚,他下令喇叭手吹起会战的号角声,士兵奉命前去杀死那些有罪的人,抢劫"六百人团"成员和支持者的财产。所有的人都冲进去大肆掠夺,城市陷入混乱和惨重的灾难之中;那些与寡头政体为敌的贵族阶层,没有想到毁灭会降临到他们的头上,得知动乱的成因以后带着兴奋的神色,都从自己的家中蜂拥到街上,士兵的蛮横出于贪财和愤怒,杀死那些不知情况严重、没有带武器保护自己的人士。

7 城中向外的狭窄通道全被士兵占据,遭到屠杀的受害者有些是在街道有些在他们的家中。很多人根本没有受到牵连和指控,只是想打听发生惨剧的原因,同样遭到对方痛下毒手。全副武装的暴民为了夺

---

① 这是一个很大的体育馆建在泰摩利昂的陵墓附近。

取权力根本不分敌友,只要任何人能从他们的行动当中获得利益,就会被视为敌人杀之无赦。可以看到整座城市充满暴行、杀戮和各种无法无天的行为。有些人长期存在的仇恨受到压制,不敢对敌视的目标有无礼的举动,现在有了机会可以满足他们的愤怒。还有一些人认为屠杀有钱人就会增加自己的财产,对于他们的被害根本不会施加援手。于是有人拿武器破坏大门,有人用梯子爬上屋顶,还有人与在屋顶防卫的家主大打出手;甚至那些逃进寺庙祈祷上苍给予保佑的人,因为对神明的尊敬已经荡然无存,他们的安全根本得不到保障。天下太平的时代就在自己的城市里面,希腊人敢对希腊人犯下十恶不赦的重罪,亲戚要与亲戚拿起武器相互厮杀,他们对于人道的关怀、法纪的束缚和神明的威严全都不加理会,我不能说是一个朋友,即使是不共戴天的仇敌,只要他的灵魂当中还能激起同情的火花,也不会对不幸的受害者没有一点怜悯之心。

8 城市的城门全部紧闭,被杀的受害者超过四千人,这些人唯一的罪名是有很好的出身和家世。那些逃走的人有的在城门遭到逮捕,同时有人越过城墙在邻近的城市找到庇护;不过,还有人在遭到杀害之前,紧张之余不幸失足就会头朝下落地当场摔死。那些被赶出城市的民众超过六千人,大多数逃到阿克拉加斯,能够在该地受到妥当的照顾。阿加萨克利的党徒整个白天都在杀害他们的市民同胞,就是对妇女也没有放过,犯下很多令人发指的暴行和罪孽,他们认为有些人虽然免予丧命,亲人的受辱给他们带来更大的惩罚,无论是丈夫和父亲想到自己的妻子遭到非礼或是未婚的女儿被人侵犯,对他们而言比死亡更为痛苦。我们对于这种事件的记载不会运用过分带有悲剧性的笔调,一般来说这是史家的习惯,主要在于我们对受害者抱着同情的态度,还有就是没有一个读者在了解事实的真相以后愿意听到所有的细节。阿加萨克利在两天过后,对于屠杀市民同胞已经感到餍足，然后他将很多人像囚犯一样关起来，戴诺克拉底（Deinocrates）因为过去的友情让他不受牵连，其中对他最为敌视的人士还是被他杀害，剩下的人受到放逐。

9 接着他召开市民大会，对于现存的"六百人团"和主张寡头政体的人士提出指控，说这些人想要成为城邦的统治者，他的目标是要把他们清除干净；他宣称要恢复人民纯洁无瑕的自由，他希望至少可以解除他的负担，基于大家平等的立场成为一位普通市民。他说完话以后脱下军人穿着的斗篷，换上市民的长袍才离开，表示他跟大家一样没有不同之处。他这样做仅仅在扮演一个民主政体拥护者的角色，因为他非常了解市民大会的大多数成员，都已分享他从事罪恶行为带来的好处，除了他绝对不会选其他任何人担任将领。

不管怎么说，那些抢夺受害者财产的人员不断在喊叫，求他不要离开他们应出任治理城邦的职位。开始的时候他保持沉默，接着这些暴民继续对他施压，他说他愿意以将领的名义负起所有的责任，条件是他不愿与任何人进行联合统治，因为他不同意一个委员会经过合法的表决，可以将非法的行动施加在别人身上。多数市民同意他提出的要求，选他担任将领拥有绝对的权力，公开行使职责用来管理城市的事务①。至于那些没有败坏或未被误导的叙拉古人，有些人因为恐惧只有尽量忍耐，还有一些人感到他们的数量敌不过暴民，不敢明确表露他们的敌意。

从另一方面考虑，很多贫民和陷身债务的人士欢迎改革，阿加萨克利在市民大会给予承诺，不仅免除他们的债务还要将土地分给贫民。等到他的目标达到以后，停止更进一步的杀戮和惩处。他的性格发生非常大的变

---

① 这件事发生在公元前 317 年。

化,对于一般人表现友善的态度,广布的恩惠让不少人鼓起勇气,伸出援手帮助很多人改变对他的看法,特别是博爱主义的言论让大家对他产生好感。虽然他拥有绝对的权力,并没有戴上帝王的冠冕,也不会雇用随身的侍卫,更不必摆出傲慢的神色,这几乎是所有僭主应该遵循的习惯。他对政府的税收和武器的整备,特别注意保持小心审慎的态度,此外他准备在城市附近建造战船。阿加萨克利对内陆的地区和城市都要紧紧控制在自己的手里。

那么,这些都是西西里的情况①。

10 意大利的罗马人正与萨姆奈人进行第九年的战争。虽然以前罗马始终投入很大的兵力,但此时他们对于敌对地区的入侵,部队的减少已经到不值得一提的程度;他们并没有停止攻击坚固的据点和劫掠四周的乡村。他们在阿普利亚(Apulia)将整个道尼亚(Daunia)洗劫一空,还赢得卡奴西姆人(Canusians)的归顺,居民为此愿意交付人质。他们还在原有城邦架构当中增加两个新的部族,就是法勒纳(Falerna)和欧芬蒂纳(Oufentina)。就在这些事件继续进行的时候,克罗顿当局已经与布鲁提姆人讲和,由于他们实施民主体制因而遭到放逐的市民,在与赫拉克利和索斯特拉都斯缔结联盟以后,双方的战事一直持续下去。我们在前面一章②对于细节部分有详尽的叙述。这次的战争到了第二个年头,佩朗(Paron)和麦内迪穆斯(Menedemus)③都是知名之士,受到推选成为将领。流亡人士带着三百名佣兵从休里埃出发,想要在黑夜的掩护之下进入自己的城市,事机不密被克罗顿的民众发觉战败撤离,扎营在布鲁提姆的

---

① 下面要接本书第 65 节。在公元前 316 年这一年当中,没有提到西西里发生的情况。

② 参阅本章第 3—4 节。第十八章并没有提到这件事。

③ 麦内迪穆斯后来成为克罗顿的僭主,参阅第二十一章残卷第 4 节。

边界上面。很快市民组成的军队前来攻击,由于兵力相差悬殊全部遭到
屠杀。

我们将西西里和意大利的事务交代清楚,接着要提到欧洲其他部分。

11 马其顿的优里迪丝担任摄政,负起治理城邦的责任①,听到奥琳庇阿斯有归国的打算,立即派出一位密使前往伯罗奔尼撒去见卡桑德,求他尽其所有给她提供援助;采取积极的行动不断对马其顿人赠送礼物和给予承诺,要使他们对她忠心耿耿永不离弃。波利斯帕强与伊庇鲁斯的伊阿塞德结盟,聚集一支军队拥护奥琳庇阿斯和亚历山大之子登上宝座。他在听到优里迪丝以及她的军队留在马其顿的优伊亚(Euia)②,火速赶去打算用一次会战决定所有的军事行动。不过,等到两军面对面摆出接战的态势,马其顿人出于对奥琳庇阿斯的尊敬,想起他们从亚历山大那里接受的福利,立即转变效忠的对象。菲利浦王和他的宫廷全都成为阶下囚,优里迪丝和他的顾问波利克利在前往安斐波里斯的路上遭到逮捕。

奥琳庇阿斯掳获皇家的成员未经一战得到王国,虽然有很好的运道却丧失胜者应有的风范,她将优里迪丝和菲利浦置于严密的看管之下,开始使用各种虐待的手法,囚禁的位置是非常狭窄的空间,各种供应需要经过一个很小的开口;等到使用非法的伎俩折磨不幸的犯人达很多天之后,由于马其顿人同情可怜的受害者,奥琳庇阿斯失去他们的尊敬和支持;特别是她命令一位色雷斯人用剑刺死菲利浦,这时他出任国王已

---

① 她与两位国王返回马其顿,安蒂佩特过世以后她支持卡桑德,以菲利浦的名义不让波利斯帕强担任国王的监护人。她与奥琳庇阿斯的钩心斗角,参阅贾士丁《菲利浦王朝史》第14卷第5节。

② 没有人知道这个市镇的确切位置,托勒密认为这是达萨里提人(Dassaretae)的小镇,达萨里提人是一个伊利里亚的部落,他们住在离马其顿边界不远的地方。

有六年四个月;她公开审判优里迪丝,由于后者拒绝宣称王国应该属于奥琳庇阿斯而不是优里迪丝自己,得到的判决是接受最严厉的惩处。奥琳庇阿斯派人送给优里迪丝一把佩剑、一根绳索和一杯毒胡萝卜汁,让她选择自己乐于使用的死亡方式,既不尊重她拥有高贵的地位,对于她的命运也毫无恻隐之心。须知后来奥琳庇阿斯落入同样的横逆处境之中,残酷的行为必定难逃一死。

优里迪丝当着随从的面向上苍祈祷,奥琳庇阿斯命中注定受到惨痛的报应。接着她要处理丈夫的尸体,尽可能将他身上的伤口清洗干净,然后用腰带自缢结束她的一生,没有为乖戾的命运哭泣落泪,更不会为不幸的遭遇感到自惭①。等到这两位主角丧命以后,奥琳庇阿斯处决卡桑德的兄弟尼卡诺尔,挖掘爱奥拉斯(Iollas)的坟墓,据她的说法是为了亚历山大的死亡采取报复的行动②。她还从马其顿人当中选出一百位显赫的人物,认定他们是卡桑德的党羽全部加以屠杀。如此穷凶极恶发泄她的愤怒,立即引起很多马其顿人痛恨她的残忍和冷酷;这时他们想起安蒂佩特所说的话,他在弥留之际躺在床上向他们交代③,像是具有未卜先知的本事,绝不能让一位妇人在王国拥有最高的统治权力。

马其顿的内部事务所造成的情势,已经明确指出迫在眉睫的革命行动。

---

① 优里迪丝死于公元前 317 年夏季或秋天,卡桑德后来在埃吉伊(Aegeae)为她举行盛大的皇家葬礼;有关她的亡故参阅伊利安《历史文集》第 13 卷第 36 节。
② 据说亚历山大是安蒂佩特暗中将他毒死,参阅本书第十七章第 118 节;普鲁塔克《希腊罗马名人传》第 17 篇第 1 章"亚历山大"第 77 节以及阿瑞安《亚历山大远征记》第 7 卷第 27 节。爱奥拉斯是卡桑德另外一位兄弟。
③ 参阅本书第十八章第 1 节。

12 亚洲的攸门尼斯率领银盾军和他们的指挥官安蒂吉尼斯在巴比伦尼亚的村庄过冬,据说这些都是卡里亚人的村庄①。他派遣使者去见塞琉卡斯和皮松,请求他们鼎力相助两位国王,加入他的阵营共同前去讨伐安蒂哥努斯。这两个人的职位经过第二次在垂帕拉迪苏斯(Triparadeisus)分配行省以后,皮松担任米地亚的省长,另外一位只是名义上成为巴比伦尼亚的统治者。塞琉卡斯说他愿意为国王陛下服务,只是不能听从攸门尼斯的命令行事,因为后者在马其顿的市民大会当中受到死刑的宣判②。他们就这些问题经过讨论以后,派出一位密使去与安蒂吉尼斯和银盾军会面,要求他们不让攸门尼斯负起指挥的责任。马其顿人对于提出的意见嗤之以鼻,攸门尼斯赞许他们的忠诚,率领全军出发,抵达底格里斯河在距离巴比伦三百斯塔德的地方开设营地③。他进军的目标是直趋苏萨,打算在那里召集上行省的军队,基于紧急需要动用皇家金库存放的巨额款项。他被迫要渡过这条大河,因为在他后面的地区全部都已掠夺一空,只有河的那一边还未受到波及,可以获得充裕的粮食供应军队。就在他从各地征调船只用来渡河④的时候,塞琉卡斯和皮松乘坐两艘三层桨座战船和大批平底小船顺流而下,这些运输工具都是亚历山大在巴比伦附近建造,经历战火还能保存下来⑤。

---

① 这是指公元前 318 年冬天。第十七章第 110 节提到亚历山大经过一个名叫卡里(Carae)的村庄,可能就是同一个地方;应该不是本章第 91 节所说那个卡里,后者是美索不达米亚一座众所周知的城市,只不过名字的拼法是 Carrhae 而已。

② 参阅本书第十八章第 37 节。

③ 大约有 34.5 里。他在巴比伦的下方横越美索不达米亚地区。

④ 亚历山大用徒涉的方式越过底格里斯河,只有渡河极其困难和河水高涨的情况下才运用船只,参阅本书第十七章第 55 节。

⑤ 阿瑞安在《亚历山大远征记》第 7 卷第 19 节,提到 42 艘三层桨座战船和其他很多大型船只,就在巴比伦加以装配和进行建造,这是亚历山大回到城市以后还未去世之前的事,只是里面没有提及小型的平底船。

13 塞琉卡斯和皮松将船只靠近适合登岸的地方,再度想要说服马其顿的士兵听从两人的要求,因为攸门尼斯是一个外籍人士,况且还杀死很多马其顿的人民,不应该将他们的利益寄托在这个人的身上。安蒂吉尼斯和他的手下根本不予理会,塞琉卡斯的航行使用一条古老的运河,因为时间的久远发生淤塞,他们清理入口可以通行。马其顿的营地四周被河水围绕,邻近的陆地已经泛滥成灾,他们陷入洪水之中会给全军带来毁灭的危险。攸门尼斯在那一天没有采取任何行动,对于这种情况不知如何处理;次日他们带来三百多艘平底船只,将大部分的军队渡过河流,所有人都能安全登岸;因为塞琉卡斯的骑兵部队较之敌手居于绝对劣势。等到夜幕低垂以后,攸门尼斯非常担心他们的辎重和行李,又让马其顿人渡河返回原处;就在当地一位居民的引导之下,开始在某个地方进行挖掘的工作,很容易与运河连接起来,可以通过邻近的陆地。

塞琉卡斯看到事已如此,唯一办法是他们尽快离开他的行省,派出使者去与对方商议停战协议,愿意让攸门尼斯不受阻碍渡过河流①。同时他派出急行的信差前往美索不达米亚去见安蒂哥努斯,请求他率领军队在行省受到入侵之前尽快赶来。不过,攸门尼斯在渡过底格里斯河以后到达苏西亚纳,因为缺乏粮食只有将全军区分为三个部分,成为分离的纵队行军通过这个区域,虽然他无法缴收谷物,还是将大米、芝麻和椰枣分配给士兵,这里的田地生产大宗此类食品。他还派人将国王的信函传阅上行省的指挥官,里面特别提到要他们在各方都服从攸门尼斯的命令;同时要求所有的省长带着他们的军队前来苏西亚纳会师。真正出现的情况是他们在这个时候动员自己的军队,因为其他的理由开始集结起来,这方面的需要已经是当务之急。

---

① 攸门尼斯已经拥有巴比伦这座防卫森严的城市,这是他在公元前318年10月夺取的,参阅《剑桥古代史》第6章第477页。

14 皮松奉派担任米地亚的省长,后来成为负责整个上行省的将领,处死在帕提亚出任将领的斐洛塔斯,由他的兄弟优达穆斯 (Eudamus) 取代留下的职位①。所有其他的省长将他们的部队会合起来,因为皮松已经露出狰狞的面目,开始着手他的计谋,大家害怕落得与斐洛塔斯同样的下场。他们在一次会战当中占到上风,杀死很多支持他的人士,并且将他赶出帕提亚。他最初撤退到米地亚,没过多久就前往巴比伦,邀请塞琉卡斯给予援助,分享他预期可以获得的成果。上行省的省长基于这个缘故将他们的军队集中在一个地方,攸门尼斯派来的密使发现这些部队都已准备妥当。所有的指挥官中大家认为朴西斯底最为卓越,举凡被他率领过的部队都有这种看法,从前他是亚历山大的贴身卫士,因为骁勇善战受到国王多次拔擢。他很多年来一直担任波斯的省长,获得居民的敬重和喜爱②。据说亚历山大在所有的马其顿人当中,只允许他穿着波斯的服装,希望这方面能让波斯人感到窝心,朴西斯底能让这个国家在各方面都能服从他的命令。

这个时候朴西斯底拥有一万名波斯的弓箭手和投石兵,三千名来自不同种族的步兵使用马其顿的武器和阵式,六百名色雷斯和希腊的骑兵,还有四百名波斯的骑兵。马其顿的特利波勒穆斯担任卡玛尼亚的省长,率领一千五百名步兵和七百名骑兵。西拜久斯是负责阿拉考西亚的指挥官③,带来一千名步兵和六百一十名骑兵。帕罗潘尼萨迪这个行省的总督是奥克西阿底,安德侯巴苏斯奉到他的派遣带来一千两百名步兵和四百名骑

---

① 皮松在垂帕拉迪苏斯的分配会议当中,他获得的地盘是米地亚,那个时候帕提亚的省长是菲利浦,参阅本书第十八章第 39 节。狄奥多罗斯说他成为上行省的将领,都是用武力夺取的成果;提到皮松在开始就拟订计划,参阅本书第十八章第 7 节。

② 最早担任波斯的省长是亚历山大指派,帕迪卡斯和安蒂佩特当权的时期继续任职。

③ 他最早也是奉到亚历山大的任命,后来获得帕迪卡斯和安蒂佩特的认可,只是在本书第十八章第 39 节中没有提到他的名字。

兵。斯塔桑德是阿里亚和德朗吉纳的省长，还能从巴克特里阿纳带来部队，一共有一千五百名步兵和一千名骑兵。优达穆斯从印度前来共襄盛举①，除了五百名骑兵和三百名步兵，还有一百二十头战象。亚历山大崩殂以后，波鲁斯王因为叛变被杀，从他那里获得这批猛兽。这些省长集结的实力一共是一万八千七百名步兵和四千六百名骑兵②。

15 这些省长来到苏西亚纳与攸门尼斯会合，他们召开一次大会，就推举主将的问题产生很多意见和争执。朴西斯底认为他带来参战的士兵人数最多，何况他在亚历山大的麾下拥有很高的位阶，所以他应该拥有最高的指挥权力；银盾军的将领安蒂吉尼斯则说选择的权利应该归于马其顿人，因为他们随着亚历山大征服亚洲，所以战无不胜在于马其顿士兵的英勇。不过，攸门尼斯害怕这种争执不下的局面，会使得大家离心离德成为安蒂哥努斯各个击破的目标，于是劝他们不必设置一个大权独揽的指挥官，所有的省长和全军选出来的将领，每天都在皇家的中军大帐里面集会，商议与共同利益有关的事务。因为在亚历山大逝世以后还为他架设一个御帐，里面放置他的宝座，他们可以按照习俗上香奉献祭品，然后大家坐下来就需要注意的事务进行讨论。

全体人员都同意这个提议，因为对大家都有好处。他每天召开会议就像有些城市的统治运用民主的原则。后来从他们抵达苏萨开始，攸门尼斯从负责管理金库的监督那里接收巨额金钱足够他的需要；国王来信命令该

---

① 亚历山大派优达穆斯担任"驻外代表"留在塔克西勒斯的身边，参阅阿瑞安《亚历山大远征记》第6卷第27节。我们不知道有讨伐波鲁斯这件事。本章开始提到皮松的兄弟名叫优达穆斯，这两位不是同一个人。

② 上面提到这些兵力的总数应该是18500名步兵和4210名骑兵，可能是美索不达米亚的安斐玛克斯带来的部队没有算进去，在本章第27节提到他率领600名骑兵和一些步兵参加迦比纳会战。

员要交付他所提出的数目①。他在支付马其顿的士兵六个月的薪饷以后，再交给优达穆斯两百泰伦，因为后者从印度带来大批战象，说是用来维持这些动物的生活所需，真正的意图是用礼物赢得这些人的好感；只要将他们争取过来就能改变形势，对他有利，因为他可以靠着这些猛兽对其他人产生震慑的作用。对于其他省长所率领的部队，只要听命于他就会供应所需的粮草。

就在攸门尼斯仍旧留在苏西亚纳让他的部队休养生息的时候，安蒂哥努斯在美索不达米亚过冬②，开始的计划是在攸门尼斯的势力日益增长之前，紧跟在他的后面一点都不放松；等到听到这些省长和他们的军队已经与银盾军会师，他停了下来让部队开始整补要征召更多的士兵，因为他知道战争需要大量军队而且他没有做好周全的准备。

16 就在发生这些事情的时候，阿塔卢斯、波勒蒙和多西穆斯，还要加上安蒂佩特和斐洛塔斯，这些指挥官与阿尔西塔斯的军队一起成为俘虏，被关在一个戒备非常森严的城堡里面；他们听到安蒂哥努斯对于上行省发起远征行动，认为自己会有很好的机会，说服某个狱卒释放他们还让他们获得武器，要在午夜除去守卫。他们这边只有八个人，然而担任警备的士兵是四百人，但是他们大胆无畏而且身手灵巧，这些都是当年在亚历山大麾下服务养成的本领。他们对驻防军的队长色诺庇则斯痛下毒手，将他的尸体从城墙上面丢下去，那个位置的悬崖高度是六百尺；杀死一些余下的守卫或将其他的人推下城墙摔死，接着就纵火让整座建筑物烧了起来。就在大家观看这场事故的时候他们的人数增加到五十

---

① 金额是 500 泰伦。
② 这是公元前 318 年冬天，概同于本章第 12 节提到的情况。

人。由于这个要塞储存大量谷物和其他的补给品,他们商议是否留在这个坚固的堡垒里面,发挥守备的功能静候攸门尼斯的救援,或是尽快逃到四周的乡野等待局势的变化。

这样就会引起一场口角,多西穆斯劝大家赶紧逃走,阿塔卢斯认为长期的囚禁使得他们的体能变得非常虚弱,已经无法忍受艰辛的流亡生活。就在彼此争辩不休的时候,邻近的堡垒已经集结一支部队,大约有五百名步兵和四百名骑兵,此外还有一些人是当地的土著,数目超过三千人,他们从同一阶层当中选出一位指挥官,就在要塞的周围开设驻扎的营地。他们受到严密的封锁逃不出去,多西穆斯知道一条向下的通路没有配置守卫,派出一位使者去见安蒂哥努斯的妻子斯特拉托妮丝(Stratonice),这时她刚好住在邻近地区。他和同伴的逃脱要经过她的安排,他对这方面没有信心,只有将自己交到一位警卫的手里;这个人过去曾经担任敌人的向导,指使他们一部分进入堡垒,占领一个制高点。虽然阿塔卢斯的追兵人多势众,他们靠着无畏的勇气能够占据这块地盘,顽强抵抗继续日复一日的战斗;经过一年四个月的围攻以后,他们还是失守成为阶下囚。

17 德谟克莱德(Democleides)成为雅典的执政官,盖尤斯·朱纽斯(Gaius Junius)和奎因都斯·伊米留斯(Quintus Aemilius)当选罗马的执政官①。举行第一百一十六届奥林匹亚运动会,拉柯尼亚人戴诺米尼斯(Deinomenes)赢得赛跑的优胜(前317年)。这时安蒂哥努斯从美索不达米亚出发前往巴比伦尼亚,在那里与塞琉卡斯和皮松达成采取共同行动的协议。他从这两位的手里接收一些士兵,底格里斯河架设浮桥带

---

① 按照传年代记,盖尤斯·朱纽斯·布布库斯(C.Junius Bubulcus)和奎因都斯·伊米留斯·巴布拉(Q.Aemilius Barbula)出任前317年的执政官。第17—38节一直叙述前317年发生的事件。

着全军到达对岸,接着进军前去攻打敌人。攸门尼斯得知当前发生的情况,命令在苏萨防守城堡的色诺菲卢斯(Xenophilus),对于安蒂哥努斯不得给予金钱或是进行商谈。攸门尼斯率领部队赶往底格里斯河①,离开苏萨经过一天的行军,来到河流从山地流出的区域,攸克西亚是一个未被征服的部落,他们占有这个地方。底格里斯河在这里的宽度通常是三斯塔德,有的地方到达四斯塔德②;它的深度在河流的中央可以达到大象的背部。这条河从山区流出来经过七百斯塔德的距离,最后注入红海③,河中盛产诸如鲨鱼之类的海鱼,出现在天狼星升起的季节④。他们将河流当成战线的正面可以发挥保护的作用,从它的源头到入海的位置在河岸上设置负责警戒的哨所,然后等待敌军发起攻势。

防卫这段河道需要不少的士兵,攸门尼斯和安蒂吉尼斯要求朴西斯底从波斯调来一万名弓箭手。开始的时候他根本不加理会,因为他对于争取最高指挥职位一事怀着怨恨之心,后来他总算知道轻重,要是让安蒂哥努斯获得胜利,不仅失去行省连性命都会不保。因此,他对自己的未来感到忧虑不安,认为只要尽可能拥有更多的士兵,就可以在作战的指挥方面获得更大的权力,现在只等他们提出要求他就会派出一万名弓箭手。虽然有些波斯人的位置是在三十天行程的远处,他们在指定的日子都能同时接到命令,这要靠着警戒的哨所有非常巧妙的安排,只是这些消息在传送的过程无法保持机密。波斯的地形被很多狭谷分割,监视哨的位置很高而且非常接近,就将一些嗓门很大的居民安置在其中,因为哨所彼此相隔的距离

---

① 这是非常明显的错误,应该是帕西底格里斯河才对,参阅本章第 2 节,普鲁塔克《希腊罗马名人传》第 15 篇第 2 章"攸门尼斯"第 14 节以及斯特拉波《地理学》第 15 卷第 3 节。不过,前面提到这里到苏萨的距离是 4 天的行程,倒是正确无误。

② 分别是 1800 英尺和 2400 英尺。

③ 本书提到的红海应该是波斯湾。

④ 时间是 6 月底。

在人的声音能够听到的范围之内，接到的命令用这种方式送出去，口耳相传很快抵达行省的边界①。

18 就在攸门尼斯和朴西斯底忙着这些事务的时候，安蒂哥努斯率领部队进军米地亚的都城苏萨。他指派塞琉卡斯担任省长，交给他部队下令围攻城堡，因为金库的监督色诺菲卢斯拒绝接受他的命令②。他自己带着军队撤收营地开拔前去攻打敌人，但是使用的路途对一支外来的队伍而言，在上面的行动不仅极其炎热而且危险。出于这个原因他们被迫要在夜间行军，日出之前要在靠近河流的地方开设营地。虽然他尽全力采取各种预防措施，酷热天气还是使他损失大量人马，因为那个时候已经是天狼星升起的季节③，地区的特性带来的困难仍然无法完全避免。他抵达科普拉底（Coprates）河开始做渡河的准备。这条河川发源在某个山区，注入帕西底格里斯（Pasitigris）河的地方距离攸门尼斯的营地只有八十斯塔德。科普拉底河的宽度有四百尺，水流非常湍急，需要船只或者架设桥梁。找到几艘平底小船，他下令让一些步兵部队先行渡河，吩咐他们在前面挖出一道壕沟以及建起一道围栏，用来掩护后续部队的行动。

攸门尼斯从斥候那里得知敌军的动静，立即率领四千名步兵和一千三百名骑兵，利用架设的浮桥渡过底格里斯河④，对于安蒂哥努斯已经渡河的部队，数量是这样庞大感到不可思议，因为抵达对岸有三千名步兵和四百名骑兵，至少还有六千士兵正在渡河之中，同时根据惯常的方式分散开

---

① 克里奥米德（Cleomedes）提到泽尔西斯用类似的方法，将消息从雅典传到苏萨只花两天两夜的工夫。

② 参阅本章第 17 节。

③ 科普拉底河会战发生在公元前 317 年 7 月。

④ 应该是帕西底格里斯河才对。普鲁塔克《希腊罗马名人传》第 15 篇第 2 章"攸门尼斯"第 14 节记载，会战发生的地方是在帕西底格里斯河，并不是科普拉底河。

来成为征收粮草的团体。攸门尼斯对这群乌合之众立即发起突击,靠着兵力优势打败马其顿人的抵抗,逼得他们向着河岸逃走。他们全都挤到船只上面,因为搭载的人数过多而沉没,胆敢游过去的人很多被激流冲走遭到淹毙,只有少数人能够安全到达对岸。那些不会游泳的士兵都成了俘虏总数多达四千人。安蒂哥努斯看到眼前发生的惨剧,因为缺乏船只只能束手无策。

19 渡河已经不可能,安蒂哥努斯向着优里乌斯(Eulaeus)河边的巴达卡(Badaca)进发①,强烈的阳光之下行军极其灼热,很多人员死亡使得军队士气沮丧。只有在这座城市停留几天,好让士兵能从疲劳和痛苦中复原,他决定最佳的行动是前往米地亚的伊克巴塔纳,作为控制上行省的作战基地。两条路可以到达米地亚,每条路都有不易克服的困难:有一条皇家大道经由科隆(Colon)②,只是经过炎热的地区而且路途遥远,行军的期程要延长到四十天;另外一条要穿越科萨亚(Cossaean)部落控制的山地,通行困难而且路面狭窄,绕过悬崖的边缘和经过敌人的地区,缺乏粮食的供应,只是路途较短而且气候凉爽。一支大军没有获得居住在山区部落的同意,要想沿着道路前进是一件很不容易的事。这些土著自古以来不受拘束,住在山洞里面过着自由自在的生活,橡实和蘑菇就是他们的食物,还有就是动物的肉用烟熏过。安蒂哥努斯认为自己手上有一支大军,还要用好言说服当地的土著甚至送给他们礼物,真是大失颜面的事。

---

① 巴达卡不知位于何处。由于下美索不达米亚地区的河流系统发生很大的变动,优里乌斯河现在已无法辨识。这条河川位于底格里斯河与帕西底格里斯河之间,彼此都有运河相连,距离苏萨较近一些,最后注入波斯湾。

② 科隆与本书第十七章第110节提到的西隆(Celon)可能是同一个地方,这是凯洛尼蒂斯(Callonitis)地区的主要城市,基伯特(Kiepert)的波斯帝国地图将这座城市叫成开洛尼(Kallone)。军队从巴达卡到伊克巴塔纳取道这条路,先要在底格里斯河谷走250英里,然后接上从巴比伦到米地亚的大道进入山区。

他选出最好的轻盾兵，并且将弓箭手、投石兵和其他的轻装部队区分为两部，一部交由尼阿克斯负责，命令他担任前锋先期占领路面狭窄和通行困难的要点。安排其他的团体沿着行军的路线前进，他自己率领重装步兵走在前面，让皮松指挥后卫。尼阿克斯的分遣部队走在前面占领一些警戒位置；由于他们的行动太晚已经丧失时机，加上没有占领地形要点，导致他们损失很多士兵，在蛮族的猛攻之下只能勉强保持向前的通路。安蒂哥努斯率领的部队要通过困难重重的隘道，他们陷入危险之中没有人能给予援助。当地的土著熟悉地区的情况，已经先占领制高点两侧的高地，从上面推下很多滚动的大石块，不断冲击正在行军的部队；同时发射阵阵的箭雨，地形的困难使得他们无法闪避，带来很大的伤亡，道路在悬崖绝壁之间盘旋几乎无法穿越，无论是战象、骑兵还是重装步兵，都发现自己要面临死亡的威胁和疲惫的折磨，不能从任何地方获得援手。安蒂哥努斯非常后悔没有听从皮松的劝告，付出买路钱获得安全通过的权利；于是在损失很多人马和吃尽千辛万苦以后，总算在第九天脱险来到米地亚人烟繁密的地区。

20 安蒂哥努斯的士兵在四十天之内遭到三次重大的灾难，带来惨重的伤亡和打击，当然会对他有严厉的批评，大家的脸上表露出抗拒的神色。他用友善的口吻与士兵交谈而且多种补给品的供应都非常优渥，很快让军队从悲惨的处境恢复到原本的常态。他派遣皮松前往米地亚各地尽可能招募更多的骑士和马匹，还要购买大量用来载行李和辎重的驮兽。这个地区盛产各式各样的牲口，皮松完成任务带回两千名骑兵，还有一千多匹马具齐全的战马，大量驮兽给全军带来各种武器和装备，除此以外，皇家金库供应五百泰伦的现金。安蒂哥努斯将骑兵编入他的部队，马匹分配给那些失去坐骑的人，所有的物品用来供应军队的需要，积极地作为获得士兵善意的回报。

21 那些与攸门尼斯在一起的省长和将领得知敌军在米地亚设置营地,各有不同的意见;就攸门尼斯而言,指挥银盾军的安蒂吉尼斯以及所有行军抵达此地的人员,他们来自海洋,认为以后还会回到海岸地区;那些来自行省的部队,当然会忧虑有关私人的事务,确认维持上行省地区的控制至关紧要。等到彼此的争执变得更加激烈,攸门尼斯认为军队各自回防以后,再也没有与敌军战斗的实力,只有让步赞同来自内陆的省长所提的意见。他们离开帕西底格里斯河的区域,向着波斯的首都帕西波里斯前进,这段行程要走二十四天。道路的开头部分很快抵达名叫"天梯"的地段,通过一个四周被高山围绕的山谷,天气酷热而且缺乏粮食,路途的其他部分要越过高地,气候温和舒适,恰逢生长各种水果的季节。青葱的山谷带来遮蔽阳光的浓荫,平原上到处是各种树木和清澈的流泉,美丽的景色让人流连忘返。朴西斯底从各地运来很多只牛毫不吝惜分发给士兵食用,赢得他们的好感和尊敬。这个地区的居民都是最为英勇好战的波斯人,可以说每个人都是弓箭手和投石手,稠密的人口比起其他的行省占有更大的优势。

22 他们抵达首都帕西波里斯,身为将领的朴西斯底对诸神以及亚历山大和菲利浦举行盛大的祭典,基于节庆和宗教的需要从波斯各地征集各种作为牺牲的动物,办理宴会招待全军的将士[1]。参加的人员装满一个套着一个的四个圆圈,最大的圈子将其他的圈子包在里

---

① 参阅普鲁塔克《希腊罗马名人传》第15篇第2章"攸门尼斯"第14节,说是朴西斯底举行场面极其盛大的宴会,还送给每位士兵一只羊作为祭神的牺牲,这样才使自己成为军队的主将。

面。最外围的圈子的周长有十斯塔德,里面坐着佣兵部队和人数众多的盟军;第二个圈子是八斯塔德,容纳马其顿的银盾军和在亚历山大麾下作战的亲随部队;更里面的圈子是四斯塔德,这个地区都是一些半躺半坐的人员,像是低阶的指挥官、尚未指派任务的幕僚和将领,以及骑兵部队的成员;最里面的内圈周长是两斯塔德,每位将领、骑兵指挥官和身份最为显赫的波斯人都分占一个卧榻。诸神、亚历山大和菲利浦的祭坛位于中央。卧榻是成堆的花瓣上面铺着各式各样的皮毛和毡毯,波斯式的家具和摆设极其富丽堂皇,让人获得最高的享受;每个圈子都有很大的空间使参加的人员不会感到拥挤,所有的食物和饮料都在手边可以自由取用。

23 所有的招待极其殷勤而且周到,大家都感激朴西斯底的慷慨,可以明显得知他拥有的资源非常丰富。攸门尼斯将这一切看在眼里,认为朴西斯底要讨好所有的将士,想要更进一步获得主将的职位,于是伪造一份不实的信件,从而使得士兵相信会战的成果,贬低朴西斯底的吹嘘炫耀和扬扬得意的景况,可以改善自己的处境以及在群众的眼中增加成功的希望。他写这封信的主要内容是奥琳庇阿斯和亚历山大的儿子,处决卡桑德以后已经稳固控制马其顿王国,还有就是波利斯帕强率领最强大的皇家军队,渡过海峡来到亚洲要攻打安蒂哥努斯,带着战象即将进入卡帕多西亚的邻近地区。这封信是用叙利亚文书写,说是亚美尼亚的省长奥龙特斯(Orontes)派信差送来,这个人是朴西斯底的朋友,所以它的真实性不会让人怀疑。

攸门尼斯命令将这封信给指挥官还有很多士兵传阅。整个营地的气氛马上发生改变,所有人用眼光注意攸门尼斯的言行举止,相信他得到国王的帮助可以让有些人飞黄腾达,或是惩处那些亏待过他的人。攸门尼斯在这次宴会以后,为了慑服那些不服从的人免得他们起取而代之的野心,公开审判阿拉考西亚的省长西拜久斯,后者是朴西斯底来往非常密切的朋友。攸门尼斯不让西拜久斯知悉派遣一些骑兵进入阿拉考西亚,命令他们去夺取西拜久斯的行李,因为他已经将后者逼迫到极其危险的处境,要是再不暗中计划逃走,就会在市民大会受审判处死刑①。

24 就在攸门尼斯用这种方式威胁其他人士以后,他的四周为奉承和讨好所围绕,他再次改变自己对外表露的姿态,运用和蔼的语言和重大的承诺赢得朴西斯底的友情,让后者愿意与自己一样忠于皇室,共同为国王的利益奋斗到底。他为了防止这些省长和将领的倒戈和出卖,如同要他们送出人质一样,借口国王的需要向他们每个人都借贷大笔金钱。他从领导人物的手里得到四百泰伦,这种权宜之计使他受到信任和保护,他们为了不让自己受到财务的损失,禁止任何人对他采取阴谋的行动,须知一般人支付金钱获得所需的安全,只有他反其道而行效果却更加显著②。

攸门尼斯着眼于未来采取战略布局,米地亚有人带来情报说是安蒂哥努斯已经撤收营地向着波斯进军。他一听到这个消息马上开拔,抱持的想法是前去迎击敌军,不惜冒着危险要与对方决一胜负。开拔的前一天他向诸神奉献牺牲,举行奢华的宴会款待全军的将士;他鼓励大家要对国王忠贞不贰,由于邀请很多宾客以至于饮酒过量,罹患重病甚至不能行动,进军被迫要耽误几天,部队陷入沮丧之中不知所措,因为敌军会在近期内与他们接战,然而他们之中最有能力的将领因病陷入不利的局面。不过,等到不再感受攻击造成的危机而且他的身体有少许复原,攸门尼斯随着军队继

---

① 不过,西拜久斯还是继续在阿拉考西亚担任省长,参阅本章第48节。

② 普鲁塔克认为他在较早的时候已经运用向部下借钱的策略。一般而言,提到攸门尼斯最后的作战行动,普鲁塔克对这方面的叙述没有多大的价值。

续前进,朴西斯底和安蒂吉尼斯负起指挥的责任,他自己由舁床抬着与后卫在一起,这样不会受到道路的混乱和阻塞带来的干扰。

25 两军的距离在一日行军之内,根据斥候的报告得知对方兵力大小和意图,开始做接战的准备;他们还在分离的情况无法会战;双方在开战之前还要越过一条河流和一道深谷,困难的地形使得他们无法给对方一个打击。两军进驻相距三斯塔德的营地彼此对峙有四天之久,不断进行前哨战斗以及抢劫四周的乡村,双方的粮草都供应不上。到了第五天安蒂哥努斯派出使者去见那些省长和马其顿的指挥官,劝他们不要服从攸门尼斯而是要相信他这个人,他说他同意所有的省长仍旧保有原来的行省,对一些马其顿士兵送给大片土地当成礼物,其他人员可以让他们带着金钱和礼遇返家,愿意在军中服务的人安排适当的职位。

不过,马其顿的指挥官对于提供的好处不加理会,甚至威胁使者要他注意自己的措辞,攸门尼斯赶来对他们大加赞誉,还对他们说一个非常古老的故事,其实那个寓言并不适合在那种环境之下讲出来,但他非讲不可。他说有一头狮子爱上一位少女,便去求她的父亲同意这门亲事,这位父亲说愿意将少女许配给狮子,只是畏惧它有锋利的爪子和牙齿,双方结婚以后要是它一时发了脾气,就会让少女受到伤害。不过,等到狮子除去脚爪和利齿,这位父亲得知狮子失去让它成为百兽之王的东西,很容易用一根棍棒将它杀死。他说道:"安蒂哥努斯也想要这样做,他只要保持承诺直到成为军队的主人,以后就是'飞鸟尽良弓藏,狡兔死走狗烹'的时候。"群众高声叫道"说得对",接着他让这个会议不了了之只有解散。

26 当天晚上安蒂哥努斯的部队有位逃兵带来消息,说是安蒂哥努斯命令士兵要在第二时辰撤收营地。攸门尼斯考虑这件事得出正确的结论,就是敌军打算撤到迦比纳(Gabena),这个地方的距离大约是三天的行程,无须用抢掠的方式获得粮食和草料,丰硕的供应可以满足一支大军的需要。再者,地形使得这次行动占据更大的优势,因为其间的河流和狭谷很难渡越。他仿效敌人的行动急着要比对方先占领这个地方,于是用金钱获得一些佣兵的同意,假装逃亡立即投奔到对方的阵营,提到攸门尼斯的时候说他决定在夜间来劫营。同时,他让行李行列先走,命令士兵在迅速用餐以后撤收营地。所有这些都已快速完成,安蒂哥努斯从逃兵那里知道敌人前来夜袭,于是延后撤离的时间,部署军队要与对方进行会战。这时他已经不再想到撤退的事,全神贯注于即将来临的战斗,竟然没有觉察到攸门尼斯已经提早出发,用最快速度向着迦比纳进军。

有段时间安蒂哥努斯让他的军队保持备战的状态,等到他从斥候那里得知敌手已经离开,虽然他知道自己在与对方的斗智中处于下风,还是不愿认输想达成最初的目标。他命令士兵撤收营地,领导部队用急行军的方式赶路像是在后面进行追击,不过,攸门尼斯领先两个时辰;安蒂哥努斯对现状非常了解,全军已经很难赶上前面的部队,于是使用下面的策略。他将其余的军队交给皮松,给予的指示是在后面不快不慢地跟进,自己率领骑兵部队用最快速度紧追不舍;天明之际,敌人的后卫从小山向下走时正好被他赶上,于是他在山顶上面停下来占领阵地,对方的行军序列全在他的眼底。

攸门尼斯在一段距离以外看到敌人的骑兵部队,认为对方的主力已经接近,马上停止行军接着展开他的部队,因为他认为立即就会发生战斗。从上面叙述的情况得知双方的将领彼此斗智,要是他们参加一场战斗想有所作为,获胜的希望要靠战斗的经验和技巧。总之,安蒂哥努斯运用计谋使得对方丧失领先的优势,同时确保自己的部队在行进中不会过分劳累,等到全军抵达以后,部署成会战的队形以居高临下的态势,摆出威风凛凛的阵式前去攻打敌军。

27 安蒂哥努斯原有的部队加上皮松和塞琉卡斯带来的援军，总兵力是两万八千名步兵、八千五百名骑兵①和六十五头战象。两位将领运用他们的军队有不同的队形编组，彼此的竞争主要在于掌握战术的能力。攸门尼斯在左翼部署优达穆斯从印度带来的战象，以及一个一百五十人的骑兵中队，以及由两个分队组成前卫，每个分队有五十名精选的骑兵使用长矛作为武器，他将他们安置在靠近高地的小山底部；下面紧接斯塔桑德这位将领指挥的骑兵部队，他的数目是九百五十人。再下来是美索不达米亚的省长安菲玛克斯（Amphimachus）的六百名骑兵，相邻的部队是来自阿拉考西亚的六百名骑兵，他们的首领原来是西拜久斯，逃亡以后由西法隆（Cephalon）负责指挥。其次是来自帕罗潘尼萨迪的五百骑兵，以及同样数目的色雷斯骑兵，来自上行省地区的殖民地。所有正面的前方他将四十五头战象排成弧形的战线，这些猛兽之间的空隙配置适当数量的弓箭手和投石兵。攸门尼斯用这种部署加强他的左翼，接着他将步兵方阵紧靠它的一侧。最外的末端是战力强大的佣兵，数目要超过六千人；其次是使用马其顿装备的五千名步兵，虽然它的成员来自不同的种族。

28 接着他部署兵力超过三千人的马其顿银盾军，这是一支战无不胜的部队，威名远播使得敌军深感畏惧，最后是三千名轻盾兵②，上面两支部队分别由安蒂吉尼斯和图塔穆斯负责指挥。步兵方阵的前面配置

---

① 这里提到他有 8500 名骑兵，比起在本章第 29 节列阵的骑兵部队，经过计算还要少 2000 人。

② 提到轻盾兵和重装步兵的差别何在，倒是很难说得清楚，塔恩认为轻盾兵和组成方阵的重装步兵，两者主要的区分在于前者的成员是久经战场的老兵，后者都是征召入伍的人员。

四十头战象,轻装步兵填补它与方阵之间的空隙。他在右翼部署骑兵部队:邻接步兵方阵的右侧是八百名来自卡玛尼亚的骑兵,听命于他们的省长特利波勒穆斯,然后是称为亲随军的九百名骑兵,以及朴西斯底和安蒂吉尼斯的骑兵中队,一共有三百名骑兵编成一个单位。右翼最外缘是攸门尼斯的骑兵中队,有相同数目的骑兵;接着是攸门尼斯的奴隶编成各有五十名骑士的两支部队,他们可以当成前卫使用,还有四支部队与右翼末端构成斜交,用来保护侧翼的安全,整个兵力是两百名精选的骑兵。此外还有三百名从各个骑兵部队挑选的骑兵,以行动的迅速和体能的强壮见长,攸门尼斯将他们部署在自己亲率的骑兵中队后方。整个右翼的正面他配置四十头战象。攸门尼斯的军队共有三万五千名步兵、六千一百名骑兵以及一百四十头战象。

29 安蒂哥努斯在一个制高点上面看到敌军的战线,针对重点的所在部署自己的部队。鉴于敌人的左翼有较多的战象以及强大的骑兵部队,他运用轻装的骑兵采取疏散队形的方式进行对抗,避免正面行动却以横向战术维持会战的持续发展,他们有很大的信心拿出迟滞的方式阻挠这部分的敌军部队。他在这一翼配置骑马的投石兵和长矛兵,数目有一千人,分别来自米地亚和帕提亚,成员经过训练非常擅长横向运动;其次他配置两千两百名塔伦屯人①,这些人都与他一起越过海洋前来此地,经过挑选特别精通伏击作战,而且他们对他怀有很深的感情,然后是一千名来自弗里基亚和利底亚的骑兵,一千五百名属于皮松的骑兵部队,四百名赖萨尼阿斯指挥的长矛兵,除此以外还有称为"拐子马"②的骑兵部

---

① 塔伦屯的骑兵用的武器是标枪,至于他与塔伦屯建立的关系并不清楚;提到塔伦屯的钱币上面有这些部队的图案。

② 这些所谓的"拐子马"并不是两匹或三匹马并联在一起,使得冲锋陷阵发挥更大的威力;而是每一个骑士在上战场的时候,多带一匹额外备用的坐骑。塔伦屯人在效法斐洛波门的战术运用方式,参阅利瓦伊《罗马史》第 35 卷第 28 节。

队,以及上行省地区建立的殖民地派出的八百名骑兵。这些骑兵构成的左翼全部交由皮松指挥。

有关步兵的部署,邻接左翼开始是九千人的佣兵,其次是三千名吕西亚人和庞菲利亚人,然后是八千多人使用马其顿装备的混合部队,最后是八千多名马其顿士兵,那是安蒂佩特担任王国的摄政派遣给他的基本队伍。右翼邻接步兵方阵的骑兵部队,首先是五百名混合编成的佣兵,其次是一千名色雷斯人和五百名来自盟邦的骑兵,然后是安蒂哥努斯之子德米特流斯指挥的一千名亲随军,这支部队最早是追随他的父亲一起并肩作战。右翼的最外缘是三百名成员的骑兵中队,随着安蒂哥努斯本人进入战场。还有三个单位是由他的奴隶组成,可以充当前卫使用,一百名塔伦屯人安排在平行的位置可以作为增援的生力军。沿着整个右翼的正面,他配置三十头最雄壮的战象,形成一条弧形战线,运用经过挑选的轻步兵填补这些猛兽之间的空隙。至于其余的战象使用在步兵方阵的正面,只有少数与骑兵一起部署在左翼。等到他的军队用这种方式排成战线,成列的队伍从小山上面下来向着敌军前进,本身始终保持一个斜形的正面,就是他充满信心让右翼继续推进,左翼保持稍向后退,贯彻一翼避战而另一翼决战的指导构想。

30 等到两军快要接近,双方一声令下发出惊天动地的战斗呐喊,接着喇叭手用角号发出会战的信号。首先出动皮松的骑兵部队训练并不精良,没有值得一提的前卫可以领导攻击,然而他们的部署就当面之敌而言,无论是兵力的大小和机动的能力都占有优势,当然要发挥这方面的长处。他们开始的时候对着战象发动正面的进攻,完全没有考虑本身的安全,后来绕过对方的右翼实施侧背攻击,不断用阵阵箭雨射向战象,使它们受到很大的伤害,本身因为高度的机动毫无损失,这些猛兽因为体形的钝重,受伤以后无论是追击或退却都很困难。不过,攸门尼斯看到左翼受到大量骑马弓箭手给予沉重的压力,就从同在左翼的优达穆斯那里召来轻装的骑兵部队,领导整个中队进行侧面的运动,轻装步兵和轻骑兵用来攻击他们的对手。由于战象在后面跟随前进,他很容易击溃皮松的部队,追逐他们直到小山的山脚。骑兵作战继续发展的同时,步兵经过一段时间形成方阵的战斗,最后双方都有很多人阵亡,攸门尼斯这边因为银盾军的骁勇善战赢得胜利。这些战士投身军旅已经有很多年①,曾经参加过无数次的会战,他们的作战以艺高胆大著称,没有任何单位敢与他们对阵厮杀,虽然只有三千人却已成为全军的锐利矛头。

安蒂哥努斯看到他的左翼开始向后逃走,整个方阵被敌人打败,有人建议他退到山上,收容溃散的人员重新整顿,他对这种消极的行动嗤之以鼻,要将在他直接指挥之下的军队,坚持到底构成冲不破打不散的战线;进一步靠着精明的眼光和长久的经验,更能够掌握战况变化带来的机会所造成的优势,他能够拯救败退的人员和赢得最后的胜利。攸门尼斯的银盾军和其余的步兵单位击溃敌军以后,马上追击他们直到附近的小山;这时敌军的战线上面出现一个缺口,安蒂哥努斯投入一支骑兵分遣部队从中间冲进去,对于优达穆斯部署在左翼的部队实施侧背的攻击。这个行动出乎意料,他很快将面前的敌人打个措手不及,很多人被他们杀死,余众向后败逃;这时安蒂哥努斯派出行动最为敏捷的骑兵,让他们将溃退的士兵集结起来,沿着小山的底部重新组成一条战线。攸门尼斯听到他的士兵吃了败仗,马上吹起号角召回追击的部队,要尽全力去帮助优达穆斯。

31 虽然现在已经是掌灯的时辰,两军都在重新整顿溃败的部队,再度对全军下达会战的命令,无论是将领还是士兵都充满胜

---

① 这些人的年龄都不会少于 60 岁,参阅本章第 41 节。

利的信心。夜间的满月照耀得战地一片明亮,两军处于平行的位置相距约为四百尺,武器的碰击声和马匹的喷鼻声都清晰可闻。开始的时候他们要从纵队变成绵长的战线,所以参加会战的人要走完三十斯塔德的距离,现在时间已经过了午夜,双方因为行军、战斗和缺乏食物变得精疲力竭,逼得他们放弃会战返回营地。攸门尼斯为了阵亡人员打算返回战场,希望能够把处理尸体的权力控制在自己手里,可以声称他已获得胜利而且不会引起争执。不过,士兵不愿听从他的安排,不断喊叫要回到有段距离的行李序列,他被逼得只有顺从多数人的意见①;大家还在为他的指挥权力争吵不休的时候,他不能用严厉的手段处罚士兵,当然知道目前对于责打违抗命令的人并不适合。然而在另一方面,安蒂哥努斯紧紧握有指挥大权无须刻意讨好群众,迫使他们的军队要在靠近战场的位置开设营地;所以他能处理阵亡人员的尸体从事埋葬的工作,接着他宣称已经获得会战的胜利。这次会战安蒂哥努斯的军队有三千七百名步兵和五十四名骑兵被杀,受伤人员超过四千;攸门尼斯这方面损失五百五十名步兵和少数骑兵,还有九百多人受伤。

32 安蒂哥努斯离开战场以后看到他的手下士气低落,决定以最快速度尽可能远离敌军。为了大军的退却行动不受拖累和妨害,他将伤兵和沉重的辎重先行送到前面一座邻近的城市。黎明之际他开始埋葬死者,敌方派来谈判归还阵亡人员尸体的传令官,安蒂哥努斯找出理由故意耽误不让他离开②;接着他命令手下人员立即用餐。等到这一天结束才将传令官送回去,指定次日的早晨双方交换尸体,他自己在第一时

---

① 参阅尼波斯《攸门尼斯传》第 8 卷第 10 节。
② 为了不让攸门尼斯知道安蒂哥努斯的损失比他大得多,参阅波利努斯《谋略》第 4 卷第 6 节。

间让全军开始撤收营地,接着用急行军与敌军拉开很长一段距离,获得一个未受战火摧残的地区用来让士兵休养生息。他前往米地亚的盖玛迦(Gamarga)①这个遥远的地方,原来在皮松的管辖之下,对于一支大军能够供应大量各种补给品。攸门尼斯经由对方派出的斥候全部撤离,从而知道安蒂哥努斯的行动,他抑制自己不再跟踪追击,因为他的士兵同样缺乏粮食而且已经精疲力竭;他尽力处理阵亡人员有关事项,给他们安排一场盛大的葬礼。这时发生的一件事让人感到惊奇而且与希腊人的习俗大相径庭。

33 率领很多士兵的将领西特乌斯(Ceteus)来自印度,由于作战奋不顾身最后阵亡在沙场,留下两位陪伴他在军中的妻子,其中一位还是新娘,另外一位跟他结婚多年,况且这两位都深爱着他。在印度有一个古老的习惯,男子结婚所娶的少女并非父母的安排,而是来自两情相悦,由于年纪太轻就开始求爱,等到得知选择不尽如人意,双方很快反悔他们的结合,有些妻子受到外来的引诱,就与其他男子发生苟且的行为,为了得到自由就会用毒药害死自己的丈夫。这个国度很多人会使用这种杀人的工具,因为出产很多种带有剧毒的物质,提炼出来的药剂可以掺在食物当中或放在酒杯里面,饮用以后很快发挥致命的效果。邪恶的风气蔓延开来产生很多谋杀事件,虽然印度人惩罚十恶不赦的罪犯,却无法阻止其他的妇女涉及类似的过失,于是制定一条法律除非妻子已经怀孕或是有了子女,否则都得陪同亡故的丈夫一起火葬②,任何妇女如果不愿遵从这条法律,她的余生必须过着寡妇的生活,被视为不洁之人排斥于所有的庆

---

① 可能与本章第37节提到的盖达玛拉是同一个地方,有关它的位置和名字的正确与否都不得而知。

② 斯特拉波《地理学》第15卷第1节,提到殉死的风俗来自同样的起源。

典和宗教活动之外。等到殉葬的法律明确建立，原来为了防止妇女的淫行竟然导向完全相反的方向，为了不愿丧失种姓阶级所拥有的崇高地位，情愿牺牲自己的性命也在所不惜，她们不仅关心丈夫的安全，因为这与自己的生死紧密相连，甚至还会相互争取以身相殉的最高荣誉。

34 这种情况之下出现相互的竞争。虽然法律规定西特乌斯的妻子只有一位可以陪葬，但是两位都参加葬礼要求赴死的权利如同英勇作战得到的奖赏。在场的将领要对双方的争执做出决定，年轻的妻子提出的主张是另一位已经怀孕，所以丧失法律认可的条件；年纪较大的妻子认为自己结婚的时间在前，为了公平起见获得殉葬的荣誉应该以她为优先。将领从经验丰富的稳婆那得知年长的妻子确实已经怀孕，做出裁决要让年轻者如其所愿。等到一切都成定局，一位妻子为丧失殉葬的权利痛哭不已，撕碎头上戴的花冠然后不断拉扯自己的头发，就像是有巨大的灾祸降临到她身上；另外一位走向火葬堆如同打了胜仗那样得意扬扬，她的侍女将五颜六色的丝带绑在她的头上如同戴上高耸的冠冕，就像参加婚礼一样打扮奢华，在亲戚的陪伴之下他们唱着颂歌赞美她的贞德。

她在靠近火葬堆以后，取下佩戴的饰物送给她的侍女和友人，据说还有其他的纪念物赠予那些关怀她的人。提到饰物像是手上有几件手镯镶嵌色彩缤纷的名贵宝石，整副头面由用黄金制作的很多颗星状物串连起来，无数的宝石散布在闪亮的底座上面，还戴着几个大小不等极其华丽的项圈。最后她向家属辞别以后，就在她的兄弟的帮助之下登上火葬堆，很多群众带着不可思议的神情观看这幕难得一见的景象，她用英雄葬礼的方式终结自己的生命。全副武装的军队在举火之前绕行火葬堆三圈，这时她倚靠在良人的身旁，火焰升起的时候不让自己发出恐惧的叫声，可怕的场面让人对她生出同情，更多人表现出极度的赞扬。即使如此希腊人还是谴责这种习俗过于野蛮和残酷。

攸门尼斯办完死者的丧事以后，率领军队离开帕里塔西尼（Paraetacene）向着迦比纳前进，由于各种供应品非常丰富所以无须运用抢劫和搜刮的手段。这里距离安蒂哥努斯的行程如果经过人烟稠密的地区要二十五天，至于穿越无水的广大沙漠只要九天。攸门尼斯和安蒂哥努斯各自在控制的地区，双方保持相当距离进入冬营，要让他们的手下进行整补和休养生息①。

35 欧洲的卡桑德正在伯罗奔尼撒围攻特基亚，得知奥琳庇阿斯已经返回马其顿，优里迪丝和菲利浦王遭到谋杀，连他的兄弟爱奥拉斯的坟墓都破坏无遗②，他马上与特基亚的人民讲和，带着全军向马其顿前进，留下他的盟邦陷入混乱的处境；因为波利斯帕强之子亚历山大率领一支军队，正在等候机会攻击伯罗奔尼撒的城市。艾托利亚人想要讨好奥琳庇阿斯和波利斯帕强，占领色摩匹雷的隘道，阻止卡桑德穿越。卡桑德决定强行通过此地，困难的地形无法发起攻击，后来从优卑亚和洛克瑞斯获得船只和驳船，将他的军队运到帖沙利。听到波利斯帕强和他的军队部署在佩里比亚（Perrhaebia），派遣他的将领卡拉斯（Callas）带领一支军队，奉到的指示是让波利斯帕强感受到战争的压力，无法采取其他的行动。不过，戴尼阿斯为了占领隘道，前去迎战奥琳庇阿斯派来的士兵，能够先行控制这个重要的关卡。

奥琳庇阿斯得知卡桑德率领大军已经迫近马其顿，出任将领的亚里斯托诺斯奉命前去攻打卡桑德，她在下列人士陪同之下赶往皮纳德：亚历山大之子和他的母亲罗克萨娜，以及阿明塔斯之子菲利浦的女儿提莎洛妮丝

---

① 这是公元前317年冬天。下面接着本章第37节的叙述。
② 有关这些情况可以参阅本章第11节。

(Thessalonice);还有伊庇鲁斯国王伊阿赛德的女儿和皮洛斯的姐妹戴达米娅(Deidameia),皮洛斯就是后来与罗马人作战的名将,以及阿塔卢斯的几位女儿,最后是奥琳庇阿斯重要友人以及他们的亲属。这些人聚集起来有一大群,对于战争不能发挥任何作用;无法供应足够的粮食给民众,使得他们能够忍受长期的围攻。虽然目前的情况非常明朗他们要冒很大的危险,她还是决心留在此地,抱着希望会有很多希腊人和马其顿人利用海上的通道给予援助。她还有很多习惯于在宫廷服务的士兵和安布拉西亚的骑兵,波利斯帕强的战象可以派得上用场,因为卡桑德在上次对马其顿的远征行动当中,已经拥有其余的战象①。

36 卡桑德通过位于佩里比亚的隘道抵达皮德纳附近,在两个海面之间建起一道栅栏用来围困这座城市,就从那些想要与他联盟的城市,征集和采购船只、各种投射武器和作战的器械,打算从陆地和海上对奥琳庇阿斯发起围攻②。现在有消息传来,说是伊庇鲁斯国王伊阿赛德率领军队前来援救奥琳庇阿斯,于是卡桑德交给他的将领阿塔里阿斯(Atarrhias)一支部队,命令他前去迎击伊庇鲁斯人。阿塔里阿斯很快奉行交付的任务,占领从伊庇鲁斯来此必经的隘道,成功约束伊阿赛德使他无法采取任何行动。大多数伊庇鲁斯人并不愿意进军马其顿,营地里面发生叛乱;伊阿赛德认为不惜付出任何代价也要帮助奥琳庇阿斯,就从军中辞退那些心怀不满的士兵,要与愿意与他分享战争命运的人士共同努力,虽然他有满腔热血要奋战到最后一刻,由于他的军队只剩下少数兵力,难以与他的对手达到势均力敌的局面。那些返回家园的伊庇鲁斯人背弃领军

---

① 参阅本书第十八章第 75 节。除了获得这些战象,对于卡桑德的远征行动,找不到其他任何证据。

② 这一次的围攻发生在公元前 317 年初冬。

在外的国王，发布公开的敕令对他施以放逐的处分，同时与卡桑德建立联盟关系。

自从阿基里斯之子尼奥普托勒穆斯（Neoptolemus）成为国王以来，伊庇鲁斯从未发生过类似的事件；身为儿子，总是继承父亲的权力，而且在王位上面崩殂。卡桑德接受伊庇鲁斯成为他的盟邦，派遣吕西库斯（Lycsicus）前往担任摄政和将领，马其顿的人民遭到盟邦的背叛在先，失望之余只有放弃奥琳庇阿斯不让她有成功的机会，经过抉择加入卡桑德的阵营。这时奥琳庇阿斯获得救援的唯一希望来自波利斯帕强，遇到难以预料的情况还是粉碎无遗；出任将领的卡拉斯奉到卡桑德的派遣，率领军队前去征讨波利斯帕强，迫近后者在佩里比亚设置营地，运用贿赂的方式收买波利斯帕强的士兵，使得他的身边只有少数忠心耿耿的人士。因而奥琳庇阿斯的希望在很短的时间内完全破灭。

37 亚洲的安蒂哥努斯在米地亚的盖达玛拉①过冬，看到他的部队就实力而言较敌人居于劣势，焦急之余认为最好的办法是在无预警情况下向对手发起攻击。这时敌军②已经分成很多较小的单位进入冬营，甚至有些分遣部队彼此相距六天的行程。安蒂哥努斯并不赞同行军通过人烟稠密地区的构想，因为路途很长容易被敌人发觉③，决定冒险穿越无水的沙漠，虽然困难却很适合他计划中的攻击行动；不仅路途的行进可以快速而且容易避开外人的注意，一支大军发觉不到他的行动，为了冬营的方便和舒适就会分散在很多个村庄。计划已经成形要付诸实施，他

---

① 盖达玛拉和本章第 32 节的盖玛迦可能是同一个地方。时间是公元前 317 年冬天。

② 是指攸门尼斯的军队。

③ 这方面的叙述可以参阅本章第 34 节。有关下面的作战行动参阅普鲁塔克《希腊罗马名人传》第 15 篇第 2 章"攸门尼斯"第 15 节。

命令士兵开始撤收营地，每人准备十日份无须生火煮食的干粮。他散布消息说他要率领军队前去征讨亚美尼亚，突然之间出乎大家的意料，大约是冬至①的时候竟然横越沙漠地区。他规定营地在白天可以生火，到了夜晚要完全熄灭，不至于有人在高处看到他们，更不会传话给敌人即将有何种情况发生；因为整个沙漠地区是一个广大的平原，从四周环绕的高地上面在很远的距离就可以看到黑暗中闪耀的火光。部队经历五天极其艰苦的行军，士兵处于严寒的气候要满足紧急的需要，营地无论是白天或夜晚都要生火取暖。某位住在靠近沙漠的人士看到这种不寻常的现象，当天就派手下前去报告攸门尼斯和朴西斯底，让他们骑着单峰骆驼可以持续行走一千五百斯塔德②。

38 朴西斯底获得情报在接近路线的中间位置看到一个营地，心里产生一个念头要撤回在遥远地区过冬的单位，却害怕盟军的部队从各方面前来集结之前，遭到敌军的袭击已经损失殆尽。攸门尼斯看到朴西斯底欠缺积极主动的精神，劝后者要鼓起勇气仍旧留在毗邻沙漠的边界上面，就说自己发现了一条路道，经过那里就可以让安蒂哥努斯的到达延迟三到四天。如果敌人的确如此，那么他们的部队就很容易集结起来，等到敌人精疲力竭而且变得一无所有，就会落到他们的手里任凭宰割。大家都对这种奇特的可能感到难以置信，想要知道世界上竟然会用这种方法阻止敌军的前进，因为他命令所有的指挥官要让他们的士兵带着生火的大瓮，然后在对着沙漠的高地上面选择一个地方，它的位置可以从各方面都能看得清楚，设立标志用来划出的是个周长七十斯塔德的广大空间，然

---

① 时间是公元前 317 年 12 月。

② 距离大约是 170 英里。提到这些单峰骆驼行走的速度，参阅斯特波拉《地理学》第 15 卷第 2 节。

后他分配他们每个人有一个区域,命令他们在夜间点燃火堆彼此的间隔要有二十肘尺,保持明亮直到第一时辰,表示士兵这个时候还未入睡,忙着照顾自己的身体和准备食物,到了第二时辰火光暗淡下来,第三时辰只留少数几堆火,经过这样的安排,要是从一段距离外观察,的确是一个货真价实的营地;士兵遵照他的指示办理。

对面的山地正在野外的牧人看到这些火光,这些土著对于米地亚的省长皮松一直都很友善。他们认为那里真有一个营地,急忙赶往平原带着信息去见安蒂哥努斯和皮松。他们对于出乎意料的消息感到大为惊奇,暂时停止进军进行商议要如何运用得到的情报,率领一支历经千辛万苦而又缺乏粮草的军队,前去攻打集结完毕而且供应充足的敌军,可以说是极其冒险的行动。他们认为这是受到叛徒的出卖,敌人知道他们的进军才会在那里集结部队,只有放弃直捣敌巢的计划,转向右方进入有人居住的地区其中未受蹂躏的部分,他们希望军队经过艰辛的行军以后休养生息。

39 攸门尼斯运用智慧采取上述方式制伏敌人,将分散在村庄里面度过冬季的士兵集结起来,他的营地随时接受来自各地的盟军,里面储存大量粮食和补给品,于是建起一道木栏作为防护之用,并且挖掘很深的壕沟加强守备的功能。安蒂哥努斯这时已经越过沙漠,从当地的居民那里得知攸门尼斯的军队大多数聚集在一起,战象离开冬营过于迟缓,现在就在附近可以切断来自各方面的援助。他派出骑兵部队,其中包括两千名米地亚人长矛兵和两百名塔伦屯人,加上全部轻步兵来完成这个任务。他希望趁着战象孤立无援之际实施攻击,很容易将这些猛兽掌握在手里,使得敌人无法运用军队里面最强大的力量。

不过,攸门尼斯已经猜到正在进行的事项,派出营救的部队是一千五百名最精良的骑兵和三千名轻步兵。由于安蒂哥努斯的士兵先行到达,负责战象的指挥官将它们安排成为一个方阵,出发的时候辎重的行列位于中央,骑兵担任后卫用来陪伴战象,整个队伍大约有四百人。敌人用出全部力量对他们发起攻击,正面受到沉重的压迫,骑兵的兵力居于劣势很快被对手打得溃不成军。那些管理战象的人员在开始的时候就尽全力抵抗,接受来自四面八方的箭矢使得全身都是伤口,却没有力量给敌人带来任何伤害;就在他们疲惫不堪无法支撑的时候,攸门尼斯派来的部队突然出现将他们救出险境。过了没几天,两军在对立的位置开设营地,彼此相距四十斯塔德,双方的将领部署军队成为会战的态势,要在这里一决胜负。

40 安蒂哥努斯将骑兵部队集中在两翼,让皮松指挥左翼,右翼交给他的儿子德米特流斯,也是他自己的作战位置。他将步兵的方阵部署在中央,战象排列成一线位于整个正面,两者之间由轻装部队填补空隙。他的总兵力是两万两千名步兵,九千名骑兵包括在米地亚征召的部队,以及六十五头战象。

攸门尼斯察知安蒂哥努斯的位置在右翼还有训练最精良的骑兵部队,他的部署以对抗这方面的敌军为重点,就将战力最强的部队置于左翼。事实上,大多数省长率领精选的骑兵从这里发起战斗,他自己也保持在便于指挥的位置,亚里奥巴扎尼斯之子米塞瑞达底陪伴在他的身边,这个人从孩提便接受严格的训练,所向无敌是一位伟大的战士,须知他的祖先是杀死袄教祭司斯默迪斯(Smerdis)①的七位波斯人之一,拥有显赫的家世更是闻名遐迩。他在左翼的正面用六十头最强壮的战象排列成一条弧形的战线,轻步兵当成屏障用来掩护彼此的间隔和空隙,步兵的作战序列最前

---

① 这是波斯国王大流士一世(统治时期:前521—前486年)登上宝座的传奇故事,参阅希罗多德《历史》第3卷第61—88节。

面①是轻盾兵,接着是"银盾军",最后是佣兵部队和其他的杂牌军,使用制式的马其顿装备和武器。步兵方阵的正面配置战象和相当数量的轻装部队。右翼的部署是战力较弱的骑兵部队和战象,全部都在菲利浦的指挥之下,奉到的命令是尽量避免决战,要视另外一翼的战果再投入部队全力配合。这个时候攸门尼斯的部队共有三万六千七百名步兵、六千名骑兵和一百四十头战象。

41 就在会战开始之前,银盾军的将领安蒂吉尼斯派出一位马其顿骑兵,向着对面敌军的步兵方阵疾驰,命令他尽量靠近好发布宣告②。这个人单独到达说话可以听到的位置,正好面对安蒂哥努斯的马其顿方阵,大声叫道:"你们这群不知天高地厚的家伙,竟敢在这里耀武扬威与你们的父辈对阵? 要知道我们在菲利浦和亚历山大的麾下曾经征服整个世界,你们对于犯上作乱的行为难道不感到羞辱?"特别提到不要多大工夫,他们就会看到这群老兵,曾经为国王和军队立下汗马功劳真可以说是价值连城。这个时候的银盾军最年轻的成员也有六十岁,还有一些人到了七十岁甚至年纪还要更大一些;他们所有这些人因为丰富的经验和充沛的体力,可以说是所向披靡无人敢与之抗衡。如同我们所说就在叫阵以后,安蒂哥努斯的士兵发出愤怒的不满声音,像是他们被迫要与亲戚和长者进行厮杀,攸门尼斯的队列当中扬起一片欢呼,要求尽快带领他们前去攻打敌人。攸门尼斯看到部队激昂的士气,吩咐喇叭手吹起进击的号角,全军一致发出战斗的呐喊。

---

① 从中央开始由近向远按照次序排列。
② 参阅普鲁塔克《希腊罗马名人传》第 15 卷第 2 章"攸门尼斯"第 16 节。

42

战象最早发起战斗接着是骑兵部队的主力。这是一片范围辽阔的平原，盐分的渗透使得地面寸草不生，骑兵的奔驰腾起很浓的沙尘，在一段距离以外不容易看清楚当面发生的情况。安蒂哥努斯觉察到这点，派遣米地亚和塔伦屯的骑兵部队前去攻打敌人的辎重行李，希望这次的行动受到尘雾的掩蔽不被对方发现，夺取对手的行李可以不费多大力气就能占到上风。这支特遣部队用最快速度绕过敌方的侧翼，让他们没有注意到辎重行李已经遭受攻击，因为它的位置距离战场有五斯塔德。他们发现挤进大量人群之中，除了少数担任守备的人员，绝大多数都一无是处，击败微弱的抵抗以后，所有的辎重和行李全都落到他们的手里。

就在发生这些情况的时候，安蒂哥努斯对当面的敌人展开战斗，大量骑兵部队的出现，使得波斯的省长朴西斯底感到惊惶不已，率领一千五百名骑兵的退却行动同样激起有如云雾的沙尘。攸门尼斯和少数骑兵留在左翼的末端，虽然得不到给予支持的部队，还要继续坚持下去，认为对命运的屈服和临阵的脱逃是何其羞辱的行为，情愿战死沙场也不能辜负国王对他的信赖和器重，于是他尽全力向安蒂哥努斯进击。发生一次激烈的骑兵战斗，攸门尼斯的手下靠着大无畏的精神，安蒂哥努斯占有兵力的优势，双方都蒙受惨重的损失。就在这个时候，两军的战象如同其他的单位还在鏖斗不休，攸门尼斯这一边领头的战象遇到对方最强的对手，不敌之下在战场阵亡。攸门尼斯看到他的部队在整个战线都陷入不利的处境，带着剩余的骑兵退出战斗迅速绕到另外一翼，那里的部队由菲利浦指挥，现在他下令避免接战。这些就是骑兵会战的结局。

43

有关步兵这一方面，银盾军用密集的队形使得敌方遭到沉重的打击，很多人在战斗中被杀，逼得剩余的士兵逃走。他们的冲锋以及与当面方阵的接战，始终顺利前进没有受到拦阻，作战的技巧和充沛的体能使得他们稳占上风,自己未曾损失一兵一卒却杀死对手五千多人,打得敌人的步兵大败而逃,虽然他们的兵力占有数倍之多的优势。等到攸门尼斯得知他的辎重行李被敌人夺去,朴西斯底的骑兵尚未远离,他想重新整顿再与安蒂哥努斯进行骑兵战斗;他希望战场的胜利不仅可以保证行李的安全也能让强敌一蹶不振。朴西斯底不愿从命反而撤到更远的河流附近,这时夜晚即将来临,使得攸门尼斯只有屈从当时的情况不再发起攻势。

安蒂哥努斯将骑兵部队兵分两路,他自己率领一部用来对付攸门尼斯,注意对手的下一步行动;另外一部交给皮松前去攻打银盾军,现在他们从骑兵获得的支持已经遭到切断。皮松迅速执行奉到的命令,马其顿人现在集结成为一个井然有序的方阵,能够安全向着河流撤退,他们指责朴西斯底没有尽到击败敌人骑兵的责任。攸门尼斯在掌灯的时候与他们会合,接着开会商议对策。这些省长的意见是尽快向着上行省转进,攸门尼斯认为他们应该坚持下去,因为敌人的方阵已经溃不成军,双方的骑兵还是势均力敌的局面。马其顿人拒绝听从两人的争辩,因为他们的行李完全丧失,连带他们的妻子儿女和众多的亲戚落入敌人手里。他们不赞同任何可行的计划,会议只有不欢而散,马其顿的指挥官暗中与安蒂哥努斯谈判,愿意投降并且献出攸门尼斯,希望要回他们的行李,经过宣誓以后继续在安蒂哥努斯的军队里面服役。这些省长和大多数士兵为了自身的安全背弃他们的主将①。

①　攸门尼斯遭到出卖和被害,参阅普鲁塔克《希腊罗马名人传》第 15 卷第 2 章"攸门尼斯"第 17—19 节,以及贾士丁《菲利浦王朝史》第 14 卷第 3—4 节。提到这些将领组成一个阴谋团体,经过商议获得一致同意的方式,利用他的能力先赢得下一次会战的胜利,然后再找机会将他杀死。

44 安蒂哥努斯完全出乎意料能将反对他的攸门尼斯和所有敌军一网打尽,抓住银盾军的指挥官安蒂吉尼斯,就挖了一个坑将他活埋。他杀死从印度带来战象的优达穆斯以及始终对他敌视的西巴努斯(Celbanus)①。攸门尼斯受到严密的看管,他要考虑最好的处置方式。当然他希望自己能够获得一位优秀的将领愿意为他效力,只是攸门尼斯一直对奥琳庇阿斯和两位国王忠心耿耿,使得他对攸门尼斯的承诺不敢过于推心置腹;事实上,从过去的情况来看,攸门尼斯在弗里基亚的诺拉受到安蒂哥努斯的宽恕,尽管如此,他还是全心全意支持两位国王。等到他看到马其顿的指挥官急着想要根绝后患不愿通融,只有将他处决;过去两人结交有深厚的友谊,于是将他的尸体火化以后,遗骨装在一个罐子里面交给他的亲人。受伤成为俘虏的人员当中有卡狄亚的史家海罗尼穆斯②,过去一直受到攸门尼斯的照应,等到攸门尼斯过世以后,还能获得安蒂哥努斯的礼遇和信任。

安蒂哥努斯率领全军进入米地亚,整个冬天③消磨在伊克巴塔纳附近一个村庄,他将士兵分散在整个行省进入冬营,特别是一个名叫拉吉(Rhagae)的行政区,得到这个称呼在于过去曾经发生一次重大的灾难④。世界上就这一部分的陆地而言,过去拥有很多的城市而且都很富裕,经历一次强烈的地震使得城市和居民全都绝灭殆尽,总之,地貌已经发生重大

①　有关优达穆斯的情况参阅本章第 14 节。至于西巴努斯是何许人不得而知;没有道理说他就是那位塞巴利努斯(Cebalinus),揭发狄姆努斯(Dimnus)参加叛逆行动要谋害亚历山大,参阅本书第十七章第 79 节。

②　这位海罗尼穆斯是攸门尼斯的老乡,都是小亚细亚的卡迪亚人。他成为从亚历山大崩殂到皮洛斯亡故,这段战乱频发时期最重要的历史学家,还是表现优异的将领和政治家,他的作品除了被引用的片段,全部都已遗失,前 260 年去世时已达 104 岁高龄。

③　是指公元前 317 年冬天。

④　从语源学来看,Rhagae 这个词是指"裂开的地面",杜瑞斯(Duris)和波赛多纽斯(Posidonius)都持这种论点,虽然这种说法并不正确,事实上这个地区最近发生强烈的地震,给当地民众带来极大的损害。

的变化,已经消失的位置出现新的河流和有如沼泽的湖泊。

45 这个时候罗得岛的城市发生第三次水患,很多居民因此丧失性命。第一次的洪水泛滥因为城市建立不久,还有很多闲置的空间所以居民所受的灾害较小;第二次的水势更大造成非常惨重的损失。最近这次发生在初春,突然降下暴雨夹杂硕大无比的冰雹,重量达到一迈纳①甚或更重一些,很多房屋遭到击毁连带不少居民死于非命。罗得岛的地形如同一个露天剧院,溪水的流向主要偏向一个地区,城市的低洼部分直接受到洪水的侵害;大家认为冬天的降雨季节已经过去,防洪的问题受到忽略,通过城墙的排水口受到堵塞,大水突然聚集在市场和狄俄尼索斯神庙周边区域,接着洪流冲向阿斯克勒庇斯神庙,所有的市民受到惊慌的打击用各种办法获得安全,他们之中有些人登上船只,还有人逃进剧院,还有人陷入极其悲惨的处境,只有爬上神坛的高处或是雕像的基座。整座城市和所有居民陷入毁灭殆尽的危险之中,靠着天然的形势获得拯救,很大一段城墙的崩塌使得洪水经过缺口直接注入海洋,每个人很快回到原来的住处。这一次的洪水来袭发生在白昼,大部分民众能够及时离开自己的房屋,逃到城市当中地势较高的部分;如果建筑房屋的材料不是阳光晒干的泥砖而是石块,我们在屋顶下面避难才会安全。城市经历巨大灾难,有五百多人丧生,有些房屋整个倒塌,还有一些变得摇摇欲坠。

这些就是罗得岛面临的灾害。

---

① 迈纳是希腊的货币也是重量单位,1迈纳的银重431克,很接近1磅的454克。只是这个标准在古代的希腊,会因城市的不同有所差异。

46 安蒂哥努斯在米地亚过冬的时候,得到信息说是皮松计划发起叛变行动①。他在冬营用礼物和承诺赢得很多士兵的支持,隐藏心中真正的意图,安蒂哥努斯对于他们传播的指控假装不相信,甚至在公众的场合责骂那些人别有用心想要离间他与皮松的友情,到处散布消息说是他要让皮松担任治理上行省的将领,麾下有一支军队可以维护地区的安全。他甚至写信给皮松要他尽快前来见面,彼此讨论需要先期进行安排的事务,然后他很快从海上开始他的行程。他设下陷阱,相信不会失败,因为他知道皮松还未起疑,何况后者一直想要保住省长的职位;须知除了运用计谋可以达成目标,否则要想凭着自己的实力去逮捕这样一个人物是很不简单的事,特别就皮松而言他为亚历山大服务获得很大的功勋,长期担任米地亚的省长而且受到全军的爱戴。

皮松这时正在米地亚最遥远的地方过冬,已经收买大批人员答应加入叛变的行动,这时他的朋友写信给他提到安蒂哥努斯的打算并且暗示他应该从长计议,为了满足自己的期望才会受到欺骗前去与安蒂哥努斯相见。等到他落到安蒂哥努斯的手里,后者成立法庭当众对他提出控诉,很容易加以判罪立即给予处决。事后安蒂哥努斯将全军集结在一个地方,指派米堤亚人奥龙托巴底(Orontobates)出任米地亚省长,希波斯特拉都斯(Hippostratus)成为步兵部队的将领,手下有三千五百名佣兵②。安蒂哥努斯亲率军队前往伊克巴塔纳。在那里将五千泰伦尚未铸造成货币的银块据为己有,继续向波斯的首都帕西波里斯进军,一路上走了将近二十天。

47 安蒂哥努斯正在进军的途中,皮松那些参与阴谋活动的友人,其中声名最响亮的人物是默利杰(Meleager)和明尼塔斯(Me-

---

① 有关皮松的情况可以参阅本书第十八章第7节。
② 费雪(Fischer)认为手抄本这部分丧失的文字,在于骑兵部队的兵力和数量。

noetas），收容攸门尼斯和皮松那些已经散失的伙伴，约有八百名骑士。开始的时候他们赶往米堤亚人的区域，然而当地的土著拒绝参加叛乱，后来他们得知希波斯特拉都斯和奥龙托巴底正在宿营，毫无警觉，认为没有危险，决定在夜色的掩护之下袭击营地。他们几乎夺取外围的工事，最后因为兵力不足被对方击败，在赢得一些士兵参加叛乱以后撤退，他们没有沉重的装备而且都用马匹当成坐骑，所以行动快速而且无法预测，使得整个地区陷入混乱。过了一段时间，他们被围困在一个面积狭窄的地区，四周都是悬崖绝壁，有些人被杀其余幸存人员全被活捉。他们的指挥官像默利杰和米堤亚人奥克拉尼斯（Ocranes）都是声名显赫的人物，都在抵抗敌人的攻击当中阵亡。

这些就是米地亚的起义行动的结局。

48 安蒂哥努斯率领军队进入波斯，所有的居民承认他是亚洲的共主，可以享用国王的地位和尊荣，就与幕僚开会商议有关行省的问题①。他同意特利波勒穆斯拥有卡玛尼亚，斯塔萨诺尔如同以往仍然统治巴克特里阿纳，因为后者对居民非常友善获得很多支持者，不可能派出一个信差就可以将斯塔萨诺尔撤换。他派遣伊维都斯（Evitus）前往阿里亚②，然而伊维都斯很快亡故，就让伊凡哥拉斯（Evagoras）取代遗留的职位，这个人因为勇敢和精明广受赞誉。他允许罗克萨娜的父亲奥克西阿底依旧保有位于帕罗潘尼萨迪的行省，要是没有一支强大的军队和长久的作战，他不可能将奥克西阿底赶下台。

安蒂哥努斯将西拜久斯从阿拉考西亚召来相见，对于这个人处事能力

---

① 是指过去对行省的分配，参阅本书第十八章第 39 节。

② 安蒂佩特将阿瑞安和德朗吉纳的统治交给塞浦路斯的斯塔桑德，参阅本书第十八章第 39 节，后来因为斯塔桑德支持攸门尼斯的关系，他的领地被安蒂哥努斯夺走。

有很好的印象,同意他仍旧担任省长,同时指派他负责最会滋生事端的"银盾军",表面看来这些人可以在战争当中发生很大的作用,其实是要这支部队的成员全都死无葬身之地;他在私下指示西拜久斯每次派少数人员出差,将他们捆绑起来加以处决①。主要的缘故在于这些人出卖攸门尼斯给他的敌人,举凡出现背叛将领的罪行很快就会得到应有的惩罚。君王拥有权力最大的优势是任何邪恶的行为可以免予追究,普通民众仅是服从命令就会犯下十恶不赦的罪行。

安蒂哥努斯发觉朴西斯底在波斯享有很高的声望,成为第一个撤换省长职位的官员。波斯的人民为之愤愤不平,他们当中有位领导人物名叫帖司庇乌斯(Thespius),非常坦率向他提到波斯人不会服从其他的继任人选,安蒂哥努斯将这个人处死,然后指派阿斯克勒皮奥多鲁斯(Asclepiodor-us)成为波斯的统治者,交给他大量士兵以应付突发事故。安蒂哥努斯让朴西斯底对其他的安排怀抱希望,满足于虚有其名的高位,只有答应调职离开波斯②。这时安蒂哥努斯经过长途跋涉前往苏萨,金库的监督色诺菲卢斯奉到塞琉卡斯的派遣,赶到帕西底格里斯河前来迎接,奉到的指示是要满足安蒂哥努斯的任何要求。安蒂哥努斯很高兴接见金库的监督,装出对色诺菲卢斯示好的神色,要把后者当成自己最亲密的朋友,这样做为了免得对方改变心意,再度关上城门不让他进入。他在进驻苏萨的城堡以后,发现那里有黄金制作向上攀缘的葡萄藤③,还有大量各式各样的艺术品,整个的重量到达一万五千泰伦。此外还有大量金钱来自奉献的金冠和

---

① 有关这些叛徒的惩治,参阅普鲁塔克《希腊罗马名人传》第 15 篇第 2 章"攸门尼斯"第 19 节,说是他们被发配到最荒凉的阿拉考西亚,没有一个人能回到马其顿,甚至连看希腊海一眼都办不到。

② 朴西斯底从来没有扮演过重要的角色,但是他活得比安蒂哥努斯更久,后来受到德米特流斯的重用,擢升到很高的职位;参阅菲拉克斯《希腊史籍残卷》No.81 第 12 节。

③ 波斯国王的寝宫用黄金的筱悬木和葡萄树当成装饰,参阅希罗多德《历史》第 7 卷第 27 节以及阿昔尼乌斯《知识的盛宴》第 12 卷 514f。

其他礼物,以及从各地搜刮而来的战利品。这些就有五千泰伦;还有从苏萨的金库将相等的金额送到米地亚存放,所以整个算起来总数是两万五千泰伦。

以上是安蒂哥努斯有关事务的处理和其他情况。

49 现在我们转过去注意欧洲有关事项的后续情形①。虽然卡桑德将奥琳庇阿斯封锁在马其顿的皮德纳,由于冬季的暴风雪大作还是无法对城墙发起攻击,只有在城市的四周设置营地,在两个海面之间建起围栏,封闭港口阻止皇后获得任何外来的救援和帮助。粮食很快消耗殆尽,使得饥馑蔓延开来根本没有能力解决,他们已经陷入罗掘俱穷的困境,每个士兵每月配给五契尼克斯(choenix)的谷物②,木头的锯屑用来喂养关起来的战象,所有的驮兽和马匹宰杀当成食物,城市的情势极其严峻,奥琳庇阿斯仍旧抱着获得外来救援的希望,战象缺乏养分的供应都已倒毙,没有等级的骑兵得不到粮食的供应几乎全部丧命,还有不少的士兵面临同样的下场。有些非希腊裔的民众出于本能的需要克服良心带来的谴责,他们靠着死者提供的人肉过活。城市里面到处都是尸首,全都交由皇后的随从负责处理,他们埋葬一些尸体,还有很多被他们抛到城墙的外面。眼中看到的都是恐怖的景象,发出的恶臭就连习惯于战地残骸的士兵都无法忍受,皇后的宫廷里面过着奢华生活的妇女更是感到无比的痛苦。

---

① 这里接续本章第 36 节的叙述,有关皮纳德的围攻参阅贾士丁《菲利浦王朝史》第 14 卷第 6 节。

② 波斯军队每个士兵的配给量是每天 1 契尼克斯(相当于 1 升)的谷物,参阅希罗多德《历史》第 7 卷第 187 节。目前的情况是正常配给量的 1/6。

50 春天来到物质匮乏的情况日益严重,很多士兵聚集起来恳求奥琳庇阿斯让他们离开,因为粮草的供应已经不敷所需。现在她无法解决食物的问题也没有能力突围出去,于是她允许他们撤到城外。卡桑德欢迎这些脱离困境的逃兵,对待他们非常友善,将他们派到不同的城市去安置;他要让马其顿的人民知道奥琳庇阿斯已经处于弱势,对于她的复国大业不再抱有希望。就即将发生的事件而言,他的揣测并没有出现错误:那些决定加入被围部队一起战斗的人士,现在改变主意要对卡桑德效力;马其顿只有亚里斯托诺斯和摩尼穆斯(Monimus)仍旧忠贞不贰,这两位分别是安斐波里斯和佩拉的统治者。奥琳庇阿斯看到大部分朋友已经投靠卡桑德,仍旧支持她的人士没有坚强的实力提供援助,打算召来一艘四层桨座的战船救出自己和她的朋友。有一位叛徒将这个信息告诉敌人,卡桑德立即出海捕获这艘船只,奥琳庇阿斯知道自己的处境已经毫无希望,派遣使者去谈判处理的条件。卡桑德的意见是她必须将她所有的权柄和利益交到他的手里,她花了很大的力气总算说服对方必须保证她个人的安全。

卡桑德拥有这座城市以后,派人前去接管佩拉和安斐波里斯。佩拉的统治者摩尼穆斯听到奥琳庇阿斯的下场,只有开城投降;亚里斯托诺斯在开始的时候,一心想要坚持原来的构想,他有很多士兵何况最近还赢得重大的胜利。就在几天之前他与卡桑德的将领克拉提瓦斯(Cratevas)打了一场会战,杀死很多与他对抗的敌人,克拉提瓦斯带着两千人马逃到贝萨夏(Bisaltia)的比敦狄亚(Bedyndia)①,他追过去将他围得水泄不通,经过谈判在放下武器以后让他们离开。这件事激起亚里斯托诺斯的斗志,这时他还不知道攸门尼斯已经亡故,认为亚历山大和波利斯帕强会支持他的作

①　贝萨夏是斯特里蒙河下游靠近西部的一个地区,比敦狄亚的确切位置不得而知。

为,拒绝归顺交出安斐波里斯。奥琳庇阿斯写信给他要求他尽忠,就不能
违背她的命令立即开城投降,这时他知道大势已去只有将城市奉献给卡桑
德,立下誓约可以获得安全的保障。

51 卡桑德看到亚里斯托诺斯受到大家的尊敬,因为他的拔擢来
自亚历山大①本人,对于这样一位可以领导反叛的人物,应该
事先铲除根绝后患,于是借用克拉提瓦斯的亲戚之手将他处决。过去有很
多人士遭到奥琳庇阿斯的毒手,他还怂恿这些死者的亲人在市民大会对她
提出指控。他们愿意奉命行事;虽然奥琳庇阿斯并未在场无法为自己辩
护,马其顿的法庭还是判处她死刑②。卡桑德派一些朋友去见奥琳庇阿斯
劝她暗中逃走,可以供应一艘船护送她到雅典。他这样做的目的不是为了
确保她的安全,反而能够谴责她的逃亡导致航行途中丧生,可以说这是她
应得的惩罚。这些都经过精心的算计,主要在于她的地位崇高以及马其顿
人的反复无常。不过,奥琳庇阿斯拒绝逃亡,极力主张要在所有的国人面
前接受审判,卡桑德害怕群众听到皇后的辩护之词,以及想起亚历山大和
菲利浦对整个国家带来的福利,就会改变他们的心意,于是派遣两百名适
合执行这种任务的士兵,命令他们尽可能将她立即杀死。他们来到皇室的
府邸破门而入,看到奥琳庇阿斯令人慑服的庄严气势,不敢下手,只有无功
而返。受害者的家属要讨好卡桑德以及为死者报仇,受到谋杀的皇后不会
羞辱自己的身份向凶手求饶,更不会像无知的妇女喋喋不休地辩驳。

这些就是奥琳庇阿斯所面临的结局,须知她的父亲是伊庇鲁斯国王尼

---

① 他是亚历山大任命的七员近卫军官之一,其中包括李昂纳都斯、赫菲斯提昂等人,
是他最信任的心腹,参阅阿瑞安《亚历山大远征记》第 6 卷第 28 节。

② 有关奥琳庇阿斯的亡故,参阅贾士丁《菲利浦王朝史》第 14 卷第 6 节和鲍萨尼阿斯
《希腊风土志》第 9 卷第 7 节,时间是在公元前 316 年春天。

奥普托勒穆斯,她的兄弟是将战事带往意大利的亚历山大①,她的丈夫是到那个时代为止在欧洲进行统治最伟大的君主菲利浦,她的儿子是拥有举世最高荣誉的亚历山大,可以说她享尽那个时代没有任何一个妇女能够超越的荣华富贵。

52 卡桑德都能如其所愿完成所有的事务,满怀希望要登上马其顿王国的宝座。他为了要与皇室建立更密切的血缘关系,所以要娶菲利浦的女儿也是亚历山大的同父异母姐妹提萨洛妮丝为妻②。他在帕勒尼建立一座用自己名字命名的城市卡桑德里亚(Cassandreia)③,将半岛上面许多城市当中的波蒂迪亚相互联合在一起,还加上邻近若干市镇。他迁来幸存的奥林苏斯人④定居此地而且数量不少。由于卡桑德里亚的地大物博,加上卡桑德存着私心要扩张范围,很快成为马其顿境内进步最大和最坚固的城市。卡桑德下定决心要除去亚历山大的妻子罗克萨娜以及他们两人的儿子,这样一来王国就没有继承者;目前他要观察一般民众对于奥琳庇阿斯的被害有什么说法,还有就是他没有得知安蒂哥努斯获胜的消息。

他将罗克萨娜和她的儿子置于严密的监管之下,迁移到位于安斐波里斯的城堡⑤,让最受器重的亲信格劳西阿斯负责此事。他将这位男孩身边的侍童全部赶走,因为按照习俗这些亲随要与小主人一起受到抚养,他交

---

① 参阅利瓦伊《罗马史》第 8 卷第 24 节。

② 参阅贾士丁《菲利浦王朝史》第 14 卷第 6 节和鲍萨尼阿斯《希腊风土志》第 9 卷第 7 节。

③ 卡夕得西半岛位于西南方的海岬叫作帕勒尼。因为只有国王将自己的名字为城市命名,所以卡桑德的意图是要登上宝座。

④ 奥林苏斯被菲利浦夷为平地一事,参阅本书第 16 章第 53 节。

⑤ 参阅贾士丁《菲利浦王朝史》第 14 卷第 6 节。

代亚历山大的儿子不再拥有皇家的排场，要像普通人一样过着平民的生活。从此以后卡桑德就像君主一样处理王国所有的重大事务，按照皇家的习俗遵行适用于皇后和国王的礼仪，选在埃吉伊安葬优里迪丝和菲利浦，以及被阿尔西塔斯所杀的辛纳(Cynna)①。他举行葬礼竞技用来向死者致以最高的敬意，等到这些活动办理完毕以后，他决定入侵伯罗奔尼撒，开始征召年龄适合的马其顿人入营服役。

就在卡桑德忙着从事这些准备工作的时候，波利斯帕强被围在佩里比亚的阿佐流斯(Azorius)②，听到奥琳庇阿斯的亡故，对于马其顿的复国大业感到万念俱灰，最后带着少数追随者从城中脱逃。离开帖沙利让伊阿赛德③收容他的部队，自己退往艾托利亚，认为在那里可以获得最大的安全，同时可以观察时局的变化；还有机会能与当地的居民进行友善的交谈。

53 卡桑德集中可观的兵力从马其顿开拔，要将波利斯帕强之子亚历山大赶出伯罗奔尼撒；因为他在该地拥有一支军队反对卡桑德，还能占据深具战略价值的城市和区域。卡桑德穿越帖沙利地区没有遭到任何损失，发现位于色摩匹雷的隘道为艾托利亚人把守，排除万难击败他们进入皮奥夏。他从各地召回幸存的底比斯人重建已成废墟的城市④，无论是底比斯的丰功伟业或是神话渊源都已变得众所周知，要是他抓住最好的机会从事这项工作，相信莫大的善行会让他获得永垂不朽的声名。

---

① 优里迪丝和菲利浦的亡故，参阅本章第 17 节，有关他们的葬礼，参阅迪卢斯(Diyllus)《希腊史籍残卷》No.73 第 1 节。卡桑德出面办理前任统治者的丧礼，表示他具备继承人的身份可以登基成为国王，参阅《剑桥古代史》第 6 章第 482 页。辛纳是优里迪丝的母亲。

② 阿佐流斯或称阿佐鲁斯(Azorus)是位于帖沙利北部地区的城市。

③ 这位伊阿赛德是摩洛西亚的国王，参阅本书第 11 节。

④ 有关城市的重建，参阅鲍萨尼阿斯《希腊风土志》第 9 卷第 7 节。

事实上这座城市经历很多次命运的剧烈变迁带来毁灭的结局;主要事件的来龙去脉都应该在史书上详加记载。丢卡利翁(Deucalion)时代发生大洪水以后,卡德穆斯(Cadmus)兴建用他的名字命名的卡德密①,就在那里聚集一群老百姓,因为这些家伙来自希腊各地,所以后来被称为斯巴托伊人(Spartoi)②,还有若干人士称为提巴吉尼斯人(Thebagenes)③,因为他们的根源来自底比斯,大洪水将他们赶出来散布到各地。可能这些人民原来定居在这座城市,他们在战争中被英奇利亚人(Encheleans)击败以后只有流亡到外地,那时的卡德穆斯和他的追随者也被逐出伊利里亚④。后来安菲昂(Amphion)和齐苏斯(Zethus)成为这个遗址的主人,首次在较低的地方建立一座城市,所以诗人才会提到:

两人首先兴建有七个城门的底比斯。⑤

这个地方的居民遭到第二次的放逐,那是卡德穆斯之子波利多鲁斯(Polydorus)回来以后,因为厄运降临到安菲昂和他的子女头上⑥,愤而率

---

① 参阅本书第四章第 2 节,卡德密就是底比斯的卫城。
② 古代的学者同意 Spartoi 这个名字来自"播种"或"散布",还是有很多不同的解释。
③ Thebagenes 这个词的含义是"在底比斯出生"。
④ 提到卡德穆斯在英奇利亚人这个伊利里亚的部落中生活,参阅欧里庇德斯的悲剧《酒神信徒》第 1334 行。卡德穆斯成为英奇利亚人的国王,率领一支军队进入希腊,对于德尔斐大肆洗劫,但是找不到底比斯被英奇利亚人攻占的证据。按照希罗多德《历史》第 5 卷第 61 节的记载,底比斯的市民被伊庇果尼(Epigoni)赶走,他们在英奇利亚人那里获得庇护。
⑤ 这句诗出自荷马《奥德赛》第 11 卷第 263 行。安菲昂和齐苏斯是宙斯和安蒂欧普的儿子,安蒂欧普是底比斯国王黎库斯和德西的女儿,这两个人为了报复母亲所受的虐待,长大以后占领底比斯推翻黎库斯的统治。他们为城市建造一道城墙,安菲昂演奏七弦琴,让所有的石块受到感动都能一一就位。
⑥ 安菲昂的妻子尼欧比逢人便夸耀她有 6 个优秀的儿子和 6 个美丽的女儿,嘲笑勒托只有一儿一女,阿波罗和阿特米斯将她的儿女全部射杀。

领大家离开这个不祥之地。接着,波利多鲁斯的后裔成为国王①,整个地区因为皮奥都斯(Boeotus)的缘故得到皮奥夏的称呼,皮奥都斯是麦兰尼庇(Melanippe)和波塞冬的儿子,是这个地区的统治者,亚哥斯的伊庇果尼(Epigoni)用围攻夺取这座城市②,底比斯人成为第三次被放逐的受害者。战败的幸存人员在阿拉柯米尼亚(Alalcomenia)以及泰尔弗西姆山(Mount Tilphosium)③获得庇护,亚哥斯人离开以后他们返回故国。后来底比斯人前往亚洲参加特洛伊战争,留下来的人员连带其余的皮奥夏人全被佩拉斯基亚人(Palasgians)赶出家园④。他们遭遇太多的不幸和灾难,按照渡乌的预言第四代经历艰险会回到皮奥夏重建底比斯⑤。城市从那时算起延续近八百年,底比斯人开始成为这个地区的主事者,后来还要争取整个希腊的领导权,直到菲利浦之子亚历山大攻下这座城市,将之夷为平地才结束数百年的霸业。

54 经过二十年的战乱,卡桑德为了获得伟大的声名,征求皮奥夏联盟的同意以后,要为幸存在世的底比斯人重建这座城市。

---

① 波利多鲁斯将王位传给拉布达库斯(Labdacus),再传给拉乌斯,再传给厄迪帕斯,厄迪帕斯退位传给两个儿子伊特奥克利和波利尼西斯,兄弟阋墙之争引起 7 位知名之士前去攻打底比斯;参阅本书第四章第 65 节。

② 这 7 位知名之士攻打底比斯失败以后,他们的子孙称作伊庇果尼意为"后生晚辈",能够达成祖先的心愿,参阅本书第四章第 66—67 节。

③ 这两个地方都靠近哈利阿都斯,位于科佩斯(Copais)湖的南岸。本书第四章第 67 节,提到卡德穆斯的后裔离开泰尔丰萨姆(Tilphossaeum),入侵多里斯的行动获得成功,有一些人定居下来,其余的人员返回底比斯;希罗多德《历史》第 5 卷第 61 节,说是底比斯的流亡人员来到伊利里亚,在英奇利亚人当中找到栖身之地。

④ 参阅修昔底德《伯罗奔尼撒战争史》第 1 卷第 12 节,提到希腊的民族始终保持不断迁移的状态。

⑤ 亚里斯托法尼斯的喜剧《云层》第 133 行的边注,对于这种情况给予另外一种说法;底比斯的居民被色雷斯人赶出家园以后,预言告知他们在看到一只白色渡乌的地方,就可以定居下来。

很多希腊的城邦愿意共襄盛举,因为他们同情底比斯的气数乖戾,何况过去还拥有显赫的威名。像雅典的市民就为他们重建大部分的城墙,不仅是本土的同胞还有来自西西里和意大利的希裔人士,有的人尽其所能帮助他们兴建雄伟的建筑物,还有人赠送金钱购买材料和各种必需品。运用众志成城的方式使得底比斯人重新拥有他们的城市。

现在回到卡桑德身上,他率领军队向着伯罗奔尼撒前进,发现波利斯帕强之子亚历山大用重兵把守地峡,他只有回到麦加拉另作打算。他在那里建造大型驳船运送战象到伊庇道鲁斯,再让所有的士兵乘船经由海路前往。抵达亚哥斯迫使市民放弃与亚历山大的联盟关系同时加入他的阵营,接着他赢得麦西尼亚所有城市的支持,除了伊索姆(Ithome)不愿从命,通过谈判获得赫迈欧尼斯(Hermionis)的控制。不过,亚历山大不愿与他接战,在地峡的末端面对杰拉尼亚(Gerania)①的地方,留下由摩利库斯(Molyccus)指挥的两千名士兵,率领其他的军队回到马其顿。

55 年度即将结束,普拉克西布拉斯(Praxibulus)成为雅典的执政官,瑙久斯·斯普流斯(Nautius Spurius)和马可斯·波普留斯(Marcus Paplius)当选罗马的执政官②。就在这些官员任职期间(前315年),安蒂哥努斯留下一个当地土著阿斯庇萨斯(Aspisas)出任苏西亚纳的省长③,这时他决定将所有的钱财从海上运过来,准备大车和骆驼当成金库,率领军队向着巴比伦尼亚前进。经过二十二天的行军抵达巴比伦,当地的省长塞琉卡斯为了讨好起见,献上适合国王的礼物,并且大摆宴席招

---

① 杰拉尼亚是位于麦加拉和科林斯之间的一道山岭,通过其间的隘道是防守的要点。

② 在这一节和下面一节叙述的事件全都发生在前316年。

③ 用来更换本书第八章第39节提到的安蒂吉尼斯,这位安蒂吉尼斯与上面所说银盾军的指挥官并不是同一人。有关安蒂哥努斯和塞琉卡斯之间的争执,参阅阿庇安《叙利亚史》第53节。

待全军的士兵。不过,等到安蒂哥努斯要求他提供岁入和税收的账册,塞琉卡斯的答复是他对这个地区的行政管理,没有义务接受公开的调查和检验①,即使是亚历山大在世的时候,马其顿当局对他的施政作为都感到满意。等到每一天的争执变得更加激烈,塞琉卡斯想起皮松不幸的遭遇,害怕有一天安蒂哥努斯抓住一个借口就会对他痛下毒手;看来安蒂哥努斯对那些位高权重,而且有能力与他分享统治成果的同僚,似乎全要暗中清除干净。为了免得出现这种后果,他带着五十名骑士逃走,打算前往埃及投奔托勒密;因为到处流传托勒密的仁慈和蔼,对于任何在他那里避难的人都很友善和诚挚②。

安蒂哥努斯得知他脱逃的事也如释重负,无须对一位精诚合作的朋友运用暴力的手段,完全是塞琉卡斯觉得有罪才自行放逐,使得他不费力气毫无危险就能得到这个行省。这时迦勒底的占星家前来见他提出预言,说是如果他让塞琉卡斯逃出他的手掌,整个亚洲会成为塞琉卡斯的囊中物,就是安蒂哥努斯本人在与这个对手的会战中会丧失性命。安蒂哥努斯非常后悔没有采取断然措施,派出人马前去拦截塞琉卡斯,追赶一段距离只有无功而返。虽然安蒂哥努斯在其他的场合通常对于这一类的预言会嗤之以鼻,后来由于遭到不少的苦难,何况这些专家的声名会给他带来困扰,据说他们拥有很多经验对于星辰做出最精确的观察。他们自认研究这门学问已有数万年之久达到炉火纯青的地步,大家还记得他们劝亚历山大不要进入巴比伦,否则就会龙驭宾天③。这些人力言有关塞琉卡斯的预言有如当年亚历山大的例子,成为命中注定的事必然实现。我们对这方面的情

---

① 安蒂佩特在垂帕拉迪苏斯的分配会议,任命塞琉卡斯为巴比伦的省长。
② 参阅本书第十八章第 14、28、33 各节。
③ 参阅本书第十七章第 112 节。

况在适当的章节还要做详尽的叙述①。

56 塞琉卡斯安全抵达埃及受到托勒密的欢迎和礼遇。他对安蒂
哥努斯提出激烈的指控,说后者对于行省的高阶人士全部黜
除殆尽,特别是那些曾在亚历山大麾下久历兵戎的将校;例如他在前面谈
起皮松的被杀②,还有波斯的朴西斯底遭到免职③,以及他个人的经验;这
些人没有犯罪应该还他们清白,何况他们都有很好的表现,彼此之间建立
亲密的友谊,非常有耐心等待应得的报酬,并没有急躁的言行和无礼的举
止,结果这一切都付之东流。塞琉卡斯接着批评安蒂哥努斯拥有庞大的武
力和巨额的财富,加上目前的无往不利,同时还暗示这样继续下去他就会
变得无比的傲慢,要把整个马其顿王国纳入野心勃勃的计划当中。经过一
番议论以后他规劝托勒密要做好战争的准备,还派出一些朋友前往欧洲,
指示他们用同样的论点诱使卡桑德和黎西玛克斯改变立场,成为安蒂哥努
斯的敌人。

他们很快执行所负的使命,等到撒下口角和不满的种子,萌芽成长就会
带来大规模的战争。安蒂哥努斯对于塞琉卡斯而后所能采取的行动,就各种
可能性经过合理的推断,于是派遣使者去见托勒密、黎西玛克斯和卡桑德,力
言他们要维持现存的友谊。接着他任命从印度返回的皮松④为巴比伦尼亚
的省长,然后率领军队前往西里西亚,抵达玛卢斯(Malus)⑤已是猎户星下

---

① 狄奥多罗斯在本书第二十一章叙述塞琉卡斯的崛起,那些都是留存下来的残卷。
② 参阅本章第 46 节。
③ 参阅本章第 48 节。
④ 安蒂佩特任命亚杰诺尔之子皮松为印度的省长,参阅本书第十八章第 39 节。
⑤ 玛卢斯是西里西亚濒临派拉穆斯(Pyramus)河的城市,确切的位置不得而知,参阅
斯特拉波《地理学》第 14 卷第 5 节。

沉的季节①,分散军队好让他们过冬。他拿走储存在赛因达的一万泰伦,
除此以外还有年度的税赋一万一千泰伦,结果使得他无论就军队的规模还
是财富的总额,都成为无法匹敌的竞争对手。

57 安蒂哥努斯正在向着上叙利亚前进之际,托勒密、黎西玛克斯
和卡桑德派来的使者抵达他的营地。他们立即开会协商,使
者提出的要求是卡帕多西亚和吕西亚移交卡桑德,海伦斯坡地区的弗里基
亚让与黎西玛克斯,整个叙利亚归还托勒密,巴比伦尼亚仍旧由塞琉卡斯
统治,安蒂哥努斯与攸门尼斯会战以后获得的财富要分给大家,应为他们
参加这次远征行动负起应尽的责任。最后使者表示如果安蒂哥努斯不能
履行这些条件,他们就会联合起来对他发起战争。安蒂哥努斯的答复极其
粗暴无礼,吩咐他们准备兵戎相见,让这些使者铩羽而归。托勒密、黎西玛
克斯和卡桑德成立一个攻守同盟,开始集结他们的部队,储备武器、装备、
粮草和其他战争所需的物资②。现在安蒂哥努斯看到很多拥有权势的知
名之士,为了与他对抗已经紧密团结起来,经过估计,战争爆发以后会扩展
到很大范围,所以采取积极的行动,号召国家、城市和统治者与他结盟加入
他的阵营。

他派亚杰西劳斯前往塞浦路斯去见当地的几位国王,艾多麦纽斯和
摩斯契昂赶赴罗得岛,他的外甥托勒密乌斯(Ptolemaeus)率领一支军队
进军卡帕多西亚开始围攻阿米苏斯,要将卡桑德派驻卡帕多西亚的人马
全部赶走,最后要在海伦斯坡占领有利的位置,如果卡桑德想从欧洲渡
过海峡前往亚洲,这时托勒密乌斯以逸待劳加以阻止。他派米勒都斯的

---

① 时间是公元前 316 年 11 月。
② 参阅阿庇安《叙利亚史》第 53 节和贾士丁《菲利浦王朝史》第 15 卷第 1 节。

亚里斯托迪穆斯带着一千泰伦的经费前往伯罗奔尼撒,指示后者要与亚历山大和波利斯帕强建立友谊关系,然后招募一支拥有相当实力的佣兵部队,发起对付卡桑德的战争。他会在遍及整个亚洲的部位,立即建立一套烽火信号和特急的传递系统,对于所有的情况可以迅速实行有利的对策①。

58 安蒂哥努斯处理完毕这些事务,赶到腓尼基要尽快编成一支水师;之所以会如此是因为他的敌人拥有很多船只,可以控制海洋,这时他自己整个算起来进行海上战斗的力量可以说是微不足道。他将营地开设在腓尼基的泰尔老城区②,打算要对泰尔发起围攻作战,召来腓尼基的几位国王和叙利亚的行政长官,对于国王的指示是要他们协助他建造船舶,因为托勒密在埃及拥有的船只连带上面的水手全部来自腓尼基。他命令这些行政长官要尽快准备四百五十万斗小麦③,这些大约是一年的消费量。他在各地征集伐木工、锯木匠和造船师,从黎巴嫩将砍伐的木材运到海边。当时雇用八千人从事伐木和锯木,一千对牛只用来运输造船的材料。这道山脉沿着垂波里斯、拜布拉斯和西顿的边界由北向南延伸,上面覆盖外形美丽而且雄伟高耸的雪松和杉树。他在腓尼基的垂波里斯、拜布拉斯和西顿建立三个造船厂,第四个是在西里西亚,那里所需的木材来自陶鲁斯山脉。另外在罗得岛还有一个造船厂,城邦同意用输入的木材为他效力。

---

① 波斯国王运用烽火信号,所有的消息可以在一日之内,由帝国最遥远的边界传到苏萨和伊克巴塔纳,参阅亚里士多德《论天体》(De Mundo) 389 b 30—35。本章第 17 节提到不同的传递系统。

② 泰尔的老城位于陆地是城市的一部分,尼布甲尼撒围攻岛上城堡这段时期,使得整个地区受到摧毁。安蒂哥努斯效法亚历山大的方式,为了围攻岛上的泰尔城,先占领陆上的老城区。

③ 这个数字相当于 3375000 蒲式耳。遗漏的文字可能是喂马的大麦所能供应的数量。

安蒂哥努斯忙着处理这些事务，甚至将营地设在靠近海岸的位置，塞琉卡斯率领一百艘船从埃及来到这里，所有船只的配备齐全，航行的情况非常顺利，他带着藐视一切的气势沿着海岸向北行驶，经过设置在滨海地区的营地，来自联盟城市要与安蒂哥努斯合作的人士，看到这种局面无不感到沮丧和郁闷；可以很清楚得知敌人已经主宰整个海洋，对于那些本着友谊要帮助安蒂哥努斯的对手，敌人的舰队可以随心所欲入侵他们的陆地，进行烧杀掳掠。不过，安蒂哥努斯为了振奋士气，非常肯定地表示，只要到这个夏季，他就有五百艘船，可以在海上占据绝对的优势。

59 就在安蒂哥努斯全力以赴的时候，亚杰西劳斯是他派往塞浦路斯的特使，抵达以后送来信息，奈柯克里昂[1]和其他最有权势的国王，都已经与托勒密缔结联盟关系，西蒂昂（Cition）、拉佩朱斯、马里昂和西里尼亚这几座城市的国王，已经与他签署协议巩固彼此的友谊。安蒂哥努斯得知这些情况以后，留下三千士兵在安德罗尼库斯指挥之下继续围攻，他自己率领军队攻占约帕（Joppa）和加萨这两个不愿听命归顺的城市。有些托勒密的士兵被他俘虏，就将他们分配在自己的队伍当中，他在每座城市都安置驻防军，迫使居民服从他的命令。他回到设在泰尔老城区的营地加强围攻的后续工作。

就在这个时候，受到攸门尼斯的托付负责处理克拉提鲁斯后事[2]的亚里斯顿，将遗骨交给斐拉（Phila）举行葬礼，斐拉是克拉提鲁斯的前妻，现在已经嫁给安蒂哥努斯之子德米特流斯。这位才女不仅聪明绝顶而且见识过人，例如她用适合丈夫的方式处理个别的事务，能够在营地清除很多

---

① 塞浦路斯的萨拉密斯国王奈柯克里昂在公元前321年与托勒密缔结同盟关系，参阅阿瑞安《希腊史籍残卷》No.156第10节；后来身为埃及国王的托勒密让他统治塞浦路斯全岛。

② 克拉提鲁斯的亡故参阅本书第十八章第30节。

制造麻烦的人物,她拿出自己的费用为穷人的姐妹和女儿安排她们的婚姻大事,让很多人避免陷入不实指控的危险。甚至提到他的父亲安蒂佩特,据说他是那个时代最有智慧的统治者,虽然斐拉还是一个小女孩,就经常与她商量最重要的军国大事。在我的叙述当中会按照顺序提到相关的事件,会给德米特流斯的统治带来很大的改变和最后的危机,更能清楚显现这位妇女的禀赋和特性①。

以上是安蒂哥努斯和德米特流斯的妻子斐拉有关事务的处理情况。

60 奉到安蒂哥努斯派遣的将领当中,亚里斯托迪穆发航前往拉柯尼亚,获得斯巴达当局的同意可以招募佣兵,最后他在伯罗奔尼撒组成一支八千士兵的部队。在与亚历山大和波利斯帕强会面以后,促成他们与安蒂哥努斯建立友谊关系。他将统治伯罗奔尼撒的将领一职授予波利斯帕强,说服亚历山大愿意出航前往亚洲与安蒂哥努斯会晤。另外一位将领是安蒂哥努斯的外甥托勒密,率领军队进入卡帕多西亚,发现阿米苏斯(Amisus)正遭受卡桑德的将领阿斯克勒皮奥多鲁斯(Asclepiodor-us)的全力围攻。他与对方签订停战协议让他们安全离开,使得城市免予战火的危险,行省恢复原来的安宁。接着进军通过俾西尼亚,这时俾西尼亚的国王柴拜斯(Zibytes)正在围攻阿斯塔库斯人(Astacenians)②和卡尔西斯人的城市,他迫使柴拜斯解围而去。他让这些城市以及柴拜斯与安蒂哥努斯建立联盟关系,为了保证他们的诚信愿意提供人质,他继续向爱奥尼亚和利底亚前进;安蒂哥努斯的来信命令他尽快赶往海岸地区加强防务,塞琉卡斯将要对该地进行海上的远征行动。蒂哥努斯的外甥托勒密率领

---

① 有关这部分的情节像是已经遗失。
② 阿斯塔库斯濒临同名的海湾,位于卡尔西顿的东南方约 30 英里。

军队奉命前进,这时塞琉卡斯正在围攻埃里什里(Erythrae)①,听到敌军即将接近,只有放弃原来的构想起航离开。

61

安蒂哥努斯在波利斯帕强之子亚历山大来到以后,双方签署一个友好协议,然后他召集士兵和住在该地的盟友举行大会②,指控卡桑德犯下滔天大罪,列举谋害奥琳庇阿斯和虐待罗克萨娜和国王的证据③。他还提到卡桑德强娶提萨洛妮丝为妻,明显看出他的意图是要登上马其顿国王的宝座;再者,虽然奥林苏斯人对马其顿有不共戴天的敌意,但是卡桑德为他们重建一座城市,还不避嫌疑取名竟然用上自己的名字,还有被马其顿人夷为平地的底比斯,他为了表示对亚历山大的不满正在为他们大兴土木,要在废墟上面建起新的城市④。

这时候群情激昂全都气愤不已,他提出一份敕令经过投票通过,根据里面的条款,卡桑德应该再度夷平这些城市,从囚禁的地方释放国王和他的母亲罗克萨娜,让前者重新登上马其顿王国的宝座,还要听从安蒂哥努斯的命令,同意他拥有年幼国君的监护权,否则就将卡桑德视为犯下十恶不赦之罪的叛贼和敌人。他还表示要将自由和自治权授予所有的希腊城邦,不能让他们屈从外国的驻防军。士兵投票赞同他提出的各项举措,安蒂哥努斯派人带着敕令向着四面八方传布,因为他认为希腊的城邦始终希望获得自由,只要能够满足他们这方面的需要,就会乐于参加他所发起的战争。就算上行省那些将领和省长,过去怀疑他别有图谋,想要罢黜继承亚历山大的两位国王,现在听到他公开声明要用战争对付叛贼,他们都会

---

① 这是一座爱奥尼亚的城市,位于正对开俄斯岛的半岛上面。

② 这些盟友是指没有在军队服务的马其顿人。大会通过的提案据以颁布"马其顿的敕令"。

③ 参阅本章第51—52节。

④ 参阅本章第52—53节。

改变心意很快服从他的领导。

等到这些事项处理完毕,安蒂哥努斯赠给亚历山大五百泰伦用来酬谢他给予的支持,让他对未来的发展充满希望,接着派人护送他返回伯罗奔尼撒。他从罗得岛召来完成备便的船只,同时将已经造好的船舶配置人员和设备,然后起航前去攻打泰尔。他保持旺盛的企图加紧围攻达一年三个月之久,其间已经能够控制海洋阻止粮食运入城市,最后他迫使被围的守军陷入罗掘俱穷的处境,允许托勒密派来的士兵带着他们的财物自行离开;等到城市投降①以后,他派遣一支驻防军对全城进行严密的监控。

62 这些事务正在进行的时候,托勒密听到安蒂哥努斯为了希腊城邦的自由权利,获得马其顿人的同意发布敕令,他想让希腊的人民知道他对他们的自治权要比安蒂哥努斯有更大的兴趣,所以才会颁发同样的敕令。两个人都很清楚这件事与能否获得希腊城邦的支持关系匪浅,彼此相互竞争要讨好这个举足轻重的民族。托勒密将卡里亚省长阿桑德拉进联盟,因为后者有强大的实力统治众多的城市。他在过去已经将三千士兵交给塞浦路斯的几位国王,现在又派去一支强大的军队,他急着要迫使那些反对他的人听从他的指挥。雅典的墨米敦(Myrmidon)派出一万人,波利克莱都斯带来一百艘船,这支部队全部交给他的兄弟麦内劳斯由后者担任指挥官。

他们出海向着塞浦路斯航行,发现塞琉卡斯带着舰队已经来到,两军会合以后商议应该采取的行动。决定波利克莱都斯带着五十艘船前往伯罗奔尼撒,发起战争对付亚里斯托迪穆斯②、亚历山大和波利斯帕强;墨米敦率领佣兵赶赴卡里亚增援阿桑德,这时后者受到安蒂哥努斯的将领托勒

---

① 泰尔的开城投降是在公元前314年。
② 他被安蒂哥努斯派到伯罗奔尼撒。

密发起的攻击;至于塞琉卡斯和麦内劳斯留在塞浦路斯,要与奈柯克里昂和其他的盟军部队在一起,必须对反对他们的人发起战争①。军队按照指定的任务分头赶往要去的地方,塞琉卡斯攻占西里尼亚和拉佩朱斯,会使马里姆人(Marienses)的国王史塔西伊库斯(Stasioecus)给予不遗余力的支持,逼得阿玛苏斯人(Amathusii)的统治者做出明确的保证,然后集中所有的部队对西蒂姆进行不断的围攻,那是因为后者不愿加入他们的阵营。

人大约是这个时候,四十艘船在提米森(Themison)指挥之下从海伦斯坡出发,赶往指定的地方向安蒂哥努斯报到,还有八十艘不同类型的船舶来自海伦斯坡和罗得岛,全部归由戴奥斯柯瑞德指挥从事同样的工作。头一批在腓尼基建造的船只都已经完成备便,加上在泰尔掳获的一百二十艘,使得安蒂哥努斯的麾下共有两百四十艘各型船只可以出海作战。这些大小不同的船只当中,四排划桨手的船只有九十艘,五排有十艘,九排有三艘,十排有十艘,没有甲板的小船有三十艘②。他对整个水师分配任务,五十艘船派往伯罗奔尼撒,他的外甥戴奥斯柯瑞德奉命指挥其余的船只,负责在海洋巡航以保证盟邦的安全,赢得尚未加入联盟的岛屿的支持。

以上是有关安蒂哥努斯的事务处理的情况。

63 我们已经叙述了发生在亚洲的事件,接下来要讨论有关欧洲的局势。阿波罗奈德奉到卡桑德指派成为将领负起治理亚哥斯的职责,在夜色的掩护之下入侵阿卡狄亚占领斯廷法利亚人(Stymphalians)的城市。就在他从事这方面工作的时候,那些对卡桑德持敌视态度的亚哥斯市民,去见波利斯帕强的儿子亚历山大,承诺将城市交到他的手中。不过,亚历山大的行动过于迟缓,阿波罗奈德在他之前回到城内,发现

---

① 参阅本章第 59 节。
② 整个舰队的船只是 143 艘,可能遗漏三层桨座战船。

大约有五百名敌对分子聚集在大会堂，他阻止他们离开这座建筑物，然后纵火将所有人员活活烧死。很多人受到放逐的惩处，只有少数在逮捕以后被杀。等到卡桑德得知亚里斯托迪穆斯带着大量佣兵抵达伯罗奔尼撒①，他认为首先要进行的工作是使得波利斯帕强改变立场不与安蒂哥努斯结盟而且要倒向他的阵营。

不过，波利斯帕强对他一厢情愿的想法根本不予理会，于是他率领军队通过帖沙利来到皮奥夏。帮助底比斯人修筑他们的城墙以后，他继续行军进入伯罗奔尼撒。他开始夺取森克里伊（Cenchreae）②并且在科林斯的地面大肆掠劫，强攻夺取两个堡垒以后，签订停战协议用来解散亚历山大派在该地的驻防军。接着他攻打奥考麦努斯，获得敌视亚历山大这个党派的支持，在这座城市配置驻防军，等到亚历山大的朋友在阿特米斯神庙寻求庇护，他赞同市民对他们可以任意处置，民众将他们拖出来一一处决，亵渎的行为违背希腊民族遵行不渝的习性。

64 卡桑德率领军队进入麦西尼亚，发现一座城市③有波利斯帕强派来的驻防军，只得暂时放弃进行围攻作战的计划。接着继续进军来到阿卡狄亚，留下达米斯（Damis）担任麦加洛波里斯的总督，这时他前往亚哥利斯主持尼米亚运动会④，最后返回马其顿。亚历山大在亚里斯托迪穆斯的陪同之下前去访问伯罗奔尼撒的城市，想要逐驱卡桑德留置的驻防军，恢复这些城市的自由。卡桑德得知此事立刻派普里披劳斯（Prepelaus）去见亚历山大，要求他背弃安蒂哥努斯，再与卡桑德缔结正式

---

① 参阅本章第 60 节。
② 这是科林斯位于萨罗尼克湾的港口。
③ 是指位于伊索姆山脉西侧的梅西尼，参阅本章第 54 节。
④ 时间是公元前 315 年夏季。

的联盟关系,开出的条件是他可以统治整个伯罗奔尼撒,成为一支军队的将领,给予他应有的职位和礼遇。亚历山大看到他之所以要对卡桑德发起战争的目的都已达到,愿意成为后者的盟友并且担任伯罗奔尼撒的将领。

就在出现这些情况的时候,波利克莱都斯奉到塞琉卡斯的派遣从塞浦路斯航向森克里伊,得知亚历山大已经变换效忠的对象,使得整个地区再也没有一支敌对的部队,于是他前往庞菲利亚,再沿着海岸从庞菲利亚到西里西亚的阿芙罗黛西阿斯(Aphrodisias);获得的信息是安蒂哥努斯的水师提督狄奥多都斯,正从帕塔拉(Patara)航向吕西亚,所有的船只上来自罗得岛的水手都是卡里亚的土著,伯瑞劳斯(Perilaus)率领一支军队在陆上陪伴他前进,可以确保舰队航行的安全;波利克莱都斯决定以高明的将道击败陆海两路的敌军。他要士兵下船在敌军必经之路的两侧藏匿起来,自己带着所有的船只尽可能靠近这个地方,在一个海岬的后面找到掩护,然后以逸待劳等候敌军的来到。陆上的部队首先遭到伏击,伯瑞劳斯被活捉,有些人在战斗当中阵亡,剩余的人员成为俘虏。

罗得岛的船只前来援助他们的部队,波利克莱都斯的舰队突然出现,已经排列成会战队形很容易击败乱成一团的敌人。结果是所有的船只以及大量人员落到对方手里,狄奥多都斯受伤过了几天不治身亡。波利克莱都斯获得很大的好处没有遭到危险,接着向塞浦路斯航行再返回佩卢西姆。托勒密对他赞誉不止,赐给他贵重的礼物和高阶的职位,用来奖励他赢得一次重大的胜利。这时安蒂哥努斯派来使者提出要求,他同意释放伯瑞劳斯和另外一些俘虏。据说他自己前往伊克里格玛(Ecregma)①与安蒂哥努斯进行协商,由于后者不同意他提出的要求最后无功而返。

---

① 这是一个陆地的突出部分,位于色波尼斯湖和尼罗河三角洲的东部海域之间。

65

我们已经叙述了亚历山大大帝的部将在希腊和马其顿的行动和事项,现在按照顺序探讨西部地区的历史。叙拉古的君王阿加萨克利获得一个堡垒,本来属于美西纳①所有,愿意接受三十泰伦将它归还原主;等到美西纳人交付这笔赎金以后,他不仅失信没有履行承诺,反而要将美西纳据为己有。得知这座城市的城墙有部分已经损毁,他从叙拉古派出骑兵部队经由陆上前往美西纳,他自己乘坐轻型船只②利用夜色的掩护尽量靠近城市。阴谋的受害者预先知道此事,所以这次攻击最后还是失败;他不死心,接着航向迈立(Malae)去围攻堡垒,无力抵抗只有投降。

他在回到叙拉古以后在谷物收获的季节,又要对美西纳发起另一次远征作战。他在靠近城市的地方设置营地发起持续的攻势,无法对敌人施加相当程度的损害,很多叙拉古的放逐者在该城获得庇护,这些人考虑到自己的安全,或是对僭主的暴政极其痛恨,所以他们抱着奋不顾身的精神使得战斗极其惨烈。就在这个时候,迦太基派来的使者谴责阿加萨克利的动武违背条约的规定,他们要与美西纳的人民确保和平的关系,直到迫使僭主归还占有的堡垒,使者完成任务返回利比亚。不过,阿加萨克利还是前往联盟的城市阿巴西侬(Abacaenon)③,处死四十位对他持有敌意的人士。

这时罗马正与萨姆奈人作战,强攻之下夺取阿普利亚一个名叫菲伦屯(Ferentum)的城市。璐西里亚(Nauceria)也可以称为阿尔法特纳(Alfaterna),那里的居民听从某位人士的观点,断绝与罗马的友谊要与萨姆奈人建

---

① 美西纳是位于西西里东北角的城市,与意大利的雷朱姆遥遥相对,控制地中海的重要通道美西纳海峡。

② 这是按照原文(意为“一排半的桨座”)得到“轻型船只”这个名字,亚历山大曾经用在印度的河流,参阅阿瑞安《亚历山大远征记》第6卷第1节;地中海只有海盗使用,主要是轻便快捷的关系。

③ 这座城市大约在美西纳的西南方约30英里。

立联盟关系①。

66 年度即将结束,奈柯多鲁斯(Nicodorus)担任雅典的执政官,卢契乌斯·帕皮流斯(Lucius Papirius)和奎因都斯·巴布留斯(Quintus Publius)在罗马分别当选第四任和第二任执政官②。就在这些官员任职期间(前314年),安蒂哥努斯任命的将领亚里斯托迪穆斯,得知波利斯帕强之子亚历山大变节以后,带着自己这边有关的问题前去参加艾托利亚的市民大会,说服大多数与会人员大力支持一帆风顺的安蒂哥努斯。他自己率领佣兵从艾托利亚渡海前往伯罗奔尼撒,到达以后发现亚历山大和伊利斯的人马正在围攻赛勒尼,让陷入危险之中的人民获得解围的运道。留下部队确保这个据点的安全,接着进军亚该亚地区,让佩特里得到自由,因为卡桑德的部队在该城充当驻防军。围攻伊朱姆赢得胜利以后,他变成驻防军的新主人;虽然他希望能够按照敕令的规定让伊朱姆的人民拥有自由权利③,因为下面的意外事件让他挂碍难行:士兵正在抢劫,很多伊朱姆的市民被杀,大量建筑物毁于战火之中。

因此,等到亚里斯托迪穆斯回航艾托利亚,原来受到卡桑德派出的驻防军管辖的狄麦④,市民现在利用城墙的缺口夺取城市,使得驻防军守备的城堡处于孤立无援的情况。他们用重获自由相互鼓励激起高昂的士气,然后将城堡包围得水泄不通,接着发起持续不断的攻击。亚历山大得知发生的事故,率领他的军队打进城中控制整座城市,杀死一些狄麦的市民,还有一些人被关进监牢,更多的人遭到放逐。亚历山大离开城市以后,幸存

---

① 这里的文字下面要接续第72节。
② 前315年罗马的执政官,按照《岁时记》的数据,应该是卢契乌斯·帕皮流斯·克尔索和奎因都斯·波布利留斯·斐洛,两位都是第四次出任这个职位。
③ 参阅本章第61节。
④ 狄麦是亚该亚西部地区的市镇。

者有一阵子保持安静没有举动，巨大的灾难让他们震惊到目瞪口呆，加上他们丧失所有的盟邦。又过了一段时间，他们从伊朱姆召来亚里斯托迪穆斯的佣兵，再度对驻防军发起攻击。夺取城堡使得城市获得自由；他们对于留住性命的马其顿士兵展开屠杀，与亚历山大维持友谊的市民有不少死于非命。

67 就在发生这些事件的同时，波利斯帕强的儿子亚历山大率领军队从西赛昂开拔之际，当地的阿勒克赛昂（Alexion）和其他人士借口是他的朋友，趁着城市一片混乱将他杀死。不过，亚历山大的妻子克拉提西波里斯（Cratesipolis）①继承遗留的权力，能够掌握他的军队保持团结，因为士兵对她的仁慈非常感激，使得她在军队里面有很高的声望；她天性和善，乐于帮助遭遇厄运的人士，很多部下处于困境，尤其是金钱方面都能获得她的援手。她擅长处理城邦的事务而且手腕非常高明，具备的胆识使她有如一个勇士。须知西赛昂的人民因为她的丈夫已经亡故，对于她的作为表现出藐视之心，全副武装聚集起来要为争取自由战斗到底，她指挥军队完成部署发起攻击，打败对手而且斩获甚丰，后来还逮捕三十名主犯施以磔刑。她将城市牢牢掌握在手中开始长期统治西赛昂，维持很多士兵能够妥善应付突发事件。

这些就是伯罗奔尼撒当时的局势。

卡桑德得知艾托利亚当局支持安蒂哥努斯不遗余力，现在正与阿卡纳尼亚从事边界战争，认为现在是他一石二鸟最好的机会，可以拉拢阿卡纳尼亚成为盟友，同时削弱艾托利亚的作战能力。出于这个原因，他率领一

---

① 或许这个名字的意义是"城市的征服者"，可以参阅品达《皮同赛会颂》第9节第150行。她为了有利波利斯帕强起见，很多年都将西赛昂掌握在手里，直到公元前308年才向托勒密投降，参阅本书第二十章第37节。

支大军进入艾托利亚,设置营地在康庇拉斯(Campylus)河①的河畔。他召集阿卡纳尼亚人前来参加全民大会,详细叙述他们自古代开始就从事边界的战争,力劝他们离开狭小而且没有防卫能力的村庄,搬迁到少数几座城市,这时他们不会由于住处的分散,丧失彼此支持和帮助的能力,即使敌人发起出乎意料的入侵行动,他们在集结和出击方面也不会有任何困难。阿卡纳尼亚的民众接受他的忠告,大多数人都住在斯特拉都斯(Stratus)这个最大和最坚固的城市;但是厄尼阿迪部落(Oeniadae)和别的族群集中在梭里亚(Sauria),德瑞斯人(Derians)和其他民族定居在阿格瑞尼(Agrinium)。

卡桑德留下吕西库斯指挥一支兵力适当的部队,交代他要尽力帮助阿卡纳尼亚的城市;他自己率领军队向着琉卡斯(Leucas)前进,预先派出使者确保与这座城市的联盟关系。然后他在亚德里亚海岸地区发起作战行动,首次攻击就能夺取阿波罗尼亚。接着进军伊利里亚,渡过赫布鲁斯(Hebrus)河,展开军队开始攻打伊利里亚国王格劳西阿斯②。会战获胜与对方签订停战协议,格劳西阿斯依据条款规定不得与卡桑德的盟邦发生战事;他为了确保伊庇达努斯(Epidamnus)的安全无虞,派遣一支驻防军留在该地,然后班师返回马其顿。

68 卡桑德离开艾托利亚以后,艾托利亚当局聚集三千人马入侵阿格瑞尼开始围攻作战。当地居民派人前来谈判,同意开城投降,要求安全离开;等到他们信守协议撤出城市,艾托利亚的部队违背条款的规定,在对方认为毫无危险,疏于防范之际,紧随在后施以猛烈的突

---

① 这是阿奇洛斯河一条支流。

② 贾士丁《菲利浦王朝史》第 15 卷第 2 节,对于这一次的作战行动有不同的描述。提到伊利里亚境内的赫布鲁斯河,没有人知道位于何处。

击,大量人员遭到屠杀,只有少数幸存者得以逃脱。卡桑德抵达马其顿听到卡里亚所有的城市发生战争,那是因为这些城市已经与托勒密和塞琉卡斯缔结联盟的关系,他立即派遣一支军队进入卡里亚,希望在帮助盟邦的同时,逼使安蒂哥努斯为这些事务感到困扰和分心,没有多余的精力和时间渡过海峡进军欧洲。

他还写信给费勒隆的德米特流斯和慕尼契亚驻防军的指挥官狄奥尼修斯,吩咐他们派遣二十艘船到林诺斯。他们立即照办而且亚里士多德(Aristotle)奉命负责指挥。等到亚里士多德来到林诺斯要求塞琉卡斯派出一支舰队前来相助,他采取的策略是说服林诺斯当局背叛安蒂哥努斯;对方不愿接受,于是他纵兵蹂躏整个地区,为了夺取城市进行围攻。不过,后来塞琉卡斯从考斯岛率领舰队出海,安蒂哥努斯派出的水师提督戴奥斯柯瑞德(Dioscurides)①得知这个消息,立即大举进击林诺斯将亚里士多德逐离该岛,大部分的船只连带上面的水手全被他掳获。

阿山德(Asander)②和普里披劳斯(Prepelaus)③奉到卡桑德的派遣,率领军队发起远征行动,前往卡里亚;获得消息说是安蒂哥努斯的将领托勒密乌斯(Ptolemaeus)④,进入冬营开始分散所属部队安置到各个地区⑤,他自己忙着办理父亲的丧事。两位将领派出优波勒穆斯(Eupolemus)带着八

①　他是安蒂哥努斯的外甥,参阅本章第 62 节。

②　阿山德在前 323 年成为卡里亚的统治者,前 321 年还继续拥有省长的职位。手抄本经常把他与卡桑德分不清楚。

③　普里披劳斯奉到卡桑德的派遣,去见波利斯帕强的儿子亚历山大,经过一番游说后者愿意脱离安蒂哥努斯的阵营,参阅本章第 64 节。目前的作战行动没有听到他的消息,要到公元前 303 年他奉卡桑德之命担任科林斯驻防军的指挥官。

④　托勒密乌斯是安蒂哥努斯的侄儿,陪伴他的叔父围攻诺拉,后来为了取信攸门尼斯充当人质,参阅普鲁塔克《希腊罗马名人传》第 15 篇第 2 章"攸门尼斯"第 10 节。公元前 315 年他在小亚细亚率领部队与卡桑德的将领对抗,圆满完成任务。

⑤　这是公元前 314 年冬天。

千名步兵和两百名骑兵,在卡里亚的卡普里玛(Caprima)①以逸待劳攻打即将来临的敌军。此时托勒玛库斯从逃兵那里得知对方的计划,集结进入冬营的部队共有八千三百名步兵和六百名骑兵,就在午夜对优波勒穆斯已有防御工事的营地发起突击,因为对方没有派出警卫而且都已入睡,他们大获全胜还生擒优波勒穆斯,迫使他的士兵放下武器投降。

这些都是卡桑德派遣到亚洲的将领所遭遇的情况。

69 安蒂哥努斯察知卡桑德的意图是要将亚洲据为己有,就将自己的儿子德米特流斯留在叙利亚②,命令后者以逸待劳等候托勒密的来到,安蒂哥努斯认为托勒密的打算,是趁着后防的空虚从埃及出兵前来攻占叙利亚;他留给德米特流斯的军队,步兵有一万名佣兵、两千名马其顿人、五百名吕西亚人和庞菲利亚人以及四百名波斯的弓箭手和投石手,骑兵的数量是五千人加上四十三头战象。他还为德米特流斯指派四名顾问:克里特的尼阿克斯③、亚杰诺尔之子皮松④刚从巴比伦返回,还有奥林苏斯的安德罗尼库斯(Andronicus)⑤再加上菲利浦⑥,四个人的年纪很大曾经陪伴

---

① 除了知道卡普里玛在卡里亚境内,其他都不清楚。

② 参阅普鲁塔克《希腊罗马名人传》第 21 篇第 1 章"德米特流斯"第 5 节,这时德米特流斯只有 22 岁,就成为独当一面的指挥官。

③ 尼阿克斯从小就是亚历山大的友伴,开始东征参与重大的会战立下功勋,进攻印度以后负责指挥一支舰队,能够安全返回巴比伦。公元前 323 年要他率领船只绕过阿拉伯半岛完成探勘的航行,因为亚历山大的崩殂而放弃。等到群雄并起争夺天下,他协助安蒂哥努斯,劝后者赦免攸门尼斯并且加以重用。

④ 亚历山大将皮松留下来担任下印度的省长,后来一直保持原来的职位,公元前 316 年安蒂哥努斯召他返回成为巴比伦的省长。不要与担任近卫军官的皮松混淆在一起,这一位在公元前 316 被安蒂哥努斯处死,还有一位皮松是米地亚的省长。

⑤ 没人知道安德罗尼库斯在亚历山大手下服务的情况。公元前 315 年安蒂哥努斯围攻泰尔的时候,他担任的职位非常重要。

⑥ 没有人知道他早年的经历,可能就是公元前 323 年负责统治巴克特里阿纳和粟特的菲利浦,参阅本书第十八章第 3 节。过了十年以后,他对安蒂哥努斯仍旧忠心耿耿。

亚历山大从事各地的征战;这时德米特流斯还很年轻,只有二十二岁。

安蒂哥努斯率领其余的军队,开始想要越过陶鲁斯山脉,遇到大风雪的袭击损失很多士兵,他只有退回西里西亚这唯一的机会,后来能够平安通过这道天险;抵达弗里基亚的西利尼(Celaenae),军队分散开来过冬①。他将交由米狄斯(Medius)②指挥的舰队从腓尼基召来,途中遭遇皮德纳人③的船只多达三十六艘,经过一场激烈的战斗击败对方,捕获他们的船只连带上面的水手。

这些都是希腊和亚洲发生的情况。

70 西西里那些逗留在阿克拉加斯的叙拉古流亡人士,一直劝说当地的统治者要为他们的自由奋战到底,不要置身事外坐视阿加萨克利重新整顿和改组他的城市,等到他的势力日益增长到尾大不掉的情况就会后悔莫及。听到他们的讲话非常坦诚和直率,阿克拉加斯的市民大会通过提案发起战争,还有杰拉和美西纳加入联盟,派遣一些流亡人士前往拉斯地蒙,交代他们要带回一位能力高明的将领,负起指挥作战和击败敌军的责任④;他们对自己的政客存有猜疑之心,一旦掌握权力就会走上专制的道路,他们还记得科林斯的泰摩利昂⑤极其卓越的为将之道,认为外来的领导者没有私心,为了贯彻他们的政策全力奉献。这些使者抵达拉柯尼亚,发现克里奥米尼斯王的儿子阿克罗塔都斯(Acrotatus),冒犯

---

① 这是公元前314年冬天。

② 赫菲斯提昂逝世以后,米狄斯在亚历山大手下扮演更为吃重的角色。亚历山大崩殂以后受到下毒的指控,还能安然无事,先为帕迪卡斯效力,后来加入安蒂哥努斯的阵营。

③ 这里所说"皮德纳人"可能是笔误,正确的表达方式应该是"托勒密或波利克莱都斯"的船只,因为后者是托勒密的水师提督。

④ 他们向拉斯地蒙提出请求,以及阿克罗塔都斯的派遣应该是前一年的事。

⑤ 泰摩利昂逝世以后,叙拉古的市民大会通过议案,以后他们只要与外国发生战争,必定敦请一位科林斯人担任将领。

很多年轻人使得大家对他感到不满,为了个人的安全急着离开自己的国家。不久之前拉斯地蒙人兴兵反抗马其顿人,被安蒂佩特击败以后,那些在战场幸存的人员免予追究,不再受到羞辱的待遇①,当时只有他反对颁布这个敕令。因此他得罪很多涉及此事的退役人员,特别是受到法律惩处的逃兵;这些人聚集起来找到机会将他打了一顿,而且始终在暗中对他进行不利的行动。

他迫切希望能在国外服行指挥的职位,很高兴接受来自阿克拉加斯的邀请。离开城邦这件事他并没有征求民选五长官的同意,率领几艘船准备渡过海峡前往阿克拉加斯。不过,他们被风带往亚德里亚海就在阿波罗尼亚地区登陆。发现那座城市正被伊利里亚国王格劳西阿斯围攻之中,他说服国王放弃围城作战与阿波罗尼亚当局签订和约。然后他航向塔伦屯规劝当地民众加入恢复叙拉古自由权利的作战行动,还说服他们投票通过提案愿意支持二十艘船只;由于双方有亲戚的关系而且他的家世是如此显赫,他们认为他所说的话非常诚挚而且重要。

71 就在塔伦屯人加紧准备工作的时候,阿克罗塔都斯立刻开航驶往阿克拉加斯,在那里出任将领的职位。他首先鼓励所有民众对于期待的事物充满信心,引导大家参加行动必能尽速推翻僭主。不过,时间就这样过去,无论他的祖国和他的家族是多么伟大,提到他本人却毫无建树,比起僭主更为残酷和嗜血,不断出现侵犯和损害一般民众的行为。再者他放弃本国的生活方式,让自己毫无节制纵情欢乐像是一个波斯人而非斯巴达人。他浪费国家的税收部分花在公众的活动,还有一部分是

---

① 是指前331年的麦加洛波里斯会战,斯巴达国王埃杰斯三世败北而且丧失性命,参阅本书第十七章第62—63节。

私人的挪用。后来他邀请索西斯特拉都斯①前来聚餐,这个人在放逐者当中享有鼎鼎大名,经常负起指挥军队的责任,阿克罗塔都斯竟然毫无信义将来客杀死,身居指挥的高位要是欠缺督导就会滥用职权,犯下重大的罪行,要是无人指控就会变本加厉。

等到这件暴行变得众所周知以后,流亡人士马上加入攻打阿克罗塔都斯的部队,其余所有人员要跟他划清界限。首先他们免除他的将领职位,接着他们准备用石块将他击毙,群情鼎沸造成的骚动使他感到畏惧,趁着黑夜脱逃乘船暗中返回拉柯尼亚。等到他离开以后,塔伦屯当局将派往西西里的舰队召回;阿克拉加斯、杰拉和美西纳②的市民大会,通过提案结束与阿加萨克利的战争,迦太基人哈米尔卡(Hamilcar)③充当和事佬,让他们缔结和平条约。协议的要点如下所述:在西西里的希腊市镇像是赫拉克利、塞利努斯和希米拉,如同过往一样仍旧是迦太基人的属地,其他所有城市都拥有自治权然而对外要承认叙拉古的霸权和接受给予的领导。

72 等到后来阿加萨克利得知西西里的敌对势力已经清除干净,他在毫无阻碍的情况下将城市和要点据为己有。很快成为这些地区的主人,使权力获得巩固;事实上他为自己建立一群盟友,拥有大量岁入,以及组成一支颇具实力的军队。就是不算盟邦的力量以及接受征召入营服役的叙拉古市民,一支精选的佣兵部队包括一万名步兵和三千五百

① 好像将他与本章第3—5节提到的索斯特拉都斯视为同一个人。须知索斯特拉都斯在阿加萨克利成为叙拉古的僭主那个时候,他是寡头党派的领导人物,也是"六百人团"的成员之一,只有流亡海外才逃过杀身之祸。狄奥多罗斯在本章第3节,根据民主党派提供的资料,说是索斯特拉都斯的"一生当中做尽坏事,像是叛逆、谋杀和其他邪恶的行为",然而在这一节又有不同的看法,很可能是受到泰密乌斯的影响。

② 本章第102节提到阿加萨克利不与美西纳缔结和平条约。

③ 他先前向外表示会受到阿加萨克利的优容和礼遇,参阅贾士丁《菲利浦王朝史》第22卷第2节。很可能他把与泰摩利昂作战的哈米尔卡看成同一个人。

名骑兵。再者他储备大量的武器和各种类型的投射机具,因为哈米尔卡斡旋和平协议受到当局的谴责①,他知道迦太基人很快就会与他兵戎相见。

以上是西西里这个时候的态势和相关的事务。

意大利的萨姆奈人为了争夺霸权与罗马进行艰苦的战斗,已经延续很多年,现在用围攻作战占领配置罗马驻防军的普里斯蒂卡(Plestica)②,说服索拉(Sora)的民众杀死居住在一起的罗马人,与他们建立联盟关系。下一步就在罗马围攻萨蒂库拉(Saticula)之际,突然萨姆奈人有一支强大的军队出现在眼前,意图要来解围。接着发生一场大规模会战双方都有很多人被杀,实际上罗马的军队占得上风。会战以后罗马对城市的围攻收效,然后他们能随心所欲降服邻近的市镇和据点。现在萨姆奈人参加的战事是为了争夺阿普利亚的城市③,他们征召所有及龄的男子入营服役,靠近敌军设置营地打算将所有的问题一次解决。等到罗马当局知道此事,他们急着完成重要的工作,好派出一支大军讨伐敌人。

传统的习惯是在发生重大危机的时刻,指派一位显赫的人物成为负责军事和作战的独裁官或称狄克推多,他们现在推选奎因都斯·费比乌斯(Quintus Fabius)出任这个职位,以及奎因都斯·奥流斯(Quintus Aulius)为骑士团团长。这两位指挥军队在劳斯托立(Laustolae)④与敌人激战,损失很多人马。惊惧传遍全军,奥流斯对于逃走感到羞耻,单独留在战场对

---

① 哈米尔卡受到叛国罪的控诉,未等法庭判决已经过世,参阅贾士丁《菲利浦王朝史》第 22 卷第 3 节。

② 利瓦伊《罗马史》的手抄本当中,这个市镇称为普利斯蒂卡(Plistica)或波斯夏(Postia),并不知道位于何处。

③ 同样在利瓦伊《罗马史》的手抄本当中,索拉位于拉丁姆的东南方,萨蒂库拉在康帕尼亚和萨尼姆之间的边界上面,劳斯托立(Laustolae)控制拉丁姆到康帕尼亚的滨海道路,从而得知这里的"阿普利亚"应该改为"康帕尼亚"才对。

④ 利瓦伊《罗马史》第 9 卷第 23 节,提到这个地方是劳斯图立(Laustulae),双方打了一场不分胜负的会战,承认有些人因为奥流斯的丧生所以才说罗马吃了败仗。利瓦伊记载费比乌斯在几天以后赢得一次大捷,只是其他的史学家都不知道有第二场会战。

抗大量敌军,他并不希望能够说服大家留下来,只是关心自己的祖国要维护不被击败的声名。奥流斯不齿于市民同胞的苟且偷生,只有他光荣战死;罗马害怕丧失对整个阿普利亚地区的控制,就在卢西里亚(Luceria)成立一个殖民地,后来成为那个区域最著名的城市。当成继续与萨姆奈人作战的基地,使得对方在未来不再感到安全;这个城市不仅使当时的罗马获得胜利,直到现在他们还让卢西里亚继续发挥功能,用来镇压邻近的民族。

73 这一年的行动接近尾声,狄奥弗拉斯都斯(Theophrastus)成为雅典的执政官,马可斯·巴布留斯(Marcus Publius)和盖尤斯·苏尔庇修斯(Gaius Sulpicius)当选罗马的执政官①。就在这些官员的任职期间(前313年),潘达斯的左边②有一座城市名叫卡朗夏(Callantia),当地的民众为了获得自治权,就将黎西玛克斯派来的驻防军赶走。他们还用同样的方式让伊斯特里亚和其他邻近的城市获得自由,组成联盟共同对抗野心勃勃的外国君王。他们邀请边界相互毗邻的色雷斯人和锡西厄人加入联盟,使得整个组织的实力大增,可以派出阵容强大的军队与敌人作战。

不过,黎西玛克斯得知有这种情况发生,立即派出他的军队前去征讨叛徒。他的远征经过色雷斯以及越过赫穆斯(Haemus)山脉,在靠近奥笛苏斯(Odessus)的地方设置营地。他用围攻作战威胁居民,最后只有开城投降。接着他用同样的方式让伊斯特里亚归顺,然后进军前去攻打卡朗夏。就在这个紧要关头,锡西厄人和色雷斯人遵守协议派出援军帮助他们

① 前314年罗马的执政官,按照《岁时记》的数据,应该是马可斯·珀特留斯·李波(M.Poetelius Libo)和盖尤斯·苏尔庇修斯·隆古斯(C.Sulpicius Longus),其中后者是第三次担任这个职位。
② 这是博斯波鲁斯海峡进入黑海位于左边的出口,斯特拉波《地理学》第7卷第5节将这个城市叫作卡拉蒂斯(Callatis)。

的盟友。黎西玛克斯立即出击要与他们接战,陈兵威胁色雷斯人并且引诱他们改变原来的立场;最后他在一场决定性会战当中打败锡西厄人,斩获甚多追击幸存人员直到越过边界。然后在卡朗夏四周设置营地,开始发起围攻作战,非要对叛变的罪魁祸首给予严厉的惩罚不可。就在他积极展开行动的时候,有人带来消息说是安蒂哥努斯派出两支大军,前来解救卡朗夏,一支来自陆地一支来自海洋,黎坎(Lycon)担任水师提督率领舰队向着潘达斯航行,鲍萨尼阿斯带着相当数量的士兵,在一个名叫海朗(Hieron)①的地方安置营地。

黎西玛克斯对当前的情况感到不安,留下足以执行任务的兵力继续围攻②,他自己率领全军当中最强大的部分前去迎战,他的打算是主动与敌军保持接触。不过,等他抵达可以穿越赫穆斯山脉的隘道,发现色雷斯国王修则斯投向安蒂哥努斯的阵营,率领很多士兵防守这条重要的通路。黎西玛克斯与对手进行一场耗时甚久的会战,损失不少人马还是杀死大量敌人击溃蛮族。他突然攻击鲍萨尼阿斯的部队,对方虽然在一个难以进入的地方获得庇护,他还是赢得最后的胜利;杀死鲍萨尼阿斯后接着处理被俘的士兵,一部分接受赎金让他们获得自由,其他的人员编入自己的军队。

以上是黎西玛克斯所要面对的情况。

74 安蒂哥努斯在这次救援行动失利以后,派遣特勒斯弗鲁斯(Telesphorus)③率领五十艘船和适量的步兵部队前往伯罗奔

---

① Hieron 意为"庙宇"或"神圣的地方",没人知道确实的位置。

② 没人知道这次围攻的结果,卡拉蒂斯人在前 310 年虽然受到很大的压力,还在继续对抗黎西玛克斯的攻势行动。

③ 这个人可能是安蒂哥努斯的外甥,参阅戴奥吉尼斯·利久斯《知名哲学家小传》第 5 卷第 79 节。

尼撒,奉到的命令是让当地的城市获得自由,他这样做希望在希腊的城邦当中建立一种信念,就是他确实关心他们的独立和自主;同时他还暗示特勒斯弗鲁斯要注意卡桑德的动静。特勒斯弗鲁斯抵达伯罗奔尼撒的港口,马上向着亚历山大①的驻防军所占领的城市进军,除了西赛昂和科林斯他让其他的城市获得自由;波利斯帕强在这些城市都有居所,维持强大的部队相信他们的实力,能够确保自己的地位和优势。

就在这些事情正在进行的时候,菲利浦②出任指挥官受到卡桑德的派遣,要用战争去对付艾托利亚人,立即率领军队抵达阿卡纳尼亚,开始劫掠整个艾托利亚地区,一听到伊庇鲁斯的伊阿赛德③返回他的王国,正在集结一支强大的军队,他马上出发前去攻打这个敌手,要在艾托利亚的军队加入国王的阵营之前,运用分区击灭的方式瓦解伊阿赛德的势力。虽然他发现伊庇鲁斯的部队已经准备会战④,还是立即发起攻击,杀死对方很多士兵还有不少成为俘虏,其中大约有五十位应该负起国王复位的责任,他将这些人戴上脚镣押解给卡桑德处理。伊阿赛德和他的手下经过整顿要继续战斗,而且艾托利亚人的队伍已经与他会合,菲利浦再度进击在会战中将他们打得大败而逃,阵亡的人数很多包括伊庇鲁斯国王伊

---

① 波利斯帕强的儿子亚历山大已经亡故,他的妻子仍旧拥有一些城市,参阅本章第67节。

② 这位菲利浦可能是卡桑德的幼弟,曾经担任亚历山大的侍酒长,受到奥琳庇阿斯的指控说他毒死亚历山大,参阅贾士丁《菲利浦王朝史》第12卷第14节。等到这次作战行动以后,他又处于默默无闻的情况,后来他的儿子安蒂佩特在公元前281—前280年,成为马其顿国王,但只在位短短45天。

③ 他与他的父亲被菲利浦放逐,得到奥琳庇阿斯的帮助返国成为国王。亚历山大崩殂以后,他极力支持奥琳庇阿斯和波利斯帕强,过于热心引起民众的不满,使得他遭受第二次放逐。他在公元前316年与波利斯帕强一同返回艾托利亚,参阅本章第52节。

④ 鲍萨尼阿斯《希腊风土志》第1卷第11节,提到这次会战发生在厄尼阿迪(Oeniadae)。

阿赛德①本人在内。菲利浦在数天之内赢得重大的胜利,伊托利亚人在惊慌之余放弃未曾设防的城市,带着妻子儿女逃到难以进入的山区。

以上是希腊的作战行动的结局。

75 提到亚洲的情况,卡里亚的统治者阿山德②无法抗拒战争的压力,就与安蒂哥努斯和谈同意对方的条件,交出他的部队以及让希腊的城市获得自治权,他可以继续拥有原来分给他的行省,仍旧与安蒂哥努斯保持坚定的友谊。为了保证他会履行这些条件送出他的兄弟阿加丰(Agathon)作为人质,过了几天他感到后悔,安排他的兄弟在暗中逃脱严密的看管,派出使者去见托勒密和塞琉卡斯,请求他们尽最大能力给他提供援助。安蒂哥努斯得知此事大发雷霆,派出部队经由海上和陆地前去解救这些城市,任命米狄斯和多西穆斯(Docimus)分别为指挥舰队的水师提督和统率军队的将领③。他们来到米勒都斯,鼓励市民维护他们的自由权利;他们用围攻夺取有驻防军的城堡,让政府恢复原来的独立地位。

就在他们从事这些行动的时候,安蒂哥努斯围攻并且占领特拉勒斯(Tralles);然后向着高努斯(Caunus)进军并且召来舰队相助,除了城堡,他据有整座城市。他将城堡包围得水泄不通,就从最容易奏功的一面发起不断的攻击,直到落到他的手上为止。托勒密乌斯率领一支军队奉命赶往伊阿苏斯(Iasus),迫使这座城市支持安蒂哥努斯,接着卡里亚所有的城市全都顺从安蒂哥努斯的统治。过了几天以后,艾托利亚和皮奥夏的使臣前来觐见,安蒂哥努斯与他们建立联盟关系;安蒂哥努斯开始与卡桑德就海伦

---

① 伊阿赛德逝世以后,他的儿子皮洛斯被伊利里亚国王格劳西阿斯收养,在几部著作当中都提到格劳西阿斯,何况皮洛斯后来成为伊庇鲁斯国王,参阅普鲁塔克《希腊罗马名人传》第11篇第1章"皮洛斯"第3节。

② 卡桑德是在上一年派阿山德到卡里亚。

③ 有关米狄斯的情况参阅本章第69节,对于多西穆斯早年的经历一无所知。

斯坡地区的和平进行交涉,但是他们之间无法达成任何协议。出于这个原因卡桑德对于问题的处理完全放弃希望,有关希腊的事务他下定决心要扮演一个举足轻重的角色。他率领三十艘船航向奥留斯(Oreus)①,接着开始围攻这座城市。

就在他大举进击快要得手的时候,援军突然出现在奥留斯民众的眼前:特勒斯弗鲁斯率领二十艘船和一千名士兵来自伯罗奔尼撒,米狄斯来自亚洲带着一百艘船。他们看到卡桑德的船只堵塞港口,于是对这些船只发起火攻,有四艘船起火燃烧,几乎全都受到摧毁;卡桑德初期的失利就从雅典获得增援,出海前去攻击疏于防范的敌军。等到双方遭遇,他击沉敌人一艘船,俘虏三艘船连带所有的水手②。

上面是发生在希腊和潘达斯的作战行动。

76 意大利的萨姆奈人派出大军进入康帕尼亚③,摧毁那些支持敌人的城市;罗马的两位执政官率领军队前来解救陷入危险之中的盟友,他们在塔拉森尼(Taracine)④附近与敌军进入对峙的情况,使得这些城市不再感到畏惧,过了几天以后两军发起会战,激烈而持久的战斗双方都遭到惨重的损失。最后罗马的部队全力出击占到上风,对于溃败的敌人发起长时间的追击,对方被杀的士兵超过一万人。会战的结果大家仍旧不得而知,康帕尼亚人对于罗马产生貌视之心,因而引发叛乱的行动;于是罗马当局立即派出军队前去镇压,拥有独裁官身份的盖尤斯·马纽斯(Gaius Manius)负起指挥的责任,按照城邦的习惯马纽斯·弗尔维斯

---

① 这座城市位于优卑亚岛的北端。
② 这支雅典的舰队是在昔摩查里斯(Thymochares)的指挥之下。
③ 参阅利瓦伊《罗马史》第 9 卷第 26—27 节。
④ 利瓦伊《罗马史》记载这一年发生的事件,没有提到塔拉桑尼会战。

(Manius Fulvius)出任骑士团团长在一旁襄助。他们在卡普亚附近进入阵地，康帕尼亚人开始的时候群情激昂想要出战，听到萨姆奈人战败的消息，知道所有的部队都会前来助阵，惊惧之余只有与罗马讲和。他们奉命交出犯有叛变罪行的知名之士，这些人不等审判的裁决先行自我了断。城市获得赦免仍旧维持先前的盟邦关系①。

77 年度即将过去，波勒蒙(Polemon)成为雅典的执政官，卢契乌斯·帕皮流斯(Lucius Papirius)和盖尤斯·朱纽斯(Gaius Iunius)当选罗马的执政官，前者是第五次出任这个职位②；举行第一百一十七届奥林匹亚运动会，米蒂勒尼的帕米尼奥(Parmenio)赢得赛跑的优胜。就在这一年(前312年)，安蒂哥努斯命令手下的将领托勒密乌斯进军希腊，要让所有的希腊人获得自由的权利，指派给他的兵力是一百五十艘战船，米狄斯担任水师提督负责指挥，加上一支部队有五千名步兵和一百名骑兵。安蒂哥努斯同时与罗得当局结盟，为了进行希腊的解放战争，接受对方供应的十艘战船。托勒密乌斯率领整支舰队驶进皮奥夏一个名叫贝昔斯(Bathys)③的港口，从皮奥夏联盟收到两千二百名步兵和一千三百名骑兵。他将停泊在奥留斯的船只召来，加强萨刚尼乌斯(Salganeus)④的防务，将所有的部队在该地集结；他希望能获得卡尔西斯市民的认同，因为整个优卑亚地区只有他们的城市敌人配置驻防军。卡桑德对于卡尔西斯的情况感到担心，放弃围攻奥留斯，前往卡尔西斯并且召集他的部队。等到

---

① 有关这一次的叛变参阅利瓦伊《罗马史》第9卷第26节，不过，提到的狄克推多和骑士团团长，应该是盖尤斯·密纽斯(C.Maenius)和马可斯·弗留斯(M.Folius)。

② 前313年罗马的执政官，按照《岁时记》提供的数据，应该是卢契乌斯·帕皮流斯·克尔索(L.Papirius Cruso)和盖尤斯·朱纽斯·布布库斯(C.Iunius Bubulcus)，前者是第五次而后者是第二次担任这个职位。

③ Bathys这个词意为"水很深"，港口位于伊庇鲁斯境内靠近奥利斯。

④ 这个市镇位于皮奥夏靠近东边的海岸，控制进入优里帕斯的北部通路。

安蒂哥努斯得知两支大军在优卑亚保持相互监视,召唤米狄斯率领舰队前往亚洲,立即带着所有的军队用最快速度赶到海伦斯坡,他的打算是渡海进入马其顿,如果卡桑德仍旧留在优卑亚,他就趁势占领马其顿,不让卡桑德有机会防守他的王国,就会在希腊丧失最高的统治大权。

卡桑德探知他的计划,留下普莱斯塔克斯(Pleistarchus)①指挥卡尔西斯的驻防军,自己率领部队出发,发起猛攻夺取奥罗帕斯(Oropus),让底比斯人加入他的联盟,然后与其他的皮奥夏城市签订停战协议,任命优波勒穆斯为负责整个希腊的将领,他接着赶赴马其顿,担心敌军已经渡过海峡。安蒂哥努斯来到普罗潘提斯(Propontis)地区以后,派遣使者去与拜占庭当局商量加入联盟的事宜。这时黎西玛克斯的特使已经来到,规劝拜占庭人不要反对黎西玛克斯或是卡桑德,于是拜占庭当局决定保持中立,与双方仍然延续和平友好的关系。安蒂哥努斯因为图谋落空,或是冬季即将来临的关系,就将他的士兵分配到这些城市去过冬②。

78 就在这些事件继续进行的时候,科孚派出军队前去帮助阿波罗尼亚和伊庇达努斯的人民,签署停战协议解散卡桑德的部队;这些城市当中他们让阿波罗尼亚获得独立,却将伊庇达努斯交给伊利里亚的国王格劳西阿斯。等到卡桑德离开马其顿以后,安蒂哥努斯的将领托勒密乌斯,使得控制卡尔西斯的驻防军感受恐惧打击之下夺取这座城市;为了让大家知道安蒂哥努斯的行动,为了证实安蒂哥努斯所言不虚,他的行动的确在给希腊的城邦争取自由,所以他没有在卡尔西斯配置驻防军,因为这座城市的位置适中而且形势险要,任何人要想进行争夺霸权的

---

① 普莱斯塔克是安蒂佩特的儿子也是卡桑德的兄弟,参阅普鲁塔克《希腊罗马名人传》第 21 篇第 1 章 "德米特流斯" 第 31 节。
② 这是公元前 313 年冬天。

战争,可以作为一个发挥重大作用的基地①。

不过,托勒密乌斯用围攻夺取奥罗帕斯以后,就将这座城市归还皮奥夏联盟,卡桑德的部队全部成为俘虏②。他接受伊里特里亚和卡里斯都斯(Carystus)的人民提出缔结盟约的请求,接着他进军阿提卡,这时雅典在费勒隆人德米特流斯的治理之下。雅典当局首先暗中派人去见安蒂哥努斯,乞求他来解救这座城市;托勒密乌斯的大军即将来到,他们受到激励就鼓起勇气,逼迫德米特流斯与对方签订停战协议,派遣使者去与安蒂哥努斯讨论加入联盟有关事宜。托勒密乌斯从阿提卡向皮奥夏前进,攻下卡德密驱逐驻防军,解放底比斯,让这座城市获得自由。接着他继续进军福西斯,赢得当地所有城市的投效,赶走卡桑德派来的军队。他顺势向着洛克瑞斯前进,由于欧庇斯投效卡桑德的阵营,他将这座城市围得水泄不通,发起连续不断的攻击③。

79 就在那一年的夏天④,塞伦的人民反抗托勒密的统治引起叛变,围攻城堡几乎立即就会将驻防军赶走,亚历山德拉派来使者规劝他们停止动乱,遭到他们的杀害,他们鼓起最大的勇气继续攻击城堡。托勒密得知信息极其愤怒,任命埃杰斯为将领率领陆上的部队,派出一支舰队在伊庇尼都斯(Epaenetus)的指挥之下参加作战。埃杰斯对于叛军发起英勇的攻击,发挥优势战力夺取整座城市,那些犯了叛乱罪的人士被戴上脚镣押送到亚历山德拉;等到解除所有人员的武装,城市的事务全

---

① 马其顿国王菲利浦五世把卡尔西斯当成"希腊三大枷锁"之一,其余两座城市是科林斯和德米特瑞阿斯(原来的爱奥库斯),只要这三个要地落在马其顿手里,希腊就没有自由可言,参阅波利比乌斯《历史》第18卷第11节。

② 这是卡桑德留在奥罗帕斯担任驻防军的部队,参阅本章第77节。

③ 他可能攻下欧庇斯,只是未提到后续的发展。

④ 这是公元前313年夏季。

部处理妥当以后,他率领军队返回埃及。

托勒密看到塞伦的问题都能按照他的意愿得到解决,派出一支军队从埃及渡海前往塞浦路斯,征讨那些不愿服从他的国王。发现皮格玛利昂(Pygmalion)正在与安蒂哥努斯进行协商,于是这位叛徒被他处死;他逮捕身为拉佩提亚(Lapithia)国王和西里尼亚(Cerynia)统治者的普拉克西帕斯(Praxippus)①,怀疑对他有不利的企图,还有马里昂(Marion)的统治者史塔西伊库斯(Stasioecus)②,摧毁这座城市将居民运到帕弗斯(Paphos)安置③。托勒密在完成这些事项以后,任命奈柯克里昂(Nicocreon)④为统治塞浦路斯的将领,把原来属于国王的城市和税收交由后者支配,因为当地的国王都被他清除殆尽;然后他率领全军渡海到达所谓的上叙利亚地区,占领和洗劫波塞迪姆(Poseidium)和波塔米·卡朗(Potami Caron)这两座城市⑤。毫不耽搁接着航向西里西亚,攻下玛卢斯(malus)将所有的俘虏当成战利品出售。他还掠夺邻近的地区,等到抢来的财物满足全军的贪念以后返回塞浦路斯。他用这种方式讨好士兵,激起高昂的士气面对强大的敌军,完成他们应尽的责任。

80 安蒂哥努斯之子德米特流斯留在内叙利亚,以逸待劳等候埃及军队的到来。等到得知这些城市被敌人占领,他让皮松出

---

① 很可能手抄本上面已经找不到西里尼亚统治者的名字。拉佩提亚和西里尼亚都接近塞浦路斯北海岸的中央。

② 马里昂位于塞浦路斯的西海岸,国王史塔西伊库斯开始支持安蒂哥努斯,然后变成托勒密,参阅本章第62节,看来现在又转过来反对托勒密。

③ 这一段文字交代不够清楚,似乎有脱落或遗漏的地方。帕弗斯位于塞浦路斯的西南海岸。

④ 奈柯克里昂是萨拉密斯国王,城市位于塞浦路斯的南海岸;公元前332年他协助亚历山大围攻泰尔。等到亚历山大崩殂以后他支持托勒密。有关他在公元前310年的背叛和死亡,参阅本书第二十章第21节。

⑤ 参阅考古学家伍利(L.Woolley)《一个遗忘的王国》(A Forgotten Kingdom),知道波塞迪姆位于奥龙特斯河口,至于波塔米·卡朗根本不得而知。

任将领留下来负责地区的防务,还将军队的战象和重装步兵单位交给皮松指挥;他自己率领骑兵和轻装步兵单位,迅速向着西里西亚前进,要对处于危险的城市施以援手。到达以后发现接战的良机丧失,敌军已经起航离开,于是他尽快返回原来的营地,途中损失大部分的马匹;因为他向玛卢斯的行军历时六天①,经过的距离是二十四个驿站,整个路程极其艰困,没有一个随军小贩或是马夫能够赶上行进的速度。

托勒密在称心如意完成所有的计划以后,返航回到埃及;没有过多久,因为塞琉卡斯对安蒂哥努斯的敌对行动,激励他的雄心壮志,决定入侵内叙利亚,要与德米特流斯的军队在战场上分个高下。因此他集中来自各地的部队,从亚历山德拉向佩卢西姆进军的兵力是一万八千名步卒和四千名骑兵。他的军队组成人员有些是马其顿人和佣兵,大部分还是埃及人,后者当中有些人携带投射武器或是负责行李的运输,还有一些人全副武装参与会战行动。他从佩卢西姆行军通过沙漠地区,靠近敌军在叙利亚加萨的"老城区"②附近开设营地。德米特流斯同样从各地的冬营,召来他的士兵在加萨的"老城区"集结,等待敌军的来临。

81 虽然他的朋友劝他面对这样知名的将领和拥有兵力优势的军队,不必非要在战场上分出高下,德米特流斯对他们的话置之

---

① 这是一次强行军,从位于内叙利亚的基地向西里西亚的玛卢斯挺进。如果驿站之间的平均距离是 17 英里,总共经过 24 个驿站,那么军队走了将近 400 英里[这个数字来自 17×(24−1)= 391];他们说是花了 6 天,平均每天要走 65 英里相当于 104 千米,几乎已经超过人类体能的极限。

② 斯特拉波《地理学》第 16 卷第 2 节,提到亚历山大将加萨完全摧毁;虽然如此,他还是将附近的部族召来定居,利用这座城市当成作战的要塞,参阅阿瑞安《亚历山大远征记》第 2 卷第 26—27 节。

不理,充满信心准备与敌人拼个你死我活,即使他的年龄很轻①认为除了自己的父亲,没有人像他那样有能力从事大规模的会战。他召开全军大会,所有的士兵全副披挂参加这个重要的集会,带着焦急和兴奋的心情站在高起的平台上面,群众发出整齐划一的喊叫,支持他做出英勇的决定,传令官要求部队停止骚动大家全部平静下来。特别是他刚刚担任指挥的职位,无论是士兵或平民都不会对他怀有恶意,有的将领在位的时间很久,难免会使微不足道的委屈累积起来造成无法排解的怨恨。群众迫于权势觉得凡事都在强制执行,任何团体或个人对于改革都会极力赞成。

他的父亲已经是一个老年人,王国的希望都寄托在继承者的身上,只要他负起指挥的责任,就会对群众使出善意用来收揽人心。再者,他的外表无论容貌和体格都非常出众,穿上皇家的铠甲更是威风凛凛让人感到敬畏,这时他让群众对于未来充满希望。再者,一个年轻的国王为了赢得大家的效劳,在各方面都会显得彬彬有礼,甚至那些队列以外的人员都会跑过来,聚集在一起听从他的吩咐,对于他的年轻和即将迫近的战斗,带着同情的心理感到焦急和不安。他要与兵力强大的敌军和最伟大的将领托勒密和塞琉卡斯打一场决定性的会战,这两位曾经参与过亚历山大所有的战事,经常率领军队从事单独的征伐任务,可以说是战无不胜攻无不克。总而言之,德米特流斯对于全军发表演说鼓舞部队的士气,按照各人的表现承诺给予优渥的奖赏,要把所有的战利品分给士兵,然后整理队伍准备发起会战。

82 他指挥会战所处的位置是在左翼,首先是精选的两百名骑兵留在身边担任护卫,还有一群朋友与他做伴,其中特别要提到

---

① 上一年前314年的夏季他奉派到叙利亚独当一面只有22岁。有关下面的作战行动,参阅贾士丁《菲利浦王朝史》第15卷第1节。

皮松这个人,曾经在亚历山大的麾下参与远征行动,担任将领与安蒂哥努斯共事,彼此精诚合作完成很多重大的任务①。他指派三个骑兵分队充当前卫还有同样数量的单位用来掩护侧翼,此外还有三个塔伦屯的骑兵分队②,配置在左翼的外侧与本队形成分离;这些部队是他手下执长矛的五百名骑兵和一百名塔伦屯人。接下来是称为"亲随"的骑兵部队大约有八百人,后面是其他各种类别的骑兵总数不少于一千五百人。整个左翼的前列他配置三十头战象,同时在队列之间的空隙部署轻装单位,就是一千名标枪兵和弓箭手以及五百名波斯投石手。他打算在左翼形成重点用来决定会战的结局。接下来他部署由一万一千名重装步兵组成的方阵,其中两千名马其顿人,一千名吕西亚人和庞菲利亚人,其余八千名都是佣兵。他的右翼配置其他的骑兵部队,安德罗尼库斯指挥之下共有一千一百人。这位军官奉到的命令是保持他的战线稍微后退与作战正面成为斜交,开始的时候避免与敌军接触,等待德米特流斯的出击有了成果再投入主力方面的战斗。另外还有十三头战象排列在步兵方阵的前面,两者之间的空隙按照正常的方式配置轻装部队。德米特流斯运用这种方式完成会战的部署。

83 托勒密和塞琉卡斯最初并不了解敌人的意图,他们的战线是在左边这部分加强兵力;等到他们从派出去的斥候那里得知德米特流斯采用的序列,他们很快重新调整部署,使得右翼的兵力更为强大,能与德米特流斯的左翼抗衡甚或占据相当的优势。他们在这一翼就有三千名最为精良的骑兵,要依靠他们进行一次决战。战线的前面他们配置

---

① 有关皮松的情况参阅本章第 69 节及注释 164。

② 这些是轻骑兵单位,使用的武器是标枪。部队命名的由来以及与塔伦屯的关系,还不得而知。

一群士兵,携带装有尖锐铁钉和系着长绳的木框,准备用来对付战象的攻击①;只要将这种装置拖出来铺设妥当,很容易阻止猛兽向前运动。他们还在这一翼的前列部署轻装单位,要求标枪兵和弓箭手拿未能停下来的战象当目标,或者射杀那些乘坐在象背上面的人员。他们用这种方式加强右翼,情势许可之下全军其余的部分都已排成战线,他们发出战斗呐喊向着敌军进攻。

当面的对手同样发起接敌运动;最早是两翼最外侧的前卫部队发起的骑兵作战,德米特流斯的手下暂时占到上风。过了片刻以后,托勒密和塞琉卡斯的右翼向前挺进,骑兵的部署形成很大的纵深,发起的冲锋更为猛烈,两军的士气高昂展开激烈的战斗。第一轮的进攻使用长矛,大多数人的武器因而折断,很多相互对阵的敌手受伤倒地不起;然后重新整顿再度进击,手里执着佩剑向前冲杀,双方的对抗成为近身肉搏。这些指挥官不怕危险位于队列的前面,鼓励手下的弟兄坚强抵抗绝不后退一步;位于两翼的骑兵都是英勇的战士,要在将领的面前发挥大无畏的精神,双方的激战非要分个高下不可。

84 骑兵会战有很长的时间处于势均力敌的局面,战象在象奴的驱使之下采取行动,前进一段距离使敌人产生很大的恐惧,所以没有人胆敢前来阻止。不过,他们遇到成排的铁钉形成的障碍,还有成群结队的标枪手和弓箭手,毫不间断投射他们的武器和有如阵雨的箭矢,使得战象和上面乘坐的人员受到重大的伤害;这时象奴使用刺棒逼着这群猛兽前进,有些战象的脚为锐利的尖钉所刺穿,伤口带来的疼痛和守军集

---

① 要与第十八章第71节做一比较,只是前面提到装着利刃的框架埋在土里,本节所说的木框系着长绳可以移动,看来对付战象的方法没有多大的改变。

中投射武器产生的杀伤效果,使得攻击的队伍开始乱成一片。成群的猛兽在平坦和土质松软的地面,直向前冲的力道根本无法抗拒,遇到崎岖不平和难以通行的地形,因为它们的足部较为娇嫩,庞大的躯体几乎难以发挥作用。在这种情况之下,托勒密非常精明已经预知安置尖锐的铁钉,就会产生战象不能在战场发挥作用的结局。最后大部分的象奴遭到射杀,所有的战象成为战利品。

等到局面已经如此,德米特流斯的骑兵陷入惊惧之中,突然脱离战斗;虽然他恳求大家继续抵抗不能抛弃他逃走,但没有一个人理会,只有少数人马留在他的身边,最后逼得他只有与大家离开战场。大部分的骑兵全都听命随着他直到迦萨,一路上保持完整的队形,所以敌人不敢冒险对他们发起追击,平原开阔而且地面平整,有利于士兵井然有序逐步向后撤离。接着是步兵开始放弃他们的战线,抛掉沉重的武器装备,要救自己的性命得靠行动的轻便。德米特流斯在日落之际通过加萨,有一些落在后面的骑兵进入城市,他们的打算是要带走自己的行李。这个时候城门大开许多驮兽拥在一起,每个人都想带着自己的牲口先行离开,正在乱糟糟的时候托勒密的部队已经来到,没有人能够及时关起城门。敌军冲进去使得城市落到托勒密的手里。

85 会战在一方大胜之下宣告结束,德米特流斯午夜之际抵达阿佐都斯(Azotus),行程是两百七十斯塔德①。他派出传令官去与对方商量,处理战场遗留尸体的事宜,因为他急着要用葬礼推崇死者的英勇,这是身为指挥官的责任。问题在于他的朋友大多数都已阵亡,其中最显赫的人物是皮松,与他在对等的条件下分享指挥的责任。这次会战阵

---

① 大约 31 英里。

亡的人数超过五百①,大多数是骑兵和位阶较高的人员,俘虏达到八千多人。托勒密和塞琉卡斯同意归还死者的遗体,还将皇家的行李送回不要赎金,连同善意和殷勤的信函,说他们之间的战斗是为了荣誉和疆域,不会影响到私人的感情。

大家认为托勒密虽然与他们发起共同的战争,首先是对付帕迪卡斯接着是攸门尼斯,对于占领的地区从未想过要分一杯羹,然后转交给自己的亲信和下属。他与塞琉卡斯签订紧密合作的协议以后,即使自己再有道理,也不会从对方的手里拿走巴比伦省长这个职位。托勒密将俘虏的士兵送到埃及,下令将他们分配到所属各州;对于手下在会战中阵亡的将士,办理排场极其盛大的葬礼,带着全军前去征讨腓尼基的城市,有的用围攻的方式获得有的运用说服的手段。德米特流斯现在缺乏一支实力强大的军队,派遣信差去见他的父亲要求尽快给予援助。他自己搬迁到腓尼基的垂波里斯(Tripolis),从西里西亚召来他的士兵,还有那些防卫城市和据点的守军,要让他们远离敌人。

86 托勒密拥有强大的战力能够控制广大的区域,首先赢得西顿的效力;接着他在泰尔附近进入营地,召唤该城驻防军的指挥官安德罗尼库斯,只要后者开城投降就答应给予贵重的礼物和高阶的职位。不过,安德罗尼库斯说他受安蒂哥努斯和德米特流斯的指派,绝不会背弃他们对他的信任和托付,因此他用下流的言辞侮辱托勒密的招降。后来他的士兵发生叛变,他被逼离开城市落到托勒密的手里,料想会因无礼辱骂和拒绝归顺受到严惩。托勒密并没有怀恨在心,反而送给他礼物让他

---

① 普鲁塔克《希腊罗马名人传》第 21 篇第 1 章"德米特流斯"第 5 节,提到有 5000 人被杀。

留在宫廷,将他视为朋友对他极其尊重。事实上这位君王为人谦恭有礼而且慈善为怀,心胸开阔愿意原谅别人的过失,种种美德可以增加他的权势,使得很多人乐于与他分享友情①。例如,后来塞琉卡斯被赶出巴比伦尼亚,是他伸出友情的手接纳走投无路的败将。等到塞琉卡斯看到机会来到,向他提出要求供应所需士兵发起远征巴比伦的行动,他立即满足塞琉卡斯的意愿;不仅如此,还给予承诺要在各方面给予协助,直到后者收回原来属于他的行省。

　　以上是亚洲的事务和处理的情况。

87 　　这时的欧洲②,安蒂哥努斯的水师提督特勒斯弗鲁斯逗留在科林斯附近,有鉴于安蒂哥努斯对托勒密乌斯的拔擢不遗余力,还将整个希腊的事务托付给后者处理,于是特勒斯弗鲁斯为此指责安蒂哥努斯的不公,就将手下的船只出售获得现金,运用志愿服役的方式征召一批士兵加入他的阵营,共同为他的事业开创光明的前途。后来他进入伊利斯像是仍旧能够保持与安蒂哥努斯的友谊,加强城堡的防务并且奴役整座城市,甚至抢劫位于奥林匹亚的圣地,搜刮五百泰伦的银两,接着开始招募佣兵。特勒斯弗鲁斯对于托勒密乌斯的高升极其嫉妒,才会运用这种方式背弃与安蒂哥努斯的友情。托勒密乌斯是安蒂哥努斯的将领,受到后者的指派负责希腊的事务;等到他听到特勒斯弗鲁斯的叛变,已经占领伊利斯人的城市,掠夺奥林匹亚的财富,于是率领一支军队进入伯罗奔尼撒地区。等到他抵达伊利斯,就将防卫严密的城堡夷为平地,让伊利斯重获自由权利,归还原来属于神明的金库和里面储存的财富。他在战胜特勒斯弗鲁斯

---

　　① 参阅本书第十八章第 28 节。
　　② 这里接续第 78 节的叙述。下面提到的特勒斯弗鲁斯可能是安蒂哥努斯的外甥,然而托勒密乌斯确实是他的侄儿,参阅本章第 68 节。

以后让后者交出派有驻防军的塞勒尼（Cyllene），再将这座城市归还给伊利斯。

88 就在这些事件正在发生的时候，伊庇鲁斯国王伊阿赛德逝世，遗留的王位交由阿尔西塔斯继承①，过去阿尔西塔斯敌视卡桑德，为了免得惹祸上身被他的父亲阿里姆巴斯（Arymbus）赶出国门。为了预防这方面会引起动乱，吕西库斯②奉到卡桑德的指派，出任将领统治阿卡纳尼亚，现在率领一支军队进入伊庇鲁斯，由于王国的事务仍旧混乱不堪，认为会很容易罢黜阿尔西塔斯让他丧失王位。正是吕西库斯在卡索披亚（Cassopia）的前面设置营地的时候，阿尔西塔斯派遣他的儿子亚历山大和图瑟（Teucer）前往地区的城市，命令他们尽可能征召更多的士兵；他自己率领部队进入战场，来到敌军附近等待两个儿子的归来。不过，吕西库斯的部队在兵力方面占有绝对的优势，伊庇鲁斯当局畏惧之余只有听命于敌人③；阿尔西塔斯受到人民的遗弃以后，逃到伊庇鲁斯一个名叫优里米尼（Eurymenae）的城市寻找庇护。就在他被围困不得脱身的时候，亚历山大带着援军前来解救他的父亲。发生一场激烈的会战，很多士兵被杀，其中包括吕西库斯的左右手，担任将领的密昔朱斯和奉卡桑德指派治理琉卡斯（leucas）的雅典人赖山德。后来戴尼阿斯（Deinias）④为战败的军队带来增援部队，在另外一场会战当中，亚历山大和图瑟吃了败仗，就与他们的父

---

① 阿尔西塔斯是伊阿赛德的兄长，受到放逐在于他那荒淫放纵的激情，不为他的父亲所喜，参阅鲍萨尼阿斯《希腊风土志》第1卷第11节。

② 卡桑德在公元前316年任命吕西库斯为伊庇鲁斯的摄政和将领，公元前314年又增加阿卡纳尼亚，可是到了公元前313年他的职位有些时候由菲利浦接替，参阅本章第74节。

③ 鲍萨尼阿斯《希腊风土志》第1卷第11节，伊庇鲁斯人对于阿尔西塔斯的残酷极其痛恨，等到他返国以后群起反抗并且将他杀死。

④ 戴尼阿斯是卡桑德手下的将领，公元前317年他占领田佩山谷这个重要的隘道，参阅本章第35节。

亲逃到某个坚固的据点,吕西库斯夺取优里米尼,经过洗劫以后将它完全摧毁。

89 这个时候的卡桑德只听到他的部队战败,并不知道随之而来的胜利,火速前往伊庇鲁斯要去帮助吕西库斯。等到他发现后者已经稳占上风,就与阿尔西塔斯进行商议重新建立友谊关系;然后率领一部分部队进军亚得里亚海岸地区,围攻一座名叫阿波罗尼亚的城市,该城的人民赶走他的驻防军投向伊里利亚的阵营。城市对于压境的敌军丝毫不感到畏惧,能从盟邦获得帮助,就在城墙的前面列队迎战。历经一场艰辛而又长久的会战,阿波罗尼亚当局仗着兵力的优势,迫使他们的对手逃走;卡桑德损失很多士兵,现在手中没有足够的部队而且冬天即将来临①,只有回到马其顿。就在他撤离这个地区以后,琉卡斯当局获得科孚军队的鼎助,赶走卡桑德留下的驻防军。有一段时间伊庇鲁斯继续接受阿尔西塔斯的统治,由于他对一般民众过于蛮横暴虐,他们谋杀他和他那两位仍是幼童的儿子伊森尼乌斯(Esioneus)和奈苏斯(Nisus)②。

90 亚洲的局势,塞琉卡斯在叙利亚的加萨打败德米特流斯以后,从托勒密那里接受八百多名步兵和大约两百名骑兵③,开始向着巴比伦进军。他表现出豪情万丈的气势,即使手中没有一兵一卒,就是靠着朋友和自己的奴隶也要对内陆展开远征行动;他认为巴比伦的人民还会记得他在过去所给予的善意,很快加入他的阵营,这时安蒂哥努斯的军队已经撤退到距离遥远的后方,这是上天赐给他建立事业的大好机会。塞

① 这是公元前312年冬天。
② 可以与本章第88节及注释223做一比较。下面要接本章第105节的叙述。
③ 阿庇安《叙利亚战争史》第9卷第54节,说是有1000名步卒和300名骑兵。

琉卡斯有满腔的热血,然而伴随他的朋友难免要倒抽一口冷气,因为他们看到这位将领只有少数人马就展开作战行动,反观与他对抗的敌军拥有优势的兵力、丰富的资源和众多的盟邦。

塞琉卡斯看到他们心惊胆战,为了鼓舞士气,提到那些随着亚历山大进入战场的人员,他们受到拔擢是因为英勇的行为,特别是面对困难的局势,不是靠着武装部队和财富而是他们的经验和技巧,就是亚历山大自己也是运用这方面的工具,建立举世赞誉的丰功伟业。他加以补充说他们应该相信神明的指示,已经预先告知他的作战行动完全能达成目标,因为他派人求得布兰契迪(Branchidae)的神谶,祭司用塞琉卡斯王的称呼向他问候,而且亚历山大在他的梦中出现,站在他的旁边向他明确表示,上天注定终究会在未来让他负起安邦定国的重责大任①。他还指出任何目标的达到必须经由辛劳和危险才能趋向完美和获得赞誉。他对士兵非常公正力求自己的言行与他们平等相待,所以能赢得全军的好感,每个人都带着崇拜的心理愿意与他冒险从事大胆的行动。

91 塞琉卡斯率领大军进入美索不达米亚,说服一些定居在卡里(Carae)②的马其顿老兵加入他的部队,对于有些人则使用强迫的手段。等到他抵达巴比伦尼亚以后,大部分的居民前来欢迎,公开宣布站在他这一边,愿意在各方面给予协助,只要他认为适合都没有问题;因为他在这里担任四年的省长,对于所有的人都慷慨大方,赢得民众善意的回报,还有一些人只要得到机会,就要出面尽力帮助他争取最高的权力。

---

① 我们在本章第 55 节中提到占星家向安蒂哥努斯示警,塞琉卡斯会给他带来生命的危险。阿庇安《叙利亚战争史》第 9 卷第 56 节,对于塞琉卡斯会在未来建立伟大的事业,出现一些朕兆和征候。

② 参阅本章第 12 节及其注释 27。

某一个地区的指挥官名叫波利阿克斯(Polyarchus)带着一千多名士兵前来投效。那些仍旧对于安蒂哥努斯忠心耿耿的人士,他们没有办法阻止民众热烈拥戴塞琉卡斯,只有聚集在一起躲在城堡里面避难,迪菲卢斯(Diphilus)奉派成为他们的指挥官。塞琉卡斯将城堡围得水泄不通,经过一轮猛攻加以夺取,那些原来他派到这里的朋友和奴隶,在他离开巴比伦到埃及以后,奉到安蒂哥努斯的命令被看管起来,现在他恢复他们的自由。等到这些问题全部解决,他开始征召士兵入营服役,将带来的马匹分配给懂得骑术的人士。他与所有的人交往都用和善的语气,让大家怀抱很大的希望,保持他的冒险行动在任何情况下,都有充分的准备和热烈的情绪。塞琉卡斯用这种方式再度获得巴比伦尼亚的统治大权。

92 负责治理米地亚的将领尼卡诺尔集结当地以及来自波斯和邻近地区的部队,大约有一万名步兵和七千名骑兵,准备征讨塞琉卡斯;后者得知消息立即出兵用最快速度前去迎战敌军,只是他的兵力充其量不过三千名步兵和四百名骑兵。塞琉卡斯渡过底格里斯河,听到敌军的位置还有几天行军的距离,就将部队藏匿在邻近的沼泽地区,打算出乎对手的意料发起一次突袭。尼卡诺尔抵达底格里斯河却没有发现敌人的踪迹,他将营地开设在一处皇家的庄园,认为塞琉卡斯不敢应战已经逃到相当远的距离以外。入夜以后尼卡诺尔的军队疏于警戒和防范,塞琉卡斯突然发起攻击,引起对方很大的混乱和惊慌;加入战斗的波斯部队,他们的省长伊凡杰(Evager)①连带一些领导人物当场被杀。出现这种情况以后,大部分士兵投向塞琉卡斯的阵营,一方面是恐惧战败带来的危险,另一方面是不满安蒂哥努斯的领导方式。这时只有少许人员留在尼卡诺尔的

---

① 可能与本章第48节提到的那位担任阿里亚省长的伊凡哥拉斯是同一个人。

身边,他害怕会被手下的士兵抓住交给敌人,在几位朋友的陪同之下经过沙漠向后方逃走。塞琉卡斯现在获得一支大军的控制权,对于所有人表现得体的言行,很容易赢得苏西亚纳、米地亚和邻近区域的归顺;写信给托勒密和其他的朋友提到自己的成就,已经拥有国王的才干和声名可以掌握皇家的权力。

93 托勒密在一场大规模的会战当中击败安蒂哥努斯之子德米特流斯,这个时候仍旧留在内叙利亚①。听到德米特流斯已经从西里西亚回师,营地开设在上叙利亚,就从自己的朋友当中选择马其顿的西勒斯(Cilles),交给后者一支具有相当强实力的军队,命令他将德米特流斯彻底赶出叙利亚,或者运用计谋诱敌深入加以击灭②。西勒斯正在进军的途中,德米特流斯从细作的回报得知来敌正在迈乌斯(Myus)③宿营,处于警戒松弛和毫无防范的情况,于是他将辎重留在后面,带着轻装士兵实施急行军;他在清晨对敌军发起突击,没有经过战斗就让对手投降,将领本人成为俘虏④。大获全胜使得他认为可以洗雪前次战败的羞辱。虽然如此,他判断托勒密将会率领所有的军队前来征讨,于是他进入营地以保安全,运用湿地和沼泽的天然防御能力。他写信告知他的父亲提到这次的成就,请求安蒂哥努斯尽快派遣一支持军用来加强他的战力,或者本人亲自率军越过山脉进入叙利亚。安蒂哥努斯这时正好在弗里基亚的西利尼(Celaenae);接到来信感到极其欣慰,他的儿子如同年轻时候的自己,能够

① 有关托勒密在加萨的胜利,可以参阅本章第83及后续各节。
② 参阅普鲁塔克《希腊罗马名人传》第21篇第1章“德米特流斯”第6节,西勒斯的失败在于轻敌。
③ 迈乌斯位于叙利亚境内,其余一无所知。
④ 鲍萨尼阿斯《希腊风土志》第1卷第6节,对于这次胜利的收获认为不过尔尔。普鲁塔克《希腊罗马名人传》第21篇第1章“德米特流斯”第6节,提到德米特流斯将西勒斯和他的幕僚遣还托勒密,用来回报对方在加萨的慷慨风度。

自行解决遭遇的困难,已经够资格成为一位国王。

他带着军队从弗里基亚出发越过陶鲁斯山脉,不过几天工夫就与德米特流斯会师。托勒密得知安蒂哥努斯的来到,召集他的将校和朋友开会商议,是仍旧留在叙利亚与对方做出最后的决断较为有利,还者撤回埃及继续战争使用过去打败帕迪卡斯的办法①。大家劝他不要冒着与兵力数倍于他的敌人进行会战的危险,何况对方拥有大量的战象加上还要面对战无不胜的将领;因此他们提到在埃及的作战更为容易,可以充分供应所需的粮食和装备,复杂的地形能够发挥最大的作用。最后他决定离开叙利亚,将在占领当中最有价值的城市夷为平地:像是腓尼基·叙利亚的阿卡以及叙利亚的爱奥庇、萨玛里亚和加萨;他率领军队加上可以携行或赶走的战利品返回埃及。

94 现在安蒂哥努斯兵不血刃获得全部的叙利亚和腓尼基,决定出兵前去征讨阿拉伯的那巴提亚部落(Nabataeans)②。这个民族对于他的建国大业抱着敌视的态度,他选出一位名叫阿昔尼乌斯(Athenaeus)的幕僚,交给他四千名轻装步兵和六百名速度很快的骑兵,命令他要对蛮族发起突然的攻击,将他们的牛群当成战利品全部赶回来。

不知道出于何种缘故,叙述阿拉伯人的习俗有关细节的时候,相信他们始终坚持不容侵犯的自由。阿拉伯人一直在户外过着游牧生活,认为自己的国家是一望无垠的旷野,没有河川和流量充沛的泉源让一支敌对的军队获得饮水。他们的习惯是无须种植作物、栽培果树、饮用酒类或是构建

---

① 参阅本书第十八章第33—35节。

② 可以明显看出这是为了入侵埃及要先完成的初步工作,想当年康贝西斯在讨伐埃及之前已经与阿拉伯的部族讲好条件,参阅希罗多德《历史》第3卷第4—9节。

房舍;任何人胆敢违背他们的传统,受到的惩罚是处以死刑①。他们遵循这些规定,免得为了想要使用无用之物,逼得对于拥有者非要听命服从不可。他们有些人喂养骆驼或者羊群,很多阿拉伯的部落都将沙漠当成牧场,那巴提亚人的数目不会超过一万,远较其他的部落更为富有;因为阿拉伯的优迪蒙(Eudaemon)②出产乳香、没药和其他名贵的香料,有不少那巴提亚人从产地采购这些物品,再运到海外去贩卖可以获得惊人的利润。

他们特别喜爱自由所有的行动不愿受任何拘束,不论何处有一支强大的敌军接近,他们就拿沙漠当成坚固的堡垒找到安全的庇护所③;缺乏饮水除了他们没有外人能够通过险恶的沙漠,那是因为他们顺着地脉的走向,事先准备地下的储水池,可以确保安全无虞。那里的地面有的是黏土构成的土层或者是柔软的石质岩层,经过不断的挖掘可以形成很大很深的洞窟,最后使得每一边的长度超过一百尺,同时还保持很小的开口。等到这些储水池装满雨水就将开口封闭起来,就跟地面一样完全看不出来,他们会留下自己可以识别的记号,对于外人根本无从察知。他们每隔一天让牛群饮水一次,如果他们逃走的路线经过没有水源的地区,就不需要经常供应饮用的水。他们自己的食物是肉类和乳品,以及适于干燥环境在地上生长的植物,像是胡椒和树林里面采集的野生蜂蜜④,可以掺在水里饮用。还有其他的阿拉伯部落仍旧从事农耕生活,与那些缴纳贡金的民族杂居,除了没有住在房舍里面,其他的习俗与叙利亚人没有什么不同。

---

① 参阅《圣经:旧约杰里迈亚书》第35章第6—10节,提到利甲人(Rechabites)的禁酒,以及不可盖房、撒种和栽种葡萄园。

② 阿拉伯的优迪蒙(Arabia Eudaemon)即阿拉伯·菲利克斯(Arabia Felix)意为"富裕的阿拉伯",位于半岛的西南部,参阅本书第二章第49节。

③ 狄奥多罗斯在本书第二章第48节有这样的记载,无论是亚述人、米堤亚人或波斯人的国王,他们派出大军前去讨伐这些阿拉伯人总是无功而返。

④ 可以称为柽柳的树液,一种带有甜味的胶质从 Tamarix gallica 的纤细树枝分泌出来,那是某种昆虫吮吸树皮所致。也有人认为这是《圣经:旧约出埃及记》第16章提到的吗哪。

95

以上所说显然都是阿拉伯人的习惯。每当定期设立的临时市场开始营业,居住在四周的民众聚集起来,买卖商品的方式在于以物易物各取所需。很多牧人旅行前去参加贸易的活动,留下他们的财产和家中的长者以及妻子儿女在某一处高崖①上面。这个地方虽然没有城墙的保护却非常坚固,形势险要而且易守难攻,通常离开民众定居的区域距离在两天以上的行程。

等到适合的时间来到,阿昔尼乌斯命令他的部队全部轻装前去袭击高崖,从以土买(Idumaea)地区出发用三天三夜赶了两千两百斯塔德②的路,避开阿拉伯人的注意能在午夜占领这个要点,那些被他们捕获的人员,有的立即遭到杀害,有的成为俘虏,还有一些受伤的人留在原地,他收集大量的乳香和没药还有大约五百泰伦的银两。他判断蛮族会发起追击,时间一点都不能耽误,所以在清晨就用最快的速度离开。等到他和手下一路不停走了两百斯塔德,他们才设置营地开始休息,因为极其疲倦就会疏忽警戒和守备,特别是他们认为敌人要赶上来,那也是两三天以后的事。阿拉伯人接到远征队伍的人提出的报告,立即集结人马离开会议的地方赶往高崖;他们从受伤人员的口里得知发生的情况,就用最快速度去追赶希腊的入侵者。阿昔尼乌斯的手下正在宿营根本没有考虑到敌人会出现,连日的劳累使他们马上陷入熟睡之中,押解的俘虏有几个趁着夜色的掩护得以脱逃;于是那巴提亚的追兵从他们那里得知敌人的底细,就在下半夜第三个时辰攻击营地,蛮族的数目不少于八千人。敌方部队大多数成员都在熟睡中被杀,醒过来拿出武器反抗的人都被他们用标枪戳死。最后所有的步兵全被屠杀殆尽,只有五十名骑兵逃走而且大部分都已受伤。

---

① 这是形势自然的天险,就像后来的佩特拉。

② 大约有 250 英里,但是这个数字可能有错。因为本章第 98 节提到从高崖到"位于以土买地区中央"的死海,约为 200 斯塔德大概等于 34 英里。

阿昔尼乌斯善于掌握时机开始获得成功,后来因为自己的愚蠢和疏忽带来失败;一般而论,胜利常常让人冲昏头脑,处理后续的情况就会粗心大意而且草率马虎。出于这个原因有些人认为,举凡大获成功的人士靠着本领比靠着谨慎,更容易遭到失败的打击;遇到失败害怕以后还会随之而来,迫使人们要小心翼翼而且戒慎恐惧;成功在于过去有很好的运道,人们受到无往不利的诱惑对任何事务都会漫不经心。

96 那巴提亚部落发挥勇敢果决的精神惩处入侵的敌军,带着失而复得的财产返回高崖;就用叙利亚文写一封信给安蒂哥努斯,指控阿昔尼乌斯的罪行并且为他们的举措提出辩护。安蒂哥努斯回函同意他们的防卫具备正当的理由;他将这些过失归于阿昔尼乌斯,说是这次入侵事件完全违背他给予的指示。他为了要隐藏自己的意图,想要欺骗蛮族感到安全无虞,才能对他们发起出乎意料的攻击达成所望的构想;要是不用鬼蜮伎俩,很难对这些人占到上风,因为他们过着逐水草而居的游牧生活,沙漠成为一个无法进入的庇护所。阿拉伯人感到非常高兴因为他们免予最大的恐惧,然而他们并不完全相信安蒂哥努斯所说的话,考虑到他们的财富难以估算,他们在小山上面配置警戒人员,很容易从相当远的距离以外看到进入阿拉伯的隘道,在用正常的方式安排所有的事务以后,焦急等待这次冲突带来的结局。安蒂哥努斯有段时间对待蛮族如同他的朋友,相信对方完全受骗让他有机会去攻打他们,于是从全军当中选出四千名步兵,全部轻装适合快速的行军,还要加上四千多名骑兵。命令他们携带几天无须生火烹调的干粮,然后让他的儿子德米特流斯负责指挥,出发的时间定在第一时辰,要求他可以采取任何手段去惩处阿拉伯人。

97

因此,德米特流斯花了三天行军经过没有道路的地区,为了不让蛮族发觉他的踪迹;阿拉伯卜派出的瞭望人员看到一支外来的部队正在进入,用事先安排的烽火信号通报那巴提亚人。蛮族立即得知希腊军队的到来,运送财物到高崖上面,由于接近路线只有一条人工修筑的栈道,配置一支守备部队已经具备足够的强度;他们将所有的牲口分散开来赶进沙漠,然后放牧在不同的地方。德米特流斯抵达高崖的前面,没有发现留下的牛群和羊只,就对坚固的据点一再发起攻击。激烈的抵抗因为居高临下获得优势,经过一天的努力直到傍晚的时候,他才下令号角手发出收兵归营的信号。

翌日他完成部署向着高崖推进,一位蛮族前来见他说道:"德米特流斯王,我们生活在沙漠之中,这片土地上面没有水源、谷物、酒类和任何其他的东西,能够满足你们的需要,为什么会引起你们的欲望和冲动,非要来攻打我们不可?我们绝不愿意成为奴隶,才会在一无所有的土地上面寻找庇护,就像一群聚集起来的野兽,我们选择在沙漠上面过着与人无害的生活。因此我们请求你和你的父亲不要做伤害我们的事,接受我们的礼物以后撤退你们的军队,承认那巴提亚部落是你们的朋友。如果你还是不愿这样做,仍旧留在这里你们就会缺乏饮水和其他必需的供应品,即使如此你也不能逼迫我们过一种截然不同的生活;你会获得不少的俘虏,成为心神沮丧的奴隶在陌生的环境里面没有活下去的意愿。"德米特流斯听到所讲的话,立即撤收军队停止攻击,命令阿拉伯人派遣使者前来协商有关的事项。他们派出部族的长者重复前面所提的论点,说服德米特流斯接受最名贵的产品当成礼物,最后双方达成协议①。

---

① 参阅普鲁塔克《希腊罗马名人传》第 21 篇第 1 章"德米特流斯"第 7 节。

98 德米特流斯接受双方约定的人质和礼物然后离开高崖。行军
三百斯塔德他们在死海①附近设置营地,有关这个地方不应该
略过不提。死海的位置在以土买行省的中央,长度延伸大约五百斯塔德,
宽度将近六十斯塔德。水质带有苦咸的味道以及强烈的腐败气味,鱼类和
其他的生物都无法在其中存活。虽然有几条水质特别甜美的河流注入死
海,还是有足够的理由会发出令人讨厌的恶臭;每年会在海面的中央分解
大量固体的沥青,有时候出现的面积宽度达三百尺,有时不到一百尺,住在
附近的蛮族习惯上将前面那种情况称为母牛,后面则是牛犊。成堆的沥青
漂浮在海面上从远处看如同一个岛屿。沥青喷发之前二十天有明显的征
候,死海四周很多斯塔德距离之内,因为沥青蒸气的扩散都可以闻到难闻
的气味,这个地区所有的金器、银器和铜器都失去明亮的光泽,在沥青喷完
以后又会恢复原状;邻近地区非常炎热就会产生恶臭,使得居民经常患病
还会缩短他们的生命。然而这里的土地适合种植棕榈树,在某些地方会有
纵横交织的河流②或是供应泉水用来灌溉。这个地区的某处山谷生长着
一种名叫香脂(balsam)③的树木,可以用来制造医师使用非常有效的药剂,
由于人类居住的世界只有此地有这种植物,可以让种植者获得很大的
收益。

99 沥青喷发出来以后,住在死海两边彼此敌对的民族就像在战
争当中抢劫一样,急着将这些物质运走,他们在收集的时候不

---

① 这个死海就是沥青湖(Asphaltic Lake),下面的文字等于重复本书第二章第 48 节记
载的数据。

② 意思是指干燥的季节还有奔腾的水流。今天只有约旦河是永久性河川,不论水量
的大小如何,最后都注入死海。不过,还是有很多绿洲由于泉水的关系,出现在靠海的地方。

③ 提到香脂树可以参阅狄奥弗拉斯都斯《植物志》第 9 卷第 6 节,以及普里尼《自然
史》第 12 卷第 111—123 节。

用船只而是其他的工具。他们将大捆的芦苇头尾绑扎起来像一个筏子投入海中，上面可以乘坐三个人，两个人负责划桨，另一位手执弓箭用来击退来自对岸胆敢干扰他们工作的人。等到他们靠近浮在水面的沥青，带着斧头跳上去将有如柔软石块的沥青，砍成小块搬到芦苇的筏子上面再划回岸边。如果筏子散开成为碎片，落到海中的人要是不会游泳也毫无危险，因为他不会沉下去。这种液体具备的特性是支持沉重的物体，举凡物体有生长或呼吸的能力，当然密度很大的固体如同金、银、锡不在此限；要是拿来与投在其他湖中的金属相比，就是沉下去的速度也要缓慢得多。蛮族将沥青运到埃及出售，用来处理死者的尸体可以获得很高的利润；除非用它与其他的香料混合制成防腐剂，否则埃及的木乃伊不可能永久保存。

100 德米特流斯返回以后向他的父亲提出详尽的报告，安蒂哥努斯谴责他对那巴提亚部落的处理方式，认为他在离开之前没有施加惩罚会助长蛮族的气焰，因为在他们看来获得原谅并非他的仁慈而是没有征服他们的能力；赞许他对湖泊的探测可以为王国开辟一个财源。他让一位历史作家海罗尼穆斯负责此事，交代后者准备船只前去收集沥青，再运到某个指定的地方。结果并不能达成安蒂哥努斯的意愿；因为阿拉伯人聚集的数目超过六千，乘着芦苇编成的木筏前来攻打船只上面的希腊人，几乎所有外来者都被蛮族用弓箭射杀。安蒂哥努斯尝到失败的苦果，只有放弃这条生财之道，况且他的心中正要从事其他更为重要的事务。这时有位专差送来尼卡诺尔一封信函，须知尼卡诺尔的职位是治理米地亚和上行省的将领。信中提到塞琉卡斯向内陆进军的情况，而后出现的灾难会与安蒂哥努斯相关，带来极其深远的影响[1]。因此安蒂哥努斯非常担心

---

① 参阅本章第 90—92 节。有关下面提到的作战行动，参阅普鲁塔克《希腊罗马名人传第 21 篇第 1 章：德米特流斯》第 7 节。

上行省的情势①,派遣他的儿子德米特流斯率领五千马其顿重装步兵、一万名佣兵编成的步兵部队,外加四千名骑兵;奉到的命令是尽快赶往巴比伦,恢复行省的安定和平稳,然后用最快速度向着海岸进军。

德米特流斯从叙利亚的大马士革(Damascus)出发,抱着热烈的情绪要贯彻父亲交代的使命。佩特罗克利(Patrocles)奉到塞琉卡斯的指派出任将领负责防守巴比伦尼亚,听到敌军已经来到美索不达米亚的边界,由于自己的实力薄弱不敢坐待对手兵临城下;于是他命令市民离开城市,一部分渡过幼发拉底河进入沙漠地区寻找庇护,还有一部分从底格里斯河顺流而下,进入苏西亚纳投奔优提勒斯(Euteles)②或是来到红海③周边地区;这时他指挥士兵利用河道和水渠当成防御的工事,能够在行省保持行动的自由,监视敌军的动静和即将发生的情况,派人前去报告留在米地亚的塞琉卡斯,请求他尽快派遣部队前来救援。德米特流斯抵达巴比伦发现城市遭到放弃,开始对四周的城堡进行围攻作战。他夺取其中之一让士兵可以尽情抢劫;还对其他的城堡连续发起几天的攻势,由于对外的征讨需要一段时间,指派他的一位朋友阿奇劳斯出任将领负责围攻,留下的部队是五千名步兵和一千名骑兵,他奉命返回的时间快要到来,率领其余的军队向着海岸前进。

101 就在这些事件正在进行的时候,意大利的罗马人继续对萨姆奈人发起战争④,一再蹂躏对方的乡野和围攻对方的城市,派出的部队始终在野外宿营,意大利两个最为穷兵黩武的民族,为了争取

---

① 根据原文应该是非常担心"米地亚"和上行省的情势。
② 本章第92节提到苏西亚纳归顺塞琉卡斯,优提勒斯可能是他派去负责接收的指挥官。
③ 是指波斯湾的周边地区。
④ 参阅利瓦伊《罗马史》第9卷第28节。

霸权不惜牺牲也要拼个你死我活。罗马两位执政官带着部分军队据有的位置正好面对固守营地的敌军,只有等待良好的机会发起会战,同时还能对联盟的城市提供安全的保护。当选狄克推多的奎因都斯·费比乌斯(Quintus Fabius)①率领其余的军队占领弗里基拉尼人(Fregellani)的城市,将所有敌对罗马的人士当成犯人加以逮捕。他押解两百名俘虏入罗马,拿着棍棒在后驱赶通过广场,然后遵照古老的习俗将他们全部斩首②。没过多久入侵敌对的区域,运用围攻夺取卡拉夏(Calatia)和诺拉(Nola)的城堡;将大量战利品出售并且将土地分配给士兵。当地的人民等到这些事情处理完毕,按照他们的意愿被送到岛上去建立一个名叫潘提亚(Pontia)③的殖民地。

102 提到西西里的情况,除了美西纳以外阿加萨克利与所有西西里的城市讲和④,现在只有这座城市对僭主带有敌意,所以叙拉古受到放逐的人士全都聚集在美西纳;阿加萨克利急着要消灭仅存的反对团体,帕西菲拉斯(Pasiphilus)奉派出任将领率领一支军队前往美西纳,暗中给予指示应该如何去做。帕西菲拉斯出乎对方的意料进入他们的疆域,抓住很多俘虏并且将他们的财富搜刮一空,除此以外还有很多其他的战利品,他劝美西纳人识时务,双方建立友谊,不要迫使他成为最严厉的敌人,非要运用赶尽杀绝的手段。美西纳人看到有希望能用不流血的方式

---

① 利瓦伊《罗马史》第9卷第28节,说这位狄克推多的名字是盖尤斯·珀特留斯(C. Poetilius),他攻占弗里基立(Fregellae);同一位狄克推多或者另外一位执政官盖尤斯·朱纽斯·布布库斯(C.Iunius Bubulcus)夺取诺拉(Nola)。这里提到费比乌斯担任狄克推多是两年以前的事,参阅本章第72节和利瓦伊《罗马史》第9卷第24节。

② 要说这种惩罚是"古老的习俗",可以参阅苏脱纽斯《尼罗传》第49节。

③ 这是意大利西海岸面对色西安(Circeian)岬一群小岛,现在的名字叫作朋札(Ponza)群岛。

④ 本章第71节提到在与阿加萨克利签署和平条约的城市当中,美西纳被摒除在外。

终结战争,愿意驱逐叙拉古的流亡人士,等到阿加萨克利带着军队快要接近时他们还前去欢迎。开始的时候阿加萨克利对待美西纳人非常友善,还说服对方乐于接受在他的军队里面服役的放逐者,这些人经过合法的程序被美西纳当局赶出他们的城市。

然后他将过去着手推翻他统治的人士,现在从陶罗米尼姆和美西纳押解回来,有六百多人被处决;因为他的意图是要对迦太基发起战争,同时还要在整个西西里根绝所有的反对势力。等到持敌对态度的美西纳人被赶出城市,那些没有市民权的民众非常高兴这种处理方式,认为他们可以从僭主那里得到保护,后来看到那些反对暴君的叙拉古市民遭到处死,还要逼得接受判决定谳的罪犯安然返国,当然会感到后悔莫及;他们在掌握最高权势的主人威吓之下,毫无反抗的能力,只有顺从。阿加萨克利第一步是向着阿克拉加斯进军,打算为了自己的利益重新组成城市的政府;不过,等到迦太基派出六十艘船发起海上的进犯,他打消这个念头;他进入归顺迦太基的区域大肆掠夺,用武力占领一些防备森严的据点,或是用谈判的方式赢得其他要塞的降服。

103 就在发生这些事件的时候,戴诺克拉底(Deinocrates)①在叙拉古的放逐者当中成为领导人物,派出使者去见迦太基当政者,要求他们派遣援军给予协助,否则整个西西里都会受到他的统治;由于他接受那些从美西纳赶走的流亡人士,已经组成一支实力强大的军队,他有一位名叫宁弗多鲁斯(Nymphodorus)的朋友,奉命带着部分士兵前往森

---

① 戴诺克拉底是阿加萨克利的老朋友,等到后者掌握生杀的大权以后,前者虽然站在反对的立场,却给予赦免没有受到牵连,参阅本章第 8 节,只是不知道戴诺克拉底在何时遭到放逐。

托里帕人(Centoripini)①的城市。这座城市有阿加萨克利的驻防军,该城的领袖人物赞同起义的行动,条件是要将自治权授予市民大会。等到夜晚城门开启让宁弗多鲁斯进入,驻防军的指挥官发觉有变,杀死为首的宁弗多鲁斯和追随的动乱分子。阿加萨克利抓住机会用来指控森托里帕人,那些被认为犯下叛逆罪的人士全遭到杀害。就在暴君大肆整肃异己的时候,迦太基有五十艘轻型船只驶进叙拉古的大港。他们除了攻击来自雅典的两艘商船没有其他的作为,船只沉没以后抓到的船员被他们砍掉双手。残酷的行为除了与自己过不去没有任何好处,后来神明让他们惨遭报应,有一些船只在布里夏(Brettia)的近海与舰队分离,后来被阿迦萨克利的将领捕获,这些被活捉的腓尼基人面临同样的命运,尝到他们施加于俘虏身上的痛苦。

104 这些与戴诺克拉底并肩作战的放逐者,组成的部队共有三千多名步兵和两千多名骑兵,据有的地方称之为迦勒里亚(Galeria)②,当地的市民为了争取自由邀请他们前来相助;他们放逐阿加萨克利的追随者,然后在城市的前面设置营地。等到阿加萨克利很快派遣帕西菲拉斯③和笛摩菲卢斯(Demophilus)率领五千人马前来攻打他们,就与放逐者的军队进行一场会战,他们在戴诺多鲁斯和斐洛尼德(Philonides)的统率之下,分别指挥左翼和右翼。双方有一段时间处于势均力敌的局面,两军的士气高昂,作战奋不顾身;后来有一位将领斐洛尼德阵亡,他指挥的部队溃败四散逃走,接着戴诺多鲁斯被迫向后撤退。帕西菲拉斯在作战当中杀死很多敌手,等到他控制整个迦勒里亚,惩处那些犯下叛逆罪行的人士。阿加萨克利听到传来的信息,迦太基的部队已经夺取

①　森托里帕是西西里内陆的城市,位于伊特纳的西南方和卡塔纳的西北方。
②　没人知道迦勒里亚的确切位置。
③　有关西菲拉斯后来的背叛和死亡,参阅本书第二十章第77和90节。

杰拉地区一个称为伊克诺穆斯(Ecnomus)的小山,决定前去交战歼灭所有的敌军。他出发到达接近对手营地的位置,为前一次的胜利感到得意扬扬,派人叫阵要求两军进行会战。蛮族不敢应战分个高下,他认为自己没有失去一兵一卒就能统治广大的国度,率领军队返回叙拉古,战利品奉献给主要的庙宇。

以上是那一年我们能够找出的重大事件。

105 西摩尼德斯(Simonides)成为雅典的执政官,马可斯·华勒流斯(Marcus Valerius)和巴布留斯·迪修斯(Publius Decius)当选罗马的执政官①。就在这些官员的任职期间(前311年),卡桑德、托勒密、黎西玛克斯和安蒂哥努斯进行商议缔结和平协议。条款规定卡桑德成为管辖欧洲的将领,直到罗克萨娜之子亚历山大长大成人;黎西玛克斯统治色雷斯,托勒密仍旧拥有埃及以及相邻的利比亚和阿拉伯;安蒂哥努斯首次获得支配整个亚洲的权力;希腊的城市给予自治权。不过,他们无法遵守成为具文的协议,每个人都用不同的借口来增加自己的权力。卡桑德非常在意罗克萨娜之子亚历山大的成长情况,某些人开始放话已经在马其顿传播开来,说是这个男孩不能继续置于监督之下,应该将他父亲遗留的王国交给他治理;卡桑德听到以后情绪极其不安,吩咐负责照料这位儿童的卫队队长格劳西阿斯②,谋杀罗克萨娜和国王,尸体要藏匿起来,整个情况不得让任何人知道。等到格劳西阿斯遵照指示办理以后,卡桑德、黎西玛克斯、托勒密和安蒂哥努斯还是无法避免国王在世所要面

---

① 前312年罗马的执政官,按照《岁时记》提供的数据,应该是马可斯·华勒流斯·麦克西穆斯(M.Valerius Maximus)和巴布留斯·迪修斯·慕斯(P.Decius Mus)。

② 这位格劳西阿斯与本章第67和70节提到那位不是同一个人,因为前者是受卡桑德重用的亲信,后者是伊利里亚的国王。有关亚历山大和罗克萨娜遭到谋杀的惨剧,参阅贾士丁《菲利浦王朝史》第15卷第2节以及鲍萨尼阿斯《希腊风土志》第9卷第7节。

对的危机;从此以后没有任何人有合法的继承权,这四个人现在统治着国家和城市,心中怀有攫取皇家权力的希望,要靠着武力赢得王国,才能将所有的区域置于胜利者的权威之下。

这些就是亚洲、希腊和马其顿面临的态势。

意大利的罗马出动强大的步兵和骑兵部队,前去攻打马鲁斯人(Marrucini)的城市波利提姆(Pollitium)①。他们还派遣市民建立一个殖民地,定居的地方称为英特拉姆纳(Interamna)。

106 西西里的阿加萨克利不断增加权势,编组强大的部队,迦太基当局听到这位专制君主为了达成自己的目标,要将岛上的城市重新进行体制的改革,他的武装部队就兵力而言已经占有优势,于是他们决定采取积极的行动发起战争②。当局立即准备一百三十艘三层桨座战船,选出最为显赫人物之一哈米尔卡③担任将领,麾下有两千名征召市民服役的士兵,这些人当中很多是贵族出身,一万名士兵来自利比亚,一千名佣兵和两百名"重装步兵"④来自伊楚里亚,一千名来自巴利阿瑞德(Baliarides)群岛的投石手,还发给巨额的经费以及供应大量粮食、武器和各类战争必需的装备和物品。

整个舰队出海在航行的途中,突然遭遇强烈的风暴,六十艘三层桨座战船沉没,两百艘载运各种补给品的船只全部损失无遗。舰队其余的船只克服困难安全抵达西西里。迦太基的贵族阶层有不少人丧生,全城陷入愁

---

① 参阅利瓦伊《罗马史》第9卷第28节。

② 这一次的作战行动发生在公元前310年初夏,参阅贾士丁《菲利浦王朝史》第22卷第3节。

③ 这位是季斯科的儿子,不要与本章第71节提到的哈米尔卡看成同一个人,因为后者这时已经过世。

④ 这个字的原文为zeugippae,并非本章第29节的"拐子马"即带着额外一匹马的骑兵。

云惨雾的哀悼之中，他们的习惯是城市遭到严重的天灾人祸，城墙要用黑色的粗麻布覆盖起来。哈米尔卡收容海难当中幸存的士兵，加强佣兵的招募，要求西西里盟邦供应适合兵役年龄的人员。他还接收原来留在西西里的部队，对于有利战争的所有事项都能密切注意，找出相应的权宜做法解决问题，在一个面积开阔的地区检阅他的军队，共有四万名步兵和五千名骑兵。他能很快从不幸的苦难当中复原，作为一个将领赢得很高的声誉，恢复盟邦的士气加强团结合作的精神，给他的敌人带来无法克服的困难。

107 阿加萨克利有鉴于迦太基的部队占有很大的优势，自忖有不少的坚固要点仍旧由腓尼基的士兵据守，何况这些城市受到冒犯对他感到极其不满。他对杰拉人的城市特别担心，特别是敌人所有的部队都在他们的领地上面。就在这个时候他在海上遭到相当惨重的损失，二十艘船连带上面的水手全都落到迦太基人手里。即使如此，为了确保杰拉不会发生动乱，决定要配置一支驻防军，他之所以不敢率领军队进入战场，就是怕杰拉人获得机会先行采取行动，使他失去这个供应资源极其丰富的城市①。他基于特别的需要每次只派少许士兵进入城内，直到他的部队超过市民的数目。他看时机已到马上抵达杰拉，指控很多市民犯下叛逆和逃亡的罪行，他这样做或许是要执行原先制订的计划，或许是他被流亡人员不实的指控所说服，还有更自私的目标就是想要获得更多的财富；他杀害的杰拉市民多达四千，还要籍没他们的产业。他命令其他的杰拉人要交出所有的钱财以及尚未铸成货币的金块和银两，对于不服从的市民威胁要处以极刑。所有人在死亡阴影的笼罩之下只有听命从事，使得他聚集巨额的金钱，那些受他统治的民众全都感到惊慌和畏惧。他想到自己对待杰

---

① 参阅本书第 71 节阿加萨克利与杰拉签订协议结束战争。

拉人极其残酷,杀害的市民成堆埋葬在城墙外面的壕沟当中,因此率领军队前去与敌人作战的时候,还要在城市里面留下一支颇具实力的驻防军。

108 迦太基的将领把阵地设置在名叫伊克诺穆斯(Ecnomus)①的小丘,有人说费拉瑞斯在上面建立坚固的要塞。根据传闻这位暴君制作一个青铜公牛获得响亮的声名,当成刑具在下面生火烧红以后用来折磨不幸的臣民,因此这个地方称为伊克诺穆斯在于被害者所受的荼毒。阿加萨克利在对面拥有另外一个据点,同样属于费拉瑞斯所有,所以它的名字叫作费拉里姆(Phalarium)。两军的营地之间有一条河流②,双方都用来作为阻止敌人的一道防线;很早的年代就有一种传闻,接近这个地方上天注定有大批人员在一场会战当中丧生。不过,发生灾难的情况并不是非常清楚,只是两军对于会战充满迷信的畏惧和退缩。因此很长一段时间都不敢强行渡河,直到出乎意料的成因带来一场大规模的会战。利比亚人在敌人的国度大肆搜刮财物,使得阿加萨克利也要如法炮制;希裔西西里人从事抢劫就从迦太基的营地附近,将一些到手的驮兽连带负载的物品一并赶走,士兵从营地蜂拥而出在后面紧追不放。

阿加萨克利预先判断会有这种情况发生,选出骁勇善战的人员在河岸埋伏起来。等到迦太基人渡过河继续追杀,伏兵突然攻击当面的乌合之众,很容易将他们全部赶回去。有些蛮族被杀其他人逃回自己的营地,阿加萨克利认为决战的时机已到,率领他的军队向着敌军的营地前进。对敌人施以突如其来的打击,他很快填平一段壕沟,推倒防栏打开进入营地的通路。迦太基的将领受到意想不到的攻击陷入惊慌之中,发现自己没有办

---

① Ecnomus 这个字的含义为"无法无天",有关青铜公牛的情况,参阅本书第十三章第90 节。

② 就是希米拉斯(Himeras)河。

法整理队伍列成战线,面对敌人的冲杀只能勉强抵挡一番。双方为了争夺壕沟进行激烈的战斗,很快整个地面覆盖阵亡人员的尸体;那些出身贵族的迦太基人看到营地要被敌人占领,赶紧冲出去帮助守军努力抵抗,阿加萨克利的部队占了上风,士气大振,认为只要一次会战就会结束这场战争,对于蛮族更是全力攻打丝毫不肯放松。

109 哈米尔卡看到他的部队吃了败仗,敌军的兵力不断增加,正在打开一条血路要进入营地,于是他带着来自巴利阿瑞德的投石兵,数目不少于一千人。对着攻击的敌人投出有如阵雨的石块,使得很多人受伤,还有不少人死亡,敌人用来保护身体的胄甲,很多都被他们击碎。投石手通常投出重量为一迈纳①的石块,对于会战的胜利做出最大的贡献,特别是他们从孩童开始就不断练习投石的技巧。他们用这种方式将希裔西西里人赶出营地并且击败这些对手。阿加萨克利在其他的地方继续攻击,营地经过猛攻就要让敌人夺取,正巧有一支援军经由海上从利比亚来到,使迦太基的军队能够振奋士气,那些在营地的人从正面抵抗进攻的敌人,援军从四面八方将他们包围起来。出乎意料的情况使得希裔西西里人遭受很大的伤亡,会战的胜负很快发生转变;他们之中有些人逃向希米拉斯河,其他人逃进自己的营地。前面那些人的撤退距离有四十斯塔德,经过的地区非常平坦,蛮族的骑兵发起无比英勇的追击,他们的兵力要超过五千人。结果是这段撤离的空间到处都是死者的尸首,前面的河流给希裔西西里人带来更大的灾难。现在是天狼星升起的季节,追击的发起是在正午,大部分的溃逃人员因为炎热变得极其口渴,灾害的成因是痛饮过多带有盐分的溪

---

① 重量相当 1 磅。

水①,有很多人不是在追击中被杀,因为倒毙在河岸的死者身上看不到伤口。这次会战蛮族有五百人阵亡,阿加萨克利的损失超过七千人。

110 阿加萨克利遭到极其惨重的打击,收容溃散在四乡的幸存人员,举火焚毁营地撤到杰拉。阿加萨克利公开宣布他的决定是要尽快退回叙拉古,三百名利比亚的骑兵在野外遇到阿加萨克利一些士兵,回去报告说是希裔西西里人已经离开,于是利比亚人就像朋友那样大摇大摆进入杰拉,果真如他们所料受到欺骗被城中的伏兵一一射杀。阿加萨克利留在城中闭门不出,并不是他没有办法安全返回叙拉古,他诱使迦太基人围攻杰拉,那是季节已到要让叙拉古的市民不受干扰收割谷物,才能免除而后饥馑带来的威胁。哈米尔卡最初的打算是要围攻杰拉,发现城中有大量部队固守而且各种补给品的储备非常丰富,只有放弃这方面的企图,于是他前去拜访附近的要塞和城市,对待当地的民众态度和蔼而且出手大方,能够赢得西西里的城邦给予善意的回报。卡玛瑞纳、李昂蒂尼、卡塔纳和陶罗米尼姆这些城市派遣使者与迦太基人会商,没过几天美西纳、阿巴西侬和其他很多城市,全都争先恐后要与阿加萨克利断绝关系改与哈米尔卡结盟,由于这些地方的民众全都痛恨暴君,这也是战败以后共同的打算。阿加萨克利带着剩余的军队返回叙拉古,修复城墙已经损坏的部分,从四周的乡村将谷物运到城里,打算给城市留下一支颇具实力的驻防军,亲自率领军队当中最强大的主力,渡海前往利比亚要将战争从岛屿转移到大陆。

我们的叙述都能按原订的计划实施,下一章的开始就提到阿加萨克利的远征行动。

---

① 魏特鲁维乌斯(Vitruvius)《论建筑》(*On Architecture*)第 8 卷第 3 节,因为含有盐分现在的名字是萨尔索(Salso)河。

第二十章
地中海的战事

1 那些在历史著作当中经常发表长篇大论和老生常谈的史家,会让叙述的连续性受到肢解,不易对事件的本末有整体的认识,当然应该受到大家的责怪和非难。特别是他们抓到机会就炫耀修辞学的本事,想要用文艺和历史这两个迥然相异的文体,如同公开的演讲运用奖励和惩罚的手法赢得很高的名气。有些史家过于卖弄修辞的文句,使得历史的写作方式成为演说术的附庸,欠缺主见和随波逐流会使读者感觉受到冒犯,须知史籍的编纂会形成特殊的文体,让人觉得无奈之处在于它的主题和内涵都会产生扭曲和偏离。因此,大家在读这些作品的时候,有人虽然可以毫无困难地略过篇幅冗长的演说,还是有人对史家的烦琐和乏味感到厌烦和无聊，甚至发出叹息掩卷而去；他们持这种态度也不是没有理由，因为历史的特质在于文字的简洁扼要和情节的贯通连续，就整体的架构来看如同活生生的有机组织。要是把这一切砍得支离破碎就等于剥夺活泼生动的魅力，应该由整部作品的和谐保持所期望的统一，特别是历史的法则不能以偏概全，通过局部和部分的综合比较，获得整体和全观的认知，才能提供阅读的乐趣和清澈的思维。

2 我们即使不赞同过分运用修辞的语法，但还是难以在历史著作当中完全加以禁止；情节的叙述离不开形形色色的衬托方式，在某些地方需要这方面的鼎力相助，甚至就当时的情况在某些章节之中，需要一位使节或是一位政治家发表公开的演说，或是记载其他角色发生的个别事件，虽然可以掌握大好的机会，即使受责难还是不敢对文字的争论加以辩驳。我们可以举出不少理由，说明修辞的帮助在很多场合和时机应该获得支持，要对美德善行多予赞许和表扬，只是绝不能"文过饰非"，更不能"以辞害意"①。

我们对这个题材已经交代得够多了，现在就原定的计划和范围，按照年代次序撰写有关的事件。在本书前面的章节当中，我们叙述希腊人民和远方蛮族的行为，从最早的年代直到阿加萨克利在利比亚进行的征战；这段时期发端于特洛伊的洗劫，一共有八百八十三年之久。本章要加上后续发展的情节，开始是阿加萨克利渡海前往利比亚，结束于这几位国王彼此达成协议，加入对抗菲利浦之子安蒂哥努斯的作战行动，整个时期一共是九年。

---

① 希腊和罗马的文人学者都将历史看成文艺的一个分支，这方面的著述不在于历史的观点和法则，通常采用文学的表达方式和戏剧的表演手法，甚至像是西塞罗这样的有识之士，将历史纳入修辞学的范畴，曾经著书立说："修辞学家有权校订和改变历史的事实，进而达成更佳的叙述效果。"即使像是利瓦伊和塔西佗这些史家，并不认为要忠于史实做客观的报道，第一手或目击的资料在他们而言可有可无，文学表达的成效较之内容的正确与否更为重要。所以狄奥多罗斯在这里做出明确的表示，要为历史建立特定的风格和文体，看来是开风气之先的倡导者。

3 　　海罗尼蒙（Hieromnemon）成为雅典的执政官（前 310 年），盖尤斯·尤利乌斯（Gaius Julius）和奎因都斯·伊米留斯（Quintus Aemilius）当选罗马的执政官①；西西里的阿加萨克利在希米拉河的会战中被迦太基人打败，损失大部分战力最强的部队，就把叙拉古当成避难的根据地。他看到所有盟邦全都改变原来的立场，除了叙拉古以外蛮族拥有整个西西里，他们的兵力无论是在陆地或海上都占有优势。他着手进行的工作真是出乎众人预料之外，成为极其大胆和孤注一掷的行动。就在所有人都认为他对迦太基人已无再战能力的时候，他决定在城市留下一支兵力适当的守备部队，带着精选的士兵渡海前往利比亚。在他看来迦太基的居民长期过着奢华的太平生活，没有经历兵凶战危的局面，很容易败在不畏艰辛的战士手里；何况迦太基的利比亚盟邦长久以来憎恨他们的需索不已，就会抓住机会发起叛乱；最重要的一点是他突然现身，能够抢劫一个从未受到蹂躏的国度，繁华的迦太基充满各种财富，可以满足所有的需求。总之，他可以让整个战争的态势，从蛮族的城市和西西里岛转移到利比亚。实在说，所订的目标在后来都会如数达成。

4 　　阿加萨克利根本不考虑那些有能力的朋友，任命他的兄弟安坦德（Antander）②成为城市的负责人，配置一支颇有实力的驻防军；他亲自挑选适合的人员入营服役，吩咐步兵要准备好使用的武器和装备，对

---

① 　　罗马的《岁时记》提到前 311 年的执政官是盖尤斯·朱纽斯·布布库斯·布鲁特斯（C.Iunius Bubulcus Brutus）和奎因都斯·伊米留斯·巴布拉（Q.Aemilius Barbula），前者是第三次后者是第二次出任这个职位。这里开始接续本书第十九章第 110 节的记载。首先提到阿非利加的作战行动，参阅贾士丁《马其顿王朝史》第 22 卷第 4—6 节以及欧罗休斯（Orosius）《世界通史》（Historiae Adversus Paganos）第 4 卷第 6 节。

② 　　安德坦可能是阿加萨克利的哥哥；前 317 年叙拉古与布鲁提姆发生战争，他已经担任将领，这个时候阿加萨克利仅是一位千夫长，参阅本书第十九章第 3 节。他后来写出阿加萨克利的传记，参阅本书第二十一章第 16 节。

于骑兵给予特别的命令,除了全副披挂还要带鞍座、背垫和缰绳,为的是他只要获得马匹,立即安装所需的配件,人员完成准备,可以运用。早期的大军作战,失败一方的大部分步兵难逃被杀的命运,几乎所有的骑兵都能安然无恙①,所需的马匹数量太多,他没有船只将它们运到利比亚。他在离开以后为了防止叙拉古人别有用心引发革命,使用的伎俩是拆散他们的家人和亲属,尤其是要兄弟分手和父子告别,留下一部分在城市,另一部分随他渡海,清楚得知叙拉古的市民即使极其痛恨僭主,考虑那些前往利比亚进行远征作战的亲人,因为投鼠忌器不敢公然采取反对阿加萨克利的行动。

他需要金钱就打孤儿的主意,从监护人手里征收他们的财产,说是在他的托管之下更加妥当,保证这些小孩到达成年以后,可以全数归还更有诚信;他还向商人借贷,拿走庙宇的奉献品,连妇女的珠宝都不放过。大多数的有钱人对他的各种措施感到极其忧虑,同时对他充满敌意,于是他召开市民大会,就过去的灾难和未来的困境表示悲伤和悔恨。他说他已经习惯艰辛的生活,所以能够忍受围城带来的痛苦;只是他很同情那些娇生惯养的市民,被迫要经历备受折磨的灾难。他同意他们为了拯救自己和所拥有的产业,可以自行寻找更好的出路。等到这些最为痛恨僭主的富翁离开城市,他派出佣兵在后面跟踪,将这些人杀死然后搜刮他们携带的钱财。他运用邪恶的手段获得大量金银,将城市里面反对他的人士清除一空,让那些适合服役年龄的奴隶获得自由,投身军旅为他效劳卖命。

5 所有的工作安排妥当,阿加萨克利已经整备六十艘船,等待发航的合适时机。因为大家不知道他的意图何在,有些人认为他要对

---

① 本书第十九章第109节,提到阿加萨克利在希米拉斯河会战的损失不到7000人。

意大利展开远征行动,还有人觉得他的目标是西西里,要对迦太基人控制的地区进行袭扰和掠夺。

所有人员对于船只出海的安全感到失望,谴责他们的君主不仅愚蠢而且疯狂。敌人拥有数量较他多若干倍的三层桨座战船用来堵塞港口,阿加萨克利从开始就无法开航,有几天的时间他的士兵被迫留在船上;后来有一些运谷物的船只正要抵达城市,迦太基的舰队向这些船只赶去进行拦截,阿加萨克利本来对他的远征已经感到绝望,现在看到港口用来堵塞的船只已经离开,他马上发航用最大的速度划桨前进。

迦太基人在快要接近目标的时候,看到敌方的船只排成密集队形从港口出现,他们认为阿加萨克利是急着赶去援救运谷物的船只,整个舰队转过来准备发起会战;等到他们看到这些船只直接向前行驶,已经居于领先的位置,于是他们开始在后面追赶。这时运载谷物的船只在千钧一发之际逃过危险,就在叙拉古面临罗掘俱穷的困境时,带来大批粮食能解燃眉之急。阿加萨克利就在快被敌人赶上和包围的时候,因为夜幕的降临获得出乎意料的安全。翌日发生日食,天空一片漆黑出现灿烂的星光[1];这时阿加萨克利的手下认为这是一个凶兆,每个人对未来的情况都感到极其忧虑[2]。

6 他们在大海航行六天六夜以后,拂晓之际无意中看到迦太基的舰队在不远处出现,双方充满热情地从事划桨的竞赛,迦太基人认为,他们只要摧毁希腊人的船只,叙拉古就会落到他们的手里,同时祖国也

---

[1] 这一天是公元前 310 年 8 月 15 日,参阅贝洛克《希腊史》第 4 章第 1 节第 190 页。发生日食的时候,阿加萨克利正从北方绕着西西里航行,参阅《剑桥古代史》第 7 章第 625 页。

[2] 按照贾士丁《马其顿王朝史》第 22 卷第 6 节的记载,阿加萨克利对他的手下就日食的朕兆做出解释;他说要是天象的变化发生在远征行动开始之前,当然会给他们带来极其不利的影响,目前出现在航行途中,上天要他们将不幸的灾祸送给敌人。

可避免入侵的危险;希腊人知道要是他们不能先行登陆,惩罚就会落到他们的头上,留在家乡的人员成为蛮族的奴隶。他们看到利比亚人就在甲板上面欢呼,双方的竞争变得更为尖锐;蛮族的船只行驶要快速一些,因为他们的划桨手接受长期的训练,希腊人的领导能力更为卓越。距离很快缩短,等到船只接近陆地,大家像参加赛跑一样并肩向着沙滩猛冲;这时还在投射武器的射程之内,迦太基的船只首先攻击落后的人员。因此,他们用弓箭和投石索进行很短时间的交战以后,蛮族前进对一些希腊的船只发起肉搏战斗的作用,阿加萨克利获得士兵的补充因而占有上风。这时迦太基人开始撤退,离开海岸在弓箭的射程之外;阿加萨克利要士兵在一个名叫拉托米伊(Latomiae)①的地方下船,构建一道木栏然后将船只拖上海岸。

7 阿加萨克利已经着手进行极其危险的行动,现在还要不惜牺牲投身一场豪赌。他在一群表明支持他的首领环绕之下,对德米特和科里奉献牺牲,接着立即召集一次大会,头戴金冠身穿华丽的长袍,走上前来对大家讲话,开场白当然会说明目前的情况②,接着他提到保护西西里的女神德米特和科里,在被迦太基人追击最危险的时刻,曾经立下誓言:只要转危为安,就要烧掉所有的船只当成奉献给女神的祭品。现在的态势非常的明朗,他们全部安然无恙,当然要对神明有明确的交代。他在看到这些船只的位置时提出承诺,只要大家勇敢战斗,他会建造数倍目前这个数量的船只;他还特别提到从牺牲得知神明的征兆,预告这场战事的胜利。

他的随从带来一支燃烧的火炬,他接下以后下令将火炬发给所有船

---

① 拉托米伊意为“采石场”;可能靠近崩角(Cape Bon),古代的名字是普罗孟托里姆·麦库利(Promuntorium Mercurli),参阅斯特拉波《地理学》第17卷第3节。
② 贾士丁《马其顿王朝史》第22卷第5—6节,利用这个机会记载阿加萨克利长篇大论的演说。

长,在向神明致敬以后,首先点燃指挥官乘坐的三层桨座战船。他站在船头的旁边吩咐其他人员,拿他当榜样照做不误。所有的船长开始纵火,很快烈焰腾空而起,喇叭手用号角发出会战的信号,军队响起战斗的呐喊声,这时大家向神明祈祷能够安全返回家园。阿加萨克利让士兵陷入危险的困境,除了战斗没有其他的想法;可以明确得知只要乘船离开的退路已断,他们的安全除了战胜没有别的希望。再者他们是一支规模很小的军队,他认为要是逼得还要派出部队保护船只,就没有足够的兵力与敌人进行会战了,如果他留下这些船只没有守备的人员,就会落到迦太基人的手里,让士气受到更大的打击。

8 船只全部燃烧起来,火焰蔓延到很大的范围,所有的希裔西西里人流露出畏惧的神色。这件事顺利完成在于阿加萨克利的谋略和迅速地执行,让大家根本没有思考的时间,所有的做法等于得到大家的默许;一旦有空闲深入考虑各种情况,他们会陷入悔恨和懊恼之中,现在与自己的城邦隔着茫茫的大海,全都放弃全身而退的希望。不过,阿加萨克利尽力不要让士兵沮丧萎靡,率领军队前去攻打迦太基一座名叫麦加勒波里斯(Megalepolis)①的城市。行军通过的地区有很多沟渠引导溪水灌溉农田,像是进入一个生长各种植物的花园。这个国度人烟稠密,到处构建型式奢华的房屋,粉刷洁白的泥灰显得耀眼生辉,证明这里的人民非常富裕,各种产品和物质的储存极其丰硕,可以看出居民享有长时期的和平生活。所有的田地真是浓荫处处,到处栽种葡萄、橄榄和结实累累的果树。另外一边是成群牛羊在平原上面放牧,邻近的草地有很多正在进食的马匹。居于领导地位的迦太基市民在这里购置私人产业,用他们的财富将这个地方

---

① 城市的准确位置不得而知。

装点得花团锦簇。

希裔西西里人对这片美丽的土地和繁荣的景象感到大为惊讶,对他们的期望产生鼓舞的作用,他们认为获得的奖品值得不惜牺牲去冒险犯难,很快就会落到胜利者的手里;阿加萨克利有鉴于士兵能从颓废的状态恢复原有的勇气,变得急切要与敌军进行会战,就对城市①的城墙发起直接的攻击。由于未曾预料会有入侵的行动,居民根本不知何以出现这种情况,特别是他们对战争毫无经验,只抵抗很短一段时间,他用一阵猛攻夺取城市;开始纵兵进行抢劫,只是在一击之下让他的军队满载战利品,更让他们对前途充满信心。然后他立即进军大家所称的白突尼斯(White Tunis)②,攻占以后离开迦太基的距离还有两千斯塔德。士兵希望在两座占领的城市派遣驻防军,将获得的掠夺物存放在此;阿加萨克利考虑行动要能符合大局,告诉大家在他们赢得会战胜利之前,不应该在后方留下任何负担,因此他摧毁城市在旷野开设营地。

9 迦太基的水师锚泊的位置,正是西西里的舰队将船只拖上岸的外海,他们看到对方的船只起火燃烧,感到非常的高兴,认为这是西西里人心存畏惧怕被他们夺取才出此下策;等到他们看到对方的军队向着内陆运动,经过仔细的考虑所能产生的结局,最后得知舰队的毁灭会给他们带来最大的祸害。因此他们将牛皮覆盖在船头,习惯上他们这样做是让大家知道,不幸的灾难已经降临迦太基这座城市;他们将阿加萨克利的船只烧剩留下的青铜撞角,装载在自己的三层桨座战船的甲板上,派遣信差

---

① 是指麦加勒波里斯。

② 这座城市很难正确地辨认清楚,如果它就是突尼斯,那么距离迦太基只有 12 英里,已经得知它位于崩角和迦太基之间,要是距离还有 2000 斯塔德(240 英里),那就远在内陆地区,参阅贝洛克《希腊史》第 3 章第 2 节第 206 页。

赶回迦太基详细说明目前发生的事件。就在他们想要解释这些情况之前，当地的土著已经看到阿加萨克利登陆的部队，很快让迦太基当局获得这方面的报告。出乎意料的事故引起社会的恐慌，预测他们派到西西里的军队，无论在陆地或海洋都已被敌人歼灭，因为他们认为阿加萨克利要不是大获全胜，绝不敢在防御能力不足的情况下离开叙拉古，更不会在敌人控制海洋的时候，运送军队渡过横亘其间的大海。

因此，城市陷入惊惧和混乱之中，群众冲进市民大会的会场也无济于事，只有召开元老会议商量采取对策。事实上，当局手里没有一支可用的军队能够在战场上阻止敌人；市民的人数虽然很多，征召以后都是没有战争经验的乌合之众，所以大家感到绝望，何况他们认为敌军已经接近城墙。有人建议派出使者与阿加萨克利和谈，夹带细作前去打探敌军的情况；还有人认为目前暂时搁置所有的行动，等待情势明朗以后再作决定。不过，就在全城陷入混乱不知所措的时候，舰队指挥官派来的信差已经抵达，对于发生的事故做出明确和真实的陈述。

10 全城的市民恢复原有的勇气，元老会议谴责舰队各级指挥官，虽然他们控制海洋，却让一支敌对的军队在利比亚站稳脚跟；同时指派成为世仇的汉诺（Hanno）和波米卡（Bormilcar）①出任将领，这些元老认为将领之间的互不信任和积怨甚深可以确保城市的安全，他们完全不了解实情。波米卡长期以来心中存着从事专制统治的构想，只是缺少权责和适当的机会达成他的企图，现在获得一个有利的时机担任将，领拥有指挥军队的权力。问题的关键是迦太基人基于传统，总是运用"鸟尽弓藏"和"兔死

---

① 汉诺不知是何许人物。前面提到有位哈米尔卡曾经与阿加萨克利和某些西西里的城市谈和，参阅本书第十九章第 71 节，还记得他与阿加萨克利有着深厚的友情，参阅贾士丁《马其顿王朝史》第 22 卷第 2 节；波米卡就是这位哈米尔卡的儿子或者兄弟。

狗烹"的手法,当局在战争的时候拔擢领导人物指挥军队,将他们不惜牺牲英勇杀敌,排除城邦的危险视为当然之理;等到他们获得和平,就会用诉讼的方式让这些人饱受骚扰,完全基于嫉妒之心提出不实的指控,让他们无法承受惩罚的重负因而身败名裂。有些人处于指挥的位置,为了害怕法庭的审判抛弃他们的职责,还有人想要成为僭主;这也是两位指挥官之一的波米卡,抓住机会就不放过的原因,有关他的情况在后面还要提到①。

现在言归正传,迦太基的将领看到目前的形势并不像原来进行的评估那样要延后一段时间处理,更无须等待来自本国和盟邦的部队;他们要率领由市民充当的士兵进入战场,数量不少于四万名步卒、一千名骑兵和两千辆战车②。占领离敌军不远处稍微升起的高地,展开军队安排会战部署。汉诺指挥右翼,征召编成的神机营(Sacred Band)③战斗位置在他的身边;波米卡指挥左翼,组成的方阵因为地形的限制,无法延伸正面,只有加大纵深。战车和骑兵位于方阵的前沿,决定由他们打头阵,用来测试当面敌军战线的强度。

11 阿加萨克利看到蛮族排成的阵式以后,就将右翼交付给自己的儿子阿查加朱斯(Archagathus)④,手下是两千五百名步卒;接着是叙拉古的部队兵力是三千五百人,然后是三千名希腊的佣兵,最后是三千名的萨姆奈人、伊楚里亚人和凯尔特人。他自己带着卫队位于左翼的前列,当面之敌是迦太基的神机营所拥有的一千名重装步兵。五百名弓箭手和投石兵分列在两翼。现在很难供应士兵足够的装备,他看到那些没

---

① 参阅本章第12节以及第43—44节。

② 按照贾士丁《马其顿王朝史》第22卷第6节的记载,接受汉诺指挥的军队,包括来自各地区的部队共有30000人,参阅欧罗休斯《世界通史》第4卷第6节。

③ 本书第十六章第80节曾经提过兵力有2500人马的神机营,这个单位的成员作战勇敢而且家世富有。

④ 本章第55节和本书第二十一章第3节,将他的名字叫成阿加萨克斯;波利比乌斯《历史》第7卷第2节也使用这个称呼。

有武器的水手①,就将柳枝编成的盾牌发给他们,虽然外观很像圆盾,在实战中却派不上用场,不知底细的人从远处看来,让他们产生一种印象,认为这些人拥有作战能力。

他知道手下的士兵对蛮族的步兵和骑兵数量的庞大感到极大的威胁,就在战线很多地方将猫头鹰暗中放出去,这是他经过长时间的准备,当成一种有用的工具拿来让一般士兵恢复英勇杀敌的高昂士气。它们从方阵的上方飞过,停留在他们的盾牌和头盔上面,因为这种鸟类是供奉给阿西娜的神圣之物②,每个人都认为神明赐给大家不可思议的吉兆。即使他们可能看穿那些无用的伎俩,面对目前的情况可以获得很大的成功。还有就是正好在这个时机发生;为了激励斗志就让士兵传话,神明已经预先告诉他们会赢得胜利,带着坚定不移的信念等待会战的来临。

12 不错,大批敌人的战车向他们猛冲过来,有些乘员当场遭到射杀,有些让开空间可以无害通过,大多数还是被迫转回头急急退向自己的步兵战线。他们用同样的方式抵挡骑兵的攻击;很多骑士被打下马来,逼得他们转身逃向后方。他们在最初的接敌当中表现出过人的勇气,蛮族的步兵部队前来进行肉搏战斗,两军发展为一场极其壮观的会战,神机营和精锐的先锋都在汉诺的麾下作战,他们的打算是靠着自己的实力赢得胜利,给希腊的军队带来沉重的压力,使得他们有很多士兵被杀。这时很多投射武器全都向着汉诺猛掷,由于身体遭受很多处重创,最后力竭倒毙在地。等到当面的将领阵亡以后,部署在战线上的迦太基人全都丧失

---

① 根据修订的原文应该称为"随营人员"。
② 萨拉密斯会战之前看到猫头鹰停栖在战船的桅杆上面,成为希腊的水师获得胜利的朕兆,参阅普鲁塔克《希腊罗马名人传》第4篇第1章"提米斯托克利"第12节以及亚里斯托法尼斯的喜剧《黄蜂》第1086行及其边注。

斗志,只有阿加萨克利和手下的战士感到兴高采烈,一时之间士气大振。另外一位将领波米卡从别人那里听到这个消息,认为这是神明给他大好的机会,从此要尽力争取专制政体的建立,他有理由相信这一切全靠自己有效地运用:要是阿加萨克利的军队遭到歼灭,他不可能拥有最高权力用来达成他的意图,因为这时市民还是强大无比;假若西西里人赢得胜利,使得迦太基的骄傲变得名誉扫地,须知战败的人民容易受到他的操纵,以后只要愿意他随时可以击败阿加萨克利。

他在获得这样的结论以后,下令第一线的人员向后撤退,这在敌军看来他们的脱离战斗是不可思议的行动,他却让手下的人员知道完全是汉诺阵亡带来的影响,要求大家保持整齐的队形向着高地转进,表示这样做对他们有很大的好处。敌人紧压不放使得退却的行动像是一场溃败,利比亚人和第二线的人员认为他们位于首列的精锐部队真的吃了败仗,整个战线开始向后逃走而变得不堪一击;不过,那些领导神机营的人员在他们的将领汉诺阵亡以后,开始的抵抗非常激烈,跨越自己这方阵亡人员的尸首,迎击来自各方面的危险,等到他们知道军队大部分的单位已经放弃原来的阵地,因为敌军从后方将他们包围起来,他们逼得只有向后撤退。这样一来,溃败已经传布所有接战的队伍,无数的蛮族脱离战场向着迦太基飞奔;阿加萨克利在后追击到相当的距离,转身回去洗劫敌军留下的营地。

13 希裔西西里人在这场会战中有两百名士兵阵亡,至于迦太基的损失好像不到一千人,还有其他的记载说是超过六千①。他们在迦太基的营地里面找到很多大车,要是不算其他已经装载的货物,仅

---

① 贾士丁《马其顿王朝史》第 22 章第 6 节,说是阿加萨克利和迦太基的损失分别是 2000 人和 3000 人,欧罗休斯《世界通史》第 4 卷第 6 节,提到迦太基的损失是 2000 人,西西里人只有两位士兵阵亡。

是枷锁就有两千副①;迦太基人认为自己很容易成为战场的主宰,所以传下话去要尽可能生擒活捉,戴上脚镣以后投入关奴隶的围栏。我认为神意与过于傲慢者的企图总是背道而驰,原来的自信到最后就会烟消云散。阿加萨克利在令人惊讶的情况下击败迦太基的军队,现在将他们围困在城墙里面;命运女神总是要胜利和失败轮流出现,挫败胜者的锐气使败者有翻身的余地。迦太基的将领在西西里一场大规模的会战中击败阿加萨克利以后,开始对叙拉古进行围攻作战;现在人在利比亚的阿加萨克利参加重要的会战,最后能占上风,同样将迦太基围得水泄不通;最令人惊讶的事莫过于岛上的僭主遭遇的情况,虽然他的武力并未严重受损,从双方的交锋证明,较之蛮族屈居下风,他只率领部分失败的军队来到大陆,竟能让战胜者遭受溃不成军的打击。

14 因此,迦太基人相信他们的灾难来自上苍的惩罚,要让自己运用各种方式恳求神明施展大能;他们还认为在母邦受到膜拜的赫拉克勒斯②对他们极其愤怒,所以他们派人携带大量钱财和最名贵的祭品前往泰尔。他们是这座城市建立的殖民地,早期按照习惯要将城邦年度岁入的十分之一奉献给神明;后来,他们获得大量财富以及接受更多的岁入,对于神明的祭祀反而不以为意,神的恩泽自然就会相对减少。现在遭遇不幸就会悔恨不已,同时还想到所有供奉在泰尔的神明。他们甚至从城内的寺庙派人提出重塑金身的祈求,相信要是奉献的牺牲为了获得神明的宽恕,那么他们最好用扩大范围来平息神明的愤怒③。他们还提到克罗

---

① 斯巴达的军队戴着脚镣手铐前去攻打特基亚,最后出现同样的结果,参阅希罗多德《历史》第 1 卷第 66 节。

② 希腊人认为泰尔的神明墨尔克特(Melkart)就是赫拉克勒斯。

③ 不仅是迦太基的寺庙有很多人奉献神明的雕像放置在金殿里面,就是在基督纪元 1 世纪以后的以弗所,祭祀阿特米斯的银殿让很多人的生意兴隆。《圣经:新约的使徒行传》第 19 章第 24—27 节就有这方面的记载。

努斯(Cronus)①对迦太基人产生反感,过去的习惯是贵族将自己的儿子奉献给神明,近来有人暗中买别人的小孩加以抚养,然后当成自己的儿女送出去作为祭品;等到经过调查发现他们提供的奉献都是经过冒充的替身。他们这时想起这些事情,再看到敌军就在城墙的前面设置营地,心中难免会充满迷信的恐惧,须知崇敬神明是祖先制定的规矩,竟然为他们所忽略和蔑视。

他们充满热情要弥补这方面的疏忽,立即选出两百位出身高贵的儿童,公开将他们当成牺牲品奉献给神明;还有人受到怀疑自愿舍弃性命,这个数量不少于三百人。城市里面有一个巨大的克罗努斯青铜雕像,两手向前伸出手掌向上,整个造型是向着地面下滑,每个小孩放上去就会滚动落入下面张着大口的深坑,里面翻腾烧得通红的烈焰。欧里庇德斯描述的神话故事,作品当中提到在陶瑞斯(Tauris)奉献牺牲的场面,有关的情节来自真实的情况,欧里斯底(Orestes)向伊斐吉妮娅(Iphigeneia)提出询问,下面有诗为证:

当我死亡以后会用哪一种坟墓?
地面的宽阔裂口冒出熊熊圣火。②

希腊人在古老的神话里面提到可怕的故事,克罗努斯杀害自己的儿女,经由这方面的观察,得知迦太基人将这件事牢记在心头。

---

① 这位神明就是巴尔(Baal)或是摩洛克(Moloch)。
② 欧里庇德斯的悲剧《伊斐吉妮娅在陶瑞斯》第625—626行。第2行是伊斐吉妮娅对欧里斯底的回答。

15 迦太基遭到重大的变故以后，派遣信差到西西里去见哈米尔卡，求他尽快赶回来救援；同时他们将得自阿加萨克利船上的撞角一并给他带去。哈米尔卡下令渡海，前来的人员要为利比亚战败的实情保持沉默，不能吐露给任何人知道，然后对士兵公开宣布阿加萨克利已经丧失整个舰队以及军队。哈米尔卡派一个使节团到叙拉古，成员包括来自迦太基的信差，将带来的青铜撞角送给对方，要求他们开城投降；他提到叙拉古派往利比亚的军队被迦太基人歼灭殆尽，连带他们的船只已经全部焚毁，带来的青铜撞角就是最好的证据让他们不能不信。城市的居民听到阿加萨克利遭到不幸的报告，一般人民全都深信确有其事；不过，行政官员还是保持疑惑的态度，靠近仔细查看，然后让使者立即离开。

那些被放逐人员的亲戚和朋友以及对行政官员的行动感到不满的人，全部被赶出城市，数目不少于八千人。如此众多的居民突然之间被逼着要离开家园，整座城市到处都是来回奔跑、大声喧嚣和痛哭不已的妇人；这个时候每个家庭都陷入悲悼之中。那些身为僭主党派的成员，他们为阿加萨克利和其子遭遇不幸深表哀伤；有些市民为丧生在利比亚的人员流下眼泪，还有人被赶出家门告别古老的神祇，由于蛮族还在围攻城市，他们没有存身之所，还是无法离城而去，至于最不幸的情况是被迫在逃走的时候，带着还是婴儿的子女以及妇人。这些遭到放逐的人士要在哈米尔卡那里找到栖身之处，他会让他们获得安全的保障；同时军队已经完成准备，在他的领导之下向叙拉古发起攻击，一方面是放逐导致守备人力的不足，另一方面是灾难带来士气的低沉，他期望能够一举夺取城市。

16 哈米尔卡早就派出使者，说是只要他们开城投降，安坦德和他周边的人保证可以安然无事。后来位阶最高的领导人员举行会议，安坦德经过冗长的讨论以后，由于缺乏男子汉气概（与他的兄弟具有的胆识和活力相比，个性上完全是南辕北辙），认为目前城市的情况有投降的必要；艾托利亚人埃里姆侬（Erymnon）奉到阿加萨克利的托付，要与他的兄弟负起共同统治的责任，现在表示不同意见，说服所有在座人员要坚持下去，直到听到事态的真相再作进一步的处置。哈米尔卡得知叙拉古当局作出最后的决定，制造各式各样的攻城机具，克服万难要发起攻击。

阿加萨克利在会战以后建造两艘三十划桨的船只，派遣其中一艘赶赴叙拉古，将手下最强壮的划桨手配置在甲板上面，由他最信任的朋友尼阿克斯负责指挥，同时将胜利的信息告诉所有的同胞。一路上航行非常顺利，第五天的夜晚快要接近叙拉古，他们要天明的时候抵达城市，大家的头上戴着花冠，一边航行一边口里唱着赞美曲。有几艘迦太基的哨戒船看到以后，非常积极在后面追赶，由于追逐在开始的时候相距不远，所以双方激起一场划桨的竞赛。就在彼此要争个高下的时候，城市的民众和围攻的士兵看到这种情况，大家拔腿向着港口急奔，都在为自己的水手担忧和焦虑不安，只能用大声喊叫鼓励他们的勇气。派来的船只快要被赶上，蛮族这边响起获胜的号角，城市的居民无法给予任何帮助，只有向神明祈祷保佑船只安全抵达。就在离岸已经不远的时候，追逐的船只当中有一艘的撞角正要实施雷霆一击，被追捕的船只正好进入弓箭的射程之内，叙拉古人给予救援使得它逃离危险。

哈米尔卡看到城市的居民，由于他们的焦急，还有他们对期盼出现的信差感到无比的惊奇，大家一起跑到港口，预判城墙某些部分没有守备的人员，他吩咐最强壮的先锋携带云梯立即前进，找到几处哨所未曾留下值勤的哨兵，于是在攀登的时候没有被对方发觉；就在他们几乎要夺取两座塔楼之间一段城墙之际，按照习惯巡逻的守军发现出了情况。城市急忙赶来的人马与已经爬上城墙的敌军，立即发生激烈的战斗，有些迦太基人被对手杀死，还有一些被他们从雉堞之间推落下去。哈米尔卡对此感到痛心疾首,从城市撤收他的军队,派出五千人返回迦太基发起救援的行动。

17 阿加萨克利控制开阔的乡村地区,运用强攻夺取迦太基四周的据点,很多城市基于畏惧受到说服投向他的阵营,其他的城市由于痛恨迦太基与他建立联盟。他把靠近突尼斯①的营地加强防御的能力,留下适当的守备部队,前去征讨那些沿着海岸的城市。开始就用突击的方式占领尼阿波里斯(Neapolis),对待被俘的人民非常和善;接着进军攻打哈德鲁米屯(Hadrumetum),着手围困这座城市,采纳利比亚国王伊利玛斯(Aelymas)的建议,双方缔结同盟关系;迦太基当局听到他所采取的行动,马上命令全军前去攻打突尼斯,先行占领阿加萨克利的营地;等到将攻城机具带来以后,就对城市发动毫不间断的攻击。

有人向阿加萨克利报告他的手下陷入困境,他留下大部分的军队进行围攻作战,带着随从队伍和一些士兵,行动非常机密来到山区一个地方,在那里会被哈德鲁米屯的民众或是围攻突尼斯的迦太基人看到,他吩咐士兵夜间要在面积很大的地区举火,让迦太基人看到以为他率领一支大军前来作战,被围的守军认定这是对方的盟邦派来战力更强的部队。两方面的敌人分别坠入欺敌策略的计谋当中,遭到出乎意料的失败;这些围攻突尼斯的部队抛弃他们的围攻机具逃向迦太基,还有哈德鲁米屯因为恐惧未来的后果开城投降。讲好条件以后接收这座城市,阿加萨克利接着派出军队夺取萨普苏斯(Thapsus);这个地区其他的城市有的靠武力攻占,有的靠说服的力量。他能控制的城市数目已经超过两百,始终念念不忘要率领军队进入内陆地区。

---

① 参阅本章第 8 节及其注释 11。

18 就在阿加萨克利继续进军很多天以后,迦太基的将领带着从西西里越海来到的部队以及其他地区的勤王之师,再度前去围攻突尼斯想要重新夺回落在敌人手里的要地。突尼斯派出的信差前来报告腓尼基人已经大举进击,阿加萨克利听到消息立即回师。他在距离敌军还有两百斯塔德①的位置,开设营地下令禁止士兵举火。然后实施夜行军开始接敌运动,就在清晨袭击到四乡征收粮草的队伍,以及不守纪律在营外游荡的士兵,死杀两千多人成为俘虏的也不在少数,对于增强未来作战的实力有很大的贡献。因为迦太基的援军已经从西西里来到,加上利比亚的盟军与他们并肩作战,似乎比起阿加萨克利占有更大的优势;但是只要他获得成功,蛮族就会再度丧失信心。事实上他在战场击败背叛他的利比亚国王伊利玛斯,最后国王和很多蛮族被杀。

这是发生在西西里和利比亚的情况和有关的事务②。

19 马其顿的情况③是皮欧尼亚的国王奥多利昂(Audoleon)④与奥塔瑞阿提人(Autariatae)⑤发生战事,卡桑德帮助前者让国王免予战败的危险;这时卡桑德将奥塔瑞阿提人连带随同的儿童和妇女有两万多人,安排在奥比卢斯(Orbelus)山⑥周边地区定居。卡桑德在伯罗奔尼撒与安蒂哥努斯的将领托勒密乌斯(Ptolemaeus)⑦接战的时候,由于后

---

① 大约 24 英里。

② 下面连接第 29 节的叙述。

③ 这里开始接续本书第十九章第 105 节的记载。

④ 依据贾士丁《马其顿王朝史》第 15 章第 2 节的记载,奥多利昂有一个女儿嫁给伊庇鲁斯的皮洛斯为妻,参阅普鲁塔克《希腊罗马名人传》第 11 篇第 1 章"皮洛斯"第 9 节,知道她的名字是柏辛娜(Bircenna)。

⑤ 奥塔瑞阿提人是伊利里亚一个势力强大的部族,他们居住在达玛提亚(Dalmatian)山区。

⑥ 构成色雷斯和马其顿之间的边界。

⑦ 托勒密乌斯是安蒂哥努斯的外甥,参阅本书第十九章第 57 节。

者受到安蒂哥努斯的信任让他率领一支军队,他说由于没有受到重用让他孤军奋战,所以要反叛安蒂哥努斯与卡桑德缔结同盟①。托勒密乌斯将总督的职位留给他最忠诚的朋友斐尼克斯(Phoenix)②,这个行省拥有海伦斯坡地区,派出部队交给他用来驻防要塞和一些城市,并且吩咐他不要听命于安蒂哥努斯。

当时几位主要的军方首领彼此达成协议,要让希腊的城市获得自由和独立③,埃及的统治者托勒密指控安蒂哥努斯派出驻防军占领一些城市,准备发起战争。于是他出动军队由李奥尼德负责指挥,征服西里西亚的特拉契亚(Trachea)地区所有原来属于安蒂哥尼斯的城市,还派人前往卡桑德和黎西玛克斯控制的市镇,要求与他合作阻止安蒂哥努斯的势力变得更加强大。安蒂哥努斯派出他最年轻的儿子菲利浦,领军赶赴海伦斯坡地区征讨斐尼克斯和叛军;接着德米特流斯奉命前往西里西亚,采取英勇的作战行动,击败托勒密的将领光复失去的城市。

20 波利斯帕强④在伯罗奔尼撒等待时机,他对卡桑德心怀怨恨和不满,始终渴望掌握马其顿的统治权力,就将巴西妮⑤和亚历山大所生现已十七岁⑥的儿子赫拉克利⑦接来,后者出生后一直在帕加姆

---

① 我们发现早在两年以前,另外一位外甥特勒斯弗鲁斯认为托勒密乌斯受到拔擢升到更高的职位,一怒之下所以发生叛变,参阅本书第十九章第 87 节。

② 可能是攸门尼斯的追随者和朋友,参阅本书第十八章第 40 节。

③ 参阅本书第十九章第 105 节。

④ 波利斯帕强从前 315 年到目前,留在伯罗奔尼撒一直按兵不动,参阅本书第十九章第 64 和 74 节。

⑤ 这位巴西妮是大流士手下大臣阿塔巴苏斯的女儿,参阅普鲁塔克《希腊罗马名人传》第 17 篇第 1 章 "亚历山大" 第 21 节,应该与大流士的女儿分辨清楚,后者于前 324 年在苏萨与亚历山大成亲,虽然阿瑞安将她称为巴西妮,其他的著作都说她的名字是史塔蒂拉。

⑥ 贾士丁《马其顿王朝史》第 15 卷第 2 节,说他这时的年龄是 15 岁。

⑦ 这位赫拉克利很可能不是亚历山大的儿子,只是受到安蒂哥努斯支持的冒牌货。

受到抚养。波利斯帕强派他的朋友,到很多地方去见那些与卡桑德不和的人士,催促他们支持这位年轻的继承人登上先王遗留的宝座。他还发函给艾托利亚联盟,要求对方提供安全措施就是参加他们的阵营,只要能够帮助赫拉克利达成目标,答应回报他们很多倍的好处。所有的事务都能如他所愿顺利推动,艾托利亚人全部同意他的要求,很多部族急着前来给予援手,要让马其顿的国王复位登基,聚集的兵力超过两万名步卒以及至少一千名骑兵。这时波利斯帕强到处搜刮金钱,要全力做好战争的准备工作;他还派人去见那些对他友善的马其顿人士,敦请他们参加复国的大业①。

21 托勒密在塞浦路斯所有的城市落到他的手里以后,从某些人士那里知道帕弗斯(Paphos)的国王奈柯克利(Nicocles)②经过暗中和私下的安排,要与安蒂哥努斯缔结同盟关系,马上派出他的两位朋友阿吉乌斯(Argaeus)和凯利克拉底(Callicrates),给予的命令是杀死奈柯克利;他采取所有可行的预防措施,免得有人急着想要见异思迁,不愿看到那些早已变心的叛徒,到时候留下来无法惩处。两位使者乘船来到岛上以后,从将领麦内劳斯(Menelaus)③那里获得一群士兵,包围奈柯克利的府邸,通知安蒂哥努斯的旨意,命令他自我了断。开始的时候奈柯克利还想反抗对他的判决,由于没有人在意他的死活,最后只有自裁身亡。奈柯克利的妻子阿克西奥莎(Axiothea)知道她的良人已经毙命,杀死几位尚未出嫁的女儿,不让她们落在敌人手里难保清白之身;她要求奈柯克利那几位兄弟的妻子与她一同赴死,即使托勒密对于这些妇女并没有任何指示,当

---

① 下面连接第 28 节的叙述。

② 萨拉密斯的奈柯克利(参阅本书第十九章第 59 节)与帕弗斯的奈柯克利不是同一人,阿瑞安《希腊史籍残卷》No.156 之 F10,已经有明确的辨识,只是狄奥多罗斯对这两位有的地方会混淆不清。

③ 麦内劳斯是托勒密的兄弟,参阅本书第十九章第 62 节。

然会同意给予安全和保护。宫殿里面到处都是倒毙在地上的死者,根本没有人料想到会有这场灾难,奈柯克利的几位兄弟关上房门以后,开始纵火让整幢建筑物陷入烈焰之中,连同他们自己都被活活烧死。这就是帕弗斯的国王遭遇惨痛下场的本末。

塞浦路斯的局势在告一段落以后,我们接着开始叙述下面的事件。

22 大约就是这个时候的潘达斯地区,辛米里亚的博斯波鲁斯国王帕里萨德(Parysades)逝世以后,他的儿子优密卢斯(Eume-lus)、萨特鲁斯(Satyrus)和普里塔尼斯(Prytanis)为了争夺最高权位,发生激烈的内斗。其中萨特鲁斯是长子,从他父亲手里接受政府的施政工作,这时帕里萨德担任国王已有三十八年之久;优密卢斯在与住在邻近的蛮族签署友谊协定以后,聚集一支强大的军队,发出敌对的声明要继承王位。萨特鲁斯得知此事,派遣一支强大的军队前去接战,他渡过萨特斯(Thates)河①很快接近敌人,就用装载大批给养的大车围绕他的营地,部署军队准备会战,自己的位置遵从锡西厄人的习惯,摆在方阵的中央。招募的军队是希腊和色雷斯的佣兵各两千人,其余全是锡西厄的盟军,有两万多名步卒和不到一万名骑兵。

不过,优密卢斯的盟友希拉西斯(Siraces)②国王亚里法尼斯(Aripharnes)带来两万名骑兵和两万两千名步卒。发生一场顽强持久的会战,萨特鲁斯率领精选的骑兵,向着位于战线中央的亚里法尼斯冲锋,双方都有很多人阵亡,最后他逼得蛮族的国王转身逃走成为一场溃败,他在后面追击

---

① 这是几条流入米奥蒂斯湖(即亚述海)的河川之一,还有其他的名字称为萨普西斯(Thapsis)河或萨昔斯(Psathis)河。

② 这些锡西厄人是兵强马壮的萨玛提亚部族,居住在米奥蒂斯湖和高加索山脉之间的地区。

杀死那些被赶上的敌人;后来听说他的兄弟优密卢斯在右翼获得上风,逼得他的佣兵节节败退,只有放弃追击赶去挽回不利的情况,第二次成为胜利的宠儿,他将敌人的军队打很大败而逃,这样一来很清楚得知,由于他的家世和英勇能够继承祖先所打的天下。

23 亚里法尼斯和优密卢斯输了这场会战以后,退回王国的首都①。这座城市位于萨特斯河畔,由于河流的环绕加上它的深度,要想进入非常困难。城市的四周是高耸的悬崖和浓密的森林,仅有两条通道是人工兴建而成,其中一条进入皇家的城堡,建有塔楼和外垒用来增进守备的功能,另外一条在对面要通过布满沼泽的地区,架设木栏可以加强防御的力量,按照间隔在沼泽打进木桩,用来支撑木栏和高出水面的房屋。有鉴于城市的形势是如此险要,萨特鲁斯开始的时候抢劫乡村地区,纵火烧掉四周的村庄,捕获很多俘虏和搜刮大量战利品。不过,后来他想通过外围运用武力向前进击,仰攻城堡使他损失很多士兵,只有撤退,最后打开一条通道经过沼泽占领用木材堆起的阻绝工事。

萨特鲁斯为了抵达皇宫要破坏这些工事再渡过河流,必须满足供应材料的需要,于是他开始砍伐森林。这些工作正在积极进行,亚里法尼斯王提高警觉,不能让他的城堡在一次突击之下被敌人攻占,必须主动大胆出击,他认为只有胜利才能带来安全的希望。他在信道的两侧配置弓箭手,对于要砍伐树木的敌人很容易造成致命的伤害,因为浓密的森林使对方无法及时见到箭矢,也不能对弓箭手施以反击。萨特鲁斯的手下花了三天时间,从事不断的伐木工作才能开辟一条道路,其间忍受极大的辛劳和痛苦;第四天他们向前推进快要抵达城墙,受到无数投射武器的压制加上可供闪

---

① 希拉西斯国王亚里法尼斯的都城。

避的空间有限,使得他们遭受很大的损失。明尼斯库斯(Meniscus)是佣兵队长,为人精明而且大胆,领导他的手下从道路向着城墙进击,沿途的战斗非常英勇,等到一支更为强大部队从城中出击,他无法抵抗只有退却。萨特鲁斯看到他陷入危险之中,赶快前来给予援助;就在阻挡敌人急进猛攻的时候,他的手臂上部被长矛刺穿。伤势严重感到成为残废的痛苦,返回营地在夜间过世,自从他的父亲帕里萨德亡故以后他的统治只有九个月。佣兵队长明尼斯库斯放弃围攻,率领军队回到加尔干札(Gargaza)①,将他的遗体经由水路②运到潘蒂卡皮姆(Panticapaeum),交给他的兄弟普里塔尼斯。

24 普里塔尼斯为逝世的国王举行盛大的丧礼,遗体安葬在皇家陵墓,很快赶到加尔干札接受军队和统治的权力。优密卢斯派使者来商议要瓜分王国,他根本不予理会,在加尔干札留下一支守备部队,接着返回潘蒂卡皮姆确保继承的特权。就在这期间,优密卢斯率领与他合作的蛮族,占领加尔干札和其他的城市和村庄。普里塔尼斯要与他在沙场决一胜负,优密卢斯在会战当中击败他的兄弟;后来他被围困在靠近米奥蒂斯湖(Maeotic Lake)的地峡③,逼得只有接受提出的条件就是交出军队和放弃王位。普里塔尼斯进入潘蒂卡皮姆,统治博斯波鲁斯通常都以此地为首都,使得他再要去光复失去的王国;只是双方的实力太过悬殊,他逃到一处花园④,在那里被害。

优密卢斯在两位兄弟送命以后,为了确保到手的权力,不容旁人有觊

---

① 托勒密《地理学》第5卷第8节,提到的吉罗萨(Gerousa)是同一座城市。
② 原文经过订正以后,可以说是"经过一个海峡"。
③ 这个地峡位于辛米里亚·博斯波鲁斯的东边,用来隔开米奥蒂斯湖和黑海,就是现在的刻赤(Kerch)半岛。
④ 花园位于地峡一座叫作塔曼(Taman)的现代城市。

觎之心,杀死萨特鲁斯和普里塔尼斯的朋友以及他们的妻子和儿女。只有一个人就是萨特鲁斯的儿子帕里萨德,因为年纪很轻避开优密卢斯的毒手;他骑在马背上逃出城市,在锡西厄的国王阿加鲁斯(Agarus)①那里得到庇护。市民对优密卢斯屠杀亲人感到极其愤怒,于是他召集民众举行大会,当场为自己的行为提出辩护,愿意恢复祖先制定的法律规章。他甚至同意居住在潘蒂卡皮姆的市民享有古老的特权可以豁免赋税的征收。他答应取消特定项目的贡金,讨论很多其他的措施来为人民争取福利,他的恩惠很快恢复过去的善意,他从那个时候起一直担任国王,运用合法的方式统治所有的臣民,优异的作为赢得众人的赞誉。

25 优密卢斯不断向拜占庭和夕诺庇的人民表示善意和仁慈,就连居住在潘达斯的希腊人都受到他的照顾;卡朗夏(Callantia)的人民受到黎西玛克斯的围攻②,缺乏粮食承受很大的压力,他照顾成千因为饥馑离开家园的难民,不仅答应供应安全的地方当作栖身之所,还让他们住在一个城市里面,就将索安西蒂斯(Psoancaetice)③这个地区的田地分给他们。他要维护向潘达斯航行的利益,对于习惯从事海盗行为的蛮族,诸如赫尼奥契亚人(Heniochians)、陶瑞斯人和亚该亚人发起战争;他清除海盗获得的成效不仅在自己的王国,还及于所有人类居住的世界,商人将他的义举传播到各地,高贵的行为获得异口同声的赞誉和前所未有的敬意。那些居住在相邻区域的蛮族,陆续向他表示归顺之意,使得他的王国更加声名响亮。

---

① 锡西厄国王阿加鲁斯没有任何资料,阿庇安《罗马史:米塞瑞达底战争》第88节,提到一个名叫阿加里(Agari)的锡西厄人。

② 前313年黎西玛克斯开始围攻卡朗夏,有关这场战事的结果如何不得而知;参阅本书第十九章第73节。

③ 这个名字让人感到可疑,原文本身就有问题。

总之,他开始征服所有位于潘达斯周边的国家,要不是英年夭折很可能完成他的目标。就在他登基五年零五个月的时候,突然发生极其奇特的事故使他丧失生命。他要从辛迪西(Sindice)返回皇宫,急着要去举行祭礼为神明奉上牺牲,乘坐四匹马拖曳有顶盖的四轮马车,突然之间马匹受惊不受操纵开始狂奔。御者已经无法用缰绳控制加快的速度,国王害怕随着车辆冲进深谷,就从车里跳了出去;佩剑钩住车轮①使得他的身体在道路上面拖行,最后惨死在这个地方。

26 有关优密卢斯和萨特鲁斯这对兄弟的死亡,预言已经有明确的指示,虽然很荒谬但是该地的民众都能接受。据说神明告诉萨特鲁斯要让他的侍卫去消灭老鼠,免得以后会引起他的死亡。出于这个原因不让任何人在他的面前提到这个小动物的名字;他对家中或田野的鼠类总是感到畏惧,经常命令奴隶去杀死它们或是见到的小洞全都堵住。即使他用尽各种方法想要避开厄运,谁知他的死亡是长矛在刺穿他手臂上方的"肌肉"②。优密卢斯的情况是要对房屋的动静③严加戒备,因此他从来不先进入一个房间,除非已经派出仆人检查过屋顶和基础。后来他死在四匹马拖曳有顶盖的车辆里面,可见全都与预言的交代完全吻合。有关博斯波鲁斯发生的事件我们的交代已经够多了。

意大利的罗马执政官率领一支军队入侵敌对的地区④,在名叫塔利姆

① 原文订正以后,认为是"佩剑卡住支撑顶篷的横杆";所以预言有明确的表示,说他以后会死在有顶盖的车辆里面。
② 希腊文的"老鼠"一字在医学著作里面,它的意义通常是指"肌肉";就是拉丁文musculus这个字的意思有两种,一是"小老鼠",一是"肌肉"。
③ 这里提到的"动静"是指安全而言,当然可以引申其他的含义,像是"房屋本身会动"或是"房屋正在移动",这样一来"有顶盖的车辆"就符合预言所指"会动的房屋"。
④ 下面叙述的作战行动不见于其他的著作和数据,提到的地方也都不得而知。这里开始接续本书第十九章第105节的记载。

(Talium)的地方发生会战击败萨姆奈人。等到战败者占领一个名叫圣山(Holy Mount)的地方,夜幕降临罗马的军队收兵退回营地;第二天双方再度会战,很多萨姆奈人被杀,成为俘虏的就有两千两百多人。罗马在大获成功以后,两位执政官继续进军控制广大的区域,击败不愿投降的城市,用围攻的方式夺取卡塔拉克塔(Cataracta)和西劳尼利亚(Ceraunilia),他们派出驻防军严加看管,还有一些城市是用说服的手段让他们归顺①。

27 费勒隆(Phalerum)的德米特流斯(Demetrius)成为雅典的执政官,奎因都斯·费比乌斯(Quintus Fabius)和盖尤斯·马修斯(Gaius Marcius)分别第二次和首次当选罗马的执政官②。这些官员在职期间(前309年),埃及国王托勒密听到他派出的将领丧失西里西亚的城市,率领一支军队乘船驶往法西利斯(Phaselis)攻占这个要地。然后渡海进入吕西亚,强行攻下安蒂哥努斯派有驻防军的詹苏斯(Xanthus)。接着他向高努斯(Caunus)③进袭获得这个城市的归顺;对于有驻防军守备的城堡发起猛烈的攻击,从而夺取赫拉克莱姆(Heracleium);至于帕西库姆(Persicum)的获得在于士兵的开城投降。接着他的舰队航向考斯岛,召来安蒂哥努斯的外甥托勒密乌斯,虽然后者受到安蒂哥努斯的信任,让他率领一支军队,现在却要背叛他的舅舅去与托勒密合作④。托勒密乌斯乘船离开卡尔西斯向考斯岛开航,托勒密开始对他的接待极其殷勤和慷慨;后

① 下面连接第35节的叙述。
② 罗马的《岁时记》记载前310年的执政官是第二次出任该职的奎因都斯·费比乌斯·麦克西穆斯·鲁利阿努斯(Q.Fabius Maximus Rullianus)和后来称为森索瑞努斯的盖尤斯·马修斯·鲁蒂拉斯(C.Marcius Rutilus);参阅利瓦伊《罗马史》第9卷第33节。这里开始接第21节的记载。
③ 法西利斯和詹苏斯都位于吕西亚,前者在海岬的东海岸而后者在西海岸。高努斯位于卡里亚地区。
④ 参阅本章第19节。

来发现他的态度变得僭越无礼,想要用交往和礼物赢取领导人物的好感,托勒密为了除去后患先发制人将他逮捕,逼他饮下毒胡萝卜汁丧失性命。后来对于托勒密乌斯带来的士兵,运用收买的方式获得他们的归顺,就将他们分编在自己的军队当中。

28 这时的波利斯帕强正在征集一支强大的军队,要让亚历山大和巴西妮①的儿子赫拉克利能够拥有父亲遗留的王国;他将营地设置在一个名叫斯廷法姆(Stymphaeum)②的地方。卡桑德率领军队抵达,在距离不远的位置开设营地,马其顿人认为国王的复位没有违制之处,卡桑德对马其顿人见异思迁的天性极其忌惮,甚至会发生投效赫拉克利的后果,于是派遣一位使者去见波利斯帕强。卡桑德要让波利斯帕强知道如果国王复位,他就得凡事听命于人;他要是参加自己的阵营,除去这位不知天高地厚的皇家的继承人,立即恢复过去答应他的一切条件,拥有一支军队担任伯罗奔尼撒的将领,成为卡桑德进行统治的亲密伙伴,享有比任何人更高的职位和礼遇。卡桑德给予难以抗拒的承诺最后还是让他动了心,双方签署秘密的协议,诱使他对国王下手谋杀③。波利斯帕强完成这项肮脏的工作以后,公开表示要与卡桑德合作,恢复他在马其顿的家产和特权,根据双方商议的事项获得四千名马其顿步兵和五百名帖沙利骑兵。他还能如其所愿征召其他人员,按照原来的计划率领这些军队经过皮奥夏进入伯罗奔尼撒;他受到皮奥夏和伯罗奔尼撒所有城邦的阻拦,只有转变方向

① 参阅本章第 20 节及注释 37。
② 这是伊庇鲁斯一个地区,另外又称为台菲姆(Tymphaeum)。
③ 有关谋杀的细节可以参阅普鲁塔克《道德论丛》第 42 章"论羞怯"第 4 节,说是波利斯帕强为了 100 泰伦,愿意替卡桑德除去赫拉克利。按照贾士丁《马其顿王朝史》第 15 卷第 1 节的说法,波利斯帕强在赫拉克利遭到谋杀的时候早已经过世。

进入洛克瑞斯,就在该地度过冬天①。

29 就在发生这些事件的时候,黎西玛克斯在克森尼苏斯建立一座城市,用自己的名字将它称为黎西玛奇亚(Lysimacheia)②。拉斯地蒙国王克里奥米尼斯逝世,他的在位有六十年零十个月③之久;阿里乌斯(Areus)是克里奥米尼斯的孙子和阿克罗塔都斯(Acrotatus)的儿子,继承王位统治的时间有四十四年。

大约就是这个时候④,迦太基的将领哈米尔卡获得其余的前哨据点以后,率领部队前去攻打叙拉古,打算用强攻的方式夺取城市。他控制海洋已有很长的时间,可以阻止谷物的输入;等到将地面上的作物损毁无遗,现在着手占领奥林皮伊姆(Olympieum)⑤的周边地区,这个要点正好横亘在城市的前方。就在他抵达之际决心要攻击城墙,占卜长告诉他检查牺牲的内脏,得知他在次日一定会在叙拉古进餐。

这时城市当局觉得大事不妙,连夜派出三千名步卒和四百名骑兵,命令他们在优里伊卢斯(Euryelus)⑥进入阵地;迦太基的将领也在夜间进军,认为不会让敌人看到他们的行动。哈米尔卡的指挥位置在最前面,四周是排成战线的部队,他的后面是戴诺克拉底(Deinocrates)⑦这位骑兵指挥官。

---

① 这是公元前 309 年到公元前 308 年之间的冬天;波利斯帕强在此刻只能扮演次要的角色;就是在公元前 303 年提到他的时候,只说他是卡桑德的支持者,参阅本章第 103 节。

② 黎西玛克斯摧毁卡狄亚这个城市,将那里的人民迁移到黎西玛奇亚来定居,参阅鲍萨尼阿斯《希腊风土志》第 1 卷第 9 节。

③ 本书第十五章第 60 节的编年是前 370 年,我们做了不实的记载,提到他的统治只有 34 年。

④ 这里开始接续第 18 节的记载。

⑤ 这个要点在城市的南边靠近大港的海岸,正好位于安纳帕斯(Anapus)河的河口。

⑥ 伊庇波立是叙拉古城郊一个高原地区,控制向西的道路和安纳帕斯河的谷地,优里伊斯在高原的西边,叙拉古人在此建立三个防寨;参阅贝洛克《希腊史》第 4 章第 2 节第 192 页。

⑦ 戴诺克拉底是叙拉古的市民,受到放逐的处分流亡在外,参阅本书第十九章第 8 节。

步兵的主力分为两个方阵，一个由蛮族组成，另一个是希腊佣兵。正规的队伍以外是一群乌合之众，他们跟随在后，抱着趁火打劫的目的，这些人对军队派不上用场，却成为喧嚣和混乱的根源，经常会为作战的行动带来很大的危险。在目前的情况下，道路狭窄而且崎岖，行李纵列和一些随营人员为了争先一直在不停推挤；群众局限在狭小的空间很容易引起争执，加上很多人唯恐天下不乱，整个军队漫延着难以平息的不满和骚动。

就在这个关键时刻，叙拉古的部队已经占领优里伊卢斯，发现前进的敌人处于混乱之中，由于他们的阵地据有地形之利，就向对手发起攻击①。有些人居高临下向接近的人马投掷标枪和射出箭矢，有些人利用当地的材料阻绝前进的通路，他们的部队甚至逼得逃走的士兵从悬崖上面跌落下去；特别是在黑夜之中得不到敌军行动的信息，认为叙拉古的大军到达正在发起攻击。迦太基人的不利之处，一部分在于队伍的混乱不堪，一部分在于敌人的突然出现。特别失策之处在于不了解地形受困于局促的位置，逼得只有逃走。这个地方没有宽广的道路可以通行，大批的骑兵使得很多人受到践踏，还有人因为黑暗无法辨识，就把自己人当成敌手相互厮杀。哈米尔卡从开始就顽强抵抗敌人的攻击，命令在附近列队的士兵加入战斗；后来陷入敌我难分的惊惧之中，手下人把他留在那里就一哄而散，使得叙拉古的士兵扑过来将他抓住。

30 人类的事务总是用奇特的方式转向与预期完全相反的途径，对于命运女神的三心二意和自相矛盾，也不必感到有何可怪之处。就拿阿加萨克利来说，拥有骁勇无敌的英名而且率领一支久历阵战的大军，竟然在希米拉斯（Himeras）河的决定性会战中被蛮族打败，甚至连

---

① 不管后面叙述的细节如何，战斗发生在优里伊卢斯的西边和伊庇波立南边的安纳帕斯山谷。

军队的主力和强大的单位全都伤亡殆尽①;逼得他把守备部队留在后方的叙拉古,自己领着部分人马对利比亚实施远征作战,不仅比围攻他们的迦太基军队表现更为出色,还能活捉对方市民当中最显赫的人物哈米尔卡。还有什么情况比这个使人感到惊讶的,十二万名步卒和五千名骑兵在会战当中被兵力极其劣势的敌军击败,只是因为对方的欺敌作为和掌握地形成为获胜的关键因素,真像俗语所说战争经常出现虚惊和误击的事件②。

迦太基的部队溃败以后,人员零星分散得到处都是,次日还是很难集结起来;叙拉古人带着大批战利品返回城市,要把哈米尔卡交给对他采取报复的群众。大家回想占卜长所说的话,哈米尔卡在次日要进入叙拉古,并且在那里用餐,看来神明的预言真是灵验,只是要站在不同立场去体会而已。那些在迦太基人手里丧生的人,他们的亲人和朋友,带着五花大绑的哈米尔卡游街示众,然后对其施以令人发指的酷刑,运用最屈辱的方式将他处死。城市的统治者割下他的头颅派人送到利比亚交给阿加萨克利,报告他们获得大捷的信息。

31 迦太基的军队在灾害发生以后,当得知不幸的结局时,很难摆脱畏惧的阴影,缺乏最高指挥官使得蛮族要与希腊人分手。后来还是流亡人员与其他的希腊人选出戴诺克拉底出任将领,迦太基人同意他的指挥职位仅次于哈米尔卡。

大约就是在这个时候,阿克拉加斯当局看到西西里的情势,认为有最好的机会可以达成他们的企图,只要多加努力就能掌握全岛的领导权;他

---

① 参阅本书第十九章第108—109节。

② 有关"虚惊"和"误击"的案例,可以参阅本书第十七章第86节和第二十章第67节,修昔底德《伯罗奔尼撒战争史》第3卷第30节,亚里士多德《奈柯玛克斯伦理学》1116b7以及西塞罗《致阿蒂库斯书信集》第5卷第20节。

们断定迦太基对阿加萨克利的战争很难维持下去；戴诺克拉底只能征集一支由流亡人员组成的军队，应该很容易制服；叙拉古的人民深受饥馑之苦，不可能出面与他们竞争；最重要的是自治的念头已经深植在每个人的心田，他们为了确保城市的独立上战场与敌人拼命，加上大家对蛮族的痛恨，所有的人都会很高兴接受征召。他们选出色诺迪库斯（Xenodicus）①担任将领，交给他一支可以达成任务的军队，派他发起作战行动。

他立即开拔前去攻打杰拉，得到朋友的帮助让他在夜间进入，兵不血刃得到这城市连带强大的军备力量和财富。杰拉的人民获得解放以后，为了使其他的城市拥有自由的权利，他们非常热心地团结起来参加他的作战行动。阿克拉加斯人起事争取自由的消息传遍全岛，所有的城市受到鼓励，都要响应他们的行动。首先是英纳的人民派员前往阿克拉加斯，要把城市交到他们的手里；等到后者解放英纳以后，继续向着厄比苏斯（Erbessus）进军，虽然有一支驻防军镇压了整座城市，通过发生一场激烈的会战获得市民的帮助，但驻防军还是被他们打败，很多蛮族被杀，还有五百多人放下武器投降。

32 就在阿克拉加斯的军队采取积极行动的时候，一些阿加萨克利留在叙拉古的士兵，出来夺取艾奇特拉（Echetla）②，并且洗劫李昂蒂尼和卡玛瑞纳。这些城市饱受掠夺之苦就连田地的农作物也遭到毁损。色诺迪库斯领兵进入受到蹂躏的地区，让李昂蒂尼和卡玛瑞纳的人民免予战争的威胁；等到他用围攻夺取城墙坚固的城市艾奇特拉以后，要为所有的市民重建民主政体，还使得叙拉古当局感到心惊胆战；一般而言，他

---

① 本章第 56 和 62 节，将他的名字叫成色诺多库斯（Xenodocus）。

② 这个市镇已经难以辨识。波利比乌斯《历史》第 1 卷第 15 节，提到艾奇特拉在海罗二世的时候，位于叙拉古和迦太基统治地区的边界上面。

的进军是要从迦太基的疆域里面,夺取坚固的据点和解放被奴役的城市。

这个时候的叙拉古人一直饱受粮食匮乏的痛苦,听到运送谷物的船只向着叙拉古航行,二十艘三层桨座战船准备妥当,观察蛮族习惯在海港的外面停泊,趁着守卫不够严密将这些船只捕获,利用夜暗,不让岸上发觉,沿着海岸航向麦加拉,在那里等待商船来到,再将抢到的谷物分批运走。后来,迦太基的将领派出三十艘船出海进击,他们开始要在海上战斗,很快将对手赶向陆地,然后就从船上跳下来到赫拉的庙宇,在此为这些船只发生战斗,迦太基用铁爪投到三层桨座战船上面,用力将它从岸边拖走,他们总共捕获十艘,城市派来援军使其他的船只不致落入敌手。

这些都是西西里发生的事故和处理的过程。

33 提到利比亚的情况,叙拉古的来人带着哈米尔卡的头颅进入港口,阿加萨克利拿着首级,跨上坐骑来到敌方营地前面,站在声音可以听到的距离之内,举起手中的证据,让对方知道他们在西西里的远征军已经战败。所有的迦太基人悲痛万分,拿出蛮族最崇敬的礼仪全身伏俯在地面,认为国王的逝世是他们的不幸,对于战争的前途已经落入绝望的深渊。阿加萨克利对利比亚的成功极其兴高采烈,整个人自满到飘飘然的地步,认为从此再也没有不可克服的困难。命运女神不会允许得胜这一方长期保有无往不利的优势,要让这位君主因为自己,士兵陷入最危险的局面。

阿加萨克利邀请受他重用的吕西库斯(Lyciscus)共进晚餐,饮酒之间后者说了一些冒犯君主的话,阿加萨克利对人的评价在于作战的服务情况,因为听了觉得刺耳,所以就用玩笑的方式避开;他的儿子阿查加朱斯①

---

① 有关这个名字参阅本书第 11 节及其注释 16。

非常生气,责骂并且出言威胁吕西库斯。等到宴会结束大家回到住所,吕西库斯在路上嘲笑阿查加朱斯与他的后母通奸;因为他是在父亲不知情的情况下,获得阿尔西娅(Alcia)的芳心的。阿查加朱斯听到以后爆发无法克制的暴怒,从一位侍卫的手里夺过一根长矛,用力从吕西库斯的胁部刺过去,后者立刻毙命,阿查加朱斯让服役的人员将他抬回自己的帐篷。

天明以后死者的友人聚在一起,大批士兵知道出事赶来参加,群情激昂使得整个营地议论纷纷。很多人感到应该有所表示,否则处于接受指挥的位置,稍有不慎就会落到同样的下场。要将危机转变为对自己有利,必须引起一场规模不小的叛乱。这时全军愤愤不平,大家穿起铠甲声援惩罚凶手的行动;这些不听命令的士兵,下定决心要处死阿查加朱斯,如果阿加萨克利不愿交出他的儿子,就应该自己下手给予应有的惩罚。他们还要求支付应得的报酬和薪饷,准备选出一位将领负起领导的责任;最后有些人占领突尼斯的城墙,围绕在君主四周的都是他的侍卫。

34 迦太基当局得知敌军内部不和的消息,派人游说不满的部队改变立场投效他们的阵营,并答应给予重赏和优厚的待遇①。确实有很多领导人物愿意接受对方提出的条件;阿加萨克利看出他的安全处于极其危险的状态,对于未来的处境感到害怕,要是他被部下解交给敌人,他将会在羞辱和悲惨之中死于非命,于是决定争取最后的机会,即使失败了,死在自己人的手里总要好得多。他脱下紫袍,身穿一般市民的家常衣服,来到群众的中间。出乎意料的行动使得现场变得安静无声,大家全都跑过来,他针对生死关头的情况发表感人的谈话。阿加萨克利让他们记起他早年的成就,说他在死前要看看这些追随他的士兵才

_____

① 阿加萨克利的军队大部分都是佣兵,作战的考虑在于获得实质的利益,参阅本章第11和33节。

会安心;认为自己不是一个懦夫,绝不会为了苟全性命而忍辱偷生。他宣称在场的人员就是这件事的见证,于是拔出佩剑要自刎而死,就在他要动手的关键时刻,军队大声叫喊要他停止,四面八方响起免予追究的呼声。群众催他再度穿上皇家的服饰,他在紫袍加身以后流着眼泪感谢大家,这时群众将手中的武器相互碰撞,发出巨大的响声用来赞同他的复位。

这时迦太基人还在热心等待,期望希腊的佣兵很快来到他们这一边,阿加萨克利抓住机会,领导军队向他们发起攻击。蛮族认为这些人前来投靠,一点都不担心会有什么情况发生;等到阿加萨克利快要接近敌军时,突然下令发出会战的信号,造成敌军的全面崩溃。迦太基人为情势的逆转感到不知所措,损失很多士兵,只有逃进营地。阿加萨克利受到儿子的牵连陷入最惊险的绝境,靠着他处世的经验和卓越的能力,不仅解决困难还能打败敌人。不过,那些涉及这次兵变的人员当中,还有一百多位始终对君主抱着敌对的态度,他们鼓起勇气前去投奔迦太基的阵营。

我们对发生在利比亚和西西里①的事件做了完整的叙述,现在要提到意大利出现的情况。

35 伊楚里亚派兵攻打罗马的殖民地一个名叫苏特里姆(Sutrium)的城市②,两位执政官率领一支强大的军队前来救援,会战当中击败对方将他们赶回营地;萨姆奈人趁着罗马军队远离,对于支持罗马的伊阿披基亚人(Iaphyges)进行掠夺,认为不会受到惩处。两位执政官逼得要分别各领一军;费比乌斯仍旧留在伊楚里亚,马修斯(Marcius)前去讨

———————

① 下面连接第 38 节的叙述。

② 这里开始接续第 26 节的记载,有关作战行动参阅利瓦伊《罗马史》第 9 卷第 35—40 节。

伐萨姆奈人，运用突击夺取阿利菲（Allifae）这座城市，让受到围攻的盟邦免予陷落的危险。就在伊楚里亚人集结大量兵力攻打苏特里姆的时候，费比乌斯在敌方不知情的情况下，通过邻近的地区①进入伊楚里亚，这里有很长时间未曾受到兵刀之灾。出乎意料的入侵行动，使得他蹂躏很大一片国土；他对反抗的居民进行了镇压，很多人遭到杀害，他还捕获不少的俘虏。接着他在靠近佩鲁西亚（Perusia）的地方发起第二次会战，击败伊楚里亚的军队，很多人遭到杀害，他是第一个率领军队侵入这个地区的罗马人，整个国家慑服在他的权威之下。他与阿里提姆（Arretium）、克罗托纳（Crotona）②和佩鲁西亚的市民签署停战协议，接着用围攻夺取名叫卡斯托拉（Castola）③的城市，强迫在苏特里姆的伊楚里亚人解围离去。

36 罗马在这一年选出的监察官是阿庇斯·克劳狄斯（Appius Claudius）和卢契乌斯·普劳久斯（Lucius Plautius）④，前者发挥他的影响力修改很多祖先制定的法律；他采取能够让民众感到满意的行动，相较之下元老院的地位不必这样崇高和重要。首先的工作是修筑长达八十斯塔德⑤的阿庇斯渠道（Appian Aqueduct），虽然花费大量公帑，但并没有在元老院通过议案发布敕令。其次是阿庇斯大道（Appian Way）的大

---

① 原文经过订正，"通过邻近的地区"改为"通过翁布里亚人的地区"。

② 克罗托纳是伊楚里亚人的城市，利瓦伊《罗马史》第9卷第37节，将它称为科托纳（Cortona），看来拉丁的作家是用这个名字；不过，波利比乌斯《历史》第3卷第82节，用的称呼还是科托纳。

③ 卡斯托拉位于何处不得而知，它的位置可能是费苏立（Faesulae）、卡苏拉（Carsula）或克禄西姆（Clusium）这几座城市。

④ 利瓦伊《罗马史》第9卷第29节，提到设置监察官是在马可斯·华勒流斯（M.Valerius）和巴布留斯·迪修斯（P.Decius）担任执政官的前311年；按照狄奥多罗斯的说法是公元前312年，他的依据是传统的罗马典范规章。利瓦伊在《罗马史》第9卷第33—34节提到阿庇斯获得这个职位，就在当年即前309年或前310年，采取许多与法律背道而驰的措施。

⑤ 大约9英里。

部分路面用坚硬的石块砌成,用他名字的主要是陆上交通路线,从罗马到卡普亚全长一千斯塔德①。他挖掘高起的丘陵用来填平低凹的山谷和洼地,支用整个城邦的岁入为自己留下不朽的纪念物,远大的抱负在于谋求公众的利益。他使得元老院出现新的架构可以涵盖更大的层面,审查议员的资格不再遵循古老的习惯,仅仅在于显赫的家世和贵族的社会,还包括很多自由奴出身的后裔②。出于这个原因他经常受到自夸有高贵身份的人士给予的咒骂。他还让所有市民有权登记所愿意加入的区部③,可以选择户口普查所加入的公会组织④。

总之,看到自己受到最显赫人物的憎恨,使得他尽量不冒犯其他阶层的市民,运用众人的善意作为对抗贵族的敌对情绪,可以确保彼此之间的平衡。他审查骑士阶层的资格不会借着违犯规定剥夺他们的马匹,决定元老院的名单他不会罢黜任何一位表现很差的议员,通常监察官都会很严格地把关。两位执政官痛恨他而且想要讨好那些最为显赫的人士,召开元老院的会议,只有前任监察官名单上面的议员以才能进入,他遴选的人员全部受到拦阻;平民反对贵族转过来支持阿庇斯,希望所属的阶层能够获得稳定的擢升。格耐乌斯·弗拉维斯(Gnaeus Flavius)是获得释放的自由奴之子,当选为声名显赫的市政官,父亲是奴隶而能获得这个职位,在罗马人

---

① 大约 115 英里。

② 原文经过订正,这一句改为"增加很多平民和自由奴出身的后裔"。

③ 全体罗马市民分属 35 个区部,区部与血统无关,只是一种地域性的划分,就像"百人团"一样,区部也是一个投票单位,用多数决来显示在市民大会的投票结果;选举官吏和通过法律要获得超过半数即 18 个区部的赞成票。区部的成员主要依据是不动产所在的地区,一旦决定就可以继承,直到监察官宣告取消,或在另一个地区注册获得核准为止。

④ 罗马的同业公会或工匠组织,来自希腊人的名称是"基尔特",拉丁名称是 corpora 或 collegia,高卢的名称是 punts;早期的组织主要与纺织有关,包括毛织、麻织、漂染和制衣,后来加上其他行业的基尔特,像石匠、建筑、铁匠、陶匠、皮匠、面包师、园艺、挑夫等,只能从留存的碑铭中知道其概况。

当中他是第一个①。阿庇斯在任期②结束以后,为了预防元老院对他采取不利的行动,宣布他的眼睛已经瞎掉从此杜门不出③。

37 查瑞努斯(Charinus)成为雅典的执政官,巴布留斯·迪修斯和奎因都斯·费比乌斯(Quintus Fabius)当选罗马的执政官④;伊利斯举行第一百一十八届奥林匹亚运动会,特基亚的阿波罗奈德(Apollonides)赢得赛跑的优胜。就是这一年(前308年)⑤,托勒密率领一支强大的舰队从迈杜斯(Myndus)出发,在经过这些岛屿的时候,他乘机赶走驻防军让安德罗斯岛得到解放。抵达地峡从克拉提西波里斯(Cratesipolis)手里夺取西赛昂和科林斯。前面一章⑥已经解释他为何要成为这两座知名城市的统治者,我们无须对这个题材浪费唇舌进行讨论。托勒密计划要为其他的城市争取自由,认为希腊人的善意对他的事业会带来更大的收获;原来伯罗奔尼撒人同意资助粮食和金钱,食言使得承诺不能兑现,君王一怒之下与卡桑德签署和平协议,条件是双方可以继续保有已经到手的城

---

① 就是出任市政官的弗拉维斯,参阅利瓦伊《罗马史》第9卷第46节,只是时间在5年以后。

② 罗马共和时代,选举官员的权力和执行机构属于元老院和人民,除了军事护民官,所有官员在当选以后自动向元老院负责;官职的序位是从财务官,经过法务官到执政官,两种市政官和平民护民官未列入官职序位,除了监察官的任期为5年外,其余所有官员的任期都是1年,狄克推多是一种特例,任期通常为6个月,骑士团长依据需要由狄克推多指派。

③ 下面连接本章第44节的叙述。

④ 罗马《岁时记》提到前309年是"狄克推多年",卢契乌斯·帕皮流斯·库索(L.Papirius Cursor)出任狄克推多,盖尤斯·朱纽斯·布布库斯·布鲁特斯成为骑士团团长,没有选出执政官。在这一年当中,可能运用权宜的方式,能够适用两种编年系统,参阅《剑桥古代史》第7章第321页。《岁时记》提到前308年的执政官是第二次出任该职的巴布留斯·迪修斯·穆斯(P.Decius Mus),以及第三次出任该职的奎因都斯·费比乌斯·麦克西穆斯·鲁利阿努斯(Q.Fabius Maximus Rullianus),参阅利瓦伊《罗马史》第9卷第40节。

⑤ 这里开始接续本章第27节的记载。

⑥ 参阅本书第十九章第67节。

市;托勒密在西赛昂和科林斯配置驻防军确保安全,然后返回埃及。

这时克里奥帕特拉与安蒂哥努斯发生争执,改变心意要与托勒密联合起来共同奋斗,离开萨迪斯不远千里前去投靠。她是亚历山大大帝的姐妹,也是阿明塔斯之子菲利浦的女儿,丈夫就是对意大利发起远征作战的亚历山大①。她的家世是如此的高贵和显赫,举凡亚历山大崩殂以后最为重要的权臣名将,诸如卡桑德、黎西玛克斯、安蒂哥努斯和托勒密,都想与她结成连理;希望能够借由婚姻使得马其顿人接受他的领导,能与皇室联盟可以为自己攫取最高的权力。萨迪斯的总督奉安蒂哥努斯的命令负责监视克里奥帕特拉的行动,现在出面阻止她离开;后来在君主的指使之下,他运用一些妇女作为帮手,暗中安排毒辣的手段让她一命归西。安蒂哥努斯不愿牵连到此事件,就以阴谋弑主的罪名惩处那些妇女,为她举行排场盛大的皇家葬礼。克里奥帕特拉原来成为了这些领导人物争夺的对象,婚姻将会对她产生重大的影响给她带来不幸的命运。

我们已经提到亚洲和希腊所发生的事件,现在要对人类居住世界的其他部分,着手叙述当前的情况②。

38 利比亚的迦太基当局派出一支军队③,想要让背叛他们的诺玛兹人(Nomads)回心转意,阿加萨克利命他的儿子阿查加朱斯率领部分军队留在突尼斯的营地,他自己选出一支劲旅有八千名步卒、八百名骑兵和五十辆利比亚战车,用最快的速度追随在敌军的后面。迦太基

---

① 有关克里奥帕特拉和亚历山大的婚姻,以及菲利浦遭到谋杀,参阅本书第十六章第91—94节。等到伊庇鲁斯的亚历山大在前326年亡故以后,克里奥帕特拉嫁给李昂纳都斯,参阅普鲁塔克《希腊罗马名人传》第15篇第2章"攸门尼斯"第3节,李昂纳都斯在前322年逝世;她的第三任丈夫是帕迪卡斯,参阅阿瑞安《希腊史籍残卷》No.156第9节,接着帕迪卡斯死于前321年。

② 下面连接本章第45节的叙述。

③ 这里开始接续本章第34节的记载。

的军队来到诺玛兹人一个名叫祖弗尼斯(Zuphones)的部落,赢得很多居民的归顺,为他们原来的盟友带回一些逃走的人员,等得知敌军即将出现,他们将营地设置在一个小丘上,四周有很深的溪流围绕使得渡过极其困难。迦太基人用这种方式保护自己不受对手出乎预料的攻击,同时指使诺玛兹人紧随希腊的军队,运用骚扰和牵制的手段阻挠他们前进。虽然诺玛兹人按照指示展开行动,阿加萨克利只是派出投石手和弓箭手对付这些蛮族,他亲自率领其余的军队前去攻打敌人的营地。迦太基的将领发觉对手的意图,指挥部队离开营地排成战线,占领阵地准备发起会战。

他们看到阿加萨克利的手下正在渡河,便立即排成接战队形实施攻击,湍急的溪流很难徒涉,这使得他们杀死很多敌人。不过,阿加萨克利还是继续前进,希腊人的勇敢远胜对手,蛮族拥有优势兵力之利。就在两军激战不已的时候,双方的诺玛兹人撤出战场,等待会战最后的结局,他们打算抢劫战败一方的辎重行李。阿加萨克利率领的部队是精锐的先锋,开始就逼得交战的敌人节节后退,他们的溃败引起其余的蛮族全部一哄而散。只有希腊的骑兵部队在克利侬(Clinon)的指挥之下,帮助迦太基人抵抗阿加萨克利正在前进的重装步兵。大多数的希腊骑兵在英勇的战斗中遭到杀害,其余的人员靠着运气保住性命。

39 阿加萨克利停止骑兵的追击行动,攻击在营地寻找庇护的蛮族;逼到取道地形陡峭和难以进入的地区,遭受的伤亡超过迦太基施加于他的损失。虽然如此,他不仅没有减低进攻的热情,反而增加了胜利的信心,继续前进直到占领蛮族的营地。这时诺玛兹人还在等待会战的结果,由于两军在靠近营地的位置发生激战,所以不能打劫迦太基的辎重行李,知道阿加萨克利的军队目前相距很远,就去攻击正在设营之中的希腊人。因为营地缺乏足够的守军,他们很容易发起攻击,杀死在场抵抗的人员,获得大量俘虏和掠夺品。阿加萨克利听到营地有警告的消息立即带领军队赶回来,夺回一些失物,大部分已被诺玛兹人带走,这时夜晚来临,他们退却到相当距离之外。

君主在搭建一座战胜纪念牌坊以后,就将战利品分配给士兵,没有人抱怨他们所受的损失;那些参加迦太基阵营作战的希腊人,被他俘虏以后安置在某一个城堡。这些人害怕君主对他们惩罚,趁着夜暗在城堡发起叛变,虽然在战斗中遭到打败,但还是占领一处坚固的阵地,他们的数量不少于一千人,其中叙拉古人就超过五百。阿加萨克利得知此事,带着军队前来处理,答应签署停战协议诱使他们离开阵地,然后发起攻击将他们屠杀殆尽。

40 阿加萨克利在完成这次会战以后,处心积虑地运用各种手段完成征服迦太基的任务,派遣叙拉古的欧松(Orhon)担任使者前往塞伦去见欧菲拉斯(Ophellas)①。后者是亚历山大的亲随之一,当年在亚洲经历长时期的戎马生涯,现在是塞伦这座城市的统治者,拥有一支战斗力强大的军队,对于扩大疆域和领土始终怀有雄心壮志。对于拥有这种心态的国君而言,阿加萨克利派来使者邀请他参加征服迦太基的行动,成为一桩求之不得的好事②。为了回报给予的支持,欧松对欧菲拉斯提出承诺,阿加萨克利答应让他拥有整个利比亚全境。来人说阿加萨克利对于西西里已经感到满足,在他的帮助之下可以除去迦太基带来的危险,使得

---

① 欧菲拉斯是托勒密手下的将领,前322年他在塞伦恢复原来的寡头政体,后来受到佣兵首领瑟比隆的威胁,因为后者支持民主党派,参阅本书第十八章第19—21节。他后来仍旧在塞伦担任托勒密指派的总督,312年托勒密镇压叛变的地区,好像他没有牵连在内,参阅本书第十九章第79节。

② 按照贾士丁《马其顿王朝史》第22卷第7节的记载,欧菲拉斯首先提出要与阿加萨克利缔结同盟关系。

他统治整个岛屿不会感到恐惧。再者,如果他决心从事更伟大的事业,意大利就在手边可以增加统治的疆域。利比亚为广阔而汹涌的大海隔离开来,对于他根本就不适合,他所以会进军此地完全基于需要从无到据为己有的意图。

欧菲拉斯就所抱的希望和打算,深入衡量当前的情况感到非常满意,派遣一位使者去见雅典当局,商量他与阿加萨克利建立联盟关系的后续事项,欧菲拉斯这样做是因为他娶了密提阿德的女儿优特迪丝(Euthydice)①,须知她的父亲与马拉松的英雄人物同名而能与有荣焉。所以他很看重这层婚姻关系,习惯上他会对雅典表示好感和礼遇,使得很多雅典人热心投效他的军队从事远征的行动。还有不少其他城市的希腊人急忙赶去参加,他们希望在肥沃的利比亚建立殖民区可以分到土地,对于富裕的迦太基大肆洗劫一番。整个希腊的情况是敌对君主之间不断的战争,已经变得政局不稳和财务拮据,他们期望不仅要获得很多利益,还能除去目前所面临的困境。

41 欧菲拉斯完成规模庞大的准备工作,率领军队从塞伦出发,兵力是一万名步卒、六百名骑兵、一百辆战车和三百多名战车御手和搭乘的长矛兵。还有乌合之众一万多人,称为非战斗人员随军前进;很多人带着妻子儿女和其他物品,所以这支军队就像是移民的拓垦队伍。他们完成十八天的行军横越三千斯塔德②,就在奥托玛拉(Automala)③这

---

① 优特迪丝在欧菲拉斯被害以后回到雅典,后来成为德米特流斯·波利奥西底的妻室之一,参阅普鲁塔克《希腊罗马名人传》第21篇第1章"德米特流斯"第14节,雅典人将这桩亲事看成德米特流斯对城邦的敬意和厚爱。

② 大约是345英里。

③ 这座城市位于塞伦最西的边界,也是大叙蒂斯(Greater Syrtis)地区的最南端,参阅斯特拉波《地理学》第2卷第5节。

个地方开设营地;他们从那里向着一座大山前进,两旁都是悬崖绝壁,中间是一条很深的狭谷,延伸平滑的岩层直到最高的绝顶。

在这座高崖的底部有一个很大的洞窟,覆盖浓厚的常春藤和各种蔓生植物,根据神话拉米娅(Lamia)①这位美丽的王后出生此地。据说她有一副铁石心肠,随着时光的消逝,她面孔变形成野兽的容貌。等到她所生的小孩全都去世②,极其不满自己的命运何其乖戾,嫉妒其他的妇女享有抚养子女的幸福,她下令所有新生的婴儿要从母亲的怀中攫走,接着就将他们杀死。即使已经到了我们这个世代,邪恶的妇人仍然存在孩童的心中,她的名字就是恐怖的化身③。她无论身在何处都会大量饮酒,放弃做坏事的机会使得大家都很高兴,只要不遵守自己的规定就不会制造麻烦,当地的居民说她已经成为看不见东西的瞎子。出于这个原因有人在神话中提到,拉米娅的眼光贯注在一个酒瓶④,运用象征的方式表示酒的作用会夺去她的视力。还可以把欧里庇德斯当成证人,诗句当中提到她诞生在利比亚:

谁不知道拉米娅的大名鼎鼎?
这位受尽谴责的利比亚妇人。⑤

---

① 亚里斯托法尼斯的喜剧《和平》第758行和《黄蜂》第1035行,边注全都引用这个神话。相信是杜瑞斯提到这个地方,狄奥多罗斯采用他的说法。

② 极爱吃醋的赫拉大发雷霆,所以才对她和宙斯所生的子女痛下毒手。

③ 斯特波拉《地理学》第1卷第2节,提到大人用这个神话来吓唬小孩;参阅贺拉斯《诗艺》(*Art of Poetry*)第340行。

④ 普鲁塔克《道德论丛》第40章"论做一个多管闲事的人"第2节,说是拉米娅在家中睡觉,会把眼睛取下来装在罐子里面,保持盲目的状态,等到离开家到外面才有正常的视力。

⑤ 这是留下的残卷不知出自哪一个剧本,参阅瑙克《希腊悲剧残本之欧里庇德斯篇》No.922。

42 欧菲拉斯带着军队遭遇难以克服的艰困,通过没有水源的陆地,到处都是有害的毒物和凶狠的野兽,不仅缺乏饮水,就连干粮都已消耗殆尽,面临丧失全军官兵的危险。各种蛇类肆虐在叙蒂斯(Syrtis)附近的沙漠地区,大多数带有强烈的毒性,这是他们遇到的最大灾难,无法从医生和朋友那里获得治疗方面的帮助。有些毒蛇的皮肤如同地面的颜色,很难分辨清楚;很多人因为疏忽不小心踩到它,被咬以后带来致命的后果。最后,经过两个月千辛万苦的行军,走完全程与阿加萨克利会师,设置营地让两支大军相隔很小一段距离。

迦太基人听到他们抵达的信息,接着看到阵容强大的部队前来攻打他们,所有的市民全都感到胆战心惊;阿加萨克利亲自迎接欧菲拉斯,非常大方供应所需的补给品,请求对方将他的军队从困境当中解救出来①。他自己细心观察这些新来者在营地的一举一动,等到大批士兵分散开来寻找草料和粮食,看到欧菲拉斯一点都不怀疑他有所图谋;他召集自己的士兵举行全军大会,指控对方前来参加联盟竟然是别有用心,想要除去他好取而代之,这样一来激起手下的怒气,接着他领导全副披挂的部队前去攻打塞伦人的营地。欧菲拉斯被出乎意料的行动吓得目瞪口呆,只有尽全力抵抗,已经没有时间集结部队了,留在营地的人手不足,最后他在战斗中遭到杀害。阿加萨克利迫使其余的部队放下武器,慷慨的承诺赢得他们的效命,使他成为全军的主宰。欧菲拉斯心怀很大的希望,过于轻率将自己托付给别人,最后死在卑劣小人的手里②。

---

① 贾士丁《马其顿王朝史》第22卷第7节,提到阿加萨克利为了与欧菲拉斯建立深厚的友谊,让后者收养他的一个儿子。
② 这一段的记载强调阿加萨克利的忘恩负义和残酷的本性,相关的资料来自杜瑞斯的著作,有一部分的内容相当可信。

43 迦太基的波米卡长期以来计划要实施专制统治,要找适当的时机达成个人的心愿。环境的改变将他推向新的职位可以进行图谋,出现一些小情况产生阻挠的作用①。有些人从事非法的活动和重大的决策,对于征兆和征候非常迷信,通常的选择是延后而不是行动,暂时搁置而不是马上完成。波米卡在这种情形之下采取适当的做法,像是派遣最显赫的市民参加作战行动去对付诺玛兹人,这样就不会有人出面反对,即使如此他还是不敢公然致力于政体的变更,保持审慎的态度停止这方面的活动。情况发生在阿加萨克利攻击欧菲拉斯的时候,波米卡能够有效获得僭主的职位,两个对手对于这敌人的做法完全蒙在鼓里。阿加萨克利不知道波米卡有专制的意图,只要事先了解城市已经陷入混乱之中,他就会轻易成为迦太基的主人;波米卡要是事先不泄露出去,产生的后果是他宁可与阿加萨克利合作,也不愿落到市民同胞的手里受到严厉的惩罚。

还有就是迦太基人并不知道阿加萨克利会攻击自己的盟友,否则他们只要获得欧菲拉斯的援手,当然会很容易制服阿加萨克利。我认为双方产生这样大的隔阂并不是没有道理,虽然都采取大规模的行动,而且相互对比之下要有很大的胆识。阿加萨克利要除去他的朋友控制整个局面,这时他不会注意敌人目前发生的情况;波米卡要剥夺城邦的自由权利,不会关心敌人营地里面所有的事务,因为他的心中已有固定的目标,这时要征服的对象是市民同胞而不是敌人。

另外,有人会对史籍编纂的手法加以谴责,史家看到不同的行动发生在同一时间,为了方便起见会对叙述的过程加以干预,或者硬要分配不同的时间给同一事件,这样做虽然没有偏离原来的事实,所有的记录能与事

---

① 就本章第43—44节叙述的情况,参阅贾士丁《马其顿王朝史》第22卷第7节,特别提到波米卡在阿加萨克利让迦太基受到惨重的损失以后,想要带着他的军队投向阿加萨克利的阵营,因为西西里人的营地发生叛乱,加上他被自己的同胞处死,使得这件事未能执行。

件的本身相符,但是人为安排所造成的结果,还是剥夺读者获得真相的权利。

44 波米卡要在距离迦太基旧城不远的新城点阅士兵,解散其余的军队,只留下参与计划的共谋者,大约是五百名市民和一千名佣兵,公开宣布自己成为僭主。他把士兵分为五个队发起攻击,在街道上杀死反对他的人。城市每一个地方都爆发极其激烈的动乱,迦太基当局一开始认为城市遭到出卖敌人已经挥军进入;等到明了真实的情势,年轻人聚集起来组成连队前去攻打僭主。波米卡就在街上大开杀戒,迅速向着市民大会的广场运动,发现成群没有武装的市民就将他们全部杀害。迦太基人占领位于市民大会上方高耸的建筑物,投掷密集又快速的标枪,参加叛变的人员都在投射距离之内,遭受重大的伤亡。只有编成密集队形,才能在狭窄的街道上面打开一条通路前往新城,由于不断受到房屋上方投射武器的攻击,使得他们根本没有接近的机会。后来他们占领一处高地,迦太基所有的市民全都武装起来,编成队伍要去攻打这群叛徒。最后派出够资格的老年人担任使者,要求给予赦免因而达成协议。城市处于极其危险的困境,对于支持僭主的从犯暂时不施加刑责,他们用酷刑折磨波米卡再加以处决,对于立下的誓言根本不予理会。迦太基在经历重大的危险以后,还能维护祖先遗留的规章制度。

阿加萨克利将战利品装上运输船,还有那些从塞伦来到此地的人员,他们对战争不能贡献一点力量,一并打发他们上船送到叙拉古去安置。途中受到暴风雨的侵袭,有些船只被摧毁,有些漂到位于意大利海岸的披西库撒(Pithecusan)群岛,只有少数几艘船安全抵达叙拉古①。

---

① 下面连接第 54 节的叙述。

意大利的马西人和萨姆奈人之间发生战争①,罗马的执政官前去帮助马西人,杀死很多敌人,赢得会战的胜利。然后越过翁布里亚,入侵始终敌对的伊楚里亚,用围攻的方式夺取名叫昔里姆(Caerium)②的堡垒。地区的人民派遣使者要求停战,执政官与塔昆人签订四十年的休战协议,对于其他的伊楚里亚部族只同意一年③。

45 这一年快要结束时,安纳克西克拉底(Anaxicrates)成为雅典的执政官,阿庇斯·克劳狄斯和卢契乌斯·浮隆纽斯(Lucius Volumnius)当选罗马的执政官④。就在这些官员在职期间(前 307 年),安蒂哥努斯之子德米特流斯从父亲的手里,接受一支实力强大的陆地和海上的部队,供应大量投射武器和用于围攻作战的各种装备和机具,从以弗所扬帆出海。他奉到的指示是要让希腊所有的城市获得自由权利,首先就是在卡桑德的驻防军控制之下的雅典⑤。他率领军队向着派里犹斯航行,到达以后立即从各方面发起攻击,并且公开颁布宣言⑥。狄奥尼修斯是慕尼契亚驻防军的指挥官,费勒隆的德米特流斯奉到卡桑德的派遣出任城市的军事总督⑦,他们带着很多士兵在城墙上抵抗。安蒂哥努斯的部队展

① 这里开始接续第 36 节的记载,有关马西人和萨姆奈人的战事,可以参阅利瓦伊《罗马史》第 9 卷第 41 节。

② 昔里姆位于何处不得而知,原文的提要当中与卡普里姆(Caprium)混淆不清。

③ 下面连接第 80 节的叙述。

④ 罗马的《岁时记》记载前 307 年的执政官是阿庇斯·克劳狄斯·西库斯和卢契乌斯·浮隆纽斯·弗朗玛·维奥伦斯(L. Volumnius Flamma Violens);参阅利瓦伊《罗马史》第 9 卷第 42 节。这里开始接续第 37 节的记载。

⑤ 有关这次作战行动的详情,参阅普鲁塔克《希腊罗马名人传》第 21 篇第 1 章《德米特流斯》第 8—9 节。

⑥ 宣言的要旨是争取雅典的自由权利,驱逐外来的驻防军,城邦恢复古老的法律和制度,他除了祈祷神明保佑他顺利完成任务,没有抱持任何别有用心的企图。

⑦ 他在雅典担任最高的职位有 10 年。

开强有力的攻击,沿着海岸打开一条通道,让在后面追随前进的士兵能够进入城内,获得的成果是派里犹斯落到他们的手里,看到大势已去,指挥官狄奥尼修斯逃进慕尼契亚,费勒隆的德米特流斯退往城市。翌日,后者与其他人奉到市民大会的派遣担任使者去见德米特流斯,讨论城市的独立自主和他本人的安全事宜,他获得自由离开的通行证,放弃在雅典的统治权,先逃到底比斯,接着前往埃及投靠托勒密①。费勒隆的德米特流斯成为城市的最高长官达十年之久,结果还是被赶出自己的家园。雅典的人民恢复自由权利,颁布敕令将荣誉赐给有功人员。

德米特流斯携带各种弩炮,还有其他的攻城机具和投射武器,分别从陆地和海上对慕尼契亚发起袭击。城内的守军在城墙上面顽强抵抗,狄奥尼修斯获得的优势在于困难的地形以及居高临下的位置,慕尼契亚的金城汤池部分是自然形成的天险,部分是人为构建的工事;德米特流斯能够占有上风在于兵力多达几倍,以及他的武器装备更是远胜敌方。最后,经过两天持续不断的攻击,弩炮和弹射机使守军遭到惨重的伤亡,最恶劣的情况是缺乏接替和补充的员额;德米特流斯的手下排成梯次轮番加入战斗,等到城墙上面的守军全被弩炮清除殆尽,接着破城而入迫使驻防军放下武器投降,指挥官狄奥尼修斯成为俘虏②。

46 德米特流斯只花几天工夫获得伟大的成就,慕尼契亚几乎被夷为平地,他恢复人民的自由权利,建立相互的友谊和缔结联

---

① 参阅戴奥吉尼斯·利久斯《知名哲学家小传》第 5 卷第 78 节,以及斯特拉波《地理学》第 9 卷第 1 节。

② 普鲁塔克《希腊罗马名人传》第 21 篇第 1 章"德米特流斯"第 9 节,提到他在雅典开城投降以后,先去占领麦加拉,最后夺取慕尼契亚。

盟关系。雅典的市民大会投票通过议案,斯特拉托克利(Stratocles)①据以颁布敕令,要为安蒂哥努斯和德米特流斯塑造站在战车上面的黄金雕像,头上戴着值两百泰伦的华丽王冠,设立的位置靠近哈摩狄斯和亚里斯托杰顿的雕像,为了推崇两位君王的神性要给这对父子建立名叫"救主"的祭坛,在雅典原有十个部落②再增加两个部落,取名为德米特瑞阿斯(Demetrias)和安蒂哥尼斯(Antigonis),每年用两人的名义举办运动会、游行和献祭,要在阿西娜的礼服上面绣上他们两人的肖像。这里的人民在拉米亚战争败北以后,被安蒂佩特剥夺应有的权利③,经过十五年的时光,出乎意料又能恢复祖先制定的政体。虽然麦加拉是在一支驻防军的控制之下,德米特流斯用围攻的方式夺取,让他们的人民获得自治,获得城邦的礼遇是他应得的荣誉。

雅典派出使者前来晋见安蒂哥努斯,奉上赞扬他大恩大德的诏书,还要与他讨论粮食的供应以及需要木材制造船舶的问题,他送给雅典十五万斗谷物④以及足够制造一百艘船只的材料;他撤回因布罗斯(Imbros)的驻防军派到雅典。他写信给德米特流斯指示他从联盟的城邦,召集可供参赞的顾问,共同探讨如何做会给整个希腊带来更大的好处,接着率领军队航向塞浦路斯,尽可能结束与托勒密的将领之间的战争⑤。德米特流斯很快

---

① 斯特拉托克利是雅典的演说家,人品极其不堪言辞富于煽动性,粗俗和鲁莽的性格完全是克里昂的翻版,他对安蒂哥努斯和德米特流斯竭尽全力从事奉承和恭维,可以说是无所不用其极。

② 雅典原有 10 个部落分别是 Erechtheis、Aegeis、Pandionis、Leontis、Akamantis、Oineis、Kekropis、Hippothontis、Aiantis 和 Antiochis;每个部落由 3 个 trittys 即"小区"(城市、沿海和内陆地区各一个小区)组成,整个城邦共有 30 个 trittys,按分配的代表选出五百人会议的成员,负责落实市民大会的决策,管理公共的事务。

③ 参阅本书第十八章第 18 节。

④ 相当于 230000 蒲式耳或 8000000 公升。

⑤ 参阅本章第 27 节。

执行他父亲交付的任务，率领军队向着卡里亚前进，召唤罗得岛人加入对付托勒密的战争。他们不愿听命行事，宁可与各方面维持和平友好的关系，这样一来使得罗得岛的人民与安蒂哥努斯开始出现敌意。

47 德米特流斯沿着海岸抵达西里西亚，集结额外增加的船只和士兵，整个向着塞浦路斯出击的兵力，计有一万五千名步卒、四百名骑兵、一百一十艘快速的三层桨座战船五十三艘重型运输船、还有各种类型的货船可以维持步卒和骑兵的作战实力。他抵达岛屿以后就在卡帕西亚(Carpasia)的海岸开设营地①，将船只拖上海滩，架起尖桩栅栏和挖出很深的壕沟，用来加强守备的力量；然后对于居住在近处的民众，发起袭击和掠夺的行动，接着用强攻的方式占领乌拉尼亚(Urania)②和卡帕西亚；然后留下适当的警卫部队看守船只，率领全军前去攻打萨拉密斯。麦内劳斯③奉托勒密之命担任将领负责全岛的防务，从所有的哨所召回士兵集结在萨拉密斯待命；等到敌军的距离还有四十斯塔德④，他带着一万两千名步卒和大约八百名骑兵前去迎击。会战只持续很短的时间，麦内劳斯的部队在接战当中没有还手的能力，最后全线溃败；德米特流斯追击敌军直到他们进入城市，仅俘虏就有三千人，还有一千多人遭到杀害。开始的时候他让这些战俘免予所有指控的罪名，将他们分配到自己的单位。由于这些人的行李和家小还留在埃及与托勒密在一起，所以他们逃向麦内劳斯的地盘，德米特流斯知道他们不愿改变立场投效他的阵营，迫使他们登上船只，送到叙利亚让安蒂哥努斯处理。

---

① 位于塞浦路斯的北海岸，靠近东北角突出部的底端。
② 这个城市的确切位置不得而知。
③ 参阅本章第 27 节。
④ 大约 4.5 英里。

安蒂哥努斯这个时候逗留在上叙利亚，在奥龙特斯（Orontes）河畔建立一座城市，用自己的名字称之为安蒂哥尼亚（Antigonia）。城市的规模极其可观，周长就有七十斯塔德①，选择的位置非常适合监视巴比伦和上行省地区，就是下叙利亚和邻近埃及的行省②，都在它的密切注意之下。不过，这座城市没有维持较长的时间，塞琉卡斯将它全部拆除，将所有的材料和人民运到另一座城市，就是他建立和命名的塞琉西亚（Seleucea）③。我们要在适当的时候就有关的细节部分做进一步的说明④，现在继续叙述塞浦路斯的情况，麦内劳斯在会战吃了败仗以后，就将投射武器和作战机具架设在城墙上面，士兵的战斗位置部署在雉堞和城垛的后方，要在这里与敌军展开战斗；等到他看见德米特流斯要为发起围攻进行准备工作时，派出信差前往埃及觐见托勒密，报告他有关战败的详情，要求派出援军，否则他在这个岛屿的利益就会完全丧失。

48 德米特流斯看到萨拉密斯的民众没有屈服的征候，城市里面有一支颇具实力的部队，能够担负守备的任务；他决心建造非常巨大的攻城机具，像是能够发射沉重尖木桩的弩炮，各种类型的抛射器，以及其他能给敌人带来恐怖打击的装备⑤。他从亚洲召来技术精良的工匠，供应大量的铁块、木头和其他材料，等到一切人力和物力都已准备妥

① 大约 8 英里。

② 原文这句话的意思是"埃及的事务"都受到安蒂哥努斯的关注，所以才有"埃及的远征行动"。

③ 这个城市因为名字来自塞琉卡斯的父亲所以称为安蒂阿契亚（Antiochea），发生这样的错误完全是狄奥多罗斯本人而不是抄写员。安蒂哥尼亚并没有完全荒废，直到前 51 年还能听到从这座城市传来的消息。

④ 在后面的章节当中看不到有这方面的交代。

⑤ 有关这次作战的详情，可以参阅普鲁塔克《希腊罗马名人传》第 21 篇第 1 章"德米特流斯"第 15—17 节。

当,他建造一种称为"攻城塔台"①的庞大装置,每一边的长度是四十五肘尺,高度到达九十肘尺。它一共分为九层,整个装置用四个实心的轮子承载,每个轮子的高度是八肘尺。他还建造非常巨大的攻城锤,要用两个高耸的披屋才能架设起来。他在塔台较低的楼层装置各种各样投射器,最大号的机具射出的极其沉重的投矢或尖桩可以重达三泰伦②;塔台的中层放置最重型的弩炮,最高的楼层是最轻型的弩炮和大量投射器,整个塔台上面需要配置两百多人,运用适当的方法操作众多的机具。

所有的攻城机具向前推进,发射有如阵雨的箭矢和投掷武器,他用弩炮肃清配置在雉堞的士兵,攻城锤可以将坚固的城墙打出裂缝。城内的守军抵抗极其英勇,运用其他的策略对付他在技术上的优势。有几天的时间还是胜负难分,双方忍受艰辛苦难和严重的伤亡;最后城墙正在崩塌之中,城市经不起一轮猛攻会被敌人夺取。夜晚的来到使得突击的行动受到干扰而中止。麦内劳斯非常清楚当前的情况,除非他能找出其他制敌的方法,否则城市就会落到敌人手中;于是他聚集大量干燥的木材,大约在午夜的时候投掷到敌人攻城机具的上面,同时在城墙上面发射火箭,纵火的效果使得木制的装置很快燃烧起来。烈焰突然腾空而起,德米特流斯赶来抢救;火焰快要烧到他的身上,结果使得机具完全焚毁,很多配置的人员丧失性命。德米特流斯虽然对任务没有达成感到失望,但是他不仅没有停止行动,还加紧了从陆地和海上的围攻,知道自己终究会击败敌人的抵抗。

---

① 攻城塔台的原文是 helepolis,意为"城市夺取者"。阿提卡肘尺长度等于 1.5 英尺,所以这个机具的尺寸是每边的边长 68 英尺,高 135 英尺,轮子的直径是 12 英尺,至于较短的马其顿肘尺长度相当 1 英尺,这样它的体积就会小很多;参阅塔恩《希腊民族军备发展史》第 15—16 页。

② 重量约为 180 磅。

49 托勒密得知他的部队在塞浦路斯遭敌人打败①,率领相当数量的陆地和海上部队,从埃及发航前去展开救援行动。抵达塞浦路斯的帕弗斯,接受从各城市派来的船只,沿着海岸前往西蒂姆(Citium),该地离开萨拉密斯两百斯塔德②。他的舰队拥有一百四十艘战船③,包括最大型的五层桨座战船和较小的四层桨座战船;还有两百多艘运输船追随在后面,装载的步卒至少有一万人。托勒密派人从陆上去见麦内劳斯,对他的指示是:现在萨拉密斯还有六十艘船,可能的话尽快离开到他这里归建;如果他能获得这些增援的船只,参加会战的兵力到达两百艘,从事海战就很容易占有数量上的优势。

德米特流斯在得知对方的意图以后,留下部分军队继续围攻;他对所有的船只补充所需人员,上面搭乘训练最精良的士兵,装备各种投射武器和抛射器,船头上面安装很多弩炮可以发射长约三指距的投矢④。他的舰队无论用何种方式都能从事海上会战,出航绕过城市就在港口抛锚,位置要在陆上投射武器的射程之外,花费整夜的时间,阻止船只离开城市与托勒密的水师会合,同时注意敌军在远方出现,要占领有利的位置准备会战。托勒密向着萨拉密斯扬帆前进,服行勤务的船只追随在一段距离之外,他的舰队拥有大量船只,看起来真是阵容坚强、威风凛凛。

---

① 参阅本章第47节。

② 这是陆上的距离大约23英里,海上的航程要绕过佩达利姆角(Cap Pedalium)远一倍都不止。

③ 普鲁塔克《希腊罗马名人传》第21篇第1章"德米特流斯"第16节,提到托勒密的水师有150艘战船。

④ 大约长21寸(指距为五指外伸,从拇指尖到小指尖的距离约为7寸),有关这次会战参阅普鲁塔克《希腊罗马名人传》第21篇第1章"德米特流斯"第16节和波利努斯《谋略》第4卷第7节。

50 德米特流斯远眺托勒密的舰队正在接近,留下水师提督安蒂
昔尼斯(Antisthenes)带着十艘五层桨座战船,阻止城市的船只
出去参加会战,这样做是因为港口只有一条狭窄的进出航道;他命令骑兵
部队巡逻海岸地区,如果发生海难,他们可以救助游泳上岸的人员。他将
舰队完成部署排出队形向着敌人前进,总兵力有一百零八艘船①,其中有
些水手来自被占领的市镇。最大的船只都是七级战船,其中大多数都是五
层桨座战船②。左翼包括七艘腓尼基的七级战船和三十艘雅典的五层桨
座战船,由水师提督米狄斯(Medius)指挥。左翼第一线的后面他配置十艘
六级战船和同样数量的四层桨座战船,因为他的构想是要加强这一翼的力
量,在他的指挥之下进行决定性的战斗。战线的中央他部署最轻型的船
只,萨摩斯人提米森(Themison)和马西阿斯(Marsyas)③负责指挥,后者是
《马其顿史》的作者。右翼由哈利卡纳苏斯的赫吉西帕斯(Hegesippus)和
考斯的普莱斯蒂阿斯(Pleistias)负责,后者是整个舰队的首席领航员。

这时还是夜间,托勒密用高速向萨拉密斯航行,认为可以在敌军开始
拦截之前进入港口;等到白昼来临发现对方的舰队在不远处排成战线,托
勒密准备发起会战。命令供应补给的船只追随在后保持一段距离,其他的
船只排成适当的队形,他自己指挥左翼带着最大型的战船进行战斗。等到
舰队完成部署,双方的士兵按照习惯向神明祈祷,划桨手在领班④发出信
号的节奏声中,统一的动作使得船只迅速前去接战。

---

① 这个数字可能有错,普鲁塔克提到船只的数量是 180 艘,波利努斯说是 170 艘。要
是按照前面的说法应该是 110 艘三层桨座和四层桨座的战船以及 43 艘重型战船(其中 10 艘
留在萨拉密斯),加上占领港口所获得的船只,数字将近 180 艘。

② 这一段的陈述明显有错。

③ 根据苏达斯的记载,马西阿斯应该是安蒂哥努斯同父异母兄弟,苏达斯的著作有
《马其顿史》12 卷和《阿提卡史》10 卷,还有一本书叙述亚历山大大帝的教育。

④ 领班敲击一种空心响器发出清脆的声音,使得划桨手的动作整齐一致并且控制船
只的速度。

51

鉴于这些君王的战斗关系到他们自己以及所有人员的身家性命，所以他们始终感到极其焦虑不安。德米特流斯在离开敌人大约三斯塔德①的位置时，用一面镀金的盾牌发出会战的信号，所有的船只接到以后立即转发让全军明确得知。托勒密也发出类似的信号，两个舰队之间的距离很快缩小，等到喇叭手吹响进攻的号角，双方发出洪亮的战斗呐喊，所有的船只用威吓对手的方式急速向前挺进；最早是使用弓箭和弩炮，然后是有如阵雨的标枪，他们会给投射距离之内的人员带来伤亡；等到船只开始接触，引发暴力的冲突，甲板上面的士兵保持蹲伏的姿态，操桨手受到领班的驱策，吆喝声中带着绝望的神情躬身划动船桨。只要疾驶的船只聚集在一起，过于接近会将彼此的船桨折断，这样一来有些船只变得无法逃脱也不能追赶，船上的人虽然热衷于投身战斗，但受到阻挠不能参加会战。很多船只用船头的撞角互相撞击，接着后退再重新发起冲刺，船上的士兵对于近在眼前的目标，彼此都会张弓不停射出箭矢。

当他们的船长对敌人的船只施以侧舷的冲击，船头的撞角陷入船身无法动弹的时候，手下的人就会跳到对方的船上，接着带来严重的伤亡，没有一方可以全身而退；所有的人在船只接近之际要紧抓船上的横梁或栏杆，只要不慎失足跌落海中，立刻会被站在上方的敌人用长矛戳死；另外有些人的接战非常顺利，杀死几个敌人以后，逼得剩下的人在狭窄的甲板上无法立足，最后都被迫从船上跳进海中。整个战斗过程真是变化多端而且让人感到不可思议；很多次那些弱势的一方占到上风，在于他们的船只有高耸的船身，反倒是战力较强的一方因为位置居于劣势惨遭失败，战斗产生的结果毫无成规可以遵循。提起陆地上面的战斗，要是没有来自外部或出于偶然的干扰，英勇可以明显让人占到上风；海战的影响因素太多而且极

---

① 大约 0.5 英里。

其复杂,这方面根本没有道理可言,他们就能打败过去靠着本领赢得胜利的人。

52 德米特流斯的行动极其勇敢远胜他人,战斗位置在他的座舰七级战船的船头。成群的敌人向他冲杀过去,有的被他掷出的标枪射中倒地身亡,有的在近距离被他用长矛戳死;虽然很多不同种类的投射武器把他当成目标,但有些在看到以后及时避开,有的靠着铠甲提供防护。有三个人带着盾牌用来保障他的安全,一人阵亡在敌人的枪矛攻击之下,另外两人受了重伤。最后德米特流斯击退正面进攻的部队,造成右翼敌军的溃败,甚至迫使紧接在一侧的船只随之逃走。托勒密拥有最重型的船只,他亲自指挥最精锐的士兵,这样很容易打败对抗的敌军,有一些船只被他击沉,还有一些连带船员都被他俘虏。他获得胜利以后立即转过身去,并且认为可以轻易制服其他的敌人,这时他看到右翼的部队完全瓦解,德米特流斯用全部战力压迫过来,他只有率领残余的船只退往西蒂姆。

德米特流斯在赢得胜利以后,派人通知尼昂(Neon)和布瑞克斯(Burichus),命令他们发起追击,沿途捡拾在海中泅水的人员;他们的船只在船首和船尾都加了装饰,拖着掳获的船舶向营地回航,停泊在自己的海港里面。就在海战发生的时候,麦内劳斯这位留在萨拉密斯的将领,派出六十艘完成整备的船只,要在明尼久斯(Menoetius)指挥之下前去增援托勒密。这时城市出发的船只勇敢冲杀过来,就与在海港出口负责守备的船只发生战斗,德米特流斯的十艘船逃向军队的营地;等到明尼久斯抵达战场时已经太迟了,他只有返回萨拉密斯。

这次海战已经提过它的结局,大约有一百艘供应船被他捕获,还有八千名士兵成为俘虏,四十艘战船连带船上的水手落到他手里,约有八十艘战船失去运动的能力被战胜者拖走,这些船只布满在城市到营地这一段的海面。德米特流斯的船只有二十艘受损无法航行,接受适当照料和进行抢修后,还能继续执行原来的任务。

53 托勒密放弃在塞浦路斯的作战行动返回埃及。德米特流斯接收岛屿上面所有的城市和留下的驻防军,征召这些人员充实他的连队;经过重新编组拥有的兵力是一万六千名步卒和大约六百名骑兵。他立即派出信差乘坐最大的船只,前去向他的父亲报告大捷的信息,安蒂哥努斯听到他的儿子赢得全面的胜利,对于自己能有这样好的运道感到扬扬得意,他从这个时候开始僭用皇家的冠冕和国王的称呼,允许德米特流斯使用同样的头衔和位阶。战败以后的托勒密不会妄自菲薄,还是戴上冠冕登基称王①。其他的君主站在敌对的立场还是采用类似的模式;塞琉卡斯现在拥有整个上行省地区,黎西玛克斯和卡桑德仍旧保有当初分配给他们的疆域②。

我们对这方面的事务交代得非常清楚,现在要转过去叙述发生在利比亚和西西里的重大事件。

54 阿加萨克利听到上面提到的君主都要头戴冠冕坐上宝座,他认为自己无论是权势、疆域和功勋都不逊于其中任何一位,因此他也使用国王的头衔。他还是不愿戴上冠冕,因为他已经习惯简单的三角帽,那时他已经成为僭主还是不愿放弃神职,主要在于对他获得最高权力有很大的帮助。他们说他很早就养成戴三角帽的习惯在于他已经童山

---

① 根据帕罗斯刻在大理石上的编年资料,托勒密的登基是在前305年。
② 下面连接第73节的叙述。

濯濯①。不过,他很想有所作为值得拥有这个头衔,就对背叛他的乌提卡(Utica)展开讨伐的行动②。他对这座城市发起突然的攻击,将在郊区抓到的三百名市民当成俘虏,他首先公开表示要原谅他们的过失,只要城市放下武器投降就让这些人获得自由,这时城市当局对他的提议根本不予理会,于是他建造一个攻城机具③,将俘虏吊挂在上面,然后推进抵达城墙。乌提卡的人民很同情这些不幸的俘虏,然而让大家获得自由比起这些人的安全更加重要,他们将士兵部署在城墙上面,等待敌人发起攻击。

这时阿加萨克利就将弩炮、投石兵和弓箭手部署在攻城机具的四周,从这里发动突击,像是用烙铁对付城市里面的人民。那些站在城墙上面的守军,在开始使用投射武器的时候感到犹豫无法下手,因为他们的目标是自己的同胞,有几位还是家世显赫的市民;等到敌人施加的压力愈来愈大,他们被迫守备城市要对付那些操作机具的人员,结果使得乌提卡的人民遭受前所未有的痛苦,他们像是处于悲惨的困境而且无路可逃;因为希腊人将俘虏的乌提卡市民当成人肉盾牌,现在需要做出选择,要救这些人就眼睁睁看着国家落到敌人手里,还是为了保护城市让大量不幸的同胞受到无情的屠杀。实际发生的情况是他们为了抵抗敌人的攻击,运用各式各样的投射武器,他们射杀配置在攻城机具旁的操作人员,也让吊挂在那里的市民同胞连带血肉横飞,有些人的身体正好被投射武器命中以后,像是被投矢钉在机具上面,带有恶意的暴力和极其残酷的惩罚如同对他们施以磔刑。这些人的命运最后落在亲戚和朋友的手里,虽然这些都具有偶然性,看来只要基于现实的需要,再也不关心那些在人类的眼里视为神圣的事物。

---

① 伊利安《历史文集》第11卷第4节有类似的记载。尤利乌斯·恺撒基于同样的缘故喜欢戴一顶桂冠,参阅苏脱纽斯《封神的尤利乌斯》(Divus Iulius)第45节。

② 波利比乌斯《历史》第1卷第82节,提到只有乌提卡和希朴·阿克拉这两个城市,仍旧对于迦太基忠心耿耿。

③ 可能像是"攻城塔台"之类可以移动的木塔。

55 阿加萨克利看到他们铁了心不惜牺牲投身战斗,就让他的军队进入阵地各方面发起攻击,开辟一条信道要抵达城墙结构最为脆弱的位置,打出一个缺口挥军进入城市。有些乌提卡人逃进他们的家中,还有很多人进入寺庙,阿加萨克利被抗拒所激怒,就对整座城市大开杀戒。有些人死在近身的肉搏,还有人成为俘虏以后被他吊死,那些逃到庙宇和祭坛的人最后还是大失所望。他将所有的钱财和动产洗劫一空,留下一支驻防军将城市据为己有,然后率领军队前去攻打希朴·阿克拉(Hippu Acra)①,由于沼泽地区延伸在城市的前方,能够拥有天险之利。

他在开始就积极发起围攻作战,接着在海战中占到上风,最后用一阵猛攻夺取目标。等到他征服这些城市以后,成为沿海地区和内陆各民族的主人,这里只有诺玛兹人没有包括在内,这些人有的前来与他建立友谊,有的等待最后的解决。利比亚为四个部族所区分:腓尼基人这个时候据有迦太基;利比腓尼基人(Libyphoenicians)沿着海岸建立很多城市,他们与迦太基人通婚所以获得这个称呼,结果是彼此之间有错综复杂的亲戚关系。所有的居民当中以利比亚人数量最多,居留的时间最久,他们痛恨迦太基人到无以复加的地步,完全是后者对他们进行高压统治;最后是诺玛兹人在大部分的利比亚逐水草而居过着游牧生活,甚至远到南方的沙漠地区。

就在阿加萨克利由于与利比亚人的结盟以及他的军队,较之迦太基人占有更大的优势,这时西西里的情势造成很大的问题,他建造轻型的船只和帆桨两用船以及在上面配置两千名士兵。他将自己的儿子阿加萨克斯②留下来负责利比亚的事务,然后上船向着西西里航行。

---

① 希朴·阿克拉意为"骑士城堡"或"骑士海岬",就是后来的希波斯·戴里都斯(Hippos Diarrhytus),现在的名字是比塞大(Biserta)。阿加萨克利在这里准备材料制造舰队的船只,参阅阿庇安《罗马史:阿非利加战争》第110节。

② 通常使用阿查加朱斯这个名字,参阅本章第11节。

56 这些事情正在发生,阿克拉加斯的将领色诺多库斯(Xenodo-cus)①解救很多的城市,激起西西里人很大的希望,要让整个岛屿获得自治的权利,带着他的军队前去攻打阿加萨克利的将领。他的手下有一万多名步卒以及将近一千名骑兵。列普蒂尼斯(Leptines)和笛摩菲卢斯(Demophilus)从叙拉古和那些城堡,尽可能集结更多的人马,总共有八千二百名步卒和一千二百名骑兵,占领阵地对抗来犯的敌军。发生一场激烈的战斗,色诺多库斯被对方打败逃到阿克拉加斯,损失的士兵不少于一千五百人。阿克拉加斯召开市民大会,受到挫折以后决定终结最为高贵的任务,同时对于盟邦的自由权利不再抱任何希望。

就在这些会战过后不久,阿加萨克利的舰队停泊在西西里的塞利努斯,迫使赫拉克利的人民再度降服于他,虽然他们已经为这座城市争取独立了。等他来到岛屿的另一边,就与瑟玛(Therma)当局签订和平协议,同意迦太基的驻防军可以安全离去。接着他夺取西法利迪姆(Cephaloedium)就留下列普蒂尼斯出任总督,他自己通过内陆进军,打算在黑夜的掩护之下偷偷溜进森托瑞帕(Centoripa),那里有些市民欢迎他的来到。等到他的计划泄露出去,当局加强守备的工作,他发起攻击夺取城市,损失的士兵超过五百人。后来,阿波罗尼亚的不满分子邀请他前去,答应出卖他们的国家,于是他率领部队向该地进军,叛徒遭到检举以后立即加以处决,他对城市发起攻击第一天没有成效可言,次日在损失很多人马以后,总算占领这座城市,他对阿波罗尼亚的市民展开屠杀,随后将全城的财物洗劫一空。

57 就在阿加萨克利对这些事务全力以赴的时候,流亡人士的领导者戴诺克拉底继续执行阿克拉加斯人的策略,宣称自己是

---

① 参阅本章第 31 节。

为大家争取自由的斗士,从四面八方吸引很多人聚集在他的身边;有些人倾听他的呼吁要让所有的人获得与生俱有的独立自主,还有一些人对于阿加萨克利极其畏惧,才会有这样的行动。戴诺克拉底聚集的人马大约是两万名步卒和一千五百名骑兵,所有这些人受到放逐的迫害,经历各种艰难困苦,他的营地设置在开阔的原野,向僭主挑战要决一胜负。不过,阿加萨克利的实力处于劣势,为了避免与敌人会战,始终追踪在对手的后面紧跟不放,看来不需要一场激战就能确保自己的胜利。

从这个时候开始,不仅在西西里就是发生在利比亚的情况,看来阿加萨克利不再无往不利,他的运道变得愈来愈坏,面对的情势更加恶化。阿查加朱斯担任将领奉命留下来,等到与他的父亲分离以后,派遣一部分军队在优玛克斯(Eumachus)的指挥之下进入内陆地区,开始的时候获得一些好处。优玛克斯在占领托凯(Tocae)这个较大的城市以后,赢得很多诺玛兹人的归顺,他们都住在周边地区。然后夺取另一个名叫菲利尼(Phelline)的城市,他迫使那些归顺的蛮族将邻近的地区当成放牧的草原,这个部族称为阿斯弗迪洛德人(Asphodelodes)①,漆黑的皮肤与埃塞俄比亚人非常类似。他到手的第三座城市是面积广大的梅斯奇拉(Meschela),这是从特洛伊战争归来的希腊人在很久以前所建立,我们在本书第三章曾经提过此事②。接着他据有一个名叫希朴·阿克拉的地方,阿加萨克利用强攻夺取一个城市也使用这个名字③,最后是一个拥有自由权利的城市称为阿克瑞斯(Acris),优玛克斯让他的士兵大肆抢劫以后,再将居民出售为奴④。

---

① 这个名字的原义"像是极乐世界的常春花"。
② 第三章没有提到这件事,要是按照年代应该是在第七章,现在只剩下残卷。
③ 参阅本章第 55 节。
④ 这里提到的城市和民族都能找到任何佐证的资料。

58 优玛克斯的手下带着大量的战利品满载而归,由于他有优异的表现获得响亮的名声,再度奉到阿查加朱斯的派遣,率领一支军队进入利比亚的内陆地区。经过原先据有的城市,获得一条通路可以进入名叫密蒂尼(Miltine)的城市,看来他过去的行动并没让当地的居民产生警惕之心;等到蛮族聚集起来进行激烈的抵抗时,在街道的巷战当中将他击败,最后被赶出城市并且损失很多人马,使得他对未曾预料的结局为之惊惶不已。离开此处他行军朝向一条高耸的山岭,延伸的距离有两百斯塔德①,到处看到成群的野猫②,森林里面或是狭谷当中都没有结巢的鸟类,因为这种动物的行动非常机敏而且快速。越过这道天险来到的国度有大量的人猿,当地的三座城市因为这种动物被大家称为披西库撒(Pithecusae)③,是在译成希腊语以后才有这样的名字。这些城市里面有很多习俗与我们大相径庭。人猿与人居住在同一个屋檐下面,受到如同神明一样的照顾,就像狗在埃及人中间拥有的地位④,储存的粮食任由它们食用不会受到拦阻,父母给子女取的名字来自人猿,正如我们取自神明没有什么差别。任何人杀害这种动物等于犯下十恶不赦的罪行,接受的惩罚就是处死。因为这样的缘故,流行的谚语说是杀人越货可以赦免,猿猴流血必须抵命。

优玛克斯用强攻夺取三座城市其中之一加以彻底摧毁,再用说服的方式赢得另外两个城市的归顺。不过,当他得知邻近的蛮族集结大量部队,他还是排除阻力向前推进,决定从海路返回原来的地区。

---

① 大约23里。
② 这里所说的动物可能是鼬或黄鼠狼。
③ 披西库撒意为"人猿之城";参阅本章第44节"人猿岛"位于康帕尼亚的外海。
④ 参阅本书第一章第83节。

59 　　直到这个时候,对于所有发生在利比亚的作战行动,阿加萨克利都感到相当满意。就在这些事件发生以后,迦太基的元老院对于战争讨论有效的对策,议员通过议案最后决定编组三支军队,派他们出城负起歼敌的任务,一支前去光复海岸地区的城市,另外一支派往中部的平原,还有一支军队进入内陆地区。他们认为只要这样做,首先是让受到围攻的城市获得救援,会让敌人解围而去,大量人员离开会让迦太基的缺粮情况得以减轻;由于很多人从各地来到迦太基寻找庇护,使得粮食的供应已到山穷水尽的地步,城市在城墙和海洋的保护之下很难进入,所以围攻不会给他们带来危险。其次他们总是抱着一厢情愿的想法,如果他们有更多的军队前去援助盟邦,那么盟邦就会对他们更加忠诚。他们认为最重要的目标,是希望敌军受到多方面施加的压力,就会将军队分为几个集团前去对抗已经分散的迦太基部队,逼得他们要从迦太基撤退到相当距离以外。他们都能按照意图完成所希望的目标;等到三万士兵奉到派遣离开城市以后,留下的人手组成一个守备部队,除了可以维持下去,还能让各方面的供应都感到非常充足;迄今为止这些盟邦都极其畏惧敌人,被迫与他们达成协议,现在再度可以获得勇气,就会恢复过去长久存在的友谊。

60 　　阿加萨克利看到利比亚全境被充满敌意的军队划分为很多区域加以占领,因此他开始将军队分为几个集团,派遣其中之一进入海岸地区,其余的部队他将一个集团交给伊司瑞昂,让他担任前锋先行出发,自己率领另一个集团在后跟随,突尼斯留下一支兵力适当的驻防军。这样多的军队在广大地区不停漂泊,只能期望作战行动到达决定的阶段,大家焦急等待最后的结局。汉诺①指挥内陆地区的军队,对于伊司瑞

---

　　① 　这位不是本章第 10 节和 12 节所提的汉诺,前面那位已经过世。这位汉诺的后续情况如何,没有记载。

昂设置埋伏,发起突然袭击杀死对方四千名步卒和大约两百名骑兵,包括将领本人在内;有些人成为蛮族的俘虏,还有很多人逃到阿查加朱斯那里保住性命,其间的距离有五百斯塔德①。希米卡奉到指派负责指导内陆的作战行动,开始的时候他在某一座城市以逸待劳等候优玛克斯,后者在占领的城市搜刮很多掠夺品,沉重的负担使得军队的运动极其缓慢。后来希腊的将领排成会战阵势前来搦战,希米卡在城市里面留下一部分的军队,全副披挂完成战斗准备,等到他佯败向后逃走引诱敌人追赶,他们奉到的命令是乘机从城中出击发起逆袭。于是他自己率领一半的士兵,在敌人营地的正面相距不远处发起会战,不过片刻工夫又像是受到惊惧的打击转身逃走。

优玛克斯的手下因为赢得了胜利而感到扬扬得意,根本不考虑应该保持整齐的队伍,大家一窝蜂跟在后面穷追不舍;突然从城市的其他部分倾泻而出准备会战的军队,就在一声口令之下发出整齐嘹亮的怒吼,他们听在耳里感到胆战心惊。因此,蛮族对陷入混乱的敌军发起攻击,突然的杀戮让对手极其害怕,马上产生的结果是希腊人变得溃不成军。迦太基的军队已经切断敌人返回营地的退路,逼得优玛克斯只有撤到附近的山丘,最大的问题是得不到饮水的供应。腓尼基人将他们围得水泄不通,希腊的士兵因为口渴而体力不支,加上敌军在数量上占有绝对优势,几乎全部遭到杀害。事实上,八千名步卒只有三十人幸存,八百名骑兵也不过四十人逃出战场。

61 遭遇如此重大的灾难以后阿查加朱斯退返突尼斯。他从各地召回已经负有任务却能保住性命的士兵;派遣信差到西西里

---

① 大约 57 英里。

向他父亲报告发生的惨剧，请求他以最快的速度前来给予援助。除了前面提到的不幸事件，另外的损失降临到希腊人的阵营，所有的盟友除了少数坚持立场，绝大多数都已弃他而去，敌军的兵力开始集中，就在附近设置营地，等待机会发起攻击。希米卡据有隘道切断敌手对外的通路，目前的位置相距只有一百斯塔德；在另一方面阿塔巴斯（Atarbas）进入营地，离开突尼斯只有四十斯塔德。因此，敌人控制通往海上和陆地的道路，希腊人遭受饥馑和包围的双重打击。

阿加萨克利在各方面都陷入失望的深渊，等到得知利比亚的局势发生逆转，准备十七艘战船打算要去救援阿查加朱斯。西西里的事务由于追随戴诺克拉底的流亡人员势力大增，使得阿加萨克利的情况转向不利，他还是将这个岛屿的战争托付给出任将领的列普蒂尼斯；他自己将船只准备妥当，然而迦太基人用三十艘船阻止港口发挥功能，所以他要抓住机会扬帆出海。就在这个时候有十八艘船从伊楚里亚前来增援，不让迦太基人发觉之下趁着黑夜的掩护溜进港口。阿加萨克利在获得援军以后运用计谋克敌制胜，命令盟军仍旧留在港内，等他出去引诱迦太基人前来追赶再现身出战，于是他按照计划率领十七艘船用高速出港进入外海，担任警戒的船只马上前来迎战，阿加萨克利马上向港口回航，使得敌军在后面追击，看到伊楚里亚的水师从港口出来，突然将他们的船只转过船头，采取撞击的行动就向蛮族冲过去。迦太基人为突如其来的攻击感到胆战心惊，特别是他们的三层桨座战船被敌人的舰队切断退路，所以只有赶紧逃走。因此，希腊人捕获五艘船连带他们的水手；迦太基的指挥官在他的旗舰即将落到敌人手中之际拔剑自杀，情愿丧命也不想成为敌人的俘虏。事实上这样的处理方式只是显示他的判断何其不智,因为他的船正好获得一阵顺风的帮助,升起应急桅杆的帆①,很快从战场逃了出来。

62 阿加萨克利毫无希望在海上占到迦太基人的上风,出乎意料却能在一场海战中击败对方,从而控制海洋使得他的运输船获得安全的保障。现在各个地方的货物都能运送进来,叙拉古的人民原来缺乏粮食,很快就能享受丰富的给养和各种用品。僭主获得成功鼓舞积极进取的精神,派遣列普蒂尼斯前去掠夺敌人的国土,特别是阿克拉加斯更不能放过。色诺多库斯因为战败受到政敌的诋毁,彼此发生激烈的倾轧。阿加萨克利命令列普蒂尼斯引诱对手进行一场会战,说是对方的军队正在叛变的边缘,变得非常软弱,很容易将他们打败。

事实果真如此,等到列普蒂尼斯进入阿克拉加斯的疆域,开始蹂躏这个地区时,色诺多库斯起初毫无动静,不认为自己的兵力强大到足以参与会战,后来他受到市民的谴责说他是个懦夫,他只有率领军队出城迎击,须知他的军队在兵力上面居于劣势,就是士气和训练也是远落下风,特别是市民组成的部队缺乏作战的经验。等到双方开始会战,列普蒂尼斯很快打得阿克拉加斯的军队大败而逃,追赶他们进入城市,战败一方有五百名步兵和五十多名骑兵阵亡。阿克拉加斯的民众对于面临的灾难感到极其忧虑,控诉色诺多库斯的指挥无能所以发生两次的失利,他害怕即将来到的调查和审判,离开城市投奔杰拉寻求庇护。

---

① 应急桅杆用较轻的圆木制成装在战船的船头,向前伸出像是较高的船首斜樯,每根桅杆的十字形横木的底部装上一面方形的帆。我们听说只有腓尼基和罗马的船只才有这种装置。应急方帆的升起或降落要比主桅杆的主帆更为快速,而且主帆在会战之前要收起来,免得船只无法用人力控制,使得应急桅杆能够发挥更大的作用。参阅利瓦伊《罗马史》第36卷第44和45节,以及波利比乌斯《历史》第16卷第15节。

63 不过数天的时间,阿加萨克利能在海上和陆地打败敌军,在向神明献祭以后摆出豪华的场面款待他的朋友。他在饮宴的场合不会摆出僭主夸耀的嘴脸,表现的态度比起普通市民更为谦卑,通过这种善意让大家举起酒杯就会滔滔不绝发表意见,让他能够发觉每个人所坚持的观点,很多人饮下大量葡萄酒后不再隐匿和掩饰,就会知无不言使得他明了所有的情况。像是带有丑角和喜剧演员的习性,他甚至在市民大会的场合对参加的成员大开玩笑,像是模仿他们上台演说的语气和表情,所以大家将他看成哑剧的名伶或是技术高明的魔术师,对他的谈话和嬉笑怒骂毫无顾忌。如同群众就是他的卫队一样,他经常在不受注意的情况下进入市民大会,这方面与狄奥尼修斯这位僭主大相径庭。因为后者从不相信任何一个人,他遵守的信条是让头发和胡须留得很长,也不愿让身体上面最致命的部位暴露在理发匠锋利的剃刀之下;即使需要整修仪容他也会用微火燎去过长的发梢和鬓角,宣称暴君最大的安全来自不相信任何人的心态①。

阿加萨克利在饮宴当中拿出一只巨大的金杯,说他不会放弃陶匠的手艺②,一直要到他的造诣能够制作这样美丽的精品,才会让他成为打破陶器的人。他从没有否认自己早年从事的职业,还经常吹嘘完全靠着个人的能力,从最卑微的低层擢升到最显赫的高位。有次他围攻一个名气很大的城市,守军在城墙上面喊叫道:"你这个被火烤得冒烟的陶匠,能拿出什么东西付给你的士兵?"③他回答道:"等我夺取这座城市你们就会知道。"尽

---

① 参阅西塞罗《突斯库隆讨论集》第5卷第20节。

② 参阅本书第十九章第2节。

③ 参阅普鲁塔克《道德论丛》第15章"国王和将领的嘉言警语"第22节之2。有关阿加萨克利的性格可以参阅本书第十九章第9节,以及波利比乌斯《历史》第9卷第23节,提到史家同意他以最残酷的手段建功立业,等到权势巩固以后,他认为自己是温和而且人情味极其浓厚的统治者。

管如此,他从饮宴的戏谑当中,发现那些受到喝酒的影响,表露出对他独裁带有敌意的人士,他分别邀请他们参加另外的宴会,还有那些特别放肆僭越的叙拉古市民,数目大约有五百人;后来为了一网打尽,他派出佣兵将他们抓起来全部杀死。他采取非常谨慎的预防措施,免得他在回到利比亚以后,有人会推翻他的专制统治以及召回戴诺克拉底和受到放逐的流亡人员。他用这种方法巩固僭主的地位后,再度出海离开叙拉古。

64 他抵达利比亚,现军队的士气沮丧,陷入极度匮乏的困境①;因此他认为最好的办法是打一场会战,激励士兵鼓起战斗的勇气,率领军队排成会战队形向蛮族叫阵出击。他的步兵有六千名久经兵凶战危的希腊人,还有不少的凯尔特人、萨姆奈人和伊楚里亚人,以及将近一万名利比亚人,可以看出他们在等待和观望,只要情势发生变化就会随之改变立场。此外还有一千五百名骑兵追随在他身边,以及六千多辆利比亚的战车。迦太基的营地开设在地势较高而且进出困难的位置,决定不要冒险与没有安全可言的敌军进行会战,他们希望留在物品供应充分的营地,要用饥馑和时间打败当面的敌军。阿加萨克利无法引诱对方来到平原,目前的情况逼得他从事大胆的作为,要为结局创造更好的机会,于是率领军队前去攻打蛮族的营地。等到迦太基人列队出来迎击,不仅据有数量的优势,而且崎岖的地形对他们更为有利。阿加萨克利坚持一段时间要从各方面压迫敌人,后来他的佣兵和其他的部队开始放弃攻击,他逼不得已只有撤退进入营地。蛮族非常勇敢一直压迫不肯放松,利比亚人在他们从旁边经过的时候,为了表示善意丝毫不愿为敌,他们从使用的武器认出希腊人和佣兵,进行大肆屠杀直到将对方赶进营地。

---

① 有关利比亚第二次的作战行动,参阅贾士丁《马其顿王朝史》第 22 卷第 8 节。

在这种情况之下阿加萨克利的手下有三千人被杀,就在当天夜晚两军都发生极其奇特的事件,事先没有一点预警。

65 迦太基人在会战胜利的夜晚,选出年轻貌美的俘虏作为牺牲,充当奉献给神明的还愿祭品,他们的四周围绕着明亮的火炬,突然之间受到一阵强风的袭击,紧靠祭坛的神圣木屋着火烧了起来,接着蔓延到将领和首长的住所,因为这些帐幕连成一线的关系,使得整个营地陷入惊慌和恐惧之中。对于那些想要救火以及带走武器装备和值钱物品的人,这场大火成为夺取性命的陷阱;由于临时营房全由芦苇和茅草搭盖而成,火势在强风的吹拂之下变得更加猛烈,士兵前来灌救已经太迟。几乎整个营地都已燃烧起来,进出的通道非常狭窄,如同他们用残酷的手段对待俘虏一样,很多人在同一个地方被火活活烧死,亵渎神圣的行为带来报应临头的惩罚,那些在动乱和喧嚣之中从营地逃出来的人群,另外一场巨大的危险正在等待他们。

66 阿加萨克利的军队有五千名利比亚人,他们背叛希腊人要在夜间投奔迦太基的阵营。蛮族派出的斥候看到这些人向迦太基的营地前进,认为是希腊人的军队大举出兵,他们很快报告敌军即将来到,等到消息传布开来,大家对敌人的攻击感到惊慌,使得全营陷入骚动之中,每个人都认为只有逃走才能获得安全;这时没有来自指挥官的任何命令,更不会排列整齐的队伍,大家都各行其是,加上黑夜里面无法辨识敌友,还有人因为惊骇引起过度的反应,如同对方是敌人彼此展开打斗和杀戮,情况不明使得很多人在肉搏当中丧失性命,还有一些没有武装的人,经过崎岖的山地要赶紧逃走,结果从悬崖上面跌落下去,完全是在惊慌失措之下陷入心智狂乱的状态所致。最后大约有五千人死于非命,其他的乌合之众安全回到迦太基。那个时候整座城市都受到流言的欺骗,根据自己这方送来的报告,提到他们在一场会战中被敌人打败,绝大部分的军队都已丧失殆尽。因此迦太基当局极其焦虑,大家在紧张和骚动当中打开城门接纳逃回来的士兵,生怕敌军会跟在后面突然出现。不过,天明以后他们得知实情,已经无法幸免这场大家预料中的灾难了。

67 就在这个时候,阿加萨克利由于情况不明,误以为自己遭遇同样的不幸。背叛的利比亚人看到迦太基的营地烧毁和动乱发生,不敢继续进行投奔的行动,开始回头视情况再做决定。有些希裔西西里人看到他们的前进,认为迦太基的军队已经来到,报告阿加萨克利说是敌人即将接近。国君下达命令要领军出战,士兵在一阵骚动之下从营地蜂拥而出。就在这个时候迦太基的营地里面明亮的火光腾空而起,传来喊叫的声音变得清晰可闻,他们认为蛮族用全军的力量发起进攻,他们在惊慌失措之下无法合理思考,紧张的情绪弥漫整个营地,大家开始逃走。返回的利比亚人与他们混杂在一起,黑暗之下无法辨识让人感到半信半疑,很多士兵将自己的袍泽当成敌人发生战斗。整个夜晚他们分散各地陷入极其惊怖的困境,最后的结局是有四千多人被杀。过了一段时间才发现真相,幸存的人员回到营地。两军都遇到同样的灾难,这个事件应了谚语所说,战争常为不实的警报使人上当受骗①。

68 利比亚人在这次不幸事件之后全部背弃他而去,留下的队伍不够强大到能与迦太基人进行会战,阿加萨克利决定离开利比亚。由于他没有准备运输工具所以无法运送他的部队,特别是迦太基人

---

① 参阅本章第 30 节。

控制海洋不会同意他有自由通行的权利。他不期望蛮族会与他签订休战协议，因为他们的军队占有很大的优势，明确表示要歼灭首位渡海入侵的敌军，阻止其他人效法他的行动再来攻打利比亚。阿加萨克利决定只带少数人员从事返乡的航行，仅有他的幼子赫拉克莱德陪他上船，用来防备阿查加朱斯以及护卫他的安全，免得他那位与后母通奸而且性格暴躁的儿子会对他采取不利的行动。阿查加朱斯怀疑阿加萨克利别有用心，审慎等候开航时间的来到，决定向所有的领导人员揭露他父亲的计划，阻止他的企图；因为阿查加朱斯认为这件事极其荒谬，虽然他奋不顾身、英勇战斗，这一切都是为了他的父亲和兄弟，然而只有他们两人获得安全返回家乡的权利，让他留在后面成为敌人的牺牲品。他将这些情况透露给一些首领，阿加萨克利要在夜间秘密发航离开。他们很快聚集起来阻止这件事情，还要让所有的士兵得知阿加萨克利背弃他们的恶行，大家感到极其愤怒，抓住僭主用绳索将他绑起来，派出警卫加以看管。

69 这时军营的纪律已经荡然无存，到处一片骚动和混乱，入夜以后传来消息说是敌人就在附近。大家陷入惶恐和畏惧之中，每个人披挂齐全从营地一拥而出，却没有人在那里发号施令。这时候那些看管僭主的警卫同样感到惊慌不已，他们认为有人召唤，就将用铁链锁住的阿加萨克利带了出来。士兵看到他目前的情况感到同情，全部大叫要放他自由。他在获释以后带着少数随员登上运输船，不让大家知道，暗中扬帆出海，虽然这时已是冬天金牛宫西沉的季节①。后来，这些人考虑到本身的安全，准备放弃阿加萨克利的两位儿子，根本不顾他们的死活，等到知

---

① 大约是在公元前 307 年 11 月 1 日。

道他已经逃走,士兵立即将他的两位儿子全部杀死①;部队从成员当中选出将领,然后用下面的条件与迦太基人谈和:他们将目前据有的城市全部归还迦太基,接受补偿的费用是三百泰伦,他们可以选择在迦太基的军队服务,支付正常的待遇和薪俸,其他人以后会运回西西里,目前指定梭卢斯(Solus)②是他们居住的地方。大多数士兵遵守协议的事项接受所做的安排;还有一些人仍旧对阿加萨克利抱着希望,继续据有落在手里的城市,迦太基人出兵攻打加以占领。军队里面的首领都被处以磔刑;其他人员都戴着脚镣在乡村从事农耕工作,要将过去在他们破坏之下已经荒废的田园恢复生机。

迦太基人在经过四年的战争以后重新复国。

70 大家可能注意到阿加萨克利的远征行动几乎使人难以置信,还有就是上天要让他的儿子惨遭报应。虽然他在西西里被敌人打败,丧失大部分的军队,却能带着少数人马在利比亚面对优势的敌人赢得胜利。当他在西西里失去所有的城市以后,退到叙拉古受到敌军的围攻;但是他在利比亚成为许多城市的主人,进而将迦太基围得水泄不通,看来像是情势变得毫无希望的时候,命运女神就会展现他的大能,让所有的横逆在片刻之间全部改观。等到他获得权势极大的高位,竟然谋杀是朋友又是贵宾的欧菲拉斯③,上苍明确表示这种亵渎神明的行为,会让他自食恶果惨遭报应;他在害死欧菲拉斯和夺取他的军队以后,就在同一月的同一天他的儿子被杀失去军队。就这方面来看最特别的地方,神明如同一位

---

① 这些杀死两兄弟的士兵后来受到放逐,留在迦太基视为自己的祖国,波利比乌斯《历史》第7卷第2节,提到这些人的后代都在迦太基的军队服务。
② 这个迦太基的城市位于西西里的北海岸,潘诺穆斯的东边约12英里。
③ 参阅本章第42节。

优异的立法者,对于阿加萨克利施以双重的惩罚;就是他用不讲信义的手段害死一位朋友,就会被剥夺两位儿子的性命,那双对欧菲拉斯施以暴力的手,就会落在年轻人的身上。对于嘲笑这些情节的人士而言,我们叙述相关的事件就是最好的回答。

71 阿加萨克利离开利比亚用最快速度越过海洋来到西西里,召集部分军队来到一个名叫塞吉斯塔的盟邦。他现在需要大量金钱,迫使富裕的人家交出大部分的财产,那个时候城市的人口大约是一万人。很多居民对他的做法极其愤恨,召集市民大会表示反对,他指控塞吉斯塔的人民从事阴谋活动,就给整座城市带来恐怖的灾难。举例来说,他将最为贫穷的市民带到城外,靠近斯坎曼德(Scamander)河某个地方,将他们屠杀殆尽;他要是怀疑那些藏匿财物的人就用酷刑逼使他们吐实,有些人被施以车裂拉断四肢,有些人被绑起来用弩炮射杀,有些人敲断指关节和脚踝骨,使得他们痛不欲生①。

他还发明一种炮烙如同费拉瑞斯的铜牛,准备像是人类体形的青铜床,四周用铁栅围住,将受刑的人放在上面然后用火在下面活活烧烤,这种装置要较铜牛更为恐怖,可以看到不幸的可怜虫在痛苦中慢慢死去。对于那些有钱的妇女,他用铁钳将她们的足踝用力夹碎,或是割去她们的乳房,或是将砖块放在孕妇的背部,用力将胎儿从肚子里压出来。就在僭主用令人发指的手段搜刮财物的时候,整座城市陷入无法形容的恐惧之中,有人在家中纵火自焚,或是悬梁求得解脱。塞吉斯塔在一日之内受到的苦难,使得所有成年男子全部绝灭无遗。阿加萨克利带着少女和儿童到意大利,

---

① 原文是指施以遍体鳞伤的鞭刑,参阅普鲁塔克《道德论丛》第75章"答复科洛底:为其他哲学家提出辩护"第33节:在大地之母的祭祀仪式当中,盖利祭司因为他们的罪孽受到惩罚,使用那根沉重的皮鞭是何等可怖,都不能称之为自由人的笞刑。

将他们卖给布鲁提姆人,后来这座城市连名字都无法保留,被他叫作狄西奥波里斯(Dicaeopolis),让那些变节投靠的人来此定居①。

72 阿加萨克利听到他的两位儿子遭到谋杀,对于留在利比亚的人员恨之入骨,派遣他的朋友到叙拉古去见他的兄弟安坦德,命令他查明哪些人参加攻打迦太基的作战行动,然后将他们留在西西里的亲属全部处死②。安坦德很快执行交付的任务,发生那个时代精心炮制规模最大的屠杀事件;不仅是成年的兄弟、父亲和儿子被拖出去处决,甚至年老的衰翁和刚生的婴儿都受到牵连,就是若干有婚姻或亲属关系的妇女全都在劫难逃,总之,那些在利比亚的人员给大家带来无限的悲伤。一大群形形色色的民众被赶到海边行刑,刽子手出现在他们的身旁,响起一片混合哭泣、祈祷和哀号的声音,有些人马上遭到毫不留情的杀戮,也有人苟延片刻看到别人的不幸吓得目瞪口呆,总是逃不过毒手还不如早点命丧黄泉。最令人感到发指的残酷,莫过于被杀的尸首满布海滨,竟然没有一位亲戚和朋友敢出面办理后事,因为会被告发与死者的关系而受到株连。大批人员在滩岸水际遭到杀害,整片海面被鲜血染成红色,让这场世所罕见的残酷暴行变得众所周知③。

73 这一年即将过去,科里巴斯(Coroebus)成为雅典的执政官,奎因都斯·马修斯(Quintus Marcius)和巴布留斯·高乃留斯

---

① 狄西奥波利斯意为"公正之城"位于何处不得而知。阿加萨克利光复所有属于迦太基的城市(参阅本章第79节),后来塞吉斯塔使用原来的名字,再度成为迦太基的盟友是在前306年参阅本书第二十二章第10节。

② 参阅本书第4节。

③ 下面连接第77节的叙述。

(Publius Cornelius)当选罗马的执政官①。就是这些官员在职期间(前 306 年),安蒂哥努斯王的幼子斐尼克斯②逝世,为他举行皇家排场的葬礼;然后从塞浦路斯召来德米特流斯,将部队集中在安蒂哥尼亚③。他决定前去征讨埃及,陆上部队在他指挥之下经过内叙利亚向前进军,兵力是八万名步卒和大约八千名骑兵,还有八十三头战象。他将舰队交给德米特流斯,命令他沿着海岸航行在前进当中保持接触。整个舰队完成整个有一百五十艘战船和一百多艘载运大批军需和补给的运输船。领航员认为需要注意金牛宫的升起④带来的天气变化,预期是在八天以后,安蒂哥努斯责备他们不像男子汉没有冒险犯难的精神;因为这时他已经扎营在加萨,急着要在托勒密完成准备之前,发起先发制人的作战行动,命令所有的士兵要为自己准备十天的口粮,全部用骆驼背负,这些动物由阿拉伯人征集提供,共有十三万斗的谷物以及大量供驮兽食用的草料;所有的武器装备用大车载运,他们的进军要经过难以通行的旷野,因为这个地区有很多沼泽,特别是靠近巴拉什拉(Barathra)⑤的地方。

74 德米特流斯离开加萨是在午夜发航,开始几日的海面非常平静,这时他的运输船都由航行较为快速的船只拖着前进,然后

---

① 利瓦伊《罗马史》第 9 卷第 42 节,提到前 306 年的执政官是巴布留斯·高乃留斯·阿维纳和奎因都斯·马修斯·特里穆拉斯。罗马的《岁时记》从这时开始有四十年都是断简残篇。

② 应该是菲利浦,可能是狄奥多罗斯本人或抄写员的错误,参阅普鲁塔克《希腊罗马名人传》第 21 篇第 1 章《德米特流斯》第 2 节,提到安蒂哥努斯的两个儿子,一个是德米特流斯,另一个幼年夭折,名字取自他的祖父菲利浦。

③ 这里开始接续第 53 节的记载,下面提到的作战行动参阅普鲁塔克《希腊罗马名人传》第 21 篇第 1 章"德米特流斯"第 19 节和鲍萨尼阿斯《希腊风土志》第 1 卷第 6 节。

④ 大约是在 11 月 1 日。

⑤ 巴拉什拉意为"大坑",位于色波尼安湖(Sirbonian Lake)和地中海之间是一个满布流沙的地区,行军其中极其危险,参阅本书第一章第 30 节。

是金牛宫的升起开始刮起一阵北风,很多四层桨座战船被暴风雨带向危险的拉菲亚(Raphia)①,这座城市无法提供锚泊的位置,四周被浅滩围绕。载运武器装备的船只有些在强风中翻覆而沉没,还有一些随着风势回到加萨;他仗着船只非常坚固还能保持原有的航程抵达卡西姆(Casium)②,这个地方距离尼罗河的河口已经不远,由于没有港口,在暴风雨的季节不可能在此登陆。他们因而被迫要投下船锚,离开陆地还有两斯塔德受到大浪的冲击,这时险象环生,拍岸的波涛声势惊人,很可能使得船只带着水手一起沉没,海岸没有可用的港口,同时还在敌人的手中,不仅接近的时候非常危险,船只遇到海难人员根本无法游到岸边,其中最恶劣的情况是饮水已经用罄,他们陷入极其险恶的困境,要是暴风雨再延续一天,所有人员都会因干渴而死。就在所有人感到绝望等待死神降临之际,风势减弱下来,安蒂哥努斯的军队来到,就在舰队附近宿营。他们离开船只在营地里面恢复精力,等待分散开来的船舶赶来会合。他们仅是陷入岸边的惊涛骇浪之中,短短一段时间竟然损失三艘四层桨座战船,其中有些人游到岸上获得安全。安蒂哥努斯率领军队更加接近尼罗河,营地的位置距离河流只有两斯塔德。

75 托勒密派出最受信任的守备部队,先行占领具有天险的战略要点,派人乘坐小船前往敌军登陆的位置,公开宣布任何抛弃安蒂哥努斯阵营的人员都有重赏,普通士兵是两迈纳,只要担任指挥职位可以获得一泰伦。等到招降的宣告发生效用,安蒂哥努斯的佣兵盛传要变更阵营,同时泄露很多其他的情况,像是他们的官员找出理由想要改朝换

---

① 拉菲亚位于加萨以南约一日的行程。
② 卡西姆可能位于色波尼安湖的西端,这一段海岸经常出现暴风雨,海上的波涛极其险恶,参阅斯特拉波《地理学》第16卷第2节。

代。正在很多人准备投奔托勒密的时候，安蒂哥努斯将很多弓箭手、投石兵和弩炮部署在河流的岸边，赶走那些乘坐平底小船要来接应的人，他抓住一些逃兵就施以杀一儆百的酷刑，希望能恐吓抱着卖友求荣打算的叛徒。他在抵达以后不久就给部队加派更多的船只，航向一个名叫苏多斯托蒙（Pseudostomon）①的地方，认为在这里可以让一些士兵下船，结果发现该地配置一支强大的守备部队，发射大量箭矢和投射武器阻止对方有任何企图，黑夜来到，他只有赶快离开。然后下令给领航，要他们追随将领的船只，全神注意船上的灯光传递的信号，航向称为法特尼蒂孔（Phatniticum）的尼罗河口；等到白日来临以后，由于很多船只迷路，他被迫要等待他们的来到，并且派出速度最快的船只前去寻找他们的下落。

76 这样就会引起时间的耽搁和迟延，托勒密听到敌军已经到达，很快增援所需的人员，展开他的军队沿着河岸部署，德米特流斯得知邻近的海岸因为沼泽和湿地增加防守的强度，于是带着整个舰队返回原来的航线，这时强烈的北风带来汹涌的巨浪，他有三艘四层桨座战船和同样数目的运输船，被高涨的潮流冲向陆地，全都落到托勒密的手里，其他的船只在水手尽全力操作之下，能与海岸保持相当距离，最后安全抵达安蒂哥努斯的营地。不过，托勒密沿着河流用强大的守备部队占领所有可能登陆的地方，由于他已经准备有很多艘河船，可以供应各种武器给他们使用，当然会给安蒂哥努斯带来不少的困难；尼罗河的佩卢西姆河口早已为敌人的重兵占领，他的水师无法派上用场；陆上部队发现河幅的宽度对他们的运动形成障碍，其实最关紧要的事在于很多天已经过去，人员的粮食和驮兽的草料开始短缺。

———————

① 苏多斯托蒙意为"错误的河口"。

他的部队因而变得士气消沉,安蒂哥努斯与各级指挥官召开全军大会,向他们询问是否应该继续进行当前的战争,抑或现在就回师叙利亚,等到完成更为充分的准备,乘着尼罗河处于最低水位的季节,再度对埃及发起作战行动。所有与会人员全都倾向于尽快退却,他下令士兵撤收营地,部队用最快的速度回到叙利亚,整个舰队沿着海岸陪伴他后撤。托勒密在敌军离开以后感到兴高采烈,向神明奉献丰硕的祭品以后,举行盛大的宴会招待他的朋友。他还写信将这次的成就通知塞琉卡斯、黎西玛克斯和卡桑德,特别提到对方有大量人员投奔他的阵营;他已经为埃及完成第二次全力以赴的斗争①,证明这个国度成为他获得胜利的奖品。接着他班师返回亚历山德拉②。

77 就在发生这事件的时候,赫拉克利·潘蒂卡(Heraclea Pontica)的僭主狄奥尼修斯在位三十二年逝世③,他的两位儿子渥克萨色拉斯(Oxathras)和刻里克斯(Clearchus)继承他的专制政体,统治的时间有十七年。

西西里的阿加萨克利巡视臣属于他的城市④,驻防军可以确保安全,从他们那里征收应付的钱财,他在这方面总是小心谨慎事先预防,免得他一旦遭到不幸,这些希裔西西里人就会想尽办法争取独立。实在说就是这个时候,身为将领的帕西菲拉斯(Pasiphilus)听到阿加萨克利的儿子遭到谋杀,以及他在利比亚的挫败,就对僭主起了藐视之心;背叛阿加萨克利前去投靠戴诺克拉底并且建立深厚的友情,不仅要紧紧掌握那些托付给他的

---

① 参阅本书第十八章第33—35节。
② 可能是这次作战行动之后的冬天,托勒密戴上王冠使用国王的头衔。下面连接第81节的叙述。
③ 参阅本书第十六章第88节。
④ 这里开始接续第72节的记载。

城市,还得引诱士兵对他怀有希望,同时离间他们与僭主之间的关系。阿加萨克利现在对各方面都不抱太大的希望,精神沮丧之余派遣使者去见戴诺克拉底,愿意用下面的条件与他达成和平协议:一方面是阿加萨克利放弃僭主的职位,叙拉古的统治权力归还给市民,戴诺克拉底可以返国不再是受到放逐的流亡人士;另一方面是将两个戒备森严的城堡,瑟玛和西法利迪姆连带所属的领地,送给阿加萨克利当成他的封邑。

78 阿加萨克利以往面对任何局势都会坚定不移,即使处于景况最差的时刻仍然没有丧失信心;何以目前的他却变成一个懦夫,没有经过战斗就将专制统治的职责放弃给敌人,须知过去他为了获得这方面的权力,曾经打了很多次重大的会战;让人感到最无法理解的一点,这时他还是叙拉古和很多城市的主人,拥有船只和财富以及与之相称的军队,难道他已经丧失所有的胜算,忘怀身为僭主的狄奥尼修斯给予的经验和教训?可以举例说明一二,这位暴君面对迫在眼前的重大危险,陷入完全绝望的处境,只能放弃重登宝座的打算,跨上坐骑离开叙拉古成为志愿的流亡人士,赫洛瑞斯(Heloris)是他最年长的朋友,反对他这种冲动的行为,开口说道:"狄奥尼修斯,暴政是最好用的裹尸布。"他的连襟麦加克利(Megacles)向狄奥尼修斯说出非常坦诚的话,身为僭主除非被人拖着双脚下台,否则没有选择离开的自由①。这些劝勉的言辞鼓舞狄奥尼修斯的勇气,坚持面对所有几乎无法克服的危机,他不仅四处征战扩大统治的疆域,到了晚年认为最大的福分在于能将欧洲最大的帝国留给自己的儿子。

---

① 本书第十四章第8节,史家菲利斯都斯提到波利克林努斯这位连襟劝狄奥尼修斯,赶快骑马离开否则会被人拖着尸体在街上示众,看来与本节的叙述不仅当事人不同,内容完全是南辕北辙。

79 阿加萨克利根据这些条件愿意放弃帝国,看来他并没有详细地考虑或是运用前人的经验做东山再起的打算。虽然这份协议来自阿加萨克利的构想经过他的批准,野心勃勃的戴诺克拉底却不愿接受,所以没有发生任何效用。后者一心一意要实施独裁统治,对于叙拉古的民主体制抱着敌视的态度,他乐于接受目前所拥有的地位,特别是他指挥的军队有两万名步卒和三千名骑兵,还能掌握很多城市,虽然他被大家称为流亡人员的将领,却像国王一样拥有绝对的权力。设若他返回叙拉古以后,就身份来说不过是一位普通市民,成为无数阶层相同的人员之一,须知唯有独立才让大家喜爱平等;他在选举当中会被一位投机取巧的政客打败,因为群众反对位高权重而又说话坦率的人。

阿加萨克利正在说他要放弃僭主的职位,戴诺克拉底可能认为他有责任要继承专制的王朝。阿加萨克利派遣使者前去讨论和平协议,请求对方同意他拥有两座坚固的城堡,可以在里面颐养天年,然而戴诺克拉底捏造一些似是而非的借口,不让他对这个协议还抱任何希望,现在坚持阿加萨克利必须离开西西里,提出要求是他的子女充当人质。等到阿加萨克利发现他的真面目,暗中让他的心腹去见流亡人员,指控戴诺克拉底不让他们获得独立的权利,同时派遣使者与迦太基当局商谈和平协议的条件,腓尼基人重新获得过去臣属于他们的城市,接受迦太基人归还给他价值三百泰伦银两的黄金(根据泰密乌斯的说法是一百五十泰伦)以及二十万斗谷物①。

这些就是西西里当前的情况。

80 意大利的萨姆奈人夺取与罗马结盟的城邦索拉(Sora)和卡拉夏(Calatia),奴役他们的居民②;执政官率领大军入侵伊阿基

---

① 参阅贾士丁《马其顿王朝史》第 22 卷第 8 节;下面连接第 89 节的叙述。
② 参阅利瓦伊《罗马史》第 9 卷第 43 节,这里开始接续第 44 节的记载。

披亚(Iapygia),靠近希尔维姆(Sivium)开设营地①。萨姆奈人在这座城市派出驻防军,罗马发起围攻作战延续相当的时日。后来还是用强攻占领城市,仅仅俘虏就有五千人,还搜刮大批战利品。他们完成这次作战以后,接着入侵萨姆奈人的疆域,砍倒树木将地区内所有物品摧毁殆尽。罗马人为了与萨姆奈人争夺霸权引起连年的战事,希望借着破坏他们在国内的产业,从而能够削弱他们的实力。出于这个原因他们花了五个月用来蹂躏敌人的国土;他们几乎烧掉所有的庄园,要让田地荒废不能生产谷物,没有收成。因此他们对行事违背正义的安纳吉尼亚人(Anagnia)宣战,夺取弗鲁西诺(Frusino)将土地分配给罗马的市民②。

81 这一年即将结束,优克森尼帕斯(Euxenippus)成为雅典的执政官,卢契乌斯·波斯都缪斯(Lucius Postumius)和提比流斯·米努修斯(Tiberius Minucius)当选罗马的执政官。就是这些官员在职期间(前305年),罗得当局和安蒂哥努斯之间因为某些原因爆发一场战争③。罗得岛拥有强大的水师,希腊的城邦当中他们的政府组织和施政作为最佳的成效,成为君主和国王极力争取的目标,都想与它缔结同盟关系。罗得当局为了本身的利益会与每一个君王建立友谊,但是他们从不参加城邦之间的战争,结果使得这个岛屿受到大家的推崇,接受名贵的礼物,长期享受和平更能增加社会的进步。事实上他们运用强大的力量为所有希腊人谋福利,发起剿灭海盗的战争,要清除活跃在海洋的恶徒;那些最有权势的人

---

① 斯特拉波《地理学》第6卷第3节,提到希尔维姆位于阿普利亚和伊阿基披亚的边界。

② 安纳尼吉亚是赫尼西(Hernici)最主要的城市。利瓦伊《罗马史》第9卷第44节,提到罗马在这一年战胜赫尼西人,至于夺取弗鲁西诺的土地是三年以后的事。下面连接第90节的叙述。

③ 这里开始接续第76节的记载,有关罗得岛的作战行动参阅普鲁塔克《希腊罗马名人传》第21篇第1章"德米特流斯"第21—22节。

全都记得，亚历山大为了推崇罗得岛在所有的城市中高居首位，就将身后处理整个帝国的遗嘱①存放在该地。不管怎么说，罗得当局总是与所有的统治者建立坚实的友谊关系，小心谨慎避免任何人用合法的理由加以抱怨或指责；他们始终抱持一种观念，对于托勒密一定要展现他们的善意，由于他们的税收大部分来自航向埃及的商船，同时城市所需的谷物来自古老的王国。

82 安蒂哥努斯对这方面的情况非常清楚，所以他的打算是切断罗得岛与托勒密的关系，首先是派出使者去见罗得当局，正是他在塞浦路斯与托勒密接战的时候，要求他们与他签订同盟协议，派遣船只参加德米特流斯的阵营②；等到他们不愿接受，他派遣手下一位将领率领战船，奉到的命令是将所有从罗得岛航向埃及的船只，捕获以后连带船上的货物全部带回陆地。这位将领被罗得的水师赶走，安蒂哥努斯公开宣称他们是不义之战的始作俑者，威胁要用强大的兵力将这座城市围得水泄不通。不过，罗得岛的市民大会通过议案，要将最高的尊荣送给安蒂哥努斯，派出使者恳求安蒂哥努斯不要逼他们违背双方的协议，非要与托勒密兵戎相见。然而国王的答复极其苛刻而且严厉，同时派出他的儿子德米特流斯，率领一支大军以及攻城的机具展开征讨的行动，他们对国王的优势兵力感到极其畏惧，马上派出使者去见德米特流斯，说是愿意参加安蒂哥努斯的阵营对托勒密发起战争，德米特流斯要求一百名显赫的市民作为人质，他们的港口必须接受他的舰队在里面停泊，这时候罗得当局认为对方

---

① 亚历山大用备忘录的方式将很多事务交付给克拉提鲁斯负责处理，然而这并不是遗嘱，狄奥多罗斯认为在亚历山大逝世以后，有关的叙述和资料从未提及遗嘱一事。

② 参阅本章第46节。前315年安蒂哥努斯供应材料，罗得当局为他建造战船，参阅本书第十九章第57节；313年安蒂哥努斯发起作战行动，要为希腊的城市争取自由权利，罗得岛的人民支持10艘战船，参阅本书第十九章第77节。

有夺取城市的阴谋,下定决心准备接受即将来到的战争。

德米特流斯集中全部兵力在洛里玛(Loryma)①的港口,他的舰队准备对罗得岛发起攻击。他有两百艘各种型式的战船,以及一百七十艘辅助性船舶,运输的部队除了骑兵以外还有四万名士兵,就连海盗都成为他的盟友。拥有大量各式各样的武器装备以及充分的粮食供应,举凡进行围攻作战的材料和物资从无匮乏的顾虑。特别值得一提,几乎有一千艘私人拥有的船只前来参加他的阵营,这些船只属于那些想要做生意发大财的人;因为罗得岛这块土地很多年来都没有受到外来的掠夺,大批人员从各地到来借着战争作为发财的手段,让不幸的人民能够满足他们的贪婪。

83 德米特流斯要他的舰队排成会战队形,威风凛凛的阵容让人望之生畏,战船位居前列,船头上面架设弩炮能够发射三指距长的投矢②;后来跟随装载人员和马匹的运输船,那些使用划桨手的船只将它们拖着前进,最后是海盗的私掠船以及商贾的货船,据说数量之多几乎是无穷无尽,岛屿与对岸之间的海面全部都是他的船舶,那些从城市看到这一幕的市民,全都感到惊惶和恐惧。罗得岛的士兵在城墙上面进入战斗位置,正在等待敌军舰队的来到,老人和妇女坐在家中也都看得一清二楚,这座城市的房屋就像露天剧院③一层一层地高起,强大实力的舰队和光耀夺目的武器令人望之生畏,大家对于最后的结局感到极其忧虑。德米特流斯向着岛屿航行过去,让军队下船以后靠近城市占领阵地,将营地设置在投射武器的射程之外。他立即从海盗和其他方面派出适当的人员,经由陆地和海上开始洗劫整个岛屿。他砍伐附近地区的树木,拆除农舍和仓

---

① 洛里玛位于卡里亚地区,距离罗得岛有 20 英里。
② 有关战船上面使用弩炮,参阅塔恩《希腊民族军备发展史》第 120—121 页。
③ 参阅本书第十九章第 45 节。

库,收集材料用来加强营地的防卫能力,围绕整个营地建起三重的尖桩栅栏,还有巨大而密集的障碍,他让敌方遭受重大的损失用来保障手下人员的安全。接着他派出整个军队和水手,几天之内在城市和航道出口之间,建起一座突堤围成一个当成港口的空间,大小足够他的船只停泊之用。

84 这段时间罗得当局一直派出使者,请求他对城市不要做出无法挽回的行动,但是没有人在意他们的感受,只有放弃双方达成休战协议的希望,派出使者去见托勒密、黎西玛克斯和卡桑德,恳请他们伸出援手,提到城市面临战争完全是为了维护他们的利益。居住在城市里面有市民权的侨民和外国人,全都希望获得允许参加他们的战斗,还有那些没有在军中服役的人都受到疏散离开城市,一方面是预防粮食的缺乏,一方面是不让有些人对情况产生不满因而出现背叛和出卖的行为。他们对于能够参加作战的人员加以统计,发觉大约有六千名市民和一千名外侨。

他们投票通过提案,愿意出钱从主人手里购买任何勇敢作战的奴隶,让他们获得释放成为自由人。颁布敕令要为战争当中阵亡人员举行国葬,遗留的双亲和子女都会有人照顾,接受的维持费用来自国库的开支,未出嫁的女儿成亲的时候获得公费支付的嫁妆,他们的儿子到达成年在戴奥尼西亚节庆的时候,来到剧院参加为他们举行的加冠礼,赠送整套的铠甲和兵器。诸般措施可以提升大家的士气,鼓舞投身会战的斗志,他们尽可能在其他事务方面完成所有的准备工作。所有的人民都能协调合作万众一心,家道富裕的人士捐赠财物,手艺高明的工匠贡献技术,每个人都发挥积极进取的精神,像是参加竞赛一样全力以赴。因此,有些人忙着赶制弩炮和抛射器,还有人在准备其他的装备,有些人在修理城墙损坏的部分,更多的人运送大量石块供城墙整修之用,或是堆积起来以备不时之需。

他们甚至派出三艘航速最快的船只,前去攻打敌人以及拦截载运粮食的商船。战船的出现出乎敌人意料之外,击沉很多艘对方的运输船,这些船只来此的目的是为了抢劫这块土地,用来运送获得的掠夺物,他们甚至将不少船只拖上岸,然后纵火烧毁。罗得当局与德米特流斯达成协议,被对方捉住的俘虏可以获得遣返,每位市民支付的赎金是一千德拉克马,奴隶减半。

85 德米特流斯有丰富的资源和大量的材料,供应他建造各式各样的攻城机具,现在开始准备两个披屋,一个用于抛射器,另一个用于弩炮,然后分别将两艘运输船连接起来,再将一个披屋装在上面,还要建起两座四层的木塔,高度要超过港口的塔楼,每座木塔装载在两艘大小尺寸相同并联在一起的船只上面,拖曳前进的时候两边分担同等的重量。他准备大块上面装着尖锐铁钉的浮木,漂流在海面用来阻止敌人船只的进出,撞沉那些装载武器和装备的运输船。这段时期为了使得对方遭受很大的伤害,他征集构造极其坚固的轻型船舶,用木板加强船身,供应港口可以停泊和食宿,上面架起射程最远的弩炮,能够发射三指距长的投矢,人员在上面操作非常方便,还配置克里特岛的弓箭手。然后他派出船只进入投射武器的射程之内,杀死城市的工作人员,他们正在沿着海港加高那里的城墙。

罗得岛的守军看到德米特流斯的攻击目标是夺取港口,采取有效的措施确保这个要点的安全。他们将两座巨大有顶盖的敞篷设置在突堤上面,还有三艘运输船位于靠近浮木的小港口,敞篷和运输船全都架设大量各种尺寸的弩炮和抛射器,要是敌人在突堤卸下船上的士兵,或是向着敞篷的位置前进,可以用威力强大的投射武器打消对方的企图。那些锚泊在港内的货船有面积很大的甲板,他们将型号适合的弩炮架设在上面。

86 双方都用这种方式进行他们的准备工作,德米特流斯在开始的时候,带着所有的作战器械用来攻打海港,由于气候恶劣海面汹涌被迫停止;不过,到了夜晚风平浪静时他占有优势,暗中发航不让敌人知晓,来到位于大港的突堤夺取它的底端,立刻加强这个位置的守备力量,拆除海港城墙的支撑和基石,登陆四百名士兵和各种武器装备。这个地方离开城市的城墙有五百尺。天明以后他在嘹亮的号角和呐喊声中,带着作战的器械进入海港;运用型式较轻射程较远的弩炮,驱除沿着海港构建城墙的人员,抛射器的功能在于压制或击毁敌方的作战器械和越过突堤的城墙,这个时候城墙还未完工,所以很低而且不够坚固。

城市的守军发挥顽强不屈的作战意志,双方鏖斗终日全都遭受重大的损失。现在夜晚就要来到,德米特流斯用拖船将他的机具拖曳到敌人投射武器的射程之外。罗得人将很轻的小船装满干燥易燃的木材实施火攻,开始的时候追随在后面,快要接近敌人时就点燃木材,受到浮木和对方投射武器的阻挡,他们被迫只有撤离。只有少数几艘船能将火扑灭安全返回,大部分人在船只烧毁以后都跳进海中。翌日德米特流斯从海上再度发起攻击,命令陆上要同时从四面八方进攻城市,运用响亮的呐喊和号角的声音,让罗得人感到胆战心惊以及孤立无援带来的痛苦。

87 德米特流斯持续围攻八天,运用重型的抛射器将堤道上面敌人的作战器械打得粉碎,那些与塔楼和十字墙相连的幕壁都遭到破坏。还有一些士兵沿着港口占领部分的工事;罗得人部队排成出击的队形,他们据有兵力的优势,有些人被他们杀死,其余的士兵受到压迫只有撤退。沿着城墙的海岸崎岖不平帮了城市居民的大忙,就在城墙基础的下方堆积很多巨大的石块。那些运来很多士兵的船只,由于不熟悉地形因而搁浅,罗得人拆除船只的撞角,将干燥的木材丢进船舱然后纵火烧船。

罗得人仍旧占领城墙死守不退，德米特流斯的士兵乘船前往各处架起云梯攻城，对敌人始终保持强大的压力，陆上发起攻击的部队从四面八方加入战斗，异口同声发出响亮的呐喊。很多人不惜牺牲在那里奋勇前进，大量士兵已经登上城墙，就会引起一场激战，外面的人要打开一条血路进入城市，城里的人齐心合力拼死抵挡。最后由于罗得人负隅顽抗的战斗，那些城墙上面的敌人不是坠城身亡，就是受伤成为他们的俘虏，其中有几位是声名响亮的领导人物。这一次的攻防作战引起重大的伤亡，德米特流斯将作战器械撤回自己的港口①，修理受损的船只和器械；罗得人埋葬阵亡的市民，将敌人的武器和船只的撞角奉献给神明，整修那些被抛射器的石块损毁的部分城墙。

88 德米特流斯花了七天修复器械和船只，完成围攻作战所有的准备工作，再度对海港发起攻击；他的全部力量用在夺取这个要点，不让城市的民众获得粮食的供应。等到所有目标进入投射武器的射程之内，他用无数的火箭射向罗得人已经锚泊的船只，架设的抛射器投出石块轰击城墙，运用弩炮杀死所有露面的守军。持续的攻势行动带来令人心生畏惧的效果，罗得的船长为了拯救自己的船只，尽最大的努力扑灭火箭引起的火灾。官员看到海港的情况岌岌可危，召集高贵的市民，要为全城的安全进行冒险犯难的行动。很多人乐于负起这方面的责任，从而挑选善战的士兵和精良的水手配置三艘最为坚固的船只，奉到的指示是要用船头的撞角，前去撞沉敌方载运攻城武器的船只。

这些人不怕大量向他们迎头射来的箭雨，还是全力猛冲过去；首先他们突破带有铁钉的浮木所形成的障碍，然后用船头的撞角一再攻击敌人的

---

① 参阅本章第83节。

船只,让船身破裂海水灌进去,两个机具因而倒塌沉入海底,德米特流斯的手下用绳索硬将第三艘装运机具的船只拖了回去,罗得人受到成功的激励,不像以往那样谨慎,现在一鼓作气要与敌人发起会战。现在很多大型船只围绕在他们四周,他们自己的船只不断受到敌方船头撞角的冲击,他们的水师提督也是三层桨座战船船长的埃克昔斯都斯(Execestus),还有一些受伤不能行动的人员都成了俘虏;很多水手跳进海中游向自己的战线,他们有一艘船落到德米特流斯手里,其他的船只从会战中逃走。

海上的会战结束以后,德米特流斯建造更大的机具,无论是高度和长宽都是前面那个的三倍,就在他将这个庞然大物带到海港,突然从南方刮起强烈的暴风雨,横扫锚泊在港口的船只,很多机具倒塌在地上。这个时候的罗得人把握大好的战机,打开城门列队前去攻击在堤道上面的敌人。一场激烈的战斗延续很长一段时间,德米特流斯因为恶劣的气候无法派出增援部队,罗得人运用生力军实施轮番的攻击,逼得国王的手下约有四百人放下武器投降。罗得人占到上风以后,能从盟邦获得援军,一百五十名士兵来自诺苏斯,托勒密派来的部队有五百人马,还有一些罗得人在国王的军队担任佣兵。

这是罗得岛遭到围攻的情况①。

89 西西里的阿加萨克利无法与戴诺克拉底和流亡人员达成协议②,带着他的军队要与对方兵戎相见,认为要用孤注一掷的方式靠着这次会战赌一赌运道。他的手下有五千名步卒和八百名骑兵。戴诺克拉底和流亡者看到敌军的行动,由于他们的兵力据有数倍的优势,步卒的数量是两万五千人,骑兵不少于三千人,乐于一举将对方击溃。两

---

① 下面连接第 91 节的叙述。
② 这里开始接续第 79 节的记载。

军在一个名叫托尔朱姆(Torgium)①的地方,面对面设置营地,等到完成部署发起会战,有段时间双方打得难分难解,很多人与戴诺克拉底不和,他们投效僭主的阵营,对于打败流亡人员发挥很大的功效。那些追随阿加萨克利的士兵获得信心,至于与戴诺克拉底一起作战的人感到气馁,由于估算背叛者的人数过高,导致整个战线崩溃大家向后逃走。

　　阿加萨克利在追击一段距离以后,下令停止屠杀,派出使者去见战败的一方,要求他们终结与他的争论,返回自己的家乡;他说从经验得知流亡人员从未在会战当中赢过他一次,甚至在目前兵力拥有数倍优势的情况下,他们仍旧被他打败。戴诺克拉底的骑兵都安然无恙地逃到安贝凯(Ambicae)②;步兵部队虽然有一些人在夜色的掩护之下逃走,大多数后来占据一个小丘要与阿加萨克利进行谈判,他们在战斗中丧失胜利的希望,期盼靠着亲戚、朋友和同乡的关系能够安然无恙。后来他们接受人身安全的誓约,离开山丘上面的阵地向阿加萨克利交出武器,然后他下令军队将他们包围起来,全部用弓箭和标枪射死,根据泰密乌斯的记载有七千人,还有其他的作者说是四千人。实在说,这位僭主经常违背誓约毫无诚信可言;他为了保有权势不仅靠着武力的支持还要削弱臣属的威胁,对于盟友的畏惧更胜于敌人。

90 他用背信的手段摧毁列阵反对他的军队,阿加萨克利接纳幸存的流亡人员,同时与戴诺克拉底谈好条件,指派他出任将领指挥部分军队,即使是最重要的事务对他还是信任有加。使得很多人感到非常奇怪,像是阿加萨克利这样一位对任何人猜疑之心极重,完全无法相

---

① 托尔朱姆的确实位置不得而知。
② 这个地方位于何处没有人知道。

信别人的专制君主,竟然能与戴诺克拉底维持不变的友谊到死为止。戴诺克拉底背叛盟友以后,前往杰拉抓住帕西菲拉斯(Pasiphilus)加以处决,将据点和城市交给阿加萨克利,他花了两年的时间用来肃清敌人①。

意大利的罗马人打败披利吉尼人(Paeligni)据有他们的土地②,其中一些人投奔罗马,当局同意他们拥有市民权。后来,萨姆奈人抢劫法勒纳人(Falernitis)③的领地,执政官率领军队前去讨伐,罗马获得会战的胜利。他们夺得二十面队标,并且让对方的士兵有两千名成为俘虏。执政官再次攻下波拉(Bola),萨姆奈人的酋长杰留斯·盖尤斯(Gellius Gaius)带着六千名士兵出现,发生一场惨烈的会战,杰留斯成为俘虏,很多萨姆奈人被杀,只有少数逃得性命。执政官在获胜以后占到很大的优势,接着要与索拉(Sora)、哈庇纳(Harpina)和塞伦尼亚(Serennia)这些被敌人据有的城市重新恢复联盟的关系④。

91 这一年即将结束,菲里克利(Pherecles)成为雅典的执政官,罗马选出巴布留斯·森普罗纽斯(Publius Sempronius)和巴布留斯·苏尔庇修斯(Publius Sulpicius)担任执政官⑤;伊利斯举行第一百一十九届奥林匹亚运动会,科林斯的安德罗米尼斯(Andromenes)赢得赛跑的优

① 下面连接第 101 节的叙述。

② 这里开始接续第 80 节的记载,有关的情况参阅利瓦伊《罗马史》第 9 卷第 44 节。

③ 亚杰·法勒努斯(Ager Falernus)位于康帕尼亚的北部,就在亚杰·斯提拉蒂努斯(Ager Stellatinus)西边不远处,利瓦伊提到萨姆奈人对这个城市发起突击。

④ 利瓦伊《罗马史》第 9 卷第 44 节,提到这一年发生 3 场会战,第一场没有产生决定性的战果,另外两次都是罗马获胜,分别夺得对方 21 面和 26 面队标。利瓦伊认为罗马的军队占领波维阿隆(Bovianum)是在第二次会战之后,萨姆奈人的领导者是斯塔久斯·杰留斯(Statius Gellius),3 个城市是索拉、阿庇隆(Arpinum)和西森尼亚(Cesennia)。

⑤ 利瓦伊《罗马史》第 9 卷第 45 节,提到前 304 年罗马的执政官是巴布留斯·苏尔庇修斯·萨维里奥(P.Sulpicius Saverrio)和巴布留斯·森普罗纽斯·索弗斯(P.Sempronius Sophus)。

胜。就是这些官员在职期间(前304年),德米特流斯围攻罗得岛①,海上的进犯失利决定从陆地发起攻击。他从各地供应大批各式各样的材料,建造出前所未见巨大尺寸称为塔台②的机具。基础是一个四方形的平台,每边的长度是五十肘尺③,全部都是截面正方的巨大木材,再用铁栓结合起来加以固定;内部的下层空间用横木分隔成一肘尺宽的位置④,可以让一大群人站在里面推动机具前进。塔台建好以后架在八个巨大的实心车轮上面可以移动,车轮外缘的宽度是两肘尺,上面覆盖沉重的铁板。特别构建前所未见的转轴装置,使得塔台很容易向任何方向运动。从平台四个角落向上升起的木梁长达一百肘尺⑤,稍为向内侧偏移,建好的楼层看起来是下大上小梯形结构。

整个机具的高度是九层,第一层楼的面积是四千三百平方尺,顶端这一层缩小到九百平方尺。塔台有三个面暴露在敌方攻击之下,全都在外部装上铁板,不会受到火攻所带来的损害。每一层楼的正面都有射孔,形状和大小要适合个别投射武器的特性。所有的射孔都有窗板,有一种机械装置控制它的开启和关闭,用来保护在内操作武器的人不会受到外来的伤害;窗板的外面铺上兽皮缝合起来将羊毛填塞进去,可以抵挡从抛射器投出的石块造成的

---

① 这里开始接续第88节的记载。有关罗得岛的围攻作战参阅普鲁塔克《希腊罗马名人传》第21篇第1章《德米特流斯》第21—22节,特别提到战争坚持下去的主要原因,在于罗得人捕获一艘船,上面装载德米特流斯的妻子斐拉运来的衣物、摆设和写给他的书信,被他们将这些东西呈送给托勒密,使得德米特流斯极其愤怒。

② 参阅本章第48节及注释135。魏特鲁乌斯《论建筑》第10卷第16节,提到雅典的伊庇玛克斯负责建造这座塔台。参阅普鲁塔克《希腊罗马名人传》第21篇第1章《德米特流斯》第21节。

③ 大约75尺。塔恩《希腊民族军备发展史》第15—16页,提到使用马其顿肘尺,所有的尺寸要减少30%。

④ 宽度约为18英寸,容纳一个人站立的空间。相互交叉的横木位于平台的下方,让成列的人员在塔台的内部推着这些横木使得整个机具向前移动。

⑤ 塔台的高度约为150英寸,顶层的面积为30英寸的正方,底层的面积是65.5英寸的正方。如果平台是75英寸的正方,塔台的底层会留出5英寸宽的边缘。

打击。每一层的楼面都有两道很宽的楼梯，一道向上另一道向下，上下楼梯要保持秩序，行动小心不要造成混乱。要从整个军队挑选人员才能让塔台移动，需要的人力支持超过三千四百人①；有些人安排在机具的内部，还有一些人的位置在后面，大家一起用力推它前进，精巧的装置对于移动有很大的帮助。

他还建造有顶盖的披屋，有些可以保护正在进行的填壕作业，其他可以用来安放攻城锤，或是覆盖整个通道使得人员的工作和进出获得安全的保障。他计划将已经准备好的攻城机具向前推进，运用船上的水手清理出一块有四斯塔德正方的场地，宽度足够涵盖敌方七座塔楼和六个幕壁的正面，在这里聚集的工匠和劳工数目不少于三万人。

92

任何事情只要有足够的人力，都会比预定的时期提早完成；德米特流斯的进度的确让罗得人感到惊慌；不仅是攻城机具的庞大无比和军队的人数众多，特别是国王指导围攻作战的精力和智慧。就是因为他具备一个总工程师的技巧和手艺，才会被大家称为 Poliorcetes②；他对于攻击展现强大的优势和无比的力道，就被围者而言没有任何城墙坚固到足以提供安全。无论就体魄的强壮和容貌的英俊，都让他展现出英雄的威严，即使那些陌生人从一段距离之外走过来，看到这样一位全身皇家装饰的美男子③，情不自禁停下脚步对他凝目注视。他表现出高傲和自大

① 无论他们是轮番从事这些工作，还是这个数字包括所有的人用来移动这些机具、木塔或披屋，如果就一个人占用的面积为 5 平方英尺来计算，3400 人就需要 17000 平方英尺的空间，就比塔台的面积大 3 倍都不止。

② Poliorcetes 意为"城市围攻者"，有关德米特流斯的性格、容貌、气质和风度，参阅普鲁塔克《希腊罗马名人传》第 21 篇第 1 章"德米特流斯"第 2—4 节，提到他的品德最令人津津乐道之处，在于他对父母始终保持孺慕之情的孝顺。

③ 普鲁塔克提到他的面貌极其俊美，可以说是世所罕见，画家和雕塑家费尽心血的作品也难相比拟，欧里庇德斯对亚西拜阿斯的赞誉可以用在他的身上：其人如玉树临风，年华则秋茂春荣。

的神情,不仅轻视一般人就连皇室和贵族都不放在眼里;最特别之处是他在和平时期感到无所事事,就会用醇酒美人来发泄剩余的精力,他的言行举止都拿神话中的狄俄尼索斯当成效仿和模仿的对象;等到他投身战争就会变得积极主动而且头脑清醒,无论是他的身体或是心灵全部贯注在任务上面。德米特流斯在扮演工匠这种角色的时候,他的手艺是如此的博大雄伟,表现出王者的气势,在历史上真可以说是前无古人后无来者。他让当时最大的船只下水航行①,是在这次围城作战以后的事,那时他的父亲已经过世。

93 罗得当局看到敌人从事围城工作的进展,目前的城墙受到攻击就会失去防御的功能,立即在内侧兴建相互平行的第二道城墙,所需的石块来自剧院的外墙以及相邻的房屋,还有一些庙宇都被拆除,他们向神明立誓等到城市获得拯救,要全部重新兴建较原有更为雄伟壮观。他们派出九艘战船,指挥官奉到命令是可以朝任何方向航行,出乎敌人意料之外将遭遇的船只击沉,或是掳获几艘带回城市。他们在出海以后分为三个组,达摩菲卢斯(Damophilus)带着罗得人所称的"哨戎船"航向卡帕索斯(Carpathos)②;发现那里有很多艘德米特流斯手下的船只,他用船头的撞角将有些船只击沉,有些船只他将有用的船员挑选带走以后,再让它们搁浅或是放火烧掉,还有几艘运送谷物到敌方的船只被他带回罗得岛。

麦内迪穆斯(Menedemus)率领三艘轻型无甲板的船只,扬帆向吕西亚

---

① 普鲁塔克提到德米特流斯拥有 13 排划桨的战船,是那个时代最大的船只,只是没有说明它的尺寸和体积。后来托勒密·斐洛佩托建造一艘 40 排划桨的艨艟巨舰,长度是 280 肘尺,可以容纳 400 名士兵和 4000 名划桨手,这种船只能摆摆样子派不上用场,不像德米特流斯的巨型船只可以参加作战。

② 卡帕索斯是位于罗得岛和克里特岛之间的岛屿。

的帕塔拉（Patara）前进；发现一艘锚泊的船而且船员都在岸上，他就纵火将船烧毁；他捕获很多装载谷物送到军队的运输船，在他的押解之下回到罗得岛的港口。他还捕获一艘从西里西亚来到此地的四层桨座战船，船上有皇家的袍服和各种器具，这是德米特流斯的妻子斐拉花很大的功夫制作，派人送给她的丈夫①的。后来达摩菲卢斯将这些衣物送到埃及，因为紫色的长袍只有国王可以穿着；他将这艘船拖到岸上，无论是这艘四层桨座战船或其他遭到掳获船只的船员，全部当成奴隶出售。阿明塔斯指挥剩余的三艘船来到几个岛屿，攻击很多艘载运材料制造攻城机具的运输船，有些沉没有些被他带回城市。在这些船只上面他还俘虏十一位著名的技师，他们善于制造投射武器和各种类型的弩炮。

因此，等到罗得当局召开市民大会，有人提出建议要推倒安蒂哥努斯和德米特流斯的雕像，认为对围攻者和恩主给予同等的礼遇，岂不是让人感到荒谬。当局认为这些人犯下大错，表示愤怒并且给予谴责，只要考虑到命运的无常和本身的利益，最明智的决定就是对安蒂哥努斯保持应有的尊敬。他们的宽宏大量以及从事民主政治的稳妥行动，赢得所有的城邦给予喝彩，也让围攻者觉得未能顾及双方的友谊感到后悔；因为安蒂哥努斯要让希腊所有的城市获得自由，他们竟然对恩主不表示善意，等到对方要奴役这座城市，他们用实际的行动证明他们始终要报答赐予的恩惠。倘若命运的突然改变像是战争的结果是罗得岛被敌人占领，这时就会对这种不幸的情况产生保护的作用，因为胜利者会记得一直保持的友谊，对于他们的处置就会很宽大，甚至还会赦免他们犯下的过失。因此，罗得人对于这些事情尽可能采用极其谨慎的做法。

---

① 参阅本章第 53 节。

94 德米特流斯要用挖掘坑道的方式破坏基础让城墙倒塌,有一位逃兵告诉被围的守军,说是对方要经由地下的通道进入城市。于是罗得人开挖很深而且与城墙平行的壕沟,赶在城墙倒塌之前很快进行对壕作业,要与他们的对手在地下接触发生肉搏近战,阻止他们继续深入。现在双方对于地下的坑道给予密切的注意,德米特流斯的手下想要贿赂奉罗得当局之命负责警卫工作的阿瑟纳哥拉斯(Athenagoras),这个米勒都斯人是佣兵指挥官①,托勒密派他前来加强城市的守备。对方答应成为叛徒,要求德米特流斯派遣一位阶级较高的人员,在夜间经由地道进入城市,事先探明士兵集结的位置。这样一来给德米特流斯带来很大的希望,他在会议当中提到这件事,国王派出他的朋友马其顿人亚历山大执行任务,结果他在通过地道的时候被罗得人抓住。他们将一顶金冠戴在阿瑟纳哥拉斯的头上,赠送他价值五泰伦银两的礼物,他们这样做的目的是要激起其他的人士,像是佣兵和外来者对城市恪尽忠诚的责任。

95 德米特流斯完成攻城机具的建造,城墙前面的空地全都清理干净,就将巨大的"塔台"装设在中间,指定八座披屋的位置用来保护挖掘坑道的人员。塔台的两边各有四个披屋,彼此连接起来形成一个有掩盖的通道,工作人员的进进出出执行指定的任务都很安全;他还建造两个更为巨大的披屋,用来架起极其沉重的攻城锤。每个承载攻城锤的木架高度有一百二十肘尺,外面包着铁皮,打击的力度如同船头的撞角在全速之下的冲撞;攻城锤的向前移动非常容易,整个机具架在车轮上面,进入战场和操作需要的兵员不少于一千人②。他开始推进这些机具前去攻

---

① 参阅本章第88节。

② 攻城锤的长度有180尺,用上铁质的锤头真可以说是无坚不摧。罗马的军队在前149年使用这种机具,时间要比迦太基人更早,参阅阿庇安《罗马史:布匿战争》第98节。

打城墙,塔台的每一层都安置体积适当的投射武器和弩炮①,他的舰队已经就位开始攻击港口和邻近地区,出动所有的步兵部队,让每一段的城墙都有负责的单位。然后在一声号令之下全军发出惊天动地的战斗呐喊,他要从四面八方向城市发动攻击。

就在他的攻城锤和抛射器使得城墙震动不已的时候,尼多斯的使者抵达,恳请他暂停攻击,让他们说服罗得当局接受他提出的要求。国王下令停止接敌的行动,使者不断来回进行细节的交涉和谈判;到最后还是无法达成任何协议,重新发起的围攻作战变得更加积极。德米特流斯让最坚固的塔楼在重击之下崩塌,须知这些塔楼的建筑材料是方形的巨大石块,整片幕壁全被打得粉碎,使得城市里的部队无法在城墙的雉堞之间安全通行。

96 就在同个时期,埃及国王托勒密派出大量船只,运送三十万斗②的谷物和豆类给罗得人。运输的船队正在向城市航行的途中,德米特流斯派出水师拦截,准备在掳获以后带到自己的营地。这时刮起有利于埃及人的顺风,使得船帆全部张开,很快进入对他们友善的港口,德米特流斯的战船无功而返。卡桑德将一万斗大麦运到罗得岛,黎西玛克斯送来四万斗小麦和同样数量的大麦。城市在获得大量补给品以后,原来已经意志消沉的守军,立即恢复高昂的士气和斗志。他们下定决心争取优势,先要摧毁敌人的攻城机具,于是准备大量的火箭,将所有的投射装置和弩炮架设在城墙上面。到了夜晚第二个时辰,他们突然用如同阵雨的火箭射向塔台,还有各种投掷武器用来杀死赶到现场的人员。

---

① 参阅本章第 48 节。
② 埃及斗的容量相当于希腊斗,比起蒲式耳要大一些。

完全未曾预料会有攻击发生，德米特流斯得知构建好的攻城机具出了问题，赶紧前去了解情况。这是一个无月的黑夜，无数的火箭和带着火焰的标枪从空中穿过，使得四周一片明亮，弩炮和投射装置发射沉重的投矢，肉眼根本无法辨识，让人防不胜防带来很大的伤亡。还使得塔台上面装置的铁板发生脱落，会让机具的木结构暴露在火箭的攻击之下。德米特流斯害怕火势蔓延开来烧毁整个机具，很快带人赶去进行抢救，运用早已准备放置在附近的水源，熄灭开始燃烧的大火。他最后下令吹起号角发出信号召唤所有的人员，他们尽全力将机具拖到后面，保持在投射武器的射程之外。

97 天明以后他命令营地的随营人员，出来捡拾罗得人投掷的标枪和射出的箭矢，可以用来估算城市现有的部队和可用的武器。他的命令很快执行，经过统计有八百种不同尺寸的火箭，以及一千五百根弩炮发射的投矢。夜间能在很短的时间发射这么多的箭矢和投掷这么多的标枪，他对这座城市拥有的资源感到不可思议，守军运用这些武器竟然如此浪费。

德米特流斯马上修理已经损坏的装备，尽力安葬死者和照顾伤员。这时城里的民众对围攻机具发动袭击以后，获得短暂休息的机会，接着构建第三道新月形的城墙，整个周长之内的所有部位都会受到敌人的攻击，处于危险的状态；他们为了万全起见仍然要挖一道深壕，围绕城墙已经倒塌的部分，使得国王无法运用重装步兵，很轻易从缺口发起突击打进城内。他们任命阿明塔斯担任指挥官，率领几艘航速最快的船只前往亚洲的佩里亚（Peraea）①，途中遇到德米特流斯派出的海盗船。阿明塔斯认为他手下

① 佩里亚就字义来说是"对面的陆地"，这是罗得人在卡里亚的属地，正好面对岛屿。

三艘无甲板的快船要比对方占有优势,经过短暂的海上战斗,他们打败敌人掳获对方的船只连带上面的船员,其中包括海盗头目泰摩克利。他们还遇到一些商船捕获不少载运谷物的轻型船舶,他们让这些船只以及海盗的无甲板快船,趁着夜色的掩护进入罗得岛的港口,能够逃过敌人的发觉。德米特流斯将损坏的装备修复以后,就将攻城机具向着城墙推进。他对于消耗大量投射武器毫不在意,将配置在雉堞后面的守军全部赶走,运用攻城锤用力冲击城墙的接合部分,推倒两面连接塔楼的幕壁;这时城市的部队要防守两个塔楼之间的缺口,就会与敌人发生面对面的肉搏近战,结果是使得他们的首领安纳尼阿斯(Ananias)在负隅顽抗的战斗中被杀,还有很多士兵送掉性命。

98 就在这些事件陆续发生的时候,埃及国王托勒密运送谷物和其他补给品到罗得岛,数量不会比上次少①,还有一千五百名士兵,他们的首领是马其顿人安蒂哥努斯。就在这个时候,雅典和其他希腊城市派出五十名使者前来觐见德米特流斯,提出要求请国王与罗得当局进行商议。为了达成休战协议,他们对城市以及德米特流斯提出很多不同说法的论点,当然不可能得到双方的同意;这些使者还是没有达成所希望的目标无功而返②。

德米特流斯决定在夜间通过城墙的缺口对城市发起攻击,挑选身体强壮和最适合这种作战方式的士兵共有一千五百名。他在夜间第二时辰下达命令要他们衔枚疾走;他自己早已下令给部署在两边的人,大家只要收

---

① 上次运送的谷物是300000斗。

② 普鲁塔克《希腊罗马名人传》第21篇第1章"德米特流斯"第24节,特别提到罗得人在战争中一直激烈抵抗,德米特流斯为了找台阶能够撤军,诱使雅典派出代表团前来说项,讲和的条件是罗得当局要与安蒂哥努斯和德米特流斯签订盟约,然而马其顿要是与托勒密发生战争,他们可以保持中立。

到他的信号一致发出战斗呐喊,分别从陆地和海上对城市展开进攻。他们都在执行命令,那些前去攻击城墙的部队,等到在堤道上面派出前卫以后,已经进入城市占领剧院所在的地区;罗得岛的官员得知发生的情况,看到整座城市陷入混乱之中,命令在港口或在城墙上面的人员,要他们坚守岗位阻止敌军从城外发起的攻击,他们会率领由精锐先锋组成的分遣单位,配合新从亚历山德拉到达的援军,歼灭对方已经进入城市的部队。德米特流斯在白昼升起旗帜,那些攻击港口和部署在城墙四周的人,就要大声发出战斗呐喊,让那些占领部分剧院地区的士兵受到鼓舞;城市里面成群的儿童和妇女,全都害怕得流出眼泪,认为他们的城市已经陷落。

即使如此,已经进入城市的士兵和罗得人之间爆发战斗,双方都有很多人阵亡。开始的时候没有一边愿意后退一步,后来罗得人的数量不断增加,面对危险毫无畏惧,因为他们是为保国卫民而战,所以不惜任何牺牲;在另一方面国王的手下陷入痛苦之中,他们的指挥官亚西穆斯(Alcimus)和曼蒂阿斯(Mantias),身体多处受伤因而丧生,还有很多人在肉搏近战中被杀或是成为俘虏,只有少数幸存者能够逃回国王的身边。同样有很多罗得人死于激烈的战斗,其中有他们的统领达摩特勒斯(Damoteles),英勇的行为赢得不朽的声名。

99 德米特流斯对于功败垂成的夜袭深有领悟,命运女神从他手里抢走夺取城市的荣誉,他要重新进行围攻作战的准备工作。这时他的父亲写信给他,提到目前最好的处理方式,就是与罗得岛的当政者坐下来协商,他等待有利的机会为解决问题提供言之有理的借口。托勒密曾经发函给罗得当局,首先提到他送给他们大量谷物和三千名士兵,然后劝他们尽可能以对等的条件与安蒂哥努斯协议,各方面都希望这场战事能够和平解决。就在这个时候,艾托利亚联盟派遣使者催促双方和平谈判,罗得当局和德米特流斯同意下述条件达成协议:城市拥有自治权利不接受驻防军,所有的税收和岁入自行运用;罗得当局与安蒂哥努斯缔结同盟关系,要是后者与托勒密发生战争罗得保持中立;他们送出三百位市民作为人质,名单由德米特流斯核定,官职人员应予豁免不列入其中①。

100 罗得岛的人民经历一年的围攻以后,终于能够结束战争。举凡证明自己在战场是勇士的人,他们会获得应有的奖励和尊荣,还会同意将自由和市民权颁给那些作战奋不顾身的奴隶。他们竖起卡桑德王和黎西玛克斯王的雕像,虽然这两位对城市的救援有很大的贡献,一般的意见是还要屈居次位,罗得人对于托勒密要用前所未有的尊荣报答他的恩德,他们派遣一个神圣的使节团前往利比亚,罗得岛的人民提出建议就托勒密封神一事,请求阿蒙颁布神谶指点迷津。神谶给予同意的答复,他们就在城市里面奉献一块正方形的圣地,每边建起长达一斯塔德②的柱廊,将这个地方称为托勒密姆(Ptolemaeum)。他们重建剧院,城墙倒塌的部分以及其他区域遭到摧毁的建筑物,使得比起以往更为华丽和壮观。

德米特流斯遵从他父亲的指示,在与罗得人谈和解决双方的争议以后,率领整个舰队扬帆离开,通过附近的岛屿到达皮奥夏的奥利斯,所有的船只在该地停泊。他的意图是要让希腊人民获得自由(这个时候的卡桑德和波利斯帕强正在蹂躏希腊大部分地区,他们的恶行还能免予追究和议处),首先让卡尔西斯这座城市享有自治的权利,虽然皮奥夏人在这里有驻防军,他还是让皮奥夏地区的城市市民感到畏惧,迫使他们与卡桑德断绝

---

① 参阅普鲁塔克《希腊罗马名人传》第21篇第1章"德米特流斯"第22节,只是双方的条件没有提到人质的问题。

② 柱廊的长度是600尺。

友谊关系;接着他与艾托利亚签署同盟协议,开始准备工作要与波利斯帕强和卡桑德宣战①。

就在发生这些事件的时候,博斯波鲁斯国王优密卢斯统治六年以后亡故②,他的儿子斯巴达库斯(Spartacus)③继承王国,在位的时间有二十年。

101

我们已经细心检视希腊和亚洲发生的事件,现在的叙述要转向人类居住世界的其他部分。

西西里的情况,虽然黎帕拉群岛的居民没有不法勾当,一直与阿加萨克利和平相处,然而后者不予警告发航前去征讨,强制征收五十泰伦的银两。前面曾经提过这是神明获得的报酬,阿加萨克利犯的罪行是将神圣的物品据为己有。黎帕拉人要求宽限一些时间支付所要的金额,还说他们从来没有将神圣的奉献品用于不法的行为,阿加萨克利逼迫他们要在大会堂交出这批宝藏,可以看到银块上面分别打着伊奥卢斯或赫菲斯托斯的铭记;他到手以后立即扬帆出发;谁知刮起一阵风暴使得七艘载运金钱的船只沉没。对于很多人来说这个地区的神明是风的主人,立即在他开始发航后就施以可怕的报复。最后赫菲斯托斯会在他的家乡惩罚他,针对僭主极其邪恶的行为,拿出神的名义将他放在冒着烈焰的煤炭上面活活烧死④;那些将父母从伊特纳救出的人⑤,神明不让他们受到迫害,为了主持正义让他拥有适当的权利,找出那些对赫菲斯托斯的神庙犯下亵渎罪行的

---

① 下面连接第 102 节的叙述。

② 优密卢斯的统治参阅本章第 22—26 节。

③ 斯巴达库斯这个名字出现在钱币和铭文上面,雅典在前 289 年颁布敕令表扬斯巴达库斯的义举(现存刻有敕令的石碑),因为他赠送大批谷物解救陷入饥荒的城市。

④ 有关阿加萨克利亡故的情节,参阅本书第二十一章残卷第 16 节。

⑤ 安菲诺穆斯(Amphinomus)和安纳庇亚(Anapia)在伊特纳火山爆发的时候,前去救援陷入危险当中的双亲,喷火会暂时停止给他们留出一条通路;参阅塞尼卡《论恩惠》(De Beneficiis)第 3 卷第 37 节和鲍萨尼阿斯《希腊风土志》第 10 卷第 28 节。

恶徒。

不过，我们会在适当的时机，提到灾祸降临到阿加萨克利的头上，行动的本身就会证实我们所说的话，只是现在我们要谈一谈毗连意大利这一部分所发生的事件①。

罗马人和萨姆奈人经过二十二年六个月的战争②以后，终于派出使者开始谈和；执政官巴布留斯·森普罗纽斯率领一支军队侵入伊克利人（Ae-cli）③的国土，在五十天之内占领四十个城市，迫使整个部族降服于罗马，班师还朝举行凯旋式赢得各方的赞誉。罗马当局与马西人、帕利吉尼人和马鲁斯人缔结联盟关系④。

102 这一年即将结束，李奥斯特拉都斯（Leostratus）成为雅典的执政官，塞维乌斯·高乃留斯（Servius Cornelius）和卢契乌斯·吉努修斯（Lucius Genucius）当选罗马的执政官⑤。就在这些官员任职期间（前303年），德米特流斯的构想是要对卡桑德发起作战行动，让希腊的城市都能获得自由；他在开始就对希腊的事务，按照急缓的程度计划执行的先后次序，他相信希腊的解放会给他带来最高的荣誉，同时他认为在攻击卡桑德之前，必须除去普里披劳斯（Prepelaus）⑥和其他的领导人物，如果卡桑德还不出兵前来援救，他就进军马其顿结束整个战事。埃及国王托勒密在西赛昂有一支驻防军，声名显赫的将领菲利浦负责指挥。德米特

---

① 下面提到西西里的事务是在本书第二十一章第2节。

② 参阅利瓦伊《罗马史》第9卷第45节，这里开始接续第90节的记载。

③ 使用拉丁文的作家通常称他们是伊奎人（Aequi）或伊奎柯利人（Aequicoli），希腊史家称之为埃科伊人（Aikoi）或埃科诺伊人（Aikanoi）。参阅利瓦伊《罗马史》第9卷第45节。

④ 下面连接第104节的叙述。

⑤ 这里开始接续第100节的记载，有关的情况参阅普鲁塔克《希腊罗马名人传》第21篇第1章"德米特流斯"第25节。

⑥ 参阅本书第十九章第64节。

流斯在夜间对这座城市突然发起攻击,打开一条通路进入城内。驻防军逃进卫城避难,德米特流斯据有全城,占领住宅区和卫城之间的区域,就在他对使用攻城机具犹豫不决之际,驻防军陷入惊慌,愿意放下武器投降,谈好条件让他们返回埃及。

德米特流斯将西赛昂的民众迁移到他们的卫城,拆除与港口相邻的部分城市,因为所处的位置不够安全;然后他帮助城市的民众兴建所需的房屋,重新恢复拥有自由权利的政体,他从受恩深重的人民那里获得有如神明的礼遇;诸如他们将这座城市称为德米特瑞阿斯(Demetrias),投票通过议案要为他奉献牺牲和举行节庆祭典,每年举办运动会,以及将他视为城市的奠基者授予其他的尊荣。不过,时间的连续会被情况的改变所打断,表达的敬意很快失去效用;西赛昂的人民获得更加安全的位置,在那里生活一直到我们这个时代①。卫城包围的区域地势平坦而且面积广阔,四周是险峻的悬崖很难攀登,无论在哪一边攻城机具都无法接近;再者,充沛的水源有助于兴建植物茂密的花园,国王在他的规划当中要储备大量粮食,平时的供应方便到了战时可保安全无虞。

103 德米特流斯在西赛昂的事务处理完毕以后,率领全军向科林斯前进,这时城市在卡桑德的将领普里披劳斯的控制之下。开始就获得一些市民的内应,夜间通过一座便门据有城市和港口,该地的驻防军有的逃到西昔菲姆(Sisyphium)②,还有一些进入阿克罗科林斯(Acrocorinth);他带着攻城机具用来对付这个坚固的要塞,发动猛攻在受到惨重的损失以后夺取西昔菲姆。等到这些人逃进被他们占领的阿克罗科林

---

① 参阅鲍萨尼阿斯《希腊风土志》第 2 卷第 7 节以及斯特拉波《地理学》第 8 卷第 6 节。

② 西昔菲姆位于阿克罗科林斯的斜坡上面,正在派里尼(Peirene)的下方。

斯,他用威胁的方式迫使守军投降交出城堡;因为国王对建造围攻的装备有高明的指导,他发起的突击几乎无人能够抗拒。他如同以往让科林斯获得自由的权利,带着一支驻防军进入阿克罗科林斯,市民希望城市在国王的保护之下,直到他与卡桑德的战争结束为止。普里披劳斯在羞辱之中被赶出科林斯,率领残余的军队撤回卡桑德的地盘;这时德米特流斯向亚该亚进军,发动突击夺取布拉(Bura),让他们的市民恢复自治;然后在几天之内占领西鲁斯(Scyrus),驱逐该城的驻防军。

接着对亚该亚的奥考麦努斯发起作战行动,命令驻防军的指挥官斯特罗姆毕克斯(Strombichus)开城投降。后者根本不理对方提出的最后通牒,还站在城墙上面用侮辱的言辞恣意谩骂。国王运用带来的机具破坏城墙,全军一鼓作气夺取城市。斯特罗姆毕克斯是波利斯帕强派出的驻防军指挥官,加上还有八十多位对他怀有敌意的人士,德米特流斯用磔刑将他们钉死在城市的前面,还有两千多名佣兵成为俘虏,全部编进自己的部队。等到城市陷落以后,那些配置在近郊一些据点的部队,知道无法逃出国王的掌心,他们奉上这些要塞表示愿意归顺。举凡守备这些城市的部队全都自动撤离,那是德米特流斯率领一支大军带着无坚不摧的机具快要接近,也与卡桑德、普里披劳斯和波利斯帕强不愿前来援助和支持大有关系。

这些就是德米特流斯的情况和面对的情势①。

104 这个时候的意大利②,塔伦屯的市民大会发起对卢卡尼亚和罗马的战争,他们派遣使者前往斯巴达,要求给予援手以及

---

① 下面连接第 106 节的叙述。
② 这里开始接续第 101 节的记载。

同意派出克里奥尼穆斯（Cleonymus）①担任他们的将领。拉斯地蒙人当然会同意他们的要求，塔伦屯人准备所需的金钱和运输的船只，克里奥尼穆斯在拉柯尼亚的提纳朗招募五千名佣兵②，立即发航前往塔伦屯。他在那里还集结其他的佣兵，概等上次招募的数目，除此以外征召市民计有两万名步卒和两千名骑兵。他赢得意大利大多数希腊城市和梅撒庇安人（Messapians）③的支持。

这时已经有一支强大的军队在他的指挥之下，卢卡尼亚人在惊惧之余要与塔伦屯人建立友谊；梅塔朋屯的人民不愿投向他的阵营，克里尼穆斯说服卢卡尼亚人侵梅塔朋屯的疆域，威胁对方要发起同时的攻击。等到他像一个朋友那样进入城市，强制征收超过六百泰伦的银两；他要出身世家的两百位少女充当人质，并非要为城市的忠诚提出保证，在于满足个人的肉欲④。他抛弃斯巴达极其简朴的服装要过奢华的生活，把那些信任他的人当成奴隶；虽然他有如此强大的军队和充分供应的补给，对于斯巴达而言毫无一点价值。他计划入侵西西里，推翻阿加萨克利的暴政，恢复希裔西西里人的独立和自由；作战行动目前搁置下去，于是他向着科孚发航，占领城市以后强征大批金钱，同时安置一支驻防军，抱持的打算是用这座城市当成基地，等待机会要参与希腊的事务。

① 克里奥尼穆斯是斯巴达国王克里奥米尼斯二世的儿子，因为专制和暴虐的性格，使得阿里乌斯一世受到推举成为国王，所以他与市民之间积怨很深，拉斯地蒙人很想摆脱这个祸根，当然同意他到其他城邦出任将领。参阅普鲁塔克《希腊罗马名人传》第 11 篇第 1 章"皮洛斯"第 26 节，鲍萨尼阿斯《希腊风土志》第 3 卷第 6 节，须知塔伦屯最早是斯巴达人建立的殖民地。

② 提纳朗一直都是佣兵集中等待招募的根据地，参阅本书第十八章第 21 节。

③ 梅撒庇安人是意大利的一个部族，据有意大利半岛的足趾部，与塔伦屯人隔邻而居。

④ 参阅杜瑞斯《希腊史籍残卷》No.76 第 18 节，以及阿昔尼乌斯《知识的盛宴》第 13 卷第 84 节。

105 很快德米特流斯·波利奥西底(Demetrius Poliorcetes)和卡桑德都派使者前来见他,向他提出缔结同盟的建议,这时克里奥尼穆斯全都拒绝;等他得知塔伦屯和其他的城市发生叛变,他在科孚留下一支相当实力的驻防军,率领其余的军队用最快的速度回航意大利,对于公开抗命的人士给予严惩。他停泊船只让部队登陆的地区有蛮族在防守,夺取城市将人民当成奴隶出售①,纵兵在四周的乡野进行掠夺。他开始围攻一个名叫垂欧庇姆(Triopium)②的城市,捕获三千名俘虏。就在这个时候,地区所有的蛮族完成集结,利用黑夜的掩护攻击他的营地,随后发生的会战当中,他们杀死克里奥尼穆斯的手下有两百多人,还有一千人成为俘虏。会战的时候发生暴风雨,靠近营地锚泊的船只有二十艘沉没。克里奥尼穆斯在遭到双重灾难以后,率领军队登船航向科孚③。

106 这一年即将结束,奈柯克利(Nicocles)成为雅典的执政官,马可斯·利维乌斯(Marcus Livius)和马可斯·伊米留斯(Marcus Aemilius)当选罗马的执政官。就在这些官员任职期间(前302年),马其顿国王卡桑德看到希腊人的权力正在高涨④,所有的战争就会拿马其顿当成目标,所以他对未来的发展感到忧心忡忡。他派遣使者到亚洲

---

① 从原文来看这个城市像是塔伦屯;我们知道这里的人民没有出售为奴的记录,很可能是一座失去名字的城市。利瓦伊《罗马史》第10卷第2节,提到克里奥尼穆斯纵兵洗劫休里伊(Thuriae),只知道这个城市位于塔伦屯湾的东海岸,要到下一年才纳于塔伦屯的版图之内。

② 垂欧庇姆的确实位置不得而知。

③ 狄奥多罗斯对于克里奥尼穆斯的后续情况没有给予记载,要想了解他在科孚的作战行动,参阅利瓦伊《罗马史》第10卷第2节。

④ 因为这些城邦与德米特流斯·波利奥西底建立同盟的关系。这里开始接续第103节的记载,有关的情节参阅贾士丁《马其顿王朝史》第15卷第2节以及欧罗休斯《世界通史》第3卷第23节。

去见安蒂哥努斯,提出要求愿意与他达成协议。安蒂哥努斯的答复是他只认同一种解决办法,就是卡桑德必须交出所有一切向他投降;卡桑德在惊慌之余召唤色雷斯的黎西玛克斯前来商量,就双方最为重大的利益采取一致的行动;卡桑德有个不变的习惯,每逢遭遇棘手的问题,总是要求黎西玛克斯给予援助,一方面是彼此的性格和作风相近,一方面是他的王国与马其顿相邻。两位国王就利害相关的事项进行讨论以后,派遣使者去见埃及国王托勒密和上行省的统治者塞琉卡斯,告知安蒂哥努斯的答复表现傲慢的态度,以及战争发生以后对大家带来的危险。同时还特别提到只要安蒂哥努斯控制马其顿,立刻会从其他人的手里拿走所属的王国;他只要将权力抓在手里就据为己有不肯与人分享,类似的情况可以说是屡见不鲜。他们认为在共同计划之下联合起来对安蒂哥努斯发起战争,会给大家带来更大的利益。托勒密和塞琉卡斯相信他们所言非虚,同意提出的合作构想,接着与卡桑德进行安排,相互以强大的军队给予必要的援助。

107 然而,卡桑德认为不能坐待敌军发起攻击,更好的方式是他采取主动发起作战行动,掌握运用优势的机会歼灭对手。因此,卡桑德将一部分军队送到黎西玛克斯那里,指派普里披劳斯担任将领负责指挥[1],这时他自己率领其余的军队进入帖沙利,要对德米特流斯和希腊的城邦发起战争。黎西玛克斯带着军队渡过海峡从欧洲进入亚洲,兰普萨库斯和帕里姆(Parium)的居民自愿归顺,他让这两座城市拥有自由权利,等到他用武力夺取西格姆,就在该城安置一支驻防军。接着他交给普里披劳斯六千名步卒和一千名骑兵,派他前去用招降的方式,让伊奥利斯和爱奥尼亚地区的城市投向他的阵营;他的目标是要围攻阿布杜斯,同时

---

[1] 参阅贝洛克《希腊史》第 4 章第 1 节第 162 页注释 3。

着手准备投射武器、攻城机具和其他的装备；德米特流斯经由海上运来大量的士兵，帮助被围守军，使得他们的兵力足以保障城市的安全。

黎西玛克斯放弃原来的企图，要赢得海伦斯坡的弗里基亚这个行省的归顺，同时围攻皇家金库所在地辛纳达(Synnada)①。就在这个关键时刻，甚至说服安蒂哥努斯的将领多西穆斯(Docimus)转变立场，在他的支持和协助之下占领辛纳达和一些存放皇家财富的城堡。普里披劳斯这位将领奉到黎西玛克斯的派遣，前往皮奥利斯和爱奥尼亚地区，他在进军的途中占领埃德拉米屯(Adramyttium)，用发起围攻和威吓居民的方式让以弗所开城投降。发现当地有一百多位罗得岛的人质②，就将他们送回家乡；他让以弗所获得自由的权利，却将港口所有船只全部焚毁，因为敌人控制海洋，战争的结局还是难以预料。他确保提奥斯和科洛奉的人民，会听从他们的指示和追随他们的行动，由于增援部队从海上来到埃里什里和克拉卓美尼，使得他无法夺取这两座城市，就在洗劫整个地区以后向着萨迪斯进军。他在那里说服安蒂哥努斯的将领斐尼克斯背叛国王，他能控制整座城市只是卫城没有落到他的手里；因为安蒂哥努斯的一位朋友菲利浦③，负起防守那个重要据点的责任，而且这个人受到安蒂哥努斯的重用，对他更是忠心耿耿。

这是黎西玛克斯目前正在处理的事务。

———————

① 辛纳达的位置不在海伦斯坡的弗里基亚地区，可能是狄奥多罗斯引用数据的错误或者文字脱落的关系，那就是在"赢得这个行省的归顺"之后，加上"然后向着上弗里基亚进军，接着围攻辛纳达"。

② 参阅本章第99节，要罗得当局送出三百位人质。

③ 这位可能就是前314年安蒂哥努斯派到德米特流斯身边充当顾问的菲利浦，参阅本书第十九章第69节。

108 安蒂哥努斯准备在安蒂哥尼亚举办盛大的运动会和节庆，从各地邀请最著名的运动员和艺术家前来参加，提供丰富的奖品和入场费。等到他得知黎西玛克斯渡过海峡，他手下的将领有背叛降敌的行动时，立即停止各种活动，将不少于两百泰伦的金额，发给运动员和艺术家作为补偿。他率领军队从叙利亚出发，要用快速的进军去与敌人决一胜负。抵达西里西亚的塔苏斯，他发给全军每人三个月的薪俸，带走赛因达(Cyinda)①的财富，手里有充足的经费，三千泰伦使得军队不愁没有粮食供应。接着他越过陶鲁斯山脉向着卡帕多西亚进军；那些位于上弗里基亚和黎卡奥尼亚(Lycaonia)的城市，曾经背叛他现在又恢复以往的联盟关系。

黎西玛克斯听到敌军即将到来的消息，召开会议商量如何应付迫近的危险。他们的决定是不与敌人进行会战，却要占领坚固的阵地，用围栏和深壕保障营地的安全，以逸待劳应付敌人的攻势，一直要到塞琉卡斯率领部队从上行省来到，再采取下一步的行动，于是用积极进取的精神执行所做的决定。等到安蒂哥努斯的大军来到，率领部队列阵要与对方发起会战；没有人胆敢与他交锋，于是安蒂哥努斯占领一个要点，使得敌方的运输受到阻挠。黎西玛克斯害怕他的粮食供应会被切断，这时就全靠敌人的大发慈悲，于是他连夜撤收营地，用急行军向后退却四百斯塔德②，在多里利姆(Dorylaeum)附近设置营地；因为这个坚固的要塞储存大量的谷物和各种补给品，有一条河流对整个营地提供相当的保护，然后再用很深的壕沟和各种阻绝设施，加强守备的力量。

---

① 亚历山大将金库设置在赛因达，参阅本书第十八章第62节和第十九章第56节。
② 大约是44英里。

109 安蒂哥努斯得知敌军离去,马上发起追击;等到他接近对方的营地,由于没有出现会战的行动,他开始用一道深壕围绕敌人的营地,同时他派出弩炮和大批弓箭手,配合重装步兵的出击打算发起强攻。双方派出弓箭手为了挖掘壕沟发射大量的箭矢,黎西玛克斯的手下想要驱逐对方的工作人员,然而在任何情况之下安蒂哥努斯都能确保优势。随着时间的消逝,工程接近完成,被围者的粮食变得愈来愈稀少,黎西玛克斯等待一个大雷雨的夜晚,撤收营地离开以后经过高原地区要进入冬营。安蒂哥努斯在天明以后看见敌军的撤离,他的进军通过平原要与对方保持平行的态势。气候恶劣大雨如注,结果使得整个田野一片泥泞,使得他损失大批驮兽和一些人马,整个军队陷入极其困难的处境。国王希望他的士兵经历险阻艰辛以后获得充分的休息,加上冬季快要来到,于是他停止追击;要选择一个适合过冬的地方,将军队区分为几个部分,可以得到妥善的安置。

等到他接获信息,塞琉卡斯已经率领大军从上行省地区向着西方前进,他派遣一些朋友到希腊去见德米特流斯,吩咐后者尽可能带着军队前来与他会师;因为所有的国王现在联合起来要对他采取不利的行动,必须在欧洲的军队与他会合之前,采取所有的预防措施,免得被迫要与对方进行最后的决战。这时黎西玛克斯为了进入设在萨洛尼亚(Salonia)平原的冬营,他的军队同样也分散开来。他能从赫拉克利获得供应充足的给养,在于早已与当地的统治者建立婚姻关系;因为他娶了奥克西阿底的女儿阿美斯特瑞斯(Amestris),后者也是波斯国王大流士的侄女。阿美斯特瑞斯曾经是克拉提鲁斯的妻子,还是亚历山大做的媒人,后来这座城市就成为她的封地①。

———————

① 克拉提鲁斯后来遗弃阿美斯特瑞斯是为了娶斐拉,参阅本书第十八章第18节;斐拉在克拉提鲁斯死后嫁给赫拉克利的统治者狄奥尼修斯。等到狄奥尼修斯亡故她为着幼小的子女继续统治这座城市,直到嫁给黎西玛克斯,参阅斯特拉波《地理学》第12卷第3节。黎西玛克斯要娶阿西妮很快与斐拉离婚。

以上是亚洲的情况。

110

当时的德米特流斯逗留雅典不愿离去,非常热心要在伊琉西斯参加入会仪式和神秘祭典①。雅典的市民按照习惯先要决定举行的日期而且有相当长的准备时间,由于他的恩德可以说服大家改变祖先制定的规范。让他只身不带武器去见祭司,赶在正式的日期之前为他办理入会仪式和正式的神秘祭典,接着他离开雅典。首先他在优卑亚的卡尔西斯集中他的舰队和陆上部队;然后,得知卡桑德已经大举进军占领隘道,放弃从陆上向帖沙利前进的意图,搭载军队沿着海岸航行抵达拉立沙的港口②,士兵下船立即占领城市;夺取卫城以后将驻防军关在牢中派出警卫看管,让拉立沙的人民重新拥有自由的权利。接着他赢得安特罗尼斯(Antrones)和特利姆(Pteleum)的归顺③,正好卡桑德要运送迪姆和奥考麦努斯④的人民到底比斯,他阻止这种滥权和扰民的行为。

卡桑德看到德米特流斯的进展非常顺利,首先派出更强大的驻防军保护菲里和底比亚的安全;然后将全军集中在一个要点上面,加强营地的防御力量用来抗拒德米特流斯的攻势行动。卡桑德总共有两万九千名步卒和两千名骑兵。德米特流斯的手里有一千五百名骑兵、八千多名马其顿的

① 参阅普鲁塔克《希腊罗马名人传》第21篇第1章"德米特流斯"第26节,德米特流斯返回雅典,发函给城市让他完成入会仪式俾能参加神秘祭典,必须贯彻全程,应该立即办理不得有任何延误。他的要求违背古老的规定,类似的情况过去从来没有获得允许;因为每年Anthesteron月(2月)办理初级神秘祭典的入会仪式,正式的庄严祭典举行的时间在Boedromion月(9月),任何一位新入会的人员,每年年初经历初级入会仪式以后,才能参加正式的祭典。

② 这是位于弗昔奥蒂斯(Phthiotis)的拉立沙·克里马斯塔(Larisa Cremasta)。

③ 安特罗尼斯和特利姆都在弗昔奥蒂斯地区,位于拉立沙东北方相距不远。

④ 迪姆和奥考麦努斯是这个地区的城市,只是位置不得而知;由于过去遭到摧毁的底比斯,经过大家的同意成为名叫底比斯·弗昔奥泰德(Thebae Phthiotides)的城市,德米特流斯要想返回皮奥夏已经是不可能的事。

重装步兵,佣兵的数量是一万五千人,来自希腊各城市的部队有两万五千人,至少还有八千名轻装步兵和各种类型的掠夺者,他们从事战斗或流窜各地进行抢劫;所以他的步兵算起来应该有五万六千人。两军很多天以来都面对面开设营地,双方经常排成会战队形,只是都没有进一步的行动,他们等待亚洲方面对整个事件做出最后的决定。德米特流斯接受菲里的人民提出的请求,率领部分军队进入市内攻下城堡,根据协议遣返卡桑德的士兵,菲里的市民大会恢复原有的自由权利。

111 帖沙利的事务有如上面所述,安蒂哥努斯派出的信差来见德米特流斯,详尽传达他父亲的指示,吩咐他尽快率领军队越过海峡进入亚洲。他认为服从父亲的命令是他应尽的义务,国王派人与卡桑德进行讨论双方的休战,先决的条件是协议的有效在于能为安蒂哥努斯接受;虽然他知道他的父亲并不同意他的想法,那就是战争的方向已经改变,他必须放弃在欧洲方面的奋斗,然而德米特流斯希望他从希腊的撤离看起来像是堂堂正正的行动,并不是战败或怯懦引起的逃走。的确如此,双方的协议当中特别写明只要情况许可,希腊的城市可以获得自由,就连亚洲的希腊人也包括在内。德米特流斯准备船只运送士兵和装备,整个舰队发航通过岛屿停泊在以弗所。军队下船就在靠近城墙的位置开设营地,迫使城市要与他恢复过去的关系;对于黎西玛克斯的将领普里披劳斯派来的驻防军,经过协议让他们安全离开,然后将自己的驻防军配置在卫城,接着他向海伦斯坡前进。他重新将兰普萨库斯和帕里姆纳入自己的阵营,还有其他的城市要改变原来的立场;等他抵达潘达斯的门户,就在卡尔西顿的神庙①附近开设一个营地,留下三千

---

① 卡尔西顿神庙所在地就是潘达斯海岸一个名叫海朗(Hieron)的地方,参阅本书第十九章第73节。

名步兵和三十艘战船,用来防守这个地区。然后他让其余的军队进入冬营,分散在附近几座城市。

　　大约在这个时候,原来臣属安蒂哥努斯的米塞瑞达底①,显然要改变效忠的对象前去投靠卡桑德,就在迈西亚的西乌斯(Cius)遭到杀害,须知他统治西乌斯和迈尔立(Myrlea)②有三十五年之久;米塞瑞达底③继承王国,增加很多新的属地以后,成为卡帕多西亚和帕夫拉果尼亚的国王,在位有三十六年。

112 就是同一时候,卡桑德在德米特流斯离开以后,立即将帖沙利的城市据为己有,派遣普莱斯塔克斯(Pleistarchus)率领一支军队到亚洲去帮助黎西玛克斯。等到普莱斯塔克斯带着一万二千名步卒和五百名骑兵,进入潘达斯的门户时,发现整个地区已经被敌军占领,放弃渡过海峡的行动,转向位于阿波罗尼亚和卡朗夏之间的奥笛苏斯(Odessus),这座城市与海峡那一边的赫拉克利遥遥相对,况且黎西玛克斯还有部分军队驻守赫拉克利。由于他缺乏足够的船只运送他的士兵,就将他的军队分为三个梯次。现在第一梯次的部队安全抵达赫拉克利,潘达斯进口处留下担任守备的战船,出动以后将第二梯次的船只一网打尽。普莱斯塔克斯随着第三梯队出发,突然刮起强烈的风暴,大部分的船只和人员因而

---

　　① 米塞瑞达底二世统治俾西尼亚的西乌斯,他是亚里奥巴札尼斯的儿子,参阅本书第十六章第 90 节。

　　② 迈尔立后来称为阿帕米亚(Apamea),靠近西乌斯,是一个很重要的港口。

　　③ 这位是乌西斯的米塞瑞达底三世也是潘达斯的米塞瑞达底一世;如果他与本书第十九章第 40 节以及普鲁塔克《希腊罗马名人传》第 21 篇第 1 章"德米特流斯"第 4 节所提到的米塞瑞达底是同一个人,而且他的父亲名字也叫亚里奥巴札尼斯,那么这位亚里奥巴札尼斯应该是米塞瑞达底二世的兄弟。所以本节提到米塞瑞达底二世的继承人不是他的儿子而是侄儿。

失踪；其实是载着将领的一艘大型战船沉没①，一起渡海的五百多人当中只有三十三人保住性命。其中就有普莱斯塔克斯在内，他抱着沉船的一块木板，游到岸边已经是奄奄一息。他被带到赫拉克利等到从海难中复原以后，前去见在冬营中的黎西玛克斯，这时他的军队大部分都已损失。

113 就是同一时期，托勒密王率领一支相当规模的军队从埃及出发，征服内叙利亚地区所有的城市；就在他全力围攻西顿的时候，有些人带来不实的消息，说是几位国王之间发生会战，结果是黎西玛克斯和塞琉卡斯战败，他们已经退到赫拉克利，安蒂哥努斯在赢得大捷以后，率领部队向着叙利亚进军。托勒密虽然被骗而且相信他们所言属实，就与西顿当局签署四个月的休战协议，那些城市里面被他俘虏的驻防军，人身的安全获得保证，然后带着军队返回埃及。

就在发生这些事故的时候，黎西玛克斯的士兵从冬营逃走，前去投奔安蒂哥努斯的阵营，包括两千名奥塔瑞阿提人和大约八百名吕西亚人和庞菲利亚人。安蒂哥努斯对这些人的接待非常亲切，由于他们说是来自黎西玛克斯的部队，送给他们很多礼物还提高他们的待遇。这个时候塞琉卡斯已经到达，率领一支大军从上行省地区越过山岭进入卡帕多西亚，后来在附近盖很多木屋，提供他的士兵过冬之用。他的麾下有大约两万名步卒，一万两千名骑兵包括四百名骑马的弓箭手，还有八十头战象以及装上镰刀的战车一百辆。

这些国王的武力运用各种方式开始集中，预定在翌年的夏天进行最后的决战，相关的情况会在下一章详尽地叙述。

---

① 这里提到的大型战船称为 hexeres，每边有单排的船桨，每一支桨有六名划桨手，而不是每边有六排划桨手。参阅塔恩《希腊民族军备发展史》第 122—141 页。